Qui a trahi Anne Frank ?

ROSEMARY SULLIVAN

Qui a trahi Anne Frank ?

Traduit de l'anglais (États-Unis) par
CAROLE DELPORTE et SAMUEL TODD

Harper
Collins

Titre original :
THE BETRAYAL OF ANNE FRANK. A COLD CASE INVESTIGATION

Ce livre est publié avec l'aimable autorisation de HarperCollins Publishers, LLC, New York, U.S.A.

HARPERCOLLINS FRANCE
83-85, boulevard Vincent-Auriol, 75646 PARIS CEDEX 13
Tél. : 01 42 16 63 63

www.harpercollins.fr

ISBN 979-1-0339-0840-1

Préface

Le jour du Souvenir

Le vendredi 3 mai 2019, après avoir atterri à l'aéroport Schiphol d'Amsterdam, j'ai pris un taxi en direction de Spuistraat, une rue dans le centre de la ville. Une sociétaire de la Fondation néerlandaise pour la littérature m'a accueillie dans l'appartement que j'allais occuper durant tout le mois. J'étais là pour écrire un livre sur une affaire non élucidée : le mystère entourant la dénonciation d'Anne Frank et des résidents de l'Annexe secrète, le 4 août 1944.

Tout le monde ou presque connaît l'« histoire d'Anne Frank » dans les grandes lignes : cette adolescente juive qui se cacha plus de deux ans, avec ses parents, sa sœur et quelques amis de la famille, dans un grenier d'Amsterdam, durant l'occupation des Pays-Bas pendant la Seconde Guerre mondiale. Le groupe fut dénoncé et déporté dans des camps de concentration, et seul Otto Frank, le père d'Anne, survécut. Tout cela, nous le savons en grande partie grâce au remarquable journal qu'Anne laissa derrière elle en ce funeste jour d'été où les nazis raflèrent les clandestins de l'Annexe.

Cette histoire, qui appartient au patrimoine culturel des Pays-Bas, avait toujours habité le cinéaste néerlandais Thijs Bayens. Si bien qu'en 2016 il convia son ami le journaliste Pieter van Twisk à se joindre à un projet de documentaire, auquel se greffa rapidement un livre. La genèse fut lente, mais en 2018 pas moins de vingt-deux experts travaillaient sur l'affaire. L'enquête, qui visait avant tout à identifier le traître, prit très vite de l'ampleur. « L'équipe », comme on a fini par l'appeler, voulait comprendre le sort d'une population tombée sous le joug ennemi, et dont le quotidien était rythmé par la peur.

Le samedi 4 mai, lendemain de mon arrivée, était le jour du Souvenir national, au cours duquel les Néerlandais se remémorent les atrocités de la Seconde Guerre mondiale et fêtent une âpre victoire. J'ai rejoint Thijs Bayens et son fils Joachim pour le défilé silencieux qui marquait le début des cérémonies commémoratives.

Nous n'étions que deux cents au départ, mais notre cortège n'a cessé de grossir au fil des rues d'Amsterdam. Un orchestre tzigane jouait devant l'Opéra, puis nous avons continué à travers le quartier juif, dépassé la monumentale synagogue portugaise, le Musée historique juif et l'Hermitage, où des plaques commémoratives tapissent le bitume. Après avoir tourné à gauche, nous avons suivi la rivière Amstel, traversé le Magere Brug (« le pont Maigre ») en bois blanc, que les nazis avaient barré de fil barbelé le 12 février 1941, fermant ainsi le quartier juif (rouvert quelques jours plus tard sous la pression de la municipalité). Nous avons poursuivi à travers le centre-ville jusqu'au « Dam », où vingt-cinq mille personnes attendaient le roi et la reine, et le discours de la maire de la ville, Femke Halsema. Allocution qui commençait ainsi :

Écrire un mot ou appeler. Faire entendre sa voix, ou pas. Embrasser son amoureux. Traverser la rue, ou pas. Venir ici ce soir, un 4 mai, sur le Dam. Ou pas. Cent fois par jour, nous faisons des choix. Sans réfléchir, sans contrainte… Ça fait quoi, de perdre toute liberté ? D'être occupé ? De voir l'espace autour de vous se rétrécir… Notre liberté s'est forgée dans la douleur et la peine. C'est pourquoi il faut se souvenir de la privation de cette liberté, et que la guerre c'était hier.

C'est pourquoi nous commémorons... Cette année, l'année prochaine et toutes celles qui suivront[1].

Le lendemain, Thijs et moi avons dîné ensemble. Nous avons évoqué la situation politique en Europe, et en particulier la xénophobie et la vague de sentiments anti-migrants. Puis je lui ai demandé pourquoi il s'était lancé dans cette enquête. Il m'a expliqué qu'en tant que réalisateur sa vie et son travail ne faisaient qu'un. Pendant sa jeunesse, dans les années 1970, Amsterdam était célèbre dans le monde entier pour son atmosphère si particulière et sa grande ouverture d'esprit. À l'époque, squatteurs et communautés d'artistes y manifestaient pour la paix. On se sentait libre et on ne s'en cachait pas. Mais selon lui tout a changé. Aux Pays-Bas, en Europe, en Amérique du Nord, on assiste aujourd'hui à un déferlement de racisme et de peur.

Quelques mois auparavant, alors qu'il faisait la queue avec les très nombreux visiteurs de la Maison Anne-Frank sur Prinsengracht, Thijs s'était surpris à observer la foule. Il lui était venu à l'esprit que la famille Frank et les autres personnes cachées dans ce grenier étaient des gens ordinaires dans un quartier ordinaire, avec des connaissances et des collègues, des voisins et des commerçants, des oncles et des tantes. Ce n'était pas plus compliqué que ça. Mais la bête immonde et tentaculaire – le fascisme – était en train d'étendre son emprise. Lentement mais sûrement, sous la pression, les relations humaines se transformaient, et la population se divisait.

Quittant cette foule devant la Maison Anne-Frank, Thijs avait pris une décision : il lancerait un débat public. Amsterdam n'était plus un bastion de l'individualisme, même si la tolérance avait cédé à la méfiance. À quel moment renonce-t-on à la solidarité ? Pour qui sommes-nous prêts à nous battre ? Et pour qui ne le sommes-nous pas ? La dénonciation d'Anne Frank serait le prétexte à ce débat. Il m'a fait remarquer qu'une immense fresque haute de vingt mètres, dans le nord d'Amsterdam, domine presque toute la ville. C'est un portrait d'Anne accompagné d'une citation de son journal : « Laissez-moi être moi-même. » « J'ai l'impression qu'elle nous parle », a-t-il conclu.

Après le dîner, Thijs a tenu à me montrer quelque chose ; il m'a emmenée vers le Torensluis, l'un des ponts les plus larges d'Amsterdam, qui enjambe le canal Singel. Devant moi se dressait une sculpture monumentale sur son socle de marbre. La statue représente Eduard Douwes Dekker, considéré comme l'un des plus grands auteurs néerlandais du XIXe siècle, célèbre pour son roman dénonçant les abus du colonialisme dans les Indes orientales néerlandaises. Quand Thijs m'a glissé que la sculpture était de son père, Hans Bayens, j'en suis restée sans voix. Plusieurs des œuvres de cet artiste sont disséminées dans les rues d'Amsterdam, d'Utrecht, de Zwolle et d'autres villes.

Hans parlait rarement de la guerre. Le traumatisme était trop profond. La mère de Thijs racontait que, des années après la Libération, il se réveillait en plein cauchemar, les mains brandies vers la fenêtre, hurlant que des bombardiers arrivaient.

Thijs n'a jamais connu ses grands-parents, morts avant sa naissance. Mais il en a beaucoup entendu parler. Ce qui l'a le plus marqué, c'est que leur maison a été un *doorgangshuis* (un lieu de transit), utilisé par la Résistance pour cacher des Juifs. Pendant toute la durée de la guerre, leur sous-sol a abrité des clandestins, parfois pendant des semaines, le temps pour la Résistance de leur trouver une solution plus pérenne.

Aux premières heures du projet Anne Frank, Thijs demanda au meilleur ami de son père de lui raconter ses souvenirs de guerre. L'ami lui conseilla d'interviewer Joop Goudsmit, quatre-vingt-treize ans, qui avait vécu la guerre aux côtés des grands-parents de Thijs. Goudsmit, devenu un membre de la famille Bayens, put décrire la maison, le sous-sol où il avait caché la radio sous le plancher d'un placard, et tous les Juifs passés par là. Les risques pris par la famille Bayens, incluant les relations avec des faussaires pour l'obtention de papiers d'identité, avaient été immenses.

Il est étrange de penser que le père de Thijs ne lui a jamais parlé de tout ça, mais c'est un comportement typique. Après la guerre, nombre de mythomanes se sont inventé un passé de résistant. Les vrais héros, ceux qui ont réellement mis leur vie en jeu, comme les grands-parents de Thijs, ont souvent préféré garder le silence. Parce que la guerre avait façonné sa famille, Thijs a compris qu'enquêter sur la rafle de l'Annexe lui permettrait de pénétrer le labyrinthe de sa propre histoire. Si celle d'Anne Frank est emblématique, elle est aussi terrifiante de banalité. C'est une histoire de trahison, qui a été répétée des centaines de milliers de fois aux quatre coins de l'Europe. Thijs y voit comme un avertissement : *cela ne doit plus jamais se reproduire.*

Première partie

Le contexte historique

1

La rafle et le policier en vert

Le 4 août 1944, un officier SS autrichien de trente-trois ans, Karl Josef Silberbauer, sergent dans le Sicherheitsdienst*[I] (le SD, service de renseignement SS), unité IV B4, plus connue sous le nom d'« unité de chasse aux Juifs », est assis dans son bureau d'Euterpestraat* à Amsterdam lorsque le téléphone sonne. Sur le point d'aller manger un morceau, il répond quand même, ce qu'il regrettera plus tard. Son supérieur, le lieutenant allemand Julius Dettmann, l'informe qu'il vient de recevoir un appel téléphonique : des Juifs se cacheraient dans un entrepôt au 263 Prinsengracht, en plein centre d'Amsterdam. Dettmann ne dit pas à Silberbauer qui a fourni le renseignement, mais il s'agit certainement de quelqu'un qui est considéré comme fiable par le SD. Trop de dénonciations anonymes se sont révélées fausses ou obsolètes ; le temps que l'unité arrive, les Juifs se volatilisaient. Si le lieutenant Dettmann agit juste après l'appel, c'est qu'il a confiance en sa source et sait que le renseignement vaut la peine d'être vérifié.

Il téléphone alors au sergent néerlandais Abraham Kaper, du bureau des Affaires juives (Bureau Joodse Zaken*), et lui ordonne

I. Les termes suivis d'un astérisque sont expliqués dans le glossaire en fin d'ouvrage (Note de l'Éditeur).

d'envoyer plusieurs de ses hommes à l'adresse de Prinsengracht avec Silberbauer. Kaper désigne deux policiers néerlandais de l'unité IV B4, Gezinus Gringhuis et Willem Grootendorst, ainsi qu'un troisième agent.

Il existe de nombreuses versions de ce qui s'est passé avant et après l'arrivée de Silberbauer et de ses hommes au 263 Prinsengracht. La seule chose qui soit absolument certaine, c'est qu'ils ont trouvé les huit personnes qui s'y cachaient : Otto Frank, sa femme Edith et leurs deux filles, Anne et Margot, le collègue et ami des Frank Hermann van Pels, sa femme Auguste et leur fils Peter, et le dentiste Fritz Pfeffer. Les Hollandais utilisaient un terme spécifique pour décrire cette tactique de survie : *onderduiken* (« plonger sous »)[1]. Cela faisait deux ans et trente jours qu'ils étaient en plongée.

Être emprisonné, même injustement, est une chose. C'en est une autre d'entrer en clandestinité. Comment faire face à vingt-cinq mois d'incarcération totale, sans pouvoir regarder par la fenêtre de peur d'être vu, ni sortir ni respirer l'air frais, en devant se taire pendant des heures pour que les employés de l'entrepôt qui se trouvent au-dessous ne vous entendent pas ? Il faut être terrorisé pour s'astreindre à cette discipline. La plupart des gens seraient devenus fous.

Pendant ces longues heures, murmurant un mot de temps en temps et marchant sur la pointe des pieds, que font-ils ? Ils étudient et écrivent. Otto Frank lit des ouvrages d'histoire et des romans, ses préférés étant ceux de Charles Dickens. Les enfants apprennent l'anglais, le français et les mathématiques. Anne et Margot tiennent un journal intime. Elles se préparent à la vie après la guerre. Elles ont encore foi en la civilisation et

1. Il y avait entre vingt-cinq mille et vingt-sept mille Juifs cachés aux Pays-Bas, dont un tiers sera finalement dénoncé (Note de l'Autrice).

en l'avenir, alors qu'à l'extérieur les nazis, leurs complices et leurs informateurs les traquent.

À l'été 1944, un vent d'optimisme souffle sur l'Annexe. Sur le mur, Otto a épinglé une carte de l'Europe. Il écoute la BBC et les comptes rendus de Radio Oranje*, l'émission du gouvernement néerlandais en exil à Londres. Les Allemands ont confisqué tous les postes pour empêcher la population néerlandaise de recevoir des nouvelles diffusées de l'étranger, mais Otto a réussi à récupérer une radio avant de se cacher et suit maintenant la progression des forces alliées grâce aux émissions de nuit. Deux mois plus tôt, le 4 juin, les Alliés ont pris Rome, et deux jours plus tard c'est le D-Day, la plus grande invasion amphibie de l'histoire. Fin juin, les Américains sont embourbés en Normandie, mais le 25 juillet ils lancent l'opération Cobra et, dans le nord-ouest de la France, la résistance allemande s'effondre. À l'est, les Russes sont en Pologne. Le 20 juillet, des membres du haut commandement de Berlin ont tenté d'assassiner Hitler, suscitant une explosion de joie chez les occupants de l'Annexe.

Soudain, il semble que la guerre ne soit plus l'affaire que de quelques semaines, ou quelques mois. Chacun fait des plans pour l'après-guerre. Margot et Anne évoquent leur retour à l'école.

Et l'inimaginable se produit. Comme Otto l'a déclaré dans une interview presque deux décennies plus tard : « Quand les gestapistes entrèrent avec leurs armes, ce fut la fin de tout[1]. »

Otto étant le seul survivant des huit personnes cachées dans l'Annexe, nous ne disposons que de son témoignage sur ce qui s'est passé.

Il était, selon lui, aux alentours de 10 h 30. Il donnait une leçon de grammaire anglaise à Peter van Pels. Sous la dictée, Peter avait mal orthographié le mot *double*, l'écrivant avec deux *b*. Otto était en train de le lui faire remarquer quand il a entendu des bruits de pas dans l'escalier. C'était inquiétant, car à cette heure-là tous les résidents étaient très silencieux de peur d'être entendus depuis les bureaux. La porte s'est ouverte. Un homme est apparu, pointant une arme sur eux. Il n'était pas en uniforme de policier. Ils ont levé les mains et ont été conduits au rez-de-chaussée sous la menace de l'arme[2].

Son récit de la descente de police donne une idée du choc ressenti par Otto Frank. Lors d'un traumatisme, le temps ralentit et s'étire, et certains détails, étrangement, émergent. Otto se souvient d'une faute d'orthographe, d'une leçon de grammaire, d'un escalier qui grince, d'une arme pointée.

Il se rappelle qu'il donnait une leçon à Peter. Du mot sur lequel celui-ci a buté, *double,* avec un seul *b.* C'est la règle. Otto croit aux règles, à l'ordre, mais une force obscure a envahi l'escalier avec l'intention de les tuer, lui et ceux qui lui sont le plus chers. Pourquoi ? Le pouvoir, la haine, ou simplement parce que c'est possible ? Otto garde l'horreur à distance, conservant son sang-froid ; les autres dépendent de lui. En fixant l'arme dans la main du policier en civil, il se dit : les Alliés avancent. La chance, le hasard, le destin peuvent nous sauver. Mais il se trompe. Lui et sa famille seront emmenés dans les wagons de marchandises du dernier convoi pour Auschwitz*. C'est impensable, mais il sait aussi que l'impensable peut se produire.

Quand Otto et Peter arrivent au rez-de-chaussée de l'Annexe, ils trouvent tout le monde debout, les mains en l'air. Ni cris ni pleurs, juste le silence. Tous encaissent le choc de ce qui est en train de se passer – là, maintenant, si près de la Libération.

Au milieu de la pièce, Otto a remarqué un homme qu'il pense être de la Grüne Polizei* (la Police Verte), ainsi que les Hollandais appellent la police allemande locale, à cause de la couleur des uniformes. Il s'agit, bien sûr, de Silberbauer (qui techniquement n'était pas membre de la Grüne Polizei, mais officier du SD). Celui-ci affirmera plus tard que ni lui ni les policiers en civil qui l'accompagnaient n'avaient sorti leurs armes. Mais le récit d'Otto est le plus digne de foi. Comme celui de la plupart des membres de la SS (Schutzstaffel*) après la guerre, le témoignage de Silberbauer n'avait pour but que de le disculper.

Le calme des clandestins semble irriter le nazi. Lorsqu'il leur ordonne de rassembler leurs affaires pour se rendre au quartier général de la Gestapo (Geheime Staatspolizei*), sur Euterpestraat, Anne attrape la mallette de son père, qui contient son journal. Otto a raconté que Silberbauer la lui avait arrachée, avant de jeter son journal à couverture à carreaux et quelques feuilles volantes sur le sol, et de remplir la mallette des derniers objets de valeur et de l'argent qu'Otto et les autres avaient réussi à conserver, y compris la petite quantité d'or du dentiste Fritz Pfeffer. Les Allemands étaient en train de perdre la guerre. À présent, une grande partie du butin volé pour le Reich par les chasseurs de Juifs finissait dans la poche d'individus sans scrupule.

Ironiquement, c'est la cupidité de Silberbauer qui a sauvé le journal d'Anne Frank. Si Anne s'était accrochée à la mallette et avait été autorisée à la garder lors de leur arrestation, son journal lui aurait certainement été confisqué au siège du SD et aurait été détruit ou perdu à jamais.

Selon Otto, c'est à ce moment-là que Silberbauer remarque une malle à bandes métalliques grises placée sous la fenêtre. Le couvercle porte l'inscription « Leutnant d. Res. Otto Frank » (lieutenant de réserve Otto Frank). « Où avez-vous trouvé cette malle ? » demande Silberbauer. Quand Otto répond qu'il a servi comme officier pendant la Première Guerre mondiale, Silberbauer semble choqué. Otto Frank raconte :

L'homme est soudain devenu extrêmement confus. Il m'a regardé fixement, puis il m'a dit :

« Pourquoi n'avez-vous pas signalé votre statut ? »

Je me suis mordu les lèvres.

« Mais pourquoi ? Vous auriez été traité décemment ! Vous auriez été envoyé à Theresienstadt. »*

Je n'ai rien dit. Apparemment, il devait croire que Theresienstadt était un camp de vacances. Je l'ai simplement fixé. Puis il a soudain évité mon regard, et tout à coup ça m'est venu : là, il était au garde-à-vous. Intérieurement ce sergent de police s'était mis au garde-à-vous et, s'il l'avait osé, il aurait très bien pu porter une main à sa casquette pour saluer.

Puis il a brusquement tourné les talons et grimpé à l'étage. Un instant plus tard, il est redescendu en courant, puis est remonté à la même allure, et ainsi de suite, de haut en bas et de bas en haut, en criant : « Prenez votre temps ! »

Il criait ces mêmes mots à nous et à ses hommes[3].

Selon le récit d'Otto, c'est le nazi qui perd son sang-froid, vibrionnant comme le Chapelier fou, tandis que lui-même et les autres gardent leur calme. Dans la réaction de Silberbauer face à son statut d'officier, Otto a identifié le culte de l'obéissance du militaire allemand ; mais il a peut-être sous-estimé son racisme viscéral. Des années plus tard, il dira : « Peut-être qu'il [Silberbauer] nous aurait épargnés s'il avait été seul[4]. »

On peut en douter. Après avoir livré les prisonniers au camion qui les attendait pour les transporter au quartier général de la Gestapo, où ils seraient interrogés, Silberbauer est retourné dans le bâtiment pour s'occuper de l'une des employées de bureau, Miep Gies. Qu'il a peut-être sauvée de l'arrestation parce que, comme lui, elle était autrichienne, mais pas avant de lui avoir fait la leçon : « Et vous, vous n'avez pas honte d'aider cette vermine juive[5] ? »

Karl Silberbauer affirmera après la guerre n'avoir appris que des années plus tard, en le lisant dans le journal, que parmi les huit personnes arrêtées ce jour-là se trouvait Anne Frank, alors âgée de quinze ans.

Retrouvé par un journaliste d'investigation en 1963, Silberbauer déclara :

Les gens que j'ai fait sortir de leur planque ne m'ont pas laissé d'impression particulière. Cela aurait été différent s'il s'était agi d'un homme comme le général de Gaulle ou d'un membre important de la Résistance. Si je n'avais pas été en service au moment où mon collègue a reçu l'appel… je n'aurais jamais été en contact avec cette Anne Frank. Je me souviens que j'étais sur le point de sortir manger un morceau. Et avec toute cette affaire qui a éclaté après la guerre c'est moi qui me retrouve dans ce pétrin… Je me demande bien qui est derrière tout ça. Probablement ce Wiesenthal ou quelqu'un au ministère qui essaye de s'attirer les faveurs des Juifs[6].

Difficile d'imaginer réponse plus méprisable et à ce point dépourvue de sensibilité. À ce moment-là, Karl Silberbauer sait très bien que « cette Anne Frank » qu'il a arrêtée le 4 août 1944 est morte de faim et du typhus dans le camp de concentration de Bergen-Belsen. Il parle comme si l'important pour lui n'était pas la mort – accessoire et irréelle – de cette enfant – dont les souffrances sont insignifiantes –, mais le fait d'être lui-même la victime. C'est étrange comme la brute, une fois démasquée, est toujours submergée par l'auto-apitoiement.

2

Le Journal d'Anne Frank

Le Journal d'Anne Frank est l'un des livres les plus poignants qui soient si on le lit pour ce qu'il est vraiment : le récit du quotidien d'une jeune fille de treize ans cachée pendant l'occupation de sa ville par les nazis. Anne Frank a raconté en détail plus de deux années d'une existence confinée avec sa famille dans l'annexe de l'entreprise de son père, avant d'être raflée par les nazis.

Elle sait ce qui se passe dehors. Comme les sept autres personnes avec lesquelles elle partage cet espace clos, elle vit dans la peur, la faim, la crainte de la dénonciation et la menace imminente de leur découverte et de la mort. Elle n'est pas la seule à vivre cette expérience, mais sans doute l'une des premières à en faire le récit au moment même où cela se produit. Les autres chefs-d'œuvre sur l'Holocauste – *La Nuit* d'Elie Wiesel, *Si c'est un homme* de Primo Levi – ont été écrits après coup par des survivants. Anne Frank, elle, ne survivra pas.

Et c'est ce qui rend la lecture de son journal si déchirante. Dès le début, nous connaissons la fin, tandis que son autrice, elle, l'ignore.

Anne Frank a reçu le carnet en cadeau pour son treizième anniversaire, le 12 juin 1942. Moins d'un mois plus tard, le 6 juillet, sa famille entre dans la clandestinité après que sa sœur Margot, âgée de seize ans, a reçu une convocation pour l'*Arbeitseinsatz**, le travail obligatoire en Allemagne. Otto Frank sait déjà que « travail obligatoire » est un euphémisme pour « esclavage ».

En quête d'une confidente, Anne Frank s'invente Kitty, à qui elle écrit en toute franchise. Elle lui parle d'espoir, des mystères de son corps de jeune fille, de son amour fou d'adolescente pour le garçon de dix-sept ans dont la famille partage l'Annexe avec les Frank. Anne est encore une enfant : elle découpe des images de stars de cinéma et de membres de la famille royale, qu'elle colle aux murs de sa chambre. Bien qu'elle soit née à Hambourg, en Allemagne, et arrivée aux Pays-Bas à quatre ans et demi, elle parle désormais le néerlandais, langue dans laquelle elle rédige son journal. Elle a pour ambition de devenir écrivaine. Elle rêve de célébrité, de son avenir. Pour le lecteur, c'est bouleversant, car nous savons qu'elle n'en aura pas.

Le monde dans lequel vit Anne est aujourd'hui inconcevable. En juillet 1943, sa famille découvre qu'elle a besoin de lunettes. Miep Gies, l'une des bienfaitrices de l'Annexe, propose de l'emmener chez un ophtalmologue, mais Anne est pétrifiée à l'idée de sortir dans la rue. Lorsqu'elle essaye d'enfiler son manteau, ses parents constatent qu'il est devenu trop petit pour elle, ce qui, en plus de sa pâleur, pourrait la trahir. Elle n'aura pas de lunettes.

Si elle veut un peu d'air frais, Anne doit se pencher pour aspirer le mince filet qui passe sous le rebord de la fenêtre. Les battants ouverts pourraient alerter les commerçants voisins sur l'occupation de l'Annexe. Dans son journal, elle décrit la claustrophobie endurée dans ces pièces exiguës et le poids du silence qui ajoute à la peur omniprésente. Elle monte et descend l'escalier, piégée comme un animal en cage. Seul refuge : le sommeil – parcellaire, car lui aussi est colonisé par la peur[1].

Mais Anne finit toujours par reprendre du poil de la bête. Elle explique à « Kitty » que, pour vaincre l'effroi et l'isolement, il faut rechercher la solitude dans la nature et communier avec Dieu – comme si, un instant, assise à la fenêtre de la mansarde face au ciel pâle, elle réussissait à oublier qu'elle ne peut quitter l'Annexe. Comment fait-elle pour être si exubérante, si sûre d'elle-même, si lumineuse au milieu de cette terrifiante répression ?

Vers la fin de son journal, Anne raconte une nuit particulièrement effrayante pendant laquelle des voleurs se sont introduits dans l'entrepôt et où quelqu'un, peut-être un policier, a cogné sur la bibliothèque qui camoufle l'entrée de l'Annexe. Anne pense qu'elle va mourir. Ayant survécu, elle fait le serment de se consacrer à ce qu'elle aime : les Pays-Bas, sa langue et l'écriture. Et que rien ne l'arrêtera tant qu'elle n'aura pas atteint son but[2]. Une déclaration extraordinaire pour une adolescente qui n'a même pas quinze ans.

La dernière entrée du *Journal* est datée du 1er août 1944, trois jours avant la rafle.

Après leur libération, de nombreux survivants ont eu du mal à mettre des mots sur ce qu'ils avaient vécu. Il a fallu dix ans à Elie Wiesel avant de pouvoir écrire *La Nuit*. Il se demande : « Trahie, corrompue, pervertie par l'ennemi, comment pouvait-on réhabiliter et humaniser la parole ? La faim, la soif, la peur, le transport, la sélection, le feu et la cheminée : ces mots signifiaient certaines choses, mais en ce temps-là elles signifiaient autre chose. » Comment écrire sans usurper et profaner l'effroyable souffrance de cet « univers dément et froid où c'était humain d'être inhumain, où des hommes en uniforme, disciplinés et cultivés, venaient pour tuer, alors que les enfants ahuris et les vieillards épuisés y arrivaient pour mourir[3] » ?

Lorsque Primo Levi a soumis le manuscrit de *Si c'est un homme* aux éditions Einaudi de Turin, en 1947, Cesare Pavese, alors immensément célèbre, et Natalia Ginzburg, dont le mari avait été assassiné par les Allemands à Rome, l'ont refusé. Primo Levi a tenté sa chance chez de nombreux éditeurs ; en vain. C'est trop tôt, argumentaient-ils. « Les Italiens avaient d'autres chats à fouetter… que lire sur les camps de la mort nazis. Les Italiens voulaient entendre : "Terminé. Basta ! Assez de cette horreur[4] !" »

La pièce de théâtre intitulée *Le Journal d'Anne Frank,* et plus tard le film illustrent l'apogée que constitue ce commentaire d'Anne dans les dernières pages de son journal : « C'est un vrai miracle que je n'aie pas abandonné tous mes espoirs, car ils me semblent absurdes et irréalisables. Néanmoins, je les garde car, malgré tout, je crois encore à la bonté innée des hommes[5]. »

Il était impossible pour les gens de faire face à ce qui s'était passé : l'assassinat à échelle industrielle ; les fosses communes annihilant tout souvenir des morts. Dans la pièce comme dans le film, les références aux « Allemands » ont été remplacées par « nazis », et la judéité y est atténuée. Par exemple, plus aucune trace de Yom Kippour. Des décisions censées renforcer la mission mémorielle et universelle de l'histoire. Le traducteur de l'édition allemande du *Journal d'Anne Frank,* parue en 1950, a gommé « toute référence hostile aux Allemands et à l'Allemagne » au motif qu'« après tout un livre destiné à être vendu en Allemagne ne peut insulter les Allemands[6] ».

Mais c'est comme si le journal était un document vivant. Sa réception évolue en fonction de ce que nous savons ou de ce que nous sommes prêts à affronter. À partir des années 1960, des livres, des films, des musées et des monuments ont vu le jour pour commémorer l'Holocauste. Les gens étaient enfin prêts à se confronter à la folie du nazisme et à examiner l'indifférence à la violence qui a permis au fascisme de se répandre tel un virus.

Ce commentaire d'Anne vers la fin de son journal est sans doute plus en adéquation avec notre compréhension actuelle : « Il y a tout simplement chez les hommes un besoin de ravager, un besoin de frapper à mort, d'assassiner et de s'enivrer de violence, et tant que l'humanité entière, sans exception, n'aura pas subi une grande métamorphose, la guerre fera rage[7]… »

On peut s'interroger : quel est l'intérêt de chercher à savoir qui a dénoncé Anne Frank au cours d'une guerre terminée depuis si longtemps ? La réponse est que, près de huit décennies plus tard, nous faisons manifestement preuve de complaisance en pensant, comme les Néerlandais à l'époque, que cela ne peut pas arriver chez nous. La société contemporaine semble toujours en proie aux divisions idéologiques et sensible aux sirènes de l'autoritarisme, oubliant une vérité évidente : à savoir que le fascisme se métastase si on le laisse hors de contrôle.

Le monde d'Anne Frank en est la preuve irréfutable. Quels sont les outils propres à la guerre ? Non seulement la violence physique, mais aussi la violence rhétorique. Pour tenter de comprendre comment Adolf Hitler avait pris le pouvoir, l'OSS (bureau américain des Services stratégiques) a commandé en 1943 un rapport afin d'expliquer sa méthode : « Ne jamais admettre une faute ou un tort ; ne jamais accepter de blâme ; se concentrer sur un ennemi à la fois ; blâmer cet ennemi pour tout ce qui ne fonctionne pas ; profiter de chaque occasion pour en faire une tempête politique[8]. » Très vite, hyperbole, extrémisme, diffamation et calomnie sont devenus les vecteurs banals et acceptables du pouvoir.

Observer la transformation d'une ville comme Amsterdam sous l'Occupation, c'est comprendre que, si certains ont soutenu les nazis, par opportunisme, désillusion, vénalité ou lâcheté, et si d'autres se sont opposés à la barbarie, la majorité a simplement tenté de courber l'échine.

Que se passe-t-il lorsque les citoyens ne peuvent plus s'en remettre aux institutions censées les défendre ? Lorsque les lois qui constituent et protègent la décence disparaissent ? Les Pays-Bas de 1940 sont comme une boîte de Petri : on peut y examiner comment des individus ayant connu la liberté réagissent face à une situation effroyable. Une question plus que jamais d'actualité.

3

L'équipe

Les bureaux de l'équipe sont situés dans le nord d'Amsterdam, il faut prendre un ferry depuis la gare centrale pour traverser le lac IJ, qui relie le centre-ville à Amsterdam-Noord. Avec ses deux tours d'horloge, ses tourelles et sa façade gothique Renaissance, la gare est si vaste qu'elle pourrait facilement passer pour un palais royal, jusqu'à ce qu'on y entre et qu'on tombe sur les magasins, les restaurants, les voies ferrées, les bouches de métro et enfin les quais du ferry. Traverser la station aujourd'hui pour monter dans un bateau à quai sur la rivière Amstel, au milieu des passagers appuyés sur leurs vélos, est presque surréaliste ; toute cette liberté a quelque chose de grisant. Mais il n'est pas difficile d'imaginer les soldats de la Wehrmacht* marchant au pas de l'oie dans l'immense bâtiment ou sur la place, et rassemblant hommes, femmes et enfants dans la rue à coups de matraques. Un spectacle épouvantable aperçu par Anne Frank à travers l'entrebâillement d'un rideau du 263 Prinsengracht.

Installés dans un quartier résidentiel récent, les bureaux consistent en une grande pièce divisée en sections – enquêteurs, chercheurs et personnel administratif. Depuis janvier 2019, ils réunissent vingt-trois personnes. L'accès est hautement sécurisé et l'on y trouve une « salle des opérations » ainsi qu'une salle insonorisée qui peut accueillir quatre personnes pour des conversations privées.

Un mur est dédié aux photos d'officiers nazis, de leurs collaborateurs néerlandais du SD et d'informateurs appelés *V-Männen* (hommes) et *V-Frauen* (femmes) – le *V* pour *vertrouwens**, ou « de confiance » –, ces derniers jouant un rôle crucial dans la persécution des Juifs. Sous cette galerie de portraits, une petite maquette en trois dimensions du 263 Prinsengracht, avec l'Annexe à l'arrière.

Sur le mur opposé, les photos des occupants de l'Annexe : les familles Frank et Van Pels, et Fritz Pfeffer. Ainsi que celles de leurs bienfaiteurs : Johannes Kleiman, Victor Kugler, Bep Voskuijl, Miep et Jan Gies. Les murs de la salle des opérations sont couverts de cartes d'Amsterdam du temps de la guerre et d'une frise chronologique avec images et coupures de presse indiquant les jalons relatifs à la dénonciation.

Un tirage d'une photo aérienne du canal de Prinsengracht prise depuis un avion de la Royal Air Force le 3 août 1944, seulement douze heures avant la rafle, couvre un pan de mur sur un mètre carré. On y distingue clairement l'entrepôt et le bureau d'Otto Frank, ainsi que l'Annexe à l'arrière. Le petit groupe y était toujours caché au moment du cliché. Sans se douter qu'il s'agissait de sa dernière nuit de « liberté ». Thijs m'a confié qu'en regardant la photo l'équipe avait l'étrange impression qu'un lien s'était établi avec les clandestins, comme si le temps avait suspendu son vol.

Pieter van Twisk, l'ami et collaborateur de Thijs, est doté de la rigueur de tout bibliophile qui se respecte – sans doute due à une certaine minutie et à une obsession du détail –, et ses conclusions sont toujours étayées par des preuves. Comme Thijs, il a découvert que leurs recherches prenaient un tour beaucoup plus intime qu'il ne s'y attendait. Cela l'a frappé dès le début de l'enquête, alors qu'il fouillait dans les Archives de la ville de Groningue à la recherche d'un collaborateur néerlandais, un certain Pieter Schaap. Vers la fin de la guerre, ce dernier s'était rendu à Groningue pour traquer un chef de la Résistance : Schalken. Ce nom semblait vaguement familier à Pieter.

Il finit par mettre la main sur un document attestant l'identité des personnes qui étaient entrées dans la Résistance. Ce document confirmait que Schalken était l'un des chefs des escadrons nationaux (Landelijke Knokploegen*, KP), le bras armé de la Résistance. Toujours selon le document, Schalken s'était caché dans la maison des grands-parents de Pieter, qui avait déjà entendu cette histoire dans la famille sans jamais la prendre au sérieux.

Le document comportait le nom de son grand-père, Pieter van Twisk – qui est aussi le sien –, avec une note au bas de la page :

Était-ce risqué et pourquoi ? Oui, ça l'était. Pendant toute la durée de son engagement dans la Résistance, son adresse servit de contact au PK, à l'OD [Ordedienst], à la LO [Landelijke Organisatie voor Hulp aan Onderduikers*], etc. Plusieurs résistants importants, dont Schalken, ont trouvé refuge dans la maison familiale. Les personnes mentionnées ci-dessus étaient recherchées par le SD. Auparavant, il avait caché des armes*[1].

Schalken ne fut jamais pris, pas plus que les grands-parents de Pieter ne furent arrêtés. Pieter se souvient de son oncle, jeune garçon pendant la guerre, lui racontant son admiration pour Schalken. Un jour, lors d'une descente des nazis, celui-ci était sorti calmement de la maison, avait pris le temps de s'arrêter pour allumer une cigarette et, très détendu, avait enfourché son vélo avant de mettre les voiles. Aucun des officiers allemands n'avait soupçonné qu'il était le type qu'ils recherchaient.

De toute évidence, il est difficile de trouver une famille aux Pays-Bas dont l'histoire n'a pas croisé celle de la guerre.

Dans les décennies qui ont suivi la fin du conflit, le récit populaire décrivait la plupart des Néerlandais comme antinazis, avec une proportion importante de personnes ayant fait partie de la Résistance ou l'ayant soutenue. Durant l'après-guerre, la majorité des pays européens s'est raccrochée à cette version, la réalité étant beaucoup plus nuancée. Selon Pieter, une autre image des Pays-Bas et de l'Holocauste a émergé au cours des trente dernières années, d'abord chez les historiens, puis au sein d'une partie de la population.

Ce pays à la longue tradition de tolérance, berceau du philosophe Baruch Spinoza, a accueilli de nombreux Juifs après l'arrivée au pouvoir de Hitler en 1933. L'antisémitisme y était moins flagrant que dans de nombreux autres pays européens. Pourtant, les Pays-Bas ont envoyé plus de Juifs vers la mort dans les camps d'extermination que tout autre pays d'Europe occidentale. Sur les 140 000 Juifs qui vivaient aux Pays-Bas, 107 000 ont été déportés et seulement 5 500 sont revenus.

Pieter dit que l'une des raisons qui l'ont poussé à rejoindre l'équipe est qu'il avait besoin de comprendre pourquoi ces chiffres étaient si élevés. Le racisme serait-il une espèce d'agent pathogène de la psyché humaine, que certaines circonstances activeraient ? Au musée de la Résistance d'Amsterdam (Verzetsmuseum), la grossièreté de la propagande antisémite nazie apparaît dans ce qu'elle a de plus vicieux et implacable. Des affiches d'assassins « bolcheviks juifs » debout au-dessus de cadavres ; un crucifix ensanglanté au sol ; de grotesques caricatures du Juif rapace, à large chapeau et manteau noirs ; des images abjectes les assimilant à des parasites culturels et autres espèces de sous-humains. Comment les gens ont-ils pu adhérer à un tel bourrage de crâne ? En étudiant la société dans laquelle vivait Anne Frank, Pieter espérait comprendre ce qui était arrivé, seul moyen pour que cela ne se reproduise jamais.

Décidés à lancer une enquête sur ce qui avait conduit à la rafle de l'Annexe, Thijs et Pieter se sont mis à rechercher toutes sortes de sources de financement, en passant notamment par le *crowdsourcing*, la municipalité d'Amsterdam, des investisseurs privés et des éditeurs. Ils ont ensuite constitué une équipe d'enquêteurs, d'historiens et de chercheurs néerlandais. Parmi eux, Luc Gerrits, ancien inspecteur de la brigade criminelle, et Leo Simais, enquêteur chargé des crimes majeurs et chef du département des affaires non résolues et des personnes disparues de la police nationale ; ainsi que plusieurs inspecteurs à la retraite et un homme du service de renseignement extérieur des Pays-Bas (AIVD).

Lors de la première réunion de l'équipe, le 30 juin 2016, Leo Simais instaura les séances dites « PST » : « les pieds sur la table », on discute, on se creuse les méninges et on analyse. Par où commencer ? Simais était catégorique : par l'appel téléphonique que le dénonciateur passa au SD pour signaler la présence de Juifs cachés dans un entrepôt au 263 Prinsengracht. Quelle était la probabilité que ce coup de fil ait réellement existé ? À Amsterdam, en 1944, restait-il des cabines publiques ? Les fils téléphoniques en cuivre n'avaient-ils pas déjà été tous fondus pour l'industrie militaire ? Le numéro de téléphone du SD était-il accessible à tous ? Et ainsi de suite…

À ce stade préparatoire de l'enquête, il apparut rapidement que la police d'Amsterdam avait joué un rôle plus que douteux pendant l'occupation nazie. Comme toutes les autres institutions des Pays-Bas, les forces de police durent collaborer jusqu'à un certain point, mais il semble qu'un nombre non négligeable de ces forces ait fait preuve d'un excès de zèle.

Thijs proposa alors d'adjoindre un observateur indépendant, non néerlandais, à l'équipe. Il demanda à Luc Gerrits de trouver un agent du FBI pour diriger ce *cold case*. La dénonciation ne constituant pas un crime médico-légal – elle ne laisse pas de traces physiques –, l'équipe devrait employer des méthodes de pointe en matière de collecte d'informations. Leo se tourna vers Hans Smit, le chef du service d'infiltration de la police nationale, formé par le FBI. Smit suggéra à Thijs de contacter un ancien collègue, agent du FBI fraîchement retraité. « Vincent Pankoke. C'est le gars qu'il vous faut », dit-il.

Très vite, Thijs et Pieter échangèrent par Skype avec Vincent, qui vivait en Floride. Tous deux furent impressionnés par cet enquêteur aimable et manifestement très professionnel, qui leur avoua être intrigué par le projet.

Après huit années comme officier de police, Vincent avait passé vingt-sept ans au FBI, travaillant sous couverture sur des affaires très médiatisées, à traquer des trafiquants de drogue colombiens.

Il était également intervenu dans l'affaire Sky Capital, dont le P-DG, Ross Mandell, a inspiré le personnage de Gordon Gekko dans le film *Wall Street*. Lorsqu'on rencontre Vincent, il est impossible de soupçonner le passé de ce monsieur Tout-le-Monde cordial, vêtu d'une chemise traditionnelle mexicaine comme s'il vivait encore sous couverture, avant de découvrir sa passion pour les courses de moto à haut risque ou sa soif de nouveaux défis.

Vincent est d'une nature affable, volubile sur sa famille et son ascendance allemande. Son père a combattu dans l'armée américaine pendant la Seconde Guerre mondiale. Quand il lui racontait ses souvenirs, Vincent était choqué, même à son jeune âge, à l'idée que ces soldats sur lesquels son paternel avait tiré étaient peut-être des parents. Il est évident que lui-même a vu son lot d'atrocités. L'écrivain russe Alexandre Soljenitsyne, tout juste sorti du goulag, a dit un jour que le monde faisait preuve d'un certain niveau de tolérance pour le mal et que ce dernier ne serait jamais éradiqué. Mais lorsque ce seuil de tolérance est dépassé toute moralité s'effondre et les êtres humains sont capables de tout.

Comment, se demandait Vincent, la culture allemande – sophistiquée, civilisée, démocratique – avait-elle pu céder à une dictature totalitaire et se désintégrer au point de déclencher une guerre qui avait fini par tuer environ soixante-quinze millions de personnes, Alliés et Axe, civils et militaires confondus ? Fort de son expérience d'infiltration pour le FBI, il savait qu'il fallait toujours rechercher à qui profitait le crime. Les industriels allemands financèrent Hitler en secret à partir de 1933, et la guerre s'avéra une affaire rentable puisque des entreprises comme Bayer, BMW, Krupp, Daimler et IG Farben en sortirent plus riches encore. Il était clair à ses yeux que la minutie bureaucratique dont firent preuve les Allemands pour expulser tous les Juifs des Pays-Bas n'eut d'égal que la célérité avec laquelle ils pillèrent leurs biens.

Comme presque tous les Américains, Vincent avait appris l'existence d'Anne Frank à l'école. Il ne visita le 263 Prinsengracht que bien plus tard – et constata, avec étonnement, que la question « Qui a dénoncé Anne Frank ? » n'avait jamais reçu de réponse définitive. Il dit à Thijs et Pieter qu'il n'aimait rien tant que les défis, et accepta immédiatement de rejoindre l'équipe. Mais une fois le projet bien avancé il se demanda dans quoi il s'était embarqué : l'affaire remontait à plus de soixante-dix ans, le dénonciateur et la plupart des témoins directs étaient probablement morts, entre autres problèmes complexes. « Les circonstances ne pouvaient pas être plus difficiles », dit-il rétrospectivement. Pourtant, il ne pouvait s'empêcher de penser que sa place était là. L'une de ses premières décisions fut de constituer une équipe d'experts sur les questions de police en temps de guerre, l'histoire d'Amsterdam, les collaborateurs, les pillages des fascistes néerlandais et la Résistance.

Monique Koemans, analyste criminelle pour le gouvernement néerlandais, rejoignit l'équipe en octobre 2018. Outre un doctorat en criminologie, elle avait une formation d'historienne.

Lorsqu'elle trouva un courriel dans sa boîte l'invitant à faire partie de l'équipe, elle n'hésita pas une seconde. Il était rare que l'on fasse appel à ses compétences à la fois de criminologue et d'historienne. Elle demanda alors à son employeur une année de mise en disponibilité.

Monique avait lu le *Journal* plus de vingt fois et écrit des articles sur Anne au début de sa carrière, comme journaliste. Si cette affaire de trahison était ancienne, elle avait le sentiment que le présent n'est jamais très loin du passé.

Dans les rues d'Amsterdam, les vestiges de la guerre sont omniprésents. Pour se rendre à son travail, Monique passait devant les bureaux de *Het Parool** (« Le Mot de passe » ou « La Devise »), quotidien national qui a vu le jour en 1940 et était alors le journal de la Résistance. À La Haye, où elle vit désormais, elle trouve aussi les cicatrices de la guerre très visibles. En se promenant dans Bezuidenhout, le quartier où vivaient ses grands-parents et où sa grand-mère a survécu par miracle à un bombardement, elle aperçoit parfois la maison où son grand-père se cachait quand il travaillait pour un journal de la Résistance. Son ancien voisin était le fils d'une survivante de l'Holocauste. Il lui a raconté qu'à la fin de la guerre un train rempli de prisonniers venant du camp de concentration de Bergen-Belsen* avait été abandonné par les nazis au milieu d'une forêt. Sa mère et sa grand-mère faisaient partie du convoi. Elles s'étaient nourries de baies avant que les troupes alliées ne les retrouvent. Pour la mère de cet homme, quitter Bergen-Belsen à ce moment-là signifiait qu'elle avait survécu à la guerre. Contrairement à Anne et Margot Frank, qui ne revinrent jamais de ce même camp de concentration.

Trois autres jeunes historiennes – Christine Hoste, Circe de Bruin et Anna Foulidis – effectuèrent une grande partie des recherches dans les Archives de la ville, notamment à l'institut NIOD pour les études sur la guerre, l'Holocauste et le génocide et aux Stadsarchief* d'Amsterdam. Elles épluchèrent des milliers de dossiers, rédigèrent des rapports, arrangèrent des rendez-vous et préparèrent les entretiens. Lorsqu'on les interroge sur l'impact que ces recherches sur l'Holocauste ont eu sur elles, elles disent qu'il a été douloureux d'entrer dans ce passé. Elles se sont concentrées sur les Pays-Bas, et notamment sur le camp de transit de Westerbork* (aujourd'hui un musée), dont elles ont interviewé le directeur. Christine pense qu'elle n'aurait pas pu affronter les camps en Allemagne et en Pologne.

Thijs invita également son ami Jean Hellwig, professeur d'histoire à l'université d'Amsterdam, à rejoindre l'équipe – une suite naturelle au précédent projet sur lequel celui-ci travaillait, Warlovechild, qui rassemble histoires, films et photos d'enfants de soldats néerlandais, abandonnés après la guerre coloniale en Indonésie entre 1945 et 1949[I]. « J'ai constaté de mes propres yeux le potentiel de guérison de la vérité historique », aime-t-il répéter. Jean proposa ensuite à onze étudiants de participer aux recherches, en leur permettant d'effectuer leur stage universitaire au sein de l'équipe.

Le dernier membre à rejoindre l'équipe fut Brendan Rook, un enquêteur qui avait servi comme officier d'infanterie dans l'armée australienne et passé plus de dix ans à la Cour pénale internationale de La Haye à investiguer sur les crimes de guerre, les crimes contre l'humanité, les génocides. Lorsque Vincent

I. Cent trente mille jeunes Néerlandais ont été envoyés en Indonésie pour reconquérir la colonie, et nombre des atrocités commises à l'époque sont encore passées sous silence. Une fois cette guerre coloniale perdue, les soldats se sont retirés, abandonnant derrière eux des enfants, sans père, souvent méprisés par la population locale parce qu'à moitié néerlandais. L'histoire de ce conflit est devenue palpable lorsque Jean a rencontré certains de ces gamins, aujourd'hui âgés d'une soixantaine d'années, mais également leurs pères et parents perdus de vue. Lui aussi est mi-néerlandais, mi-indonésien, mais d'une génération plus récente (NdA).

était encore agent du FBI, il lui était arrivé de collaborer avec la police hollandaise, et un de ses principaux interlocuteurs l'avait présenté à Luc Gerrits. Vincent expliqua à Luc qu'il avait besoin de quelqu'un à qui soumettre ses idées, un collègue enquêteur capable de se concentrer sur les faits pouvant mener à la résolution du crime. Luc Gerrits rencontra Brendan Rook à La Haye et lui parla de l'équipe. Extrêmement intéressé, Brendan Rook prit rapidement ses dispositions pour obtenir un congé et intégrer l'équipe.

Vincent et Brendan voyaient les choses de la même manière. Alors que pour des centaines de visiteurs qui font la queue sur le trottoir la Maison Anne-Frank est un musée, pour Vincent et Brendan il s'agissait d'une scène de crime. Ils se représentaient les événements et l'endroit exact où ils s'étaient déroulés en cette effroyable matinée du 4 août 1944.

Chaque fois qu'il se rend sur une scène de crime, Brendan découvre de nouveaux détails. Face au bâtiment, à ses quatre niveaux, au grenier, aux fenêtres, il était sûr d'une chose : un policier professionnel aurait certainement deviné l'existence de l'Annexe à l'arrière, et il ne lui aurait pas fallu longtemps pour en trouver l'entrée secrète.

4

Les forces en présence

Dans cette enquête de plus en plus complexe, Vincent tenait le rôle de l'outsider qui devait comprendre ce qui était évident aux yeux des Hollandais. Cette position lui donnait l'avantage de pouvoir rester serein face à des situations qui rendaient les autres fous. Le premier choc, pour le groupe, fut de constater le degré d'acrimonie régnant entre les différentes parties prenantes de l'héritage d'Anne Frank.

Thijs a décrit la première réunion que Pieter et lui ont eue avec un homme « de l'univers d'Anne Frank », à savoir Jan van Kooten, ancien responsable du programme éducatif et des visites (1983-2004) de la Maison Anne-Frank[1]. Ils l'avaient sollicité au sujet des organismes consacrés à l'histoire des Frank afin de mieux connaître le rôle de chacun et de savoir dans quelle mesure ils collaboraient.

Le vendredi 4 mars 2016, Thijs et Pieter se rendirent donc dans les bureaux du Comité national des 4 et 5 mai, l'institution néerlandaise responsable des commémorations du jour du Souvenir et du jour de la Libération[2]. Jan van Kooten était assis derrière son grand bureau, plutôt intimidant. Thijs et Pieter se sentaient légèrement tendus, car c'était la première conversation officielle au cours de laquelle ils devaient expliquer leur idée : une enquête sur ce que l'on appelle communément « la dénonciation d'Anne Frank ». Leur première question fut prudente : que devons-nous savoir pour commencer nos recherches ?

Van Kooten sortit rapidement un stylo et une feuille blanche d'un tiroir. Un bref instant, il fixa le papier. Puis il se mit à tracer des cercles et des lignes tout en parlant. Sa voix était douce mais ferme. Les deux hommes sentirent qu'il connaissait intimement le monde qu'il décrivait et qu'il choisissait ses mots avec soin – beaucoup de soin.

Le schéma se fit de plus en plus complexe, et il devint clair que le monde dans lequel ils pénétraient était difficile à cerner. Le schéma pourrait se résumer comme suit.

Il existe trois versions du journal d'Anne Frank :

A. Le journal original.

B. La version réécrite par Anne au cours des derniers mois avant la rafle de l'Annexe (le 28 mars 1944, sur Radio Oranje, le ministre néerlandais de l'Éducation, de l'Art et des Sciences appela ses concitoyens à conserver leurs journaux intimes pour témoigner de ce que la nation avait enduré et surmonté. Anne réécrivit son journal avec l'ambition qu'il soit publié[3]).

C. La version avec des modifications apportées par (ou sous la supervision de) Otto Frank. Celle qui a été publiée dans le monde entier.

Il existe deux fondations Anne Frank, toutes deux créées par Otto Frank.

1. L'Anne Frank Stichting (la Fondation Anne-Frank) à Amsterdam, créée en 1957 par Otto Frank pour sauver de la démolition la maison et l'Annexe du 263 Prinsengracht. Ses principaux objectifs sont la gestion de la Maison Anne-Frank et la transmission* *de l'histoire de la vie et des idéaux de la jeune fille. La Fondation propose expositions, programmes éducatifs et publications fondés sur la vie d'Anne. Elle gère également la collection Anne Frank et fait visiter la « cachette » au public.*

2. L'Anne Frank Fonds (le Fonds Anne-Frank, AFF) à Bâle, en Suisse, imaginé en 1963 par Otto Frank pour diffuser le journal de sa fille et gérer les droits d'auteur de la famille*[1]*. Le Fonds Anne-Frank possède un centre éducatif à Francfort, soutient de nombreuses organisations caritatives et promeut livres, films et pièces de théâtre.*

Très bien. Mais c'est là où les choses se compliquent. La version A du journal est la propriété de l'État néerlandais. La version B était autrefois celle de la Maison Anne-Frank à Amsterdam, mais appartient aujourd'hui au Fonds Anne-Frank de Bâle. Dans tous les cas, les droits d'image, y compris les images du texte, ont toujours appartenu au Fonds. Tout comme la version C.

Les deux organisations se sont intenté plusieurs procès autour de la propriété des droits d'auteur. Ce que vous entreprenez avec l'une peut donc avoir un impact sur l'autre. Telle était la signification du schéma de Van Kooten.

Alors que l'enquête n'en était encore qu'à ses débuts, un ami de Thijs lui raconta avoir rencontré l'un des membres du conseil d'administration du Fonds Anne-Frank (AFF) lors d'un séjour à La Colombe d'Or, à Saint-Paul-de-Vence, en France. L'ami dit à Thijs que, lorsqu'ils seraient prêts, il organiserait un appel téléphonique entre lui et le membre du conseil d'administration en question.

1. Aujourd'hui propriété des neveux et nièces d'Otto, y compris de Buddy et Stephen Elias (les fils de Leni, la sœur d'Otto) (NdA).

Thijs attendit d'être sûr d'avoir les financements nécessaires. Lorsque ce fut le cas et qu'ils se téléphonèrent, le membre du conseil d'administration lui fit savoir que l'idée lui semblait incongrue, mais qu'il en discuterait avec ses collègues. Cela déboucha sur une invitation à visiter le siège de l'AFF. Le mercredi 28 septembre 2018, Thijs, Pieter et Vincent s'envolèrent pour Bâle.

Le siège du Fonds est situé près du vieux centre de la ville, dans un immeuble de bureaux aussi moderne que discret. L'intérieur est luxueux, pas somptueux. La réunion eut lieu dans une petite salle en présence de cinq membres du conseil d'administration, dont le président, John D. Goldsmith, le vice-président, Daniel Fürst, et le secrétaire, Yves Kugelmann. Pendant une bonne heure, la conversation fut agréable, on fit passer des sandwichs. Chacun se présenta brièvement, puis Thijs, Pieter et Vincent exposèrent leurs pistes de recherche et leurs motivations. Vincent se souvient que Goldsmith était plutôt sceptique, demandant pourquoi ils s'étaient lancés dans cette enquête, s'il existait de nouveaux éléments la justifiant.

Vincent expliqua qu'une enquête reprenant une affaire non résolue devait examiner des informations préalablement connues dans l'espoir d'y découvrir de nouveaux indices. Dans ce cas précis, les investigations précédentes avaient été menées avec une approche trop restrictive. Les nouvelles techniques et technologies pourraient apporter des éléments inédits. Les membres du conseil semblèrent alors un peu moins dubitatifs. L'atmosphère était si détendue que Vincent en vint à espérer qu'ils pourraient coopérer. Cet optimisme prit brusquement fin lorsque Kugelmann demanda s'ils avaient déjà une idée de nom pour le projet.

Thijs répondit que le titre provisoire était *Anne Frank : le journal d'une affaire non élucidée*. Une chape de silence tomba sur la pièce. Puis Kugelmann prit la parole. Ils étaient opposés à ce titre. Pourquoi s'emparer du nom d'Anne Frank ? Ignoraient-ils qu'il était protégé et que le Fonds en possédait les droits ? L'équipe ne pourrait pas l'utiliser. D'autre part, n'était-il pas particulièrement immoral de gagner de l'argent sur le dos de la pauvre fillette ? Après tout, la dénonciation ne concernait pas seulement Anne, mais les huit personnes cachées dans l'Annexe – sans oublier les 107 000 autres Juifs raflés aux Pays-Bas et qui ne s'appelaient pas Anne Frank. Pourquoi les Pays-Bas s'accaparaient-ils Anne, d'ailleurs ? Anne était d'abord allemande et juive, pas hollandaise ! C'est pour cette raison qu'ils soutenaient la Maison Anne-Frank à Francfort. Pour eux, il était tout simplement incompréhensible qu'il y ait une Maison Anne-Frank à Amsterdam.

Vincent, Thijs et Pieter étaient abasourdis. Pieter, en particulier. L'AFF leur reprochait d'essayer de gagner de l'argent sur le nom d'Anne Frank ? Ce même AFF qui détient les droits de l'un des livres les plus vendus et rentables de tous les temps ? Anne, une Allemande avant tout ? N'était-elle pas apatride, plus ou moins expulsée de son pays par un régime qui la considérait comme une *Untermensch* ? N'avait-elle pas écrit dans son journal que son souhait le plus cher était de devenir citoyenne néerlandaise, en plus d'être une autrice célèbre ? Ne l'avait-elle pas écrit en néerlandais ? Si elle avait survécu, elle y aurait peut-être réfléchi à deux fois, mais c'était clairement son intention.

Kugelmann estimait possible qu'ils apportent leur soutien, mais seulement si l'équipe n'utilisait pas le nom d'Anne Frank. Elle pourrait même coopérer avec un groupe de recherche que finançait déjà l'AFF. Bien que l'atmosphère se soit nettement refroidie, tout le monde resta courtois. Thijs indiqua qu'ils n'avaient pas prévu cette condition comme base d'une future coopération et qu'ils devaient y réfléchir.

C'est alors que Kugelmann prononça des paroles que Thijs, Vincent et Pieter n'étaient pas près d'oublier. Il affirma qu'ils ne pourraient jamais résoudre l'affaire sans l'aide du Fonds Anne-

Frank, insinuant que ce dernier possédait la clé du mystère. Sans doute dans ses archives, mais Kugelmann resta vague. Alors que les trois hommes s'apprêtaient à partir, Goldsmith prit Vincent à part et lui dit : « Vous savez qu'Otto a menti à Wiesenthal à propos de l'identité de Silberbauer. Pourquoi pensez-vous qu'il a fait cela ? » Vincent répondit qu'il l'ignorait encore, mais qu'il était déterminé à le découvrir. Pour la première fois, l'équipe comprit qu'Otto Frank avait des secrets.

Quelques semaines plus tard, Thijs reçut un bref appel de l'un des membres du conseil d'administration, qui lui demanda si l'équipe avait reconsidéré l'utilisation du nom d'Anne Frank dans le titre du livre ou du film consacré à son enquête. Lorsque Thijs répondit par la négative, la personne lui fit savoir que l'AFF ne souhaitait pas collaborer avec eux. Plus tard, alors que l'enquête battait son plein, Thijs invita l'AFF à venir visiter les bureaux de l'équipe. Le Fonds déclina poliment. De son côté, Vincent demanda officiellement accès aux archives de l'AFF par courrier. Deux mois plus tard, il reçut une réponse sous la forme d'une demande d'informations complémentaires, qu'il fournit. Un silence de mort s'ensuivit.

C'est ainsi que l'équipe apprit sa première leçon : les entités chargées de préserver l'héritage d'Anne Frank étaient plus mystérieuses et complexes encore que ne le laissait supposer le schéma labyrinthique de Jan. Et les enquêteurs étaient loin d'imaginer que tout allait devenir de plus en plus compliqué[1].

1. Nous n'avons pas reçu l'autorisation de l'AFF de citer les lettres d'Otto Frank, bien que celles que nous avons sélectionnées aient été publiées dans d'autres livres. Nous regrettons d'avoir dû nous passer de cette voix éloquente, porteuse de tolérance, de paix et de justice (NdA).

5

« Voyons de quel bois cet homme est fait ! »

Otto Frank est né à Francfort en 1889. Ses racines allemandes remontent au XVIe siècle du côté de sa mère. Il a combattu pendant la Première Guerre mondiale – répondant à l'appel « Juifs patriotes, battez-vous pour votre pays ! » – et a été promu lieutenant pour sa bravoure lors de missions de reconnaissance. Il a connu les tranchées en France pendant la bataille de la Somme et ses 1,5 million de victimes. Il a connu la solitude, l'isolement et la peur de la guerre. C'est sans doute ce qui l'a poussé à écrire à sa sœur, en 1917, que l'amour et la famille devaient primer sur le reste dans la vie de tout être humain[1].

Ceux qui ont côtoyé Otto Frank décrivent un homme au tempérament joyeux, voire blagueur, vif et plein d'énergie, mais aussi réservé ; il garde son quant-à-soi. C'est en Allemagne qu'il rencontre sa femme, juive, et que ses filles voient le jour. Il n'est pas pratiquant et se montre aussi attaché à l'Allemagne qu'à son héritage judaïque.

Peu après la défaite allemande en 1918, les Juifs sont désignés comme boucs émissaires de l'humiliation subie par le pays. Des foules en colère les attaquent dans les rues de Berlin, les rendant responsables des pénuries alimentaires, de l'inflation, de cette guerre que l'Allemagne a elle-même déclenchée. Et en 1924 un jeune homme emprisonné commence la rédaction d'un livre, *Mein Kampf*. Il y fulmine :

La découverte du virus juif est l'une des plus grandes révolutions qui aient eu lieu dans ce monde… Si, avec l'aide de son allié marxiste, le Juif triomphe des autres peuples sur terre, sa couronne sera la couronne funéraire de l'humanité, et cette planète, comme elle l'a fait il y a des milliers d'années, se déplacera sous les cieux sans aucun homme… En combattant le Juif, je combats pour le Seigneur[2].

Les adeptes de la théorie du complot, jamais avares de superlatifs, laissent sans cesse entendre que la survie de l'humanité est en jeu. Et il y a immanquablement un ennemi à abattre, ici le Juif bolchevik. Dans ce cas précis, l'appel porte ses fruits.

Dès que Hitler est nommé chancelier en janvier 1933, les persécutions commencent. Un processus remarquablement bureaucratique, systématique et sournois. En mars 1933, les SS font de Dachau* un camp pour prisonniers politiques ; en 1938, celui-ci est transformé et devient le premier camp de concentration de la Seconde Guerre mondiale. Une propagande intensive diffuse des théories eugéniques de la race, selon lesquelles les Juifs seraient génétiquement inaptes. Ne tardent pas à suivre leur exclusion du monde du travail et la confiscation de leurs biens.

Pour Otto Frank, le décret instaurant la séparation des enfants juifs et non juifs dans les écoles, qui oblige sa fille aînée Margot à s'asseoir à l'écart de ses camarades non juifs, constitue un tournant. Il n'élèvera pas ses filles « comme des chevaux avec des œillères, ignorantes du paysage social en dehors de leur petit groupe[3] ». Il souhaite que ses enfants fassent partie de la société, qu'elles ne soient pas isolées et cataloguées comme des êtres inférieurs et des parias, et par voie de conséquence il veut que son pays fasse partie du monde et ne s'isole pas avec ce sentiment absurde de supériorité aryenne.

À quarante-quatre ans, Otto Frank est tout ce qu'il y a de plus allemand – ses amis sourient de sa retenue prussienne –, mais il n'est pas aveugle à ce qui se prépare. En janvier 1933, sa femme et lui dînent avec des amis allemands lorsque la radio annonce la nomination de Hitler comme chancelier. Edith et lui se regardent, horrifiés, tandis que leurs hôtes s'exclament : « Voyons de quel bois cet homme est fait[4] ! » Pour ces amis, Hitler est l'homme fort qui ramènera l'ordre et rendra au pays sa fierté. Ils pensent pouvoir s'accommoder de ses « excentricités ».

Cette nuit-là, Otto et Edith s'interrogent sur la façon de quitter l'Allemagne. Otto a observé la montée du nationalisme et sait combien il peut être dangereux. Il se demande comment il va subvenir aux besoins de sa famille, car fuir signifierait tout abandonner. Et fuir où ? Une grande partie de sa famille a déjà quitté l'Allemagne. En 1932, son frère aîné, Herbert, a gagné Paris, où son cousin Jean-Michel Frank, talentueux designer, travaille avec des artistes tels que Salvador Dalí. Son frère cadet, Robert, et sa femme, Lottie, ont émigré en Angleterre et ouvert une galerie d'art dans un sous-sol de St James's Street à Londres. Sa sœur, Helene, surnommée Leni, et son mari, Erich Elias, vivent à Bâle, en Suisse ; lui est membre fondateur d'Opekta*, la filiale de la société PomosinWerke de Francfort, qui produit la pectine, l'agent gélifiant de la confiture. La mère d'Otto, Alice Frank, a rejoint sa fille à Bâle en 1933.

Examinant le choix de pays qui s'offre à lui, Otto constate que l'Angleterre et les États-Unis sont inenvisageables. Il pense qu'il ne parle pas assez bien l'anglais. Dès lors, comment y gagnerait-il sa vie ? Il sait que ses frères et sœur seraient prêts à l'aider, mais il a aussi conscience de leurs propres difficultés et ne souhaite pas les accabler davantage. La France pourrait faire l'affaire. Mais son beau-frère Erich lui écrit que sa société veut se développer à l'international et lui demande d'ouvrir un bureau d'Opekta à Amsterdam.

Otto y a passé du temps en 1923 pour créer une filiale de la banque de son père, la Michael Frank & Sons Bank. Malheureusement, l'affaire a capoté au bout d'un an, la famille ayant fait faillite, et Otto a été contraint de rentrer en Allemagne. Mais il a gardé un bon souvenir de la ville, et les Hollandais sont connus pour leur tolérance. Ne sont-ils pas restés neutres pendant la Première Guerre mondiale ? Début août 1933, Otto Frank devient un réfugié. Remisant son pays dans sa valise avec ses chaussures, il quitte l'Allemagne pour toujours, avec sa femme et leurs filles.

La chance n'était pas du côté d'Otto. Le destin implique qu'une force extérieure ou supérieure dirige les événements ; or, c'est plutôt le hasard qui envoie Otto et sa famille ici ou là, tandis que le contrôle de son existence lui est progressivement volé.

Otto ne pouvait pas le prévoir, mais à la fin de la Seconde Guerre mondiale les Juifs des Pays-Bas afficheront le pire taux de mortalité d'Europe occidentale : 73 % d'entre eux seront morts. En Belgique, 40 % des Juifs ont été tués ; en France, 25 % ; au Danemark, 0,6 %. Dans l'Italie fasciste, ils sont 92 % à avoir survécu[5]. On estime que le nombre de Juifs qui se sont cachés aux Pays-Bas varie entre vingt-cinq et vingt-sept mille. Un tiers d'entre eux ont été dénoncés, notamment à cause du système sophistiqué de récompenses financières mis en place par les nazis pour inciter policiers et civils à la délation.

Il existe une vieille théorie selon laquelle la structure de la société néerlandaise, séparée en groupes, aurait joué contre la protection de la population juive. Les Néerlandais appellent cela *Verzuiling**, la « pilarisation », les quatre piliers principaux étant les catholiques, les protestants, les socialistes et les libéraux. Chaque pilier avait ses propres syndicats, banques, hôpitaux, écoles, universités, clubs sportifs, journaux, etc. Cette ségrégation signifiait que les individus étaient étroitement liés à leur groupe et n'avaient que peu ou pas de contacts avec les membres des autres piliers. Pourtant, d'après Pieter, cette explication est simpliste : la pilarisation est une notion trop vague et trop générale pour expliquer à elle seule le comportement des Pays-Bas pendant la guerre.

Les historiens Pim Griffioen et Ron Zeller apportent un autre éclairage, soulignant que les nazis ont été aidés par les usages néerlandais en matière d'état civil. Sur les cartes d'enregistrement municipales figuraient le nom, la date et le lieu de naissance, la nationalité, la religion, les noms et dates de naissance des conjoints et enfants, l'année de mariage, la date de décès le cas échéant, les adresses des individus, de leur arrivée à leur départ de la municipalité, ainsi que la possession d'un passeport ou d'une carte d'identité. Les Juifs étaient identifiés par les initiales *NI* : Israélite néerlandais. Ainsi, lorsque les rafles nazies ont commencé au cours de l'été 1942, les Juifs hollandais étaient des cibles faciles. Compte tenu de la géographie du pays, la fuite n'était pas une option. À l'est se trouve la longue frontière avec l'Allemagne ; au sud, celle avec la Belgique occupée ; et à l'ouest et au nord la mer, fermée à la navigation. Il n'y avait donc pratiquement nulle part où aller[6].

Il est également exact que l'expérience des Pays-Bas pendant la guerre fut différente de celle des autres pays. C'était, de fait, un État policier. Tandis que, par exemple, la Belgique et la France occupées étaient dirigées par la Wehrmacht et que le Danemark était sous le contrôle de la marine allemande, les Pays-Bas furent au départ administrés par un gouvernement civil, avec à sa tête l'avocat autrichien Arthur Seyss-Inquart, nommé commissaire du Reich (Reichskommissar für die besetzten niederländischen Gebiete*) par Hitler. Une lutte pour le pouvoir s'engagea alors entre d'un côté Seyss-Inquart et le parti nazi néerlandais (Nationaalsocialistische Beweging* ; NSB), sous l'influence de Hermann Göring, commandant en chef de la Luftwaffe, et de l'autre côté le commissaire général des forces de sécurité Hanns Albin Rauter, plus haut responsable de la SS et de la police des Pays-Bas occupés, et qui rendait directement compte au commandant SS Heinrich Himmler. À mesure que le pouvoir de Göring s'estompait et que celui de Himmler s'affirmait, l'influence de Hanns Albin Rauter augmenta. Il supervisa la déportation de 107 000 Juifs, la répression de la Résistance et les représailles des attaques contre les nazis. Dès le début, la mort d'un nazi entraînait l'exécution de plusieurs Néerlandais, et ce ratio ne fit qu'augmenter au cours de l'Occupation.

Par ailleurs, les Néerlandais subissaient de sévères châtiments pour toute entorse au dogme nazi. Une grève générale organisée par le parti communiste à Amsterdam le 25 février 1941 (*Februaristaking**), en réponse aux rafles, constitua la première protestation publique contre les nazis dans l'Europe occupée, et la seule de masse organisée par des non-Juifs contre les déportations de Juifs. Au moins trois cent mille travailleurs d'Amsterdam et des environs y participèrent[7]. La répression allemande fut immédiate et brutale. Les organisateurs de la grève furent arrêtés et exécutés. Il fallut beaucoup de temps à la Résistance pour s'en remettre. « Ce n'est qu'au printemps 1943 qu'une autre grève eut lieu, mais… la protestation arriva beaucoup trop tard pour une grande majorité des Juifs, déjà déportés vers les camps de la mort[8]. »

Pourtant, nombre d'organisations et d'individus œuvrèrent en leur faveur. Quatre réseaux distincts se consacrèrent au sauvetage d'enfants juifs. Henriëtte « Hetty » Voûte, jeune étudiante en biologie, rejoignit un groupe, le Comité des enfants d'Utrecht (Utrechts Kindercomité*). Il s'agissait de trouver des refuges à des centaines de jeunes Juifs qui avaient été séparés de leurs parents. Hetty parcourait la campagne à vélo, faisant du porte-à-porte pour la cause[9].

Il est impossible d'estimer avec exactitude le nombre de personnes qui aidèrent des Juifs à se cacher, mais on peut en compter au moins vingt-huit mille et il y en eut sans doute davantage – un chiffre extraordinaire lorsqu'on sait que ces personnes mettaient leur propre vie en danger, mais aussi celle de leur famille, bien souvent pour des inconnus.

6

Un intermède en sécurité

En décembre 1933, Otto Frank trouve un logement pour sa famille au 37 Merwedeplein, dans le sud d'Amsterdam. Un modeste trois-pièces, situé à l'étage d'une rangée de maisons construites vers 1920[I]. Des centaines de réfugiés juifs fraîchement arrivés de l'Allemagne nazie affluent dans ce quartier. Les Juifs néerlandais, plus pauvres, envient le confort de ces classes moyennes, tandis que les autochtones mettent en garde les nouveaux arrivants : parler allemand en public, c'est la certitude d'être catalogués comme immigrants. Otto pense avoir trouvé un refuge sûr pour sa famille. Anne aime le quartier, surnommant le Merwedeplein « Merry ». Les cinq ou six premières années, les Frank se sentent chez eux à Amsterdam : les enfants, rapidement intégrés à l'école, parlent désormais le néerlandais et se sont fait des amis. La situation en Allemagne est désespérée mais lointaine.

À l'époque, l'antisémitisme n'est pas flagrant aux Pays-Bas. Lorsqu'il se manifeste, il se résume en général à des agressions

I. Il est aujourd'hui possible de visiter la maison des Frank. En 2004, l'appartement a été racheté par la Fondation Anne-Frank et transformé en résidence pour écrivains. À partir des photos de la famille, l'ameublement, style années 1930, a été reconstitué dans les moindres détails. Au-dessus du bureau en acajou à abattant de la chambre d'Anne se trouve une photo d'elle, assise face à l'original (NdA).

verbales. Mais une autre forme d'intolérance se développe. Alors que les réfugiés arrivent en masse d'Allemagne, puis d'Autriche et d'Europe de l'Est, un sentiment d'animosité croît lentement parmi les Néerlandais. Les réfugiés arrivent en trois vagues : d'abord après la prise de pouvoir par Hitler en 1933, puis avec la promulgation des lois de Nuremberg (Nürnberger Gesetze*) en 1935, et enfin après la Nuit de cristal, en 1938, où des magasins appartenant à des Juifs sont vandalisés et environ trente mille d'entre eux arrêtés, dont six cents gravement blessés. Accusés d'incitation à la violence, ils sont condamnés à des millions de marks d'amende. Quand la vérité est à ce point distordue, l'heure de la fuite a sonné. Entre 1933 et 1940, environ trente-trois mille réfugiés entrent aux Pays-Bas.

Le gouvernement hollandais finit par décréter que ces réfugiés sont des « éléments indésirables[1] ». En 1939, le camp de Westerbork est créé pour accueillir les réfugiés juifs, en règle et clandestins, et les organisations juives néerlandaises privées sont contraintes de le financer. Situé dans le nord-est du pays (la reine Wilhelmina ayant mis son veto à un emplacement plus central, jugé trop proche d'une résidence royale), le camp se résume à des baraquements rudimentaires et de misérables cabanes. Au départ, ce camp ouvert doit être le point de départ pour des émigrants volontaires. En réalité, Westerbork servira à l'occupant de camp de transit pour la déportation vers les camps de concentration.

En dépit des circonstances et grâce à un prêt de son beau-frère Erich Elias, Otto Frank parvient à implanter la succursale d'Opekta. L'affaire n'est pas florissante, mais en 1938 il crée une deuxième entreprise, Pectacon*, spécialisée dans les herbes, épices et condiments, qu'il vend aux bouchers et autres commerçants, ce qui lui permet de poursuivre une activité pendant les mois d'hiver, lorsque les fruits à confitures se font rares. Il a essayé d'établir une succursale en Angleterre, se rendant à Londres et à Bristol en octobre 1937. Ce qui aurait pu signifier une éventuelle émigration de sa famille vers la liberté, mais le projet tombe à l'eau.

Comparativement aux horreurs vécues en Allemagne, Otto se dit que ces premières années aux Pays-Bas sont synonymes de liberté et d'une vie relativement paisible. L'été, Edith et les enfants se rendent souvent aux thermes d'Aix-la-Chapelle, à la frontière allemande, où en 1932 la famille d'Edith a loué une grande maison. Les filles et elle y passent plusieurs mois, le temps pour Otto de trouver un logement à Amsterdam. Otto emmène aussi Anne et Margot à Bâle voir sa mère, Alice, et sa sœur, Leni, ainsi que leurs cousins.

L'idée que se fait Otto de l'homme d'affaires, et de l'homme tout court, se comprend à travers les relations qu'il noue avec ses employés. Difficile d'imaginer des subordonnés à qui l'on demanderait plus de sacrifices – et qui les ont encore plus librement acceptés – pour soutenir leur patron qu'à ces quatre-là : Johannes Kleiman, Victor Kugler, Miep Gies et Bep Voskuijl.

Otto a fait la connaissance de Johannes Kleiman en 1923 ; ils se sont rencontrés lorsque Otto a tenté de créer une succursale de la banque Michael Frank & Sons à Amsterdam. Lorsqu'il a été interdit aux Juifs de posséder des entreprises en 1941, Otto a confié la direction de Pectacon à Kleiman pour éviter qu'elle ne soit confisquée ou liquidée par les Allemands. L'entreprise sera finalement rebaptisée Gies & Co. pour lui donner un pedigree néerlandais. Lorsque les Frank rejoindront l'Annexe, Kleiman maquillera les comptes de manière à dissimuler l'argent qu'il mettait de côté pour Otto, véritable patron de la société.

Victor Kugler a servi pendant la Première Guerre mondiale dans la marine austro-hongroise et a été blessé. Installé aux Pays-Bas dès 1920, il est l'un des premiers employés à rejoindre Opekta, en 1933. Kugler partage les idées politiques d'Otto et lui a confié avoir quitté l'Autriche parce qu'il était « dégoûté par le fascisme et l'antisémitisme omniprésents dans les forces armées impériales autrichiennes pendant la guerre[2] ». À trente-trois ans, il est marié à une femme en très mauvaise santé. Miep Gies le décrit comme « un bel homme costaud, aux cheveux noirs impeccablement coiffés. Toujours sérieux, il ne plaisantait jamais… toujours formel et poli[3] ». Miep ignore que Kugler, né d'une mère célibataire dans une petite ville où il ne faisait pas bon être un gamin illégitime, a eu une enfance difficile, ce qui explique sans doute sa réserve.

Miep Gies, née en 1909, est également autrichienne. Les pénuries alimentaires furent telles en Autriche après la Première Guerre mondiale que de nombreux enfants souffrirent de malnutrition sévère. Miep ne fut pas épargnée. Son état s'aggravant, ses parents l'inscrivirent à un programme qui envoyait aux Pays-Bas les enfants dénutris pour qu'ils se rétablissent. Ils voyageaient seuls en train, une fiche d'identité autour du cou. Miep se souvient du train s'immobilisant dans l'obscurité totale de la ville néerlandaise de Leyde. Un homme la prit par la main et ils s'éloignèrent de la gare pour quitter la ville à pied. Soudain, ils se retrouvèrent devant une maison. Une porte s'ouvrit et une femme l'accueillit avec du lait chaud. Des enfants la regardaient. On la coucha et elle s'endormit immédiatement. Miep tissa des liens très forts avec la famille Nieuwenburg, chez qui elle resta cinq ans. Lors d'une visite à Vienne, à seize ans, elle demanda à ses parents biologiques d'accepter qu'elle demeure dans sa famille hollandaise adoptive[4]. Son histoire personnelle enracina en elle une profonde compassion pour les réfugiés.

Miep est engagée par Otto en 1933, à vingt-quatre ans. Elle a un jour décrit Otto comme un homme taiseux, avec de grands principes et un sens de l'humour empreint d'ironie[5]. Son futur mari, Jan Gies, travaille pour les services sociaux et, à partir de

1943, est un membre actif du Fonds national de soutien (Nationaal Steun Fonds ; NSF), organisation de la Résistance chargée de financer toutes les autres branches, en grande partie grâce à de l'argent provenant du gouvernement néerlandais en exil à Londres[6]. Une mission dangereuse à propos de laquelle Miep déclara : « Au cours de ces années, plus de vingt mille Néerlandais ont aidé des Juifs et d'autres personnes à se cacher. J'ai fait ce que j'ai pu pour apporter ma pierre à l'édifice. Mon mari également. Mais ça n'a pas suffi[7]. » Miep et son époux deviennent des amis proches des Frank, dînant avec eux toutes les semaines.

Elisabeth « Bep » Voskuijl a dix-huit ans lorsqu'elle est embauchée par Opekta, au début de l'été 1937. Elle semble maladivement timide, mais est aussi extraordinairement courageuse. Elle dira d'Otto qu'il était « affectueux, généreux et d'une grande sensibilité… un mot aimable faisait toujours beaucoup plus d'effet que n'importe quelle invective[8] ». Son père, Johannes, intègre l'entreprise comme responsable de l'entrepôt. Antinazi convaincu, c'est lui qui construira la bibliothèque camouflant l'entrée de l'Annexe.

Ces cinq personnes cacheront la famille d'Otto, lui sauveront la vie et partageront ses tragédies. Plus que des employés, ils furent des amis aussi lucides que lui face à la menace nazie. Lorsque après la guerre Otto songeait à Amsterdam, son cœur balançait. Elle était synonyme d'amitié à la vie à la mort. Mais aussi de trahison.

En 1938, Otto commence à ne plus se sentir en sécurité, surtout après l'annexion de l'Autriche par Hitler. Les Pays-Bas sont-ils vraiment sûrs ? Si l'Autriche peut être envahie et déclarée partie intégrante de la Grande Allemagne, pourquoi pas la Hollande ? Et, selon l'idéologie nazie, les Néerlandais sont un peuple germanique qui parle une forme de haut allemand. Au printemps, Otto se rend au consulat américain de Rotterdam pour demander un visa d'émigration aux États-Unis. Il n'est pas le seul. Au début de l'année 1939, les consulats américains en Europe ont reçu trois cent mille demandes. Le quota annuel pour les citoyens allemands et autrichiens est de vingt-sept mille[9].

S'il a un moment pensé rejoindre sa mère et sa sœur en Suisse, il a vite abandonné l'idée. Avant même le début de la guerre, les Suisses ont renoncé à accepter des réfugiés ou des immigrants juifs, afin de ne pas offenser Hitler ou compromettre leur neutralité. Les seuls Juifs autorisés à entrer dans le pays sont les Juifs palestiniens qui peuvent prouver qu'ils sont en transit vers un autre pays. Otto sait que, s'il essaye de franchir la frontière suisse, lui et sa famille seront certainement refoulés ou arrêtés. De plus, les Juifs ne sont pas autorisés à quitter les Pays-Bas sans visa.

Otto garde l'espoir que l'Allemagne respectera la neutralité néerlandaise, comme elle l'a fait pendant la Première Guerre mondiale. Mais surtout il fait bonne figure. Il comprend que sa famille et lui sont à nouveau en danger. Sa cousine Milly Stanfield, à Londres, se souvient de leur correspondance au printemps 1940 : « J'ai reçu une lettre de lui disant combien il était abattu parce qu'il était sûr que l'Allemagne allait attaquer[10]. » Il dit préférer ne pas penser à ce qui pourrait arriver aux enfants. Milly lui suggère d'envoyer les filles à Londres, où elles seraient sans doute plus en sécurité. Otto répond qu'Edith et lui n'imaginent pas être séparés d'elles, même si Milly est la seule personne à qui il aurait confié Anne et Margot.

Il est probable que ce fut l'une des décisions qu'Otto allait amèrement regretter. Mais Hitler avait bien attaqué la Hollande ; pourquoi pas l'Angleterre ensuite ? Et qu'est-ce qui garantissait que cette dernière tiendrait bon ? Ses filles auraient pu se retrouver seules dans Londres occupé, ce qu'il n'aurait jamais pu se pardonner.

En mars 1939, la mère d'Edith, Rosa, arrive d'Aix-la-Chapelle et s'installe au 37 Merwedeplein. Puis, au cours de l'été 1940, les frères d'Edith, Walter et Julius, émigrent enfin aux États-Unis. Ils promettent d'obtenir des visas pour toute la famille. L'espoir d'un chemin vers la liberté renaît.

7

L'offensive

Miep se souvient qu'en ce vendredi 10 mai 1940 tout le monde se retrouve autour de la radio dans le bureau d'Otto. L'ambiance est à la consternation et au choc. Le speaker annonce que les troupes et avions allemands ont franchi la frontière à l'aube. Certaines unités porteraient l'uniforme néerlandais, d'autres seraient des ambulanciers ou se déplaceraient à vélo. Est-ce vrai ? Est-ce une rumeur ? Quoi qu'il en soit, lorsque la reine Wilhelmina s'exprime ce matin-là pour appeler au calme, il est clair que l'invasion allemande est en cours. Trois jours plus tard, la reine quitte le pays pour l'Angleterre ; le lendemain, les Allemands bombardent et détruisent le cœur du port de Rotterdam, causant la mort de six cents à neuf cents personnes, alors même que les termes de la reddition sont en cours de négociation. Adolf Hitler fait porter le chapeau aux communications radio défectueuses : le bombardement n'aurait pu être annulé à temps. Ce qui ne l'empêche pas de menacer d'en faire autant à Utrecht si les Hollandais ne se rendent pas. Les Pays-Bas capitulent le 15. La « guerre » a duré cinq jours. Convaincus que les Allemands respecteraient leur neutralité, les Néerlandais n'étaient pas particulièrement préparés.

Au début, l'occupation allemande semble presque débonnaire. Les nazis traitent les Néerlandais en cousins inférieurs et s'attendent à ce qu'ils se convertissent gentiment au national-socialisme. Les commandes allemandes de produits locaux ont créé une sorte de boom économique, et la politique du « gant de velours » d'Arthur Seyss-Inquart voit même certains Hollandais se réjouir de l'Occupation.

Mais peu à peu les événements prennent une autre tournure. Le 10 janvier 1941, en vertu du décret n°6/1941, l'enregistrement de tous les Juifs devient obligatoire. Les autorités locales mettent en place des bureaux dans chaque quartier pour s'assurer du respect de cette obligation. Le recensement doit se faire en personne, au tarif de un florin par tête. Lorsque la qualification de « Juif » est contestée, le dossier est transmis au bureau du *generalkommissar*, le commissaire général à La Haye, et jugé par le docteur Hans Georg Calmeyer, avocat allemand et chef du département de l'Administration interne, contrôlé par les nazis et sous les auspices duquel les Juifs sont enregistrés.

La grande majorité des Juifs hollandais s'exécute, partant du principe que leurs noms et adresses figurent déjà dans les registres communaux et dans ceux des synagogues. Le non-enregistrement est passible d'une peine pouvant aller jusqu'à cinq ans de prison[1]. En outre, on les a trompés en leur faisant croire que cette démarche effectuée auprès de l'Agence centrale pour l'émigration juive (Zentralstelle für Jüdische Auswanderung* ; JA) faciliterait leur émigration vers des pays non européens.

Comme l'a raconté Miep Gies, « des nazis néerlandais sont sortis de leur trou à rats pour saluer, applaudir et accueillir [l'occupant][2] ». Le parti nazi néerlandais (NSB), fondé en 1932 et interdit en 1935, revient en force sous l'Occupation. En 1943, il compte 101 000 membres. Sous l'impulsion de Seyss-Inquart, le NSB crée une branche paramilitaire, le département Résilience (Weerbaarheidsafdeling* ; WA), une véritable milice.

En février 1941, la haine des Juifs est dans la rue, et les nervis du NSB parcourent les quartiers d'Amsterdam pour y semer la terreur. Les Juifs sont violemment expulsés des tramways et les fenêtres de leurs maisons brisées. Le propriétaire du Café Alcazar est l'un des derniers à refuser d'afficher une pancarte « Interdit aux Juifs » et permet aux artistes de cabaret juifs de se produire dans son établissement. Mais le dimanche 9 février, en milieu d'après-midi, une cinquantaine d'hommes du WA prennent d'assaut l'Alcazar, après avoir jeté une bicyclette à travers la vitrine. Ils sont furieux que le patron ait autorisé Clara de Vries, une chanteuse juive, à monter sur scène la nuit précédente. Ils tabassent les clients, juifs ou pas, et cassent le mobilier. Empêchant la police néerlandaise d'intervenir, la Grüne Polizei veille au bon déroulement de cet acte de vandalisme, qui se propage rapidement à d'autres cafés[3].

La politique du gant de velours de Seyss-Inquart a séduit les Néerlandais, les persuadant que l'occupation allemande serait bienveillante et resterait souple. Mais l'idylle prend fin le 11 février 1941, lorsqu'un groupe d'une quarantaine de nazis locaux envahit, dans le centre d'Amsterdam, le marché de Waterlooplein, dont les commerçants sont en grande majorité juifs, pour y entonner des chants antisémites. Ils y pénètrent armés d'objets contondants. Une violente confrontation oppose alors les nazis néerlandais à un petit commando de jeunes Juifs, formé à la hâte pour se défendre. Les gens du quartier, pour la plupart communistes, sont solidaires des Juifs. L'affrontement terminé, Hendrik Koot, un membre du WA, est retrouvé inconscient. Il décédera trois jours plus tard. Pour la propagande du NSB, le « martyre » de Koot est une aubaine. Le 17 février, à l'occasion de ses obsèques, plus de deux mille membres du NSB défilent en uniforme dans les rues d'Amsterdam.

Le 12 février 1941, policiers allemands et amstellodamois ferment les voies d'accès et les ponts menant au quartier juif. Aucun citoyen n'est autorisé à y entrer ou à en sortir. Dans un discours prononcé devant la section néerlandaise du parti nazi allemand (*Nationalsozialistische Deutsche Arbeiterpartei*, NSDAP*) au Concertgebouw le 12 mars, le commissaire Seyss-Inquart déclare : « Nous frapperons les Juifs partout où nous les trouverons, et quiconque sera de leur côté devra en assumer les conséquences[4]. »

En juin, les nazis purgent le Concertgebouw de tous ses musiciens juifs. Pour son ultime récital, l'orchestre joue la *Symphonie n°9* de Beethoven. Lorsque le chœur entonne « Alle Menschen werden Brüder » (« Tous les hommes deviendront frères »), c'est clairement en signe de défiance à l'égard des nazis. En 1942, les noms des compositeurs juifs gravés sur les murs de la salle de concert sont effacés[5].

Les Allemands étaient déjà passés maîtres dans l'art de duper, contrôler et lentement anéantir leurs ennemis. Dès 1939, dans les ghettos des territoires nouvellement occupés, ils créent des Conseils juifs, intermédiaires entre l'occupant et la communauté juive. Les Allemands imposent leurs directives, les Conseils juifs étant chargés de les faire respecter. Aux Pays-Bas, le Conseil diffuse son propre hebdomadaire, *Het Joodsche Weekblad**, qui, loin du regard de l'opinion publique, dresse la liste de tous les nouveaux décrets antisémites. Si ces décrets avaient été publiés dans un journal moins confidentiel, les Allemands auraient risqué une réaction hostile de la part des citoyens non juifs.

Lors de sa première réunion, le 13 février 1941, le Conseil juif (Joodse Raad*) réagit à l'affrontement du marché de Waterlooplein, insistant pour que toutes les armes détenues par des Juifs soient remises à la police. Comme si le Conseil reconnaissait que, d'une certaine manière, la communauté était responsable de la violence des nazis, alors qu'elle n'avait fait que se défendre[6]. Le Conseil était inféodé aux Allemands, ce qui s'avérera désastreux.

Le haut commandement allemand n'est jamais avare d'un chantage ; si le Conseil a le malheur de refuser d'exécuter une mesure, l'occupant menace de s'en charger beaucoup plus brutalement. En coulisse, c'est la Zentralstelle, l'Agence centrale pour l'émigration juive, qui détient le pouvoir. Sa dénomination, d'un cynisme extrême, laisse entendre que la possibilité d'émigration des Juifs est réelle. Les dirigeants du Conseil, dans les premiers temps du moins, présument, semble-t-il, que les Allemands n'ont pas l'intention d'anéantir totalement la communauté juive des Pays-Bas, et que le rôle du Conseil se résume à protéger les plus vulnérables. Au départ, malgré les terribles avertissements que représentent les camps de concentration en Pologne et en Allemagne, les Juifs néerlandais restent convaincus que les Allemands n'oseront jamais réserver aux Pays-Bas le sort qu'ils font subir aux nations d'Europe de l'Est.

Lorsque les déportations ont commencé, la Zentralstelle a créé un système de *Sperres**, ou exemptions de déportation, et a autorisé le Conseil juif à lui recommander untel ou untel. Les membres du Conseil et leurs familles ont automatiquement des *Sperres*, et ceux qui ont la chance de décrocher ce sésame sont en sécurité un certain temps. Cependant, le système est l'objet de nombreux abus, et la frontière entre coopération et collaboration se fait de plus en plus ténue[7].

Pendant ce temps, le chaos se poursuit dans les rues d'Amsterdam. Le 22 février 1941, un samedi après-midi et donc jour de shabbat, six cents membres lourdement armés de l'Ordnungspolizei allemande entrent en camion dans le quartier juif interdit et arrêtent au hasard 427 hommes juifs âgés de vingt à trente-cinq ans[8]. Ils sont d'abord expédiés à Kamp Schoorl, aux Pays-Bas. Trente-huit sont renvoyés à Amsterdam pour raisons de santé. Les 389 autres sont envoyés au camp de concentration de Mauthausen* en Autriche, et quelques-uns se retrouvent à Buchenwald. Seulement deux de ces hommes survivront.

Trois jours plus tard, le 25 février, pour protester contre la rafle, les travailleurs néerlandais organisent une grève massivement suivie. Trois cent mille personnes débrayent pendant deux jours. Sans pitié, les nazis font appel à la Waffen-SS*, autorisée à tirer à balles réelles sur les grévistes. Neuf personnes sont tuées et vingt-quatre grièvement blessées. Les meneurs sont retrouvés et vingt sont exécutés. Des hommes appréhendés dans le quartier juif sont photographiés des armes à la main. Ces clichés sont publiés dans la presse néerlandaise : la preuve que le commandement allemand a affaire à « une flambée de terrorisme[9] ». Si certains Néerlandais se faisaient encore des illusions sur l'occupation allemande, ils les ont perdues.

Les Juifs allemands, eux, ne s'y sont pas trompés. Otto Frank connaît la machine nazie : exclusion des Juifs des abris antiaériens, interdiction de travailler et aryanisation des entreprises, recensement obligatoire, port de l'étoile jaune, confiscation des biens et des sociétés, rafles de masse, camps de transit et, enfin, la déportation à l'est, où l'on ne sait pas exactement ce qui vous attend. Otto fait désormais tout ce qui est en son pouvoir pour sauver sa famille. Il doit mettre à l'abri son entreprise et quitter les Pays-Bas.

À nouveau, il tente d'émigrer vers les États-Unis. Les frères de sa femme, Julius et Walter Holländer, ont mis presque un an avant de trouver du travail. Finalement, Walter a déniché un poste d'ouvrier à la E. F. Dodge Paper Box Company, près de Boston, et a envoyé les garanties nécessaires aux Pays-Bas pour sa mère, Rosa, Otto et Edith. Fait remarquable, le patron de Walter, Jacob Hiatt, et un ami signent des déclarations sous serment garantissant qu'ils aideront Anne et Margot. Tout aurait dû se passer comme sur des roulettes, mais un dépôt de 5 000 dollars est exigé pour chaque immigrant, l'assurance qu'il ne grossira pas les rangs des indigents[10]. Ni Otto ni ses beaux-frères ne disposent de cette somme.

En avril 1941, Otto écrit à son riche ami américain Nathan Straus Jr ; la famille est propriétaire du grand magasin Macy's, et Nathan et lui étaient colocataires à l'université de Heidelberg. Bien que cela ait dû être humiliant, Otto lui demande une lettre de recommandation et la caution, rappelant à son ami qu'il a deux filles et que c'est surtout pour elles qu'il le sollicite. Nathan Straus contacte le National Refugee Service et propose de fournir les déclarations sous serment, mais suggère qu'il est si influent que le dépôt de 5 000 dollars (l'équivalent d'environ 77 000 euros actuels) ne devrait pas être nécessaire. En novembre 1941, en l'absence de visas, Straus offre finalement de couvrir tous les frais, mais il est trop tard[11].

Un mémo interne de juin 1940 du sous-secrétaire d'État Breckinridge Long révèle les dessous de la politique américaine. La stratégie de contrôle de l'immigration (qui voit en chaque réfugié un espion, un communiste ou autre élément subversif) consiste à « mettre tous les feux au rouge en exigeant des preuves supplémentaires » afin de « reporter, reporter et encore reporter l'octroi de visas[12] ». Le consulat américain de Rotterdam, où Otto avait rempli une demande en 1938, a été détruit lors du bombardement de la ville en 1940, et tous les demandeurs doivent refaire la démarche, les documents originaux ayant disparu. Enfin, en juin 1941, prétextant un risque de cellules d'espionnage, les États-Unis ferment la plupart des ambassades et consulats américains dans les territoires occupés par les nazis. Otto doit désormais se rendre dans un consulat américain situé dans un pays dit « non belligérant », comme l'Espagne ou la France non occupée, pour y faire sa demande en personne. Mais il lui est impossible de quitter les Pays-Bas sans une autorisation, qu'il ne peut obtenir que s'il a un visa pour cet autre pays. L'ensemble du système est sciemment conçu comme un serpent qui se mord la queue. Otto est alors prisonnier de l'engrenage bureaucratique cauchemardesque de la guerre[13].

Malgré cela, il ne baisse pas les bras pour tenter de sauver sa famille. En octobre 1941, il essaye d'obtenir un visa cubain, une entreprise risquée et coûteuse, qui se solde souvent par une escroquerie. En septembre, il a écrit à un ami qu'Edith le presse de partir seul, ou avec les filles. Peut-être qu'une fois hors du pays ils pourront monnayer leur liberté. Otto obtient un visa pour Cuba le 1er décembre, mais dix jours plus tard, le 11, soit quatre jours après l'attaque de Pearl Harbor par les Japonais, l'Allemagne et l'Italie déclarent la guerre aux États-Unis, et le gouvernement cubain annule le visa[14].

Le dernier effort d'Otto consiste à contacter les services d'émigration du Conseil juif d'Amsterdam le 20 janvier 1942. Dans les archives de la Fondation Anne-Frank à Amsterdam, il y a quatre formulaires de demande de visa de sortie, un pour chaque membre de la famille. Ils n'ont jamais été envoyés.

Les nazis se sont montrés redoutablement efficaces pour « nettoyer » Amsterdam de ses Juifs. Quatre-vingt mille Juifs y vivaient en 1940, soit environ 10 % de la population. En septembre 1943, la ville sera déclarée zone purgée de ses Juifs.

8

263 Prinsengracht

Le 1er décembre 1940, sept mois après l'invasion allemande, Otto Frank installe son entreprise dans de nouveaux locaux, au 263 Prinsengracht. Ses deux sociétés, Opekta et Pectacon, sont implantées et les ventes satisfaisantes. Il a choisi une maison du XVIIe siècle située face au canal et à proximité de la Westerkerk, l'imposante église où est enterré Rembrandt. La rue abrite des petits commerces, des entrepôts et de modestes ateliers, parfois des appartements aux étages.

Le 263 est une construction typique d'Amsterdam, avec une zone de stockage au rez-de-chaussée et des bureaux et remises sur les trois étages supérieurs. Comme beaucoup de bâtiments de l'époque, une annexe de quatre niveaux lui est reliée à l'arrière. L'entrepôt s'étend sur toute la longueur du bâtiment, y compris sous l'Annexe, avec une double porte donnant sur Prinsengracht et un accès à la cour de derrière. Cela signifie que l'Annexe, bien qu'invisible depuis l'avant du bâtiment, peut être repérée de l'arrière, qui donne sur une très grande cour intérieure. Des dizaines de voisins habitant les trois autres côtés de la cour ont vue sur l'Annexe.

Environ cinq semaines avant le déménagement dans les nouveaux locaux, le 22 octobre 1940, les Allemands ont adopté une loi stipulant que tous les commerces et industries propriété en tout ou en partie des Juifs devaient se faire recenser auprès de l'Agence d'inspection économique (Wirtschaftsprüfstelle*). L'absence de déclaration entraînerait une forte amende et cinq ans de prison. Otto a reconnu la première étape de l'aryanisation, et de l'expropriation de ses biens. Il a dupé les Allemands en faisant en sorte que Victor Kugler et le mari de Miep, Jan, deviennent directeur général et directeur du conseil de surveillance de la Pectacon, rebaptisée Gies & Co., appellation néerlandaise s'il en est. Restée juive, l'entreprise aurait été liquidée par une société fiduciaire allemande, et l'argent déposé à la banque Lippmann, Rosenthal & Co*. La société d'Otto n'a jamais connu ce sort. Elle est devenue hollandaise.

Afin de maintenir un semblant de légalité, les nazis ne manquent pas de subterfuges. Pour gagner la confiance des Juifs, ils ont repris, au début de 1941, la banque juive Lippmann, Rosenthal & Co., établie de longue date, pour la transformer en instrument de pillage. Les Juifs sont contraints de remettre leurs biens et tous les objets de valeur leur appartenant. Ils peuvent conserver « alliances, montres-bracelets et montres de poche en argent, service d'argenterie composé d'un couteau, d'une fourchette, d'une cuillère à soupe et d'une cuillère à dessert[1] ». Des relevés sont établis pour les clients, et dans certains cas pour les intérêts versés, mais il s'agit d'une banque factice. Ces capitaux spoliés servent en réalité à financer les déportations et l'entretien des camps de travail et de concentration.

Les premières déportations datent de l'été 1942. Lorsqu'ils sont sélectionnés, les Juifs doivent remettre la clé de leur logement à la police néerlandaise, ainsi qu'une liste de leurs biens. Tout est embarqué, des meubles aux œuvres d'art. Les nazis excellent en matière d'euphémismes. Pour les œuvres pillées, le terme officiel est *Sicherstellung* (« mise en lieu sûr »)[2].

Après les premières déportations, la Résistance fait circuler un tract en néerlandais qui expose clairement les choses :

Tous les décrets allemands ont pour but d'isoler les Juifs du reste de la population, de leur interdire tout contact avec l'extérieur, et d'anéantir toutes nos velléités de vivre côte à côte, solidaires. Ils ont réussi au-delà de toute espérance et bien plus qu'on ne le reconnaîtra jamais. Les Juifs sont exterminés en secret, et nous autres, témoins, devrions rester sourds, aveugles et muets… Si nous restons silencieux et simples observateurs, Dieu et l'histoire nous condamneront et nous tiendront en partie pour responsables de cette extermination de masse[3].

Rien de tout cela n'échappe à Otto Frank. Au début, les restrictions – temporaires – semblent anodines. Chaque jour, allant ou revenant du travail, il se voit interdire l'accès au tramway. S'asseoir à une terrasse de café pour faire une pause n'est pas plus autorisé. Il tente bien de faire contre mauvaise fortune bon cœur. Mais lorsqu'en juin 1942 la BBC annonce que sept cent mille Juifs ont péri en Allemagne et dans les territoires occupés[4], il comprend que l'enjeu n'est pas simplement la ségrégation, mais l'extermination imminente. Jamais il n'obtiendra de visas pour sa famille. Il le sait : désormais, la prochaine étape, c'est la clandestinité.

9

La clandestinité

Il y a deux versions du passage à la clandestinité de la famille Frank dans l'Annexe. D'après le livre de l'animateur de radio allemand Ernst Schnabel *Sur les traces d'Anne Frank,* paru en 1958, Johannes Kleiman et Victor Kugler prennent l'initiative d'approcher Otto, lui disant qu'il est temps de penser à se cacher, et proposent l'Annexe derrière le 263 Prinsengracht[1]. Melissa Müller, dans sa biographie d'Anne Frank, confirme que Kleiman, dès l'été 1941, a avancé l'idée de ces pièces vides, car il ne viendrait à l'esprit de personne que Frank pourrait se cacher dans sa propre entreprise[2]. Joop, le fils de Bep, a appris par sa mère que Kleiman a suggéré l'Annexe et que Kugler a ensuite été mis dans la confidence[3]. Mais Otto pense à se cacher dès décembre 1940, et il se peut qu'il ait loué le 263 Prinsengracht avec cette idée en tête[4].

Il dira plus tard que c'est lui qui a approché ses employés pour évoquer ce projet : d'abord Kleiman, puis Kugler, puis Miep, puis Bep. Miep le confirmera :

L'initiative de passer à la clandestinité, de trouver une cachette, de tout organiser, c'est celle d'Otto Frank. Il a pensé à tout… et il avait déjà réparti les tâches entre ses employés quand il leur a demandé de les aider, lui et sa famille[5].

Mais peu importe qui a eu l'idée, elle met Otto dans une situation délicate. Quelle incroyable question va-t-il devoir poser à ses employés ? Allez-vous m'aider à me sauver, à sauver ma famille ? Les Allemands menacent de prison tout citoyen néerlandais qui aiderait les Juifs. C'est bien dans la nature d'Otto de les interroger, en insistant pour que chacun comprenne bien les implications en cas de réponse positive. Comme cela a dû être difficile de mettre ses employés devant un tel choix ! Et comme cela a dû aussi être difficile de leur faire confiance au point de remettre le sort de sa famille entre leurs mains !

Miep raconte que le jour où Otto lui demande son aide, il arrive au bureau, une étoile jaune cousue à son manteau. Tout le monde fait comme si elle n'existe pas. La formulation de son patron restera gravée dans sa mémoire : « Es-tu prête à prendre la responsabilité de t'occuper de nous quand nous nous cacherons ? » En pratique, cela signifie faire les courses pour la famille, obtenir de fausses cartes de rationnement ou les acheter au marché noir, trouver de la nourriture.

« Bien sûr », répond-elle.

Par la suite, elle commentera : « Une ou deux fois dans une vie, un échange de regard entre deux personnes ne peut être décrit par des mots. C'est précisément ce regard que nous avons échangé… Je n'ai pas posé d'autres questions… Je n'avais aucune curiosité. J'avais donné ma parole[6]. »

Le frère de Johannes Kleiman, Willy, est à la tête d'une entreprise d'extermination des nuisibles, la Cimex, et au courant du projet d'Otto. Comme il est interdit aux Juifs de sortir les meubles de leurs maisons ou de transporter des biens dans les rues, il propose son camion pour déplacer les affaires des Frank – meubles, tapis, boîtes de conserve, lits et vêtements – dans l'appartement de Kleiman, d'où ils seront transportés jusqu'à l'Annexe. Évidemment, cela se fait discrètement les soirs de week-end ou tard dans la nuit, de sorte qu'il faut des mois pour tout déménager[7]. Peu de personnes sont dans la confidence, et certainement pas les enfants Frank. On leur dit que les meubles sont envoyés en réparation, ce qui dans l'opinion de certains visiteurs passe pour une dépense bien frivole en temps de guerre.

Le 5 juillet 1942, une lettre officielle frappée d'une croix gammée est délivrée au domicile des Frank. L'ordre est donné à Margot Frank, alors âgée de seize ans, de se présenter à l'*Arbeitseinsatz*, le travail obligatoire en Allemagne. Il lui est recommandé d'apporter une valise avec des affaires pour l'hiver. Selon Miep, la conscription d'une jeune fille de seize ans pour le travail forcé est une « nouvelle abomination infligée par les Allemands aux Juifs[8] ». Il s'agit d'un subterfuge. Pour un enfant juif, la fin du voyage, c'est la mort. Avec l'aide de Miep et de son mari, Jan, Otto met immédiatement son plan à exécution. La famille emménage dans l'Annexe le lendemain matin.

Cinq mois plus tôt, le 29 janvier, la mère d'Edith, qui vivait avec eux, est morte d'un cancer après des mois de souffrance. Une perte tragique qui les a profondément touchés, mais qui est aussi un soulagement à présent. Rosa Holländer, malade, aurait-elle pu entrer dans la clandestinité ? Edith et Otto n'auraient pas pu la laisser derrière eux mais, si Edith avait décidé de rester avec sa mère, elles auraient toutes deux été déportées, avec le lot d'horreurs que cela représentait. Les Allemands parlaient des déportations comme d'une « émigration » ou d'une « réinstallation », et obligeaient les Juifs néerlandais déjà déportés à écrire des cartes postales à leurs familles pour leur chanter les louanges des camps. Cependant, certains réussissaient à transmettre des messages codés. Une formule telle que « Transmettez mes salutations à Ellen de Groot », qui employait un nom néerlandais courant, passait sous les radars de la censure. En néerlandais, *ellende* signifie « misère » et *groot* « grande[9] ».

Trois mois avant qu'ils ne rejoignent l'Annexe, Otto a loué la vaste pièce de l'étage supérieur de leur logement à Werner Goldschmidt, un réfugié allemand arrivé aux Pays-Bas en 1936. Sa présence est-elle vraiment fortuite ou, connaissant la finesse d'Otto, fait-elle partie du plan pour cacher sa famille ? Lorsqu'ils quittent leur maison pour la dernière fois, Otto laisse derrière lui, comme par inadvertance, une adresse griffonnée sur un morceau de papier, donnant l'impression que la famille s'est réfugiée en Suisse. Très vite, en grande partie grâce à Goldschmidt, la rumeur se répand dans le quartier que les Frank ont réussi à fuir.

Quatre autres personnes vont rejoindre les Frank. D'abord la famille Van Pels. Le père, Hermann, travaille avec Otto depuis 1938 et est expert en épices. Comme ils habitent juste derrière chez les Frank, ils sont devenus des amis proches. Otto pense que partager l'Annexe avec Hermann, son épouse Auguste et leur fils Peter rendra le quotidien moins morose. Puis, le dentiste de Miep, Fritz Pfeffer, lui demande si elle connaît un endroit sûr où se cacher. Elle en parle à Otto, qui veut probablement accéder à la demande de Miep et fait valoir qu'il n'y a pas une grande différence entre sept et huit personnes. En revanche, cela augmente les risques[10]. Trouver de quoi nourrir les huit résidents et veiller à ne pas faire de bruit sera certainement une tâche plus difficile. Mais le principal problème va être de réorganiser les couchages pour l'accueillir. Otto et Edith ont dû en discuter. Impossible de laisser Margot, seize ans, dormir dans une pièce avec un homme plus âgé. Lorsque Fritz Pfeffer emménage dans l'Annexe le 16 novembre, Margot rejoint ses parents dans leur chambre. Et Anne, treize ans, partage la sienne avec le dentiste.

On imagine aisément la gêne provoquée par cet arrangement pour Edith et Otto, mais leur existence et leur capacité à en décider étaient déjà bouleversées. Le choix auquel Otto est sans arrêt confronté est celui de la vie ou de la mort. Comment ne pas sauver Pfeffer ? Si Otto a jamais éprouvé des regrets d'avoir convié les autres, exposant ainsi sa famille à de plus grands risques, il n'en existe aucune trace.

Quand les Frank entrent en clandestinité, les employés d'Otto n'hésitent pas à les aider. Pourquoi ces quatre personnes ont-elles risqué leur vie en cachant des Juifs ? Miep l'a résumé ainsi : il ne lui est jamais venu à l'esprit de dire non[11].

Finalement, au moins huit personnes sont dans la confidence du secret de l'Annexe : les quatre employés, Jan, le mari de Miep, Johannes, le père de Bep, Johanna, la femme de Kleiman, et Willy, son frère, devenu l'homme à tout faire de la cachette. Otto a eu l'idée de dissimuler la porte en plaçant devant une bibliothèque sur roulettes. Johannes Voskuijl, menuisier de talent, construit le meuble chez lui et, pour ne pas attirer l'attention, l'apporte pièce après pièce au 263 Prinsengracht, où il le remonte[12].

Le matin du 6 juillet, Miep et Margot gagnent l'Annexe à bicyclette. Otto, Edith et Anne les rejoignent à pied. La longue marche entre leur appartement du 37 Merwedeplein, dans le quartier de la Rivière, et Prinsengracht, dans le centre d'Amsterdam, est épuisante, d'autant qu'ils ont enfilé plusieurs couches de vêtements. Un Juif avec une valise éveillerait les soupçons. Mais il pleut à verse et c'est une consolation, car les nazis sont peu nombreux à s'aventurer dans les rues.

Quittant la famille Frank afin de la laisser s'installer, Miep décrit ainsi ses sentiments en fermant la porte de l'Annexe derrière elle :

Je ne pouvais imaginer ce qu'ils devaient ressentir en abandonnant tout ce qu'ils possédaient : toute une vie ; le petit chat d'Anne, Moortje. Des souvenirs. Et leurs amis.

Ils avaient simplement refermé la porte de leur vie et avaient disparu d'Amsterdam. Le visage de Mme Frank en disait long. Je ne me suis pas attardée[13].

10

On vous le demande. Vous acceptez.

Dans son journal, Anne Frank décrit de façon poignante son quotidien dans l'Annexe, où, de fait, elle est emprisonnée. Parfois, d'effroyables messages traversent les murs, comme le rythme sinistre des bottes des soldats allemands défilant sur le trottoir. Un soir, elle jette un coup d'œil entre les rideaux du bureau une fois les employés rentrés chez eux et voit des Juifs passer en courant, effrayés. Dès la nuit tombée, à mesure que la guerre avance, les avions de la RAF survolent les Pays-Bas en direction de l'Allemagne, le ronronnement de leurs moteurs ponctué par les tirs angoissants des canons antiaériens[I]. Souvent, les chasseurs Mustang de l'USAF larguent des réservoirs de carburant vides sur la ville pour gagner en vitesse et en maniabilité. Le bruit des obus non explosés et des éclats tombant du ciel et frappant le sol est continu.

I. En 1943, un bombardier américain Halifax a été abattu et s'est écrasé sur l'hôtel Carlton, qui servait de quartier général aux Allemands ; treize personnes ont été tuées. En 1944, un raid allié sur le quartier général du SD, sur Euterpestraat, a détruit de nombreuses maisons. Des milliers de civils ont été tués dans les bombardements (NdA).

Dans les rues d'Amsterdam, la peur règne. Comme le décrit Miep :

La Police Verte et les SS faisaient des descentes inopinées pendant la journée. C'était le meilleur moment pour attraper les Juifs les plus vulnérables chez eux : les vieux, les malades, les jeunes enfants. Beaucoup se réfugiaient dans la rue pour ne pas être là si les Allemands débarquaient. Ils demandaient souvent aux passants s'ils avaient vu une rafle en cours ou des soldats, et si oui, où.

Il n'est pas compliqué de comprendre ce qui est en train de se passer, mais après les violentes représailles allemandes contre les cheminots grévistes tout le monde a peur. La plupart des gens préfèrent détourner le regard. Ils savent qu'ils doivent « être prudents ». Peu importe leur envie d'aider, ils rentrent chez eux et ferment la porte[1].

L'un des témoignages les plus précieux de la vie en dehors de l'Annexe vient de Miep, mais il lui a fallu quarante-deux ans avant de pouvoir parler des événements, tant son sentiment de deuil et d'échec était douloureux. Selon son fils, c'était une blessure qui ne pouvait guérir.

Au début de l'Occupation, avant que la famille Frank ne se cache, Otto a été contraint non seulement d'aryaniser ses entreprises, mais aussi de se séparer de sa seule employée juive, Esther. Miep raconte :

Je me souviens qu'Esther nous a dit au revoir. Elle devait partir parce qu'elle était juive. Renvoyée. Oui, c'était comme ça. Je crois qu'elle n'est jamais revenue. Elle n'a pas survécu à la guerre. Elle était encore là le jour de mon mariage... Elle m'a offert une boîte avec un miroir, un peigne et une brosse. De sa part et de celle de sa famille... Elle ne pouvait plus les garder... Tout cela était si douloureux. On avait entendu parler de son licenciement, mais on n'en avait pas discuté. On ne savait pas ce qui allait se passer. Il fallait l'accepter. C'était comme ça. Les Allemands étaient les patrons, et on en avait une peur bleue[2].

Le changement de mentalité sous l'Occupation est progressif. Quand Otto demande de l'aide à ses employés, la motivation de ceux-ci est simple : il est leur ami et ils se doivent de l'aider. C'est ainsi qu'ils apprennent à évoluer différemment selon les mondes qu'ils fréquentent, à être multiples : ainsi dans l'Annexe, comme ça chez les amis ou encore autrement face aux administrations[3]. Comme l'a expliqué Miep, on sait vite ce qu'il faut dire et ce qu'il faut passer sous silence : « On ne se taisait même plus. On avait perdu l'habitude de parler. Vous comprenez la différence[4] ? »

Tout en continuant à travailler pour les services sociaux de la ville, Jan rejoint le NSF, une branche de la Résistance. Après la guerre, il a rarement évoqué ses faits d'armes mais, interrogé à ce sujet, il a fourni des éléments de réponse. Selon lui, ce ne sont pas des velléités d'héroïsme qui font passer à l'action. C'est plus simple que ça. On vous le demande. Vous acceptez. Dès lors, la question est de savoir en qui on peut avoir confiance. « On ne le savait jamais vraiment… [mais] on avait quand même une petite idée. »

Nous savions, par exemple, que ces voisins de l'autre côté de la rue étaient du bon côté. Pourquoi ? Difficile à dire. On voit des trucs… on entend des choses. Pour savoir à qui on a affaire, il suffit bien souvent d'écouter parler son interlocuteur. Ce n'est pas une règle infaillible, mais dans l'ensemble, pour moi, ça a marché. J'ai eu de la chance… Il fallait réduire drastiquement ses contacts. Ne pas raconter sa vie au voisinage. Et, évidemment, il fallait aussi un peu de chance. Mais j'ai toujours été très prudent, parce qu'on ne peut jamais être sûr. Et à l'arrivée je ne me suis jamais trompé sur quiconque[5].

À la même époque, Miep et Jan hébergent un étudiant néerlandais, Kuno van der Horst. Ils sous-louent en fait leur appartement à la mère de Kuno, qui vit à Hilversum, au sud-est d'Amsterdam. En échange, la mère de Kuno cache une de leurs connaissances juives. Ils n'en ont jamais parlé à Otto Frank. C'était un autre compartiment de leur vie.

Pour Miep, c'était « logique, évident. On pouvait faire quelque chose, aider ces gens. Ils étaient en danger… C'est tout – il n'y a rien à ajouter[6] ».

Elle dira aussi : « Oui… parfois, on s'inquiétait. On se disait : "Comment ça va finir ?" Mais l'attachement à ces personnes et la compassion vis-à-vis de ce qu'elles vivaient – c'était plus fort. C'est ça qui l'a emporté[7]. »

Miep évoque également la peur : « Je n'ai pas essayé d'arrêter mon mari. J'étais terrifiée pour lui, car je l'aime. Sans cet amour, je n'aurais sans doute pas supporté de me demander tous les jours avec angoisse : va-t-il rentrer à la maison[8] ? »

Les huit occupants de l'Annexe dépendent de leurs bienfaiteurs, physiquement et moralement. Ils sont avides de nouvelles du monde extérieur, et Miep, Jan, Bep et les autres savent qu'il est inutile d'édulcorer. « Face à leur besoin d'informations, j'ai raconté ce que je savais », a témoigné Miep.

À propos des rafles dans les différents quartiers de la ville. Je leur ai dit que le dernier décret prévoyait la coupure des lignes téléphoniques des Juifs. Que les prix des faux papiers atteignaient des sommets…

Chaque fois que je faisais coulisser la bibliothèque, je m'efforçais de sourire et de dissimuler mon amertume. Je prenais une inspiration, faisais glisser la bibliothèque, et affichais une humeur gaie et sereine, qu'il était désormais impossible de ressentir à Amsterdam. Mes amis de l'étage au-dessus devaient être épargnés, du moins de mes angoisses[9].

Le week-end, Johannes Kleiman passe parfois avec sa femme. Après la guerre, il témoignera de l'insatiable curiosité d'Anne :

Bien sûr, nous savions combien cela était cruel pour une enfant... Elle avait une telle soif du monde extérieur, pour la vie avec les autres enfants, et quand ma femme venait Anne l'accueillait avec une curiosité presque gênante. Elle demandait souvent des nouvelles de notre fille Corrie. Elle voulait savoir ce qu'elle faisait, si elle avait un petit copain, et le club de hockey, et Corrie était-elle enfin tombée amoureuse. Là, si frêle, dans ses vêtements délavés, le visage pâle comme un linge, enfermée depuis si longtemps. Ma femme apportait toujours quelque chose, une paire de sandales ou un vêtement, mais le rationnement était si drastique que nous n'étions pas assez riches pour faire nos emplettes au marché noir. Nous aurions voulu lui apporter une lettre de Corrie de temps en temps. Mais notre fille ne devait pas savoir que les Frank n'étaient pas à l'étranger, comme tout le monde le pensait, mais à Amsterdam. Nous ne voulions pas la charger de ce secret trop lourd à porter[10].

Ceux qui, à l'extérieur, s'emploient à aider les Frank se répartissent la tâche pour trouver de la nourriture. Kleiman a un ami propriétaire de la chaîne de boulangeries W. J. Siemons, qui livre du pain au bureau deux ou trois fois par semaine. Pour se nourrir sous l'Occupation, il faut à la fois de l'argent et des coupons d'alimentation – censés garantir une distribution équitable des marchandises. Jan obtient d'abord les précieux coupons au marché noir puis, à partir de mi-1943, grâce à ses contacts dans la Résistance[11]. Quand les fonds viennent à manquer, le boulanger accepte de faire crédit et d'être payé en espèces après la guerre. Un pain pour huit, ça peut être pour les employés, au nombre de neuf. Bien entendu, les employés qui ne sont pas dans la confidence se demandent où tout ce pain peut bien aller.

Miep fait les courses pour les huit de l'Annexe en même temps que les siennes, ce qui l'oblige, pour ne pas attirer l'attention, à aller dans plusieurs magasins. Elle voyait cela comme un rôle dans une pièce de théâtre :

J'entrais dans un magasin et je tâtais le terrain avec le commerçant. Pour savoir jusqu'où je pouvais aller. Ce qu'il était possible de demander... Jusqu'à quel point on pouvait compatir... Jusqu'à quel point on pouvait dire dans quelle terrible situation on se trouvait. Oui, c'était un peu comme au théâtre, on jouait un rôle. Du moins, c'est comme ça que je l'ai vécu[12].

Hermann van Pels envoie Miep à la boucherie de Piet Scholte, un de ses amis, non loin de Rozengracht. Il a eu la présence d'esprit d'insister pour que Miep l'y accompagne avant d'entrer dans la clandestinité, afin que le boucher la reconnaisse. Ce qui, sur le moment, lui était apparu incongru prend désormais tout son sens. « Va le voir, recommande Hermann. Donne-lui cette liste. Ne dis rien et il nous procurera ce dont nous avons besoin. » Et comme promis ça marche, sans que Miep ait à prononcer un seul mot[13].

Bep est responsable des livraisons de lait quotidiennes. Les employés sont censés en consommer de grandes quantités. Le laitier ne pose jamais de questions. Quand les pénuries s'aggravent – les Allemands envoient en Allemagne toujours plus de produits hollandais –, Bep fait à bicyclette le tour des fermes en périphérie de la ville, en quête de toute nourriture disponible.

Une fois, sur le chemin du retour, avec la maigre moisson de pommes de terre et de légumes qu'elle a pu acheter, elle est arrêtée par une patrouille SS. Elle fait comprendre en allemand au jeune officier qui l'interpelle qu'elle a une famille nombreuse à nourrir. Il la laisse repartir, mais délestée de la moitié de ses vivres. Puis la voiture de patrouille la rattrape, et l'officier lui rend ce qu'il lui a pris.

Bep est assez fine pour ne pas tomber dans le piège. Plutôt que de rejoindre l'Annexe, elle rentre chez elle. La voiture la suit. Au SS, elle sert son regard le plus innocent, et se hâte d'entrer dans la maison. La voiture s'éloigne[14].

Avec le temps, Bep et Miep sont devenues très proches d'Anne, ainsi qu'en témoigne le journal. Elles cèdent aux supplications d'Anne de passer la nuit dans l'Annexe, une expérience que Bep qualifiera d'« absolument effroyable ». Allongée sur un matelas à côté d'Anne, elle entend les cloches de la Westerkerk voisine qui sonnent les quarts d'heure, déchirant le silence ambiant :

Une poutre ou une porte grinçait, quelque chose sur le canal, un coup de vent dans les arbres, une voiture au loin qui se rapprochait… Le moindre grincement, le plus petit craquement… était synonyme de « j'ai été dénoncée » ou « là, ils m'ont entendue »[15].

La peur était presque insupportable.

Miep a aussi passé une nuit à l'Annexe avec son mari. Après avoir fixé les cadres d'occultation, transformant l'Annexe en une prison avec les serrures à l'intérieur, Miep et Jan sont allés se coucher dans la chambre d'Anne. Miep racontera plus tard :

Toute la nuit, j'ai entendu sonner la cloche de la Westerkerk. Je n'ai pas dormi un seul instant ; je n'arrivais pas à fermer les yeux. Les prémices d'un orage se faisaient entendre, le vent se levait. Il y avait un silence de mort. La terreur des personnes enfermées dans cet espace était tellement palpable que je la sentis m'envahir. C'était comme si un fil de cette terreur nous reliait. C'était si effrayant que je n'ai pas fermé l'œil.

Pour la première fois, j'ai su ce que c'était que d'être juif et de se cacher[16].

11

Un incident douloureux

Il est étonnant que huit personnes cachées dans un espace réduit pendant vingt-cinq mois aient tenu aussi longtemps. Bep l'a formulé ainsi : « Huit personnes sont huit individualités. Un seul faux pas par an et par occupant, et ça fait seize indices compromettants[1]. » Parfois, des disputes éclatent pendant les heures de bureau. Bep se précipite pour avertir les clandestins qu'on les entend d'en bas. Une fois, son père, le responsable de l'entrepôt, se met à enguirlander vertement un employé afin de couvrir le bruit tandis que Bep court à l'étage y restaurer la paix ; le malheureux employé n'a jamais eu la moindre idée de ce qu'il avait bien pu faire[2]. Tout ça est extrêmement angoissant.

Le monde est devenu fou, mais Otto tâche de rester calme. Miep note le changement : « J'ai remarqué un sang-froid et un flegme inédits chez M. Frank. Homme tendu auparavant, il affichait désormais l'apparence d'une totale maîtrise, et il inspirait calme et tranquillité. Il donnait l'exemple aux autres[3]. »

Un calme nécessaire. Jusqu'en mars 1943, le père de Bep s'occupe de tout. Il veille à évacuer les ordures et à dissimuler tout signe de présence dans l'Annexe. En juin, on lui diagnostique un cancer. Il continue à travailler un temps mais, comme Anne le raconte dans son journal, il est contraint au repos après le 15 juin pour récupérer de son opération.

Incapable de trouver un remplaçant, Kleiman consulte le bureau public de l'emploi, qui lui envoie un certain Willem van Maaren. Il est risqué de faire entrer un parfait inconnu dans l'intimité de l'univers de l'Annexe, et Kleiman va rapidement regretter sa décision. Van Maaren est curieux, suspicieux, et les bienfaiteurs finissent par penser qu'il pille les stocks pour les revendre ensuite au marché noir.

Le changement de directeur d'entrepôt est sans doute la menace la plus dangereuse pour les occupants de l'Annexe depuis qu'ils sont entrés dans la clandestinité. Et ce n'est pas le seul souci de leurs protecteurs : il leur faut obtenir des bons d'alimentation auprès de la Résistance (selon Miep, Jan a dû présenter les cartes d'identité de tout le monde au groupe de la Résistance pour prouver qu'il nourrissait bien huit personnes), trouver de l'argent pour acheter de la nourriture et, avec le rationnement sans cesse plus drastique, simplement réussir à rapporter quelque chose à manger.

Pour ne rien arranger, les commerces d'Amsterdam sont tous victimes de vols. Il y a au moins trois tentatives d'effraction au 263 Prinsengracht entre 1943 et 1944. Le 16 juillet 1943, comme à son habitude, Peter descend à l'entrepôt avant l'arrivée des employés et découvre les portes d'entrée ouvertes. Des cambrioleurs ont forcé les portes de l'entrepôt et celles qui donnent sur la rue avec un pied-de-biche. Ironiquement, pendant ce temps-là, tout le monde dormait dans l'Annexe. Les malfaiteurs ont atteint le deuxième étage et dérobé une petite somme d'argent, des chèques en blanc et, plus grave, des coupons de rationnement : la totalité de la quantité de sucre allouée à l'Annexe.

Le 1er mars 1944, Peter trouve de nouveau la porte menant aux bureaux grande ouverte et découvre que la mallette de Kugler et un projecteur ont disparu. Ce qui est inquiétant, c'est qu'il n'y a aucun signe d'effraction. Comme si le cambrioleur avait un double de la clé, ce qui signifie qu'il doit s'agir d'un des employés de l'entrepôt. Mais lequel ?

L'incident le plus fâcheux est un cambriolage survenu le 9 avril, quatre mois à peine avant la rafle sur l'Annexe et l'arrestation de ses occupants[4]. Les clandestins entendent des bruits venant de l'entrepôt après les heures de travail. Peter, son père, Fritz et Otto descendent. Peter remarque qu'un grand panneau de la porte est manquant. En entrant dans l'entrepôt, les quatre hommes aperçoivent les cambrioleurs. Van Pels crie : « Police ! » et les larrons s'enfuient. Mais alors qu'ils tentent de calfeutrer le trou dans la porte, un coup de pied venu de l'extérieur fait voler le panneau de bois. Choqués par l'audace des cambrioleurs, ils essayent à nouveau, et une fois de plus un coup de pied défonce le panneau. Puis un homme et une femme braquent une lampe torche à travers le trou.

Les résidents de l'Annexe se précipitent à l'étage. Plus tard, ils entendent des secousses au niveau de la bibliothèque. Dans son journal, Anne écrit qu'elle ne trouve pas les mots pour décrire la terreur ressentie à cet instant. Les bruits de pas s'éloignent, puis tout redevient silencieux. Les huit clandestins se retranchent au dernier étage, où ils passent une nuit blanche, attendant la Gestapo.

Le lendemain, Jan Gies apprend ce qui s'est passé. Martin Sleegers, le veilleur de nuit local, patrouillait dans le quartier sur sa bicyclette avec ses chiens quand il a vu le trou dans la porte et a alerté la police. Lui et un policier nommé Cornelis den Boef, membre actif du NSB, ont fouillé tout le bâtiment, y compris le corridor où se trouve l'entrée de l'Annexe. Ce sont eux qui ont secoué la bibliothèque[5].

Alors qu'il retourne à l'Annexe plus tard dans la journée, Jan croise le marchand Hendrik van Hoeve, qui leur livre les légumes, et lui raconte l'effraction. Van Hoeve est au courant :

sa femme et lui sont passés devant le bâtiment et ont remarqué la porte défoncée. Il a introduit sa lampe de poche dans le trou et a, d'après lui, surpris les cambrioleurs, qui se sont enfuis. Il explique qu'il a bien pensé appeler la police, avant de se raviser, ajoutant qu'il se doute bien de ce qui se passe dans l'Annexe, mais qu'il ne veut pas attirer d'ennuis[6]. Une façon pour Van Hoeve d'informer Jan qu'il sait que des personnes se cachent. Le frère de Kleiman, Willy, vient ensuite réparer la porte.

Début 1944, un certain Lammert Hartog est engagé comme assistant de Van Maaren, le nouveau responsable de l'entrepôt. Il est recommandé par Petrus Genot, qui travaille avec le frère de Kleiman dans son entreprise d'extermination de nuisibles. Lena, la femme de Hartog, fait à l'occasion le ménage dans les bureaux d'Opekta, et intervient également pour que son mari obtienne le poste.

Fin juin, Petrus Genot rapporte au frère de Kleiman que la femme de Hartog a demandé à la sienne s'il était vrai que des Juifs se cachaient au 263 Prinsengracht. Anna Genot en est restée estomaquée. Comment Lena pouvait-elle répandre de tels ragots en des temps si dangereux ? Anna lui a demandé d'être très prudente et de faire attention à ce qu'elle disait. Mais Lena est allée raconter la même chose à Bep, qui l'a aussi avertie de ne pas se montrer aussi désinvolte avec ce genre d'informations[7] avant d'aller en parler, terrifiée, à Kugler et Kleiman.

Que doivent-ils faire ? Si Hartog, sa femme et peut-être même Van Maaren soupçonnent qu'il y a des Juifs dans l'Annexe, d'une manière ou d'une autre, l'information va fuiter. Faut-il le dire à Otto ? Serait-il temps d'essayer de déplacer les clandestins ailleurs ? Anne et Margot pourraient peut-être rester ensemble, mais comment trouver sept cachettes ? Les Frank accepteraient-ils d'être séparés ? Et puis, c'est l'été : les gens s'attardent dehors. Comment faire sortir clandestinement huit personnes cachées dans le bâtiment sans se faire remarquer ? Finalement, ils ne font rien. Ce sera l'un des douloureux souvenirs qui les hanteront – la culpabilité de ne pas avoir informé Otto de cet avertissement. La rafle de l'Annexe eut lieu deux mois plus tard. S'ils avaient été évacués, la famille d'Otto Frank, les Van Pels et Fritz Pfeffer auraient-ils été sauvés ?

12

Autopsie d'une rafle

Kleiman se souvient de cette matinée du vendredi 4 août 1944, chaude et ensoleillée :

Le soleil brillait : nous étions au travail dans le grand bureau… dans l'entrepôt en dessous de nous, les moulins à épices bourdonnaient. Quand le soleil brillait, les arbres le long du canal et l'eau réfléchissaient des taches de lumière au plafond et aux murs, scintillant et dansant au gré des ondulations. C'était étrange, mais nous savions alors qu'il faisait beau dehors[1].

Ce jour-là, l'impensable se produit. Une unité IV B4, composée d'un officier allemand du SD et d'au moins trois policiers néerlandais, fait une descente au 263 Prinsengracht. Ils savent que des Juifs s'y cachent.

Karl Silberbauer, Otto, leurs quatre protecteurs et les deux employés de l'entrepôt ont fourni des récits légèrement différents de la rafle. Il n'est pas surprenant que ces récits aient évolué au fil des ans. La mémoire est fluctuante et le temps n'arrange rien à l'affaire – les témoignages officiels concernant le raid sur l'Annexe ont été recueillis entre quatre et dix-neuf ans après les faits.

Dans le cadre du volet de l'enquête baptisé Projet de suivi des arrestations*, Vincent et l'équipe ont établi une chronologie précise du raid à partir des déclarations des témoins, des rapports de police, des entretiens et de correspondances privées.

9 h 00 : Les employés des bureaux de Opekta/Gies & Co. (Miep, Bep, Kugler et Kleiman) arrivent et commencent leur journée.

9 h 10 : Miep passe à l'Annexe pour récupérer la liste des achats du jour[2].

10 h 00 : Un appel téléphonique informe l'unité IV B4, dédiée à la « chasse aux Juifs ». Elle partage les locaux du SD, 99 Euterpestraat à Amsterdam. Le rapport indique que des Juifs se cachent dans l'Annexe d'un bâtiment situé au 263 Prinsengracht. C'est le lieutenant SS Julius Dettmann qui a pris l'appel et ensuite ordonné à l'officier du SD Karl Silberbauer de se rendre à cette adresse.

Les déclarations de Silberbauer varient quant au nombre de Juifs qu'il était censé trouver. Dans sa première version[3] aux autorités autrichiennes et au journaliste Jules Huf[4], il dit simplement « des Juifs », sans en préciser le nombre. Dans sa deuxième déclaration aux autorités autrichiennes, il parle de « six à huit Juifs », puis, lors de son ultime interrogatoire, de « huit Juifs[5] ».

Dettmann contacte l'homme de permanence, le sergent Abraham Kaper, affecté à l'unité IV B4, pour qu'il envoie à l'adresse indiquée des agents néerlandais du SD d'Amsterdam.

10 h 30 : Otto est dans la chambre de Peter pour lui donner son cours d'anglais[6].

10 h 30 – 10 h 55 : L'équipe néerlandaise du SD s'arrête devant le 263 Prinsengracht, dans une voiture de l'armée allemande, avec Silberbauer. Dans une autre version, Silberbauer arrive séparément à vélo. Les portes de l'entrepôt sont grandes ouvertes, et l'équipe menant la rafle entre. Willem van Maaren et Lammert Hartog, qui se trouvent à l'intérieur, voient la voiture s'arrêter. Un inspecteur néerlandais en civil entre et s'adresse à Van Maaren[7]. *Un agent du*

SD néerlandais reste dans l'entrepôt, tandis que les autres montent l'escalier vers les bureaux[8].

10 h 30 – 11 h 00 : Miep et Bep sont à leur poste dans les bureaux. Kugler est dans le sien, et Kleiman peut-être pas à sa table, mais dans la zone des bureaux avec Miep et Bep. Miep dira avoir levé les yeux et vu un gros type (sans doute un des inspecteurs) passer la tête dans l'encadrement de la porte avant de leur lancer en néerlandais, à Kleiman, Bep et elle : « Du calme. Restez à vos places[9]. *» Dans une déposition en 1974, elle dit qu'un homme longiligne les a également menacés avec une arme à feu*[10]. *Il se dirige ensuite vers le bureau derrière, où Kugler travaille*[11]. *Kleiman raconte que la première chose qu'il a vue était la tête du gros type*[12].

Kugler entend des bruits de pas et voit des ombres passer derrière la vitre de la porte de son bureau. Il l'ouvre et se retrouve nez à nez avec l'agent du SD Karl Silberbauer[13]. *Kugler est interrogé dans son bureau. Il affirmera plus tard que la rafle fut menée par un membre du SD allemand (Silberbauer) et trois agents néerlandais en civil*[14].

Bep et Kleiman déclarent avoir entendu le gros type et un autre homme dans le bureau de Kugler, le gros demandant en allemand : « Où sont les Juifs[15] *? »*

Le gros entre alors dans leur bureau pour y prendre ses quartiers. Bep confirmera plus tard qu'il y avait (au minimum) trois agents néerlandais lors de la descente.

11 h 15 : Bep, Miep et Kleiman restent dans leur bureau. Silberbauer tire son pistolet (un Browning) de sa veste et ordonne à Kugler de monter l'escalier. Plusieurs agents hollandais suivent, leurs armes à feu sorties[16].

Il y a deux options quant à la façon dont ils ont atteint l'étage supérieur :

Option 1 : Ils sortent du bureau de Kugler et montent tout de suite à droite un escalier en colimaçon qui mène à la pièce où se trouve la bibliothèque (c'est le chemin le plus probablement et logiquement emprunté par Kugler et les hommes du SD).

Option 2 : Ils redescendent, sortent de l'entrepôt, se dirigent vers la rue et rentrent dans le bâtiment de nouveau par l'une des portes extérieures, donnant sur un escalier de deux étages menant au niveau de l'Annexe[1].

Ce qu'ils ont fait ensuite est important. Sont-ils allés immédiatement vers la bibliothèque parce qu'ils avaient des informations ? Ont-ils été conduits vers elle par Kugler qui était sous la menace d'une arme ? Ou l'ont-ils trouvée eux-mêmes après inspection ? Le scénario retenu détermine si le traître était un initié qui savait exactement où se trouvait la bibliothèque, ou juste quelqu'un qui avait entendu parler de la présence de Juifs à cette adresse.

Kugler décrit l'équipe de la rafle tirant sur la bibliothèque jusqu'à ce que sa fixation cède[17]. Cela fait deux ans que le père de Bep l'a construite, le mécanisme roulant a dû laisser une marque sur le sol, ce que les forces de l'ordre appellent « une marque témoin ». Les unités qui chassent les Juifs sont habituées à fouiller les habitations à la recherche de cachettes ingénieuses. Les hommes ne savent peut-être pas qu'une porte est dissimulée derrière la bibliothèque, mais notent simplement la marque laissée par les roulettes au fil du temps.

11 h 20 – 11 h 40 : Le groupe entre dans l'Annexe et découvre ses occupants. Otto est dans la chambre de Peter quand un civil inconnu fait irruption avec un pistolet. Il les fouille au cas où ils seraient armés. Otto et Peter descendent l'escalier jusqu'à l'endroit où se tiennent les Van Pels, debout et les mains en l'air devant un autre homme en civil armé lui aussi. Ils descendent ensuite encore un étage jusqu'à l'endroit

1. Gertjan Broek, de la Maison Anne-Frank, pense que l'équipe chargée de la rafle a pu privilégier cette option (NdA).

où vivent les Frank. Edith, Margot, Anne et Kugler sont debout, également les mains en l'air. Il y a un homme en uniforme vert avec un pistolet à la main, qui s'avère être Silberbauer[18].

Silberbauer prend la mallette d'Otto et la vide, éparpillant des papiers au sol, dont le journal d'Anne. Il garde l'argent et les bijoux ainsi que l'or dentaire de Pfeffer.

Lorsque Silberbauer remarque la malle militaire d'Otto, il l'interroge sur son passé dans l'armée allemande. Otto lui dit qu'ils sont cachés depuis vingt-cinq mois. Il montre à Silberbauer, incrédule, les marques de règle sur le mur indiquant combien ses filles ont grandi. Ensuite, Silberbauer dit aux occupants de prendre leur temps pour faire leurs valises[19].

Pendant que les occupants de l'Annexe s'exécutent, Kugler demande à Silberbauer s'il peut aller déjeuner, espérant sortir du bâtiment. Il arrive jusqu'à l'entrepôt du rez-de-chaussée, où les portes sont ouvertes, et s'apprête à s'enfuir en courant lorsqu'il voit un autre policier et fait demi-tour[20].

11 h 50 – 12 h 00 : Alors que l'équipe venue rafler les clandestins est toujours dans l'Annexe, Bep Voskuijl quitte Opekta avec le portefeuille de Kleiman. Il lui a dit de se rendre à la pharmacie de Leliegracht, dont le propriétaire est un ami, qui permettra à Bep d'appeler sa femme pour la prévenir[21]. *Bep quitte l'immeuble, persuadée qu'elle va être abattue, et attend à la pharmacie un certain temps avant de rappeler au bureau*[22].

11 h 50 – 12 h 00 : Comme d'habitude, Jan Gies arrive chez Opekta pour déjeuner avec Miep. Miep le rejoint à la porte de son bureau en haut de l'escalier. Elle murmure : « Gestapo » et lui tend son sac contenant des cartes de rationnement illégales, de l'argent et son déjeuner. Il comprend instantanément ce qui se passe. Il quitte rapidement le bâtiment et gagne son bureau, qui se trouve à sept minutes à pied. Il y cache le tout[23].

12 h 05 : Miep retourne dans le bureau principal. Un autre type de la bande passe la porte et ordonne à Kleiman, assis à côté d'elle, de se rendre dans le bureau de Kugler. Après un certain temps, Miep entend la porte s'ouvrir et Kleiman ressort, suivi de Silberbauer. Silberbauer ordonne à Kleiman de remettre les clés de l'entrepôt à Miep, puis tous deux retournent dans le bureau de Kugler et referment la porte[24].

12 h 20 : Quelques minutes plus tard, le Néerlandais entré avec son arme débarque, s'assied au bureau de Bep et téléphone au siège du SD sur Euterpestraat pour demander l'envoi d'un véhicule[25].

12 h 25 : Silberbauer entre dans le bureau et reprend à Miep les clés que Kleiman lui a données quelques minutes plus tôt. Elle reconnaît son accent viennois et lui dit qu'elle aussi est de Vienne. Après l'avoir tancée pour avoir aidé des Juifs, il l'avertit de ne pas fuir, car il a l'intention de revenir la voir. Il part en fermant la porte derrière lui et la laisse seule dans le bureau. Elle n'en revient pas de ne pas avoir été interpellée, et met cela sur le compte de leurs racines autrichiennes[26].

12 h 45 : Les dix prisonniers sont descendus au rez-de-chaussée[27]. *Peu de paroles sont prononcées. Les adieux aux protecteurs se font sans effusion.*

13 h 00 : Alors que les prisonniers sortent du bâtiment, les deux magasiniers se tiennent à l'entrée principale[28]. *Les huit résidents de l'Annexe, ainsi que Kugler et Kleiman, sont embarqués dans un camion vert foncé garé sur Prinsengracht. Le mari de Miep, Jan, et le frère de Kleiman, que Jan a prévenu, observent la scène depuis l'autre côté du canal*[29]. *Silberbauer quitte les lieux à vélo*[30].

13 h 15 – 13 h 30 : Le camion du SD arrive au QG d'Euterpestraat. Les prisonniers sont escortés vers des cellules. Les interrogatoires commencent : Silberbauer demande à Otto les noms et adresses d'autres Juifs cachés, il répond qu'il ne sait rien. Qu'il n'est plus en circulation depuis vingt-cinq mois. Kleiman et Kugler refusent de parler. Ni Otto ni les autres ne sont maltraités[31].

Kleiman se souviendra qu'avant qu'ils ne soient séparés Otto lui a fait la remarque suivante : « Dire que tu es assis là avec nous, et que c'est notre faute », ce à quoi Kleiman a répondu : « J'avais le choix, et je n'aurais pu agir différemment[32]. » Après quatre nuits passées dans une prison du centre-ville, les huit de l'Annexe sont transportés au camp de transit de Westerbork ; Kugler et Kleiman au camp de travail néerlandais d'Amersfoort*.

Pour le sergent du SD et ses collaborateurs néerlandais, il y avait des Juifs qui se cachaient au numéro 263 sur Prinsengracht. Et se cacher, selon les nazis, constituait un crime. Lorsqu'ils les ont arrêtés, Silberbauer et ses sbires n'ignoraient rien de leur sort ; à cette époque, ils étaient au courant de l'existence des camps d'extermination, mais suivaient les ordres. C'est sans doute la capacité à déshumaniser un autre individu, en renonçant à toute responsabilité quant à sa mort certaine, qui permet de tuer si aisément.

13

Le camp de Westerbork

Le soir de l'arrestation, Miep est de retour à l'Annexe avec son mari et le responsable de l'entrepôt, Willem van Maaren. L'ombre de l'officier du SD Karl Silberbauer plane encore sur les lieux. Il a bien dit à Miep de ne pas disparaître, car il a l'intention de revenir. Lors d'une interview, des années plus tard, Miep se souviendra de la peur qui les tenaillait, mais dira qu'il leur fallait revoir l'Annexe pour se convaincre que les personnes qu'ils cachaient depuis 761 jours étaient vraiment parties : « Les tiroirs étaient ouverts, les objets éparpillés partout, le sol en était jonché[1]. » Au milieu de ce chaos, elle distingue quelque chose de familier : le journal intime à carreaux rouges et blancs et au cadenas en laiton, dans lequel elle avait si souvent vu Anne écrire. Après avoir rempli les pages de sa graphie dense et de quelques photos, Anne lui avait demandé de lui en procurer un autre, mais impossible d'en trouver à Amsterdam. À la place, Miep avait apporté ses carnets de notes et, après qu'Anne les avait remplis, Bep lui avait donné les feuilles de papier calque bleu du bureau. Miep se penche, prend le journal d'Anne et deux carnets, et les emporte dans son bureau, où elle les met dans un tiroir non fermé pour ne pas attirer les soupçons. Il est risqué de conserver le journal, mais elle veut le rendre à Anne à son retour. Heureusement, elle ne l'a pas lu.

Si elle l'avait fait, elle aurait découvert qu'Anne avait utilisé de vrais noms dans son récit. Et pour protéger tout le monde Miep aurait été obligée de le détruire[2].

Plus tard dans la soirée, Bep passe également avec son petit ami. Elle racontera à sa jeune sœur Diny qu'elle aussi devait vérifier de ses propres yeux que les clandestins avaient été emmenés[3]. « Quand, pendant des années, on s'est occupé de ces personnes et qu'elles vous sont soudain arrachées, que peut-on ajouter[4] ? »

Comme chaque fois que des Juifs sont déportés, les déménageurs d'Abraham Puls, l'entreprise qui détenait le contrat de collecte des biens juifs, arrivent, quelque part entre le 5 et le 10 août, pour récupérer les affaires des résidents de l'Annexe. Les Amstellodamois appelaient cela se faire « *gepulst* » ou « *Pulsen** » et venaient parfois même assister au spectacle, n'en ratant pas une miette. Meubles, linge, vivres, effets personnels, tout était saisi et vendu ou convoyé en Allemagne et plus à l'est, aux citoyens dont les maisons avaient subi les bombardements alliés. La spoliation des biens juifs a eu pour conséquence une corruption généralisée. Les objets trouvés dans les maisons disparaissaient souvent, et de nombreux « pulseurs » véreux se sont enrichis au passage.

Bep et Miep se rendent à l'Annexe après son pillage et découvrent que les hommes de Puls ont laissé un gigantesque fatras de papiers et de livres jetés sur le plancher du grenier, jugés sans valeur. Bep reconnaît les feuilles bleues de papier calque qu'elle a données à Anne et en sauve une liasse. Il s'agit de la révision de son journal original, sur laquelle Anne a travaillé les dix dernières semaines de sa clandestinité, espérant le faire publier après la guerre sous le titre *L'Annexe secrète*. Elle l'envisageait comme une histoire à suspense, laissant le lecteur incertain de la fin[5].

Après quatre jours passés dans le centre de détention de la prison de Weteringschans, les huit prisonniers sont transportés en camion jusqu'à la gare de Muiderpoort pour faire en train les quatre-vingts kilomètres vers le camp de Westerbork. Voyagent avec eux deux sœurs, Rebekka « Lin » et Marianne « Janny » Brilleslijper, arrêtées pour leurs activités de résistantes. Janny remarque tout de suite les Frank : le père très inquiet, la mère nerveuse et deux jeunes filles en vêtements de sport avec des sacs à dos[6]. Ils ne parlent pas, se contentant de regarder la ville disparaître au loin tandis qu'ils sont bannis de la civilisation. Les deux sœurs seront parmi les dernières à voir Anne Frank vivante.

Treize ans plus tard, Otto a raconté ce voyage à Ernst Schnabel. De manière poignante, il insiste sur la soif d'Anne pour cette nature dont elle avait été privée si longtemps.

Nous étions dans un train de voyageurs ordinaire. Le fait que la porte soit verrouillée n'avait pas beaucoup d'importance. Nous étions à nouveau réunis et avions reçu un peu de nourriture pour le trajet. Nous savions où nous allions, mais malgré cela c'était presque comme voyager à nouveau, ou sortir, et nous étions joyeux. Joyeux, du moins quand je compare ce voyage au suivant. Dans nos cœurs, évidemment, nous anticipions déjà l'éventualité que nous ne resterions pas à Westerbork jusqu'à la fin. Nous étions au courant des déportations en Pologne. Et nous savions aussi ce qui se passait à Auschwitz, Treblinka et Majdanek. Mais les Russes n'étaient-ils pas déjà bien avancés en Pologne ? La guerre avait pris une telle tournure que nous pouvions commencer à croire en la chance. Roulant vers Westerbork, nous nous accrochions à cet espoir. Anne ne quittait pas la fenêtre. Dehors, c'était l'été. Prairies, champs de chaume et villages défilaient. Par les fenêtres du côté droit, on voyait les fils téléphoniques monter et descendre avec l'avancée du train… C'était comme si nous étions libres. Vous comprenez[7] ?

La rumeur circule à Westerbork chaque fois qu'un nouveau convoi arrive, porteur à la fois d'espoir et de désespoir : l'espoir qu'il ne contienne pas de membres de la famille ou de proches dénoncés et dont la présence ne ferait qu'amplifier la douleur ; le désespoir que des convois quittent encore régulièrement Amsterdam et que, malgré les avancées des Alliés, la guerre ne soit toujours pas terminée.

Une femme, Rosa « Rootje » de Winter, observe les nouveaux arrivants avec sa fille de quinze ans. Soudain, elle s'écrie : « Judy, regarde ! » Huit personnes sont dans la longue file, attendant que les préposés enregistrent leurs noms. Mme de Winter remarque leur teint très pâle : « On voyait au premier coup d'œil qu'elles s'étaient cachées et n'avaient pas été à l'air libre depuis des années[8]. » L'une d'elles était Anne Frank. Sa fille et Anne se lieront d'amitié dans ce lieu de malheur.

Dès l'arrivée, tout est planifié : d'abord la baraque de quarantaine, où un employé de la banque Lippmann, Rosenthal & Co. confisque ce qu'il reste d'objets de valeur, puis l'affectation au baraquement 67, celui des criminels, car se cacher est un crime. Trois cents personnes dans chaque bâtiment. Les nouveaux arrivants reçoivent des uniformes bleus avec plastron rouge et sabots en bois. Les hommes ont la tête rasée, les femmes ont les cheveux coupés douloureusement court.

Dans son journal, Anne confesse que sa seule vanité est sa chevelure. Mais les Allemands ont besoin de cheveux pour les courroies de transmission et les joints de leurs sous-marins[9]. Un monde devenu fou : les cheveux des victimes exterminées par les nazis utilisés dans la fabrication d'armes de guerre.

Westerbork est situé dans une zone de tourbières, et l'humidité s'infiltre partout. Le camp n'est pas grand, environ cinq cents mètres carrés. Il est géré en partie par une unité de prisonniers juifs allemands appelée « service d'ordre » (Ordedienst ; OD), qui sert en quelque sorte de force de police. Elle est composée de réfugiés que les Néerlandais ont confinés dans le camp en

1939, lorsque les Pays-Bas étaient encore neutres. Plus tard, des Juifs néerlandais sont venus grossir leurs rangs. Les Allemands ont assuré aux membres de l'OD que, s'ils faisaient respecter l'autorité au sein du camp, eux-mêmes ne seraient pas déportés « à l'est ». Leur nombre varie entre quarante et soixante hommes et ils rendent directement compte aux commandants du camp[10].

Paradoxalement, Westerbork a offert à Anne une sorte de liberté après son incarcération dans l'Annexe. Mme de Winter raconte : « Anne était heureuse ; comme libérée, car elle pouvait désormais rencontrer de nouvelles personnes, mais aussi rire. » Respirer, sentir le soleil sur son visage, « même si nous n'étions pas en sécurité ni au bout de nos peines[11] ».

Le 25 août Paris est libéré. Le 3 septembre Bruxelles tombe, et le 4 c'est au tour d'Anvers. Les Américains ont remonté la moitié de la péninsule Italienne... La guerre est presque terminée. Pourtant, 1 019 personnes sont déportées à Auschwitz à partir du dimanche 3 septembre. Trois jours, deux nuits, 60 à 75 personnes par wagon à bestiaux : 498 femmes, 442 hommes et 79 enfants, parmi lesquels la famille Frank, la famille Van Pels et Fritz Pfeffer[12]. Leur convoi est le dernier à quitter Westerbork pour le camp de concentration d'Auschwitz en Pologne.

Otto avait espéré que la chance serait de leur côté. Ce ne fut pas le cas.

14

Le retour

Sur les huit personnes cachées dans l'Annexe, seul Otto Frank survivra. Parce qu'il était à l'infirmerie du camp lorsque le commandement nazi a évacué Auschwitz, il a évité une marche forcée vers la mort et été libéré par les Russes, le 27 janvier 1945. Deux jours plus tôt, il attendait dans une file avec d'autres personnes, sur le point d'être abattu, lorsque des soldats russes s'étaient approchés, envoyant le peloton d'exécution SS se mettre à l'abri. Otto a un jour raconté que l'image des Russes dans leurs « manteaux blancs comme neige » arrivant dans un paysage blanc était restée gravée dans sa mémoire ; sa représentation de la liberté[1].

Le 22 février, alors que les anciens détenus ont repris des forces, la zone proche du camp est assiégée. Toute la nuit, Otto et les autres entendent l'artillerie qui pilonne les alentours. Les Allemands sont revenus et les Russes semblent perdre du terrain. Après avoir survécu à tant de souffrances, il est impensable que tout soit soudain perdu. Mais finalement, le lendemain, plusieurs officiers russes rassemblent les survivants sur la place principale du camp et une douzaine de camions arrivent pour les évacuer en lieu sûr derrière les lignes de front.

À Katowice, capitale de la haute Silésie, en Pologne, on les loge d'abord dans un bâtiment public, puis dans une école du centre-ville. Otto demande à tous ceux qu'il rencontre s'ils n'ont pas vu sa femme et ses filles. Le 18 mars, il écrit à sa mère qu'il n'est pas encore prêt à lui dire ce qu'il a vécu, mais qu'au moins il est vivant. Il s'inquiète de ne pas avoir retrouvé Edith, Anne et Margot, mais garde espoir. Miné par le sort de Kugler et de Kleiman, il se demande s'ils ont survécu aux camps de concentration. Le même jour, il écrit à sa cousine Milly : il se sent comme un sans-abri, il a tout perdu et ne possède même pas une lettre ou une photo de ses enfants[2].

Le 22 mars, Otto est assis seul à une table dans l'école déserte. Rootje de Winter, dont il a fait la connaissance à Westerbork, s'approche de lui. Elle raconte qu'elle a été dans les mêmes baraquements que Edith et les filles à Auschwitz. Le 30 octobre, Anne et Margot ont été sélectionnées pour être transportées à Bergen-Belsen, laissant leur mère derrière elles. Rootje de Winter ignore ce qui est arrivé aux filles. Elle ne les a jamais revues.

Mais elle assure à Otto qu'Anne a « conservé son visage ». C'est l'argot des camps de concentration pour désigner celles et ceux qui n'ont pas été détruits par l'inhumanité ambiante. Selon Rootje de Winter, la beauté d'Anne se concentrait dans ses grands yeux, encore capables de regarder la souffrance des autres avec pitié. Ceux qui avaient « perdu leur visage » n'étaient plus capables d'en ressentir : « Quelque chose nous protégeait, nous empêchait de voir. » Anne, comme en témoigne Rootje de Winter, n'avait pas cette protection. C'est elle qui « a vu jusqu'au bout ce qui se passait autour de nous[3] ».

En décembre, Rootje est tombée malade et a été envoyée dans le baraquement qui faisait office d'infirmerie, où elle a vu Edith Frank. Elle raconte à Otto que sa femme délirait et ne s'alimentait plus. Quand on lui donnait de la nourriture, elle la cachait sous sa couverture, disant qu'elle la conservait pour son mari.

Les aliments finissaient par rancir[4]. Rootje lui apprend qu'Edith est morte de faim le 6 janvier 1945. Ce récit brise le cœur d'Otto.

Dans le train pour Czernowitz, en Ukraine, à l'un des très nombreux arrêts, Otto est reconnu parmi les centaines de personnes se pressant sur le quai par une jeune fille qui avait l'habitude de jouer avec Anne sur Merwedeplein, dans le quartier de la Rivière. Elle présente Otto à sa mère, laquelle lui demande immédiatement s'il a vu son fils et son mari, toujours portés disparus. Elle s'appelle Elfriede « Fritzi » Geiringer.

Une fois à Czernowitz, Otto monte dans un train de transport de troupes russes en direction d'Odessa. C'est le seul moyen de retourner à Amsterdam, où il espère retrouver ses enfants. Fritzi Geiringer et lui se quittent comme des étrangers, mais huit ans plus tard elle deviendra sa seconde épouse. Tel était le terrible hasard qui se jouait de leurs existences.

Il faut trois mois à Otto pour rentrer. Le 3 juin, il frappe à la porte de Miep et Jan Gies. Miep racontera des années plus tard : « On s'est regardés. Sans prononcer un mot… "Miep, a-t-il dit à voix basse, Edith ne reviendra pas… Mais j'ai bon espoir pour Anne et Margot[5]." » Le couple l'invite alors à s'installer avec eux. Ce qu'il accepte.

Ce soir-là, Miep et Jan annoncent à Otto que Kleiman et Kugler ont survécu. Au camp d'Amersfoort, Kleiman a été victime d'une hémorragie gastrique. La Croix-Rouge néerlandaise est intervenue pour raisons humanitaires, et le 18 septembre il a été libéré. Un tel sort n'était possible que pour un citoyen néerlandais et seulement parce que la perspective de perdre la guerre rendait le commandement allemand fébrile et plus accommodant. Bientôt, les Allemands allaient raser les camps d'extermination pour dissimuler les preuves.

Kugler a été ballotté d'un camp de travail à un autre. Le 28 mars 1945, au cours d'une marche forcée vers l'Allemagne, les Spitfire britanniques ont attaqué la colonne d'environ six cents hommes au moment où ils approchaient de la frontière allemande. Dans la panique, Kugler a réussi à s'échapper avec un autre prisonnier, et est rentré chez lui, aidé en chemin par des fermiers néerlandais. À ce moment-là, les Allemands étaient trop occupés à se sauver en masse vers la mère patrie pour s'adonner à la chasse aux évadés néerlandais[6].

Le lundi 4 juin, Otto note dans l'agenda qu'il continue de tenir qu'il est revenu au 263 Prinsengracht. Cela a dû être terriblement douloureux de revoir au mur la carte sur laquelle il avait suivi l'avancée des Alliés, la règle près de la porte pour mesurer la croissance de ses filles, les photos de bébés, de stars de cinéma et de la famille royale néerlandaise qu'Anne avait collées dans sa chambre. Rien n'avait changé, et pourtant tout était différent. Cinq jours après son retour, il écrit à sa mère qu'il ne se sent toujours pas lui-même. Comme s'il était en transe et qu'il lui était impossible de garder son équilibre[7].

Sa femme est morte. Il a vu Hermann van Pels se diriger vers la chambre à gaz d'Auschwitz au mois d'octobre précédent. Il n'a aucune nouvelle de ses filles, de Peter, de Fritz, ou d'Auguste van Pels. Mais il garde espoir. Anne et Margot peuvent être en territoire allemand occupé par les Russes, d'où les communications sont notoirement lentes. Des survivants continuent de regagner les Pays-Bas.

Et puis la nouvelle tombe. Une lettre officielle d'une infirmière de Rotterdam lui parvient, l'informant que ses filles sont mortes. Otto ne peut tout simplement pas l'accepter. Il faut que cela lui soit confirmé par un témoin oculaire. Le 18 juillet, avec l'aide de la Croix-Rouge, il retrouve Janny Brilleslijper, âgée de vingt-huit ans. Il sait qu'elle a été détenue avec ses filles à Bergen-Belsen. Elle racontera :

Durant l'été 1945, un homme mince et élégant est apparu sur le trottoir. Il a regardé à travers notre fenêtre... Otto Frank était là. Il m'a demandé si je savais ce qui était arrivé à ses deux filles. Je le savais, mais les mots avaient du mal à sortir... J'ai dû lui annoncer que ses filles n'étaient plus de ce monde[8].

À peu près à la même époque, des informations circulent sur le sort des autres occupants de l'Annexe. Fritz Pfeffer est décédé le 20 décembre 1944 dans le camp de concentration de Neuengamme*, en Allemagne. Bien qu'Otto ait essayé de persuader Peter van Pels de rester avec lui à l'infirmerie, Peter pensait avoir plus de chances lors de la marche de la mort pour évacuer Auschwitz, que les nazis décrétèrent le 19 janvier à l'approche de l'armée russe. Il a survécu à cette marche d'une semaine, mais il est mort dans les baraquements pour malades du camp de Mauthausen le 5 mai, deux jours avant la capitulation inconditionnelle de l'Allemagne[9]. Selon un témoin oculaire ayant déposé devant la Croix-Rouge, des soldats nazis ont jeté sa mère, Auguste, sous un train lors d'un transport vers le camp de Theresienstadt[10].

On dit à Otto qu'il a eu de la chance de survivre. Mais quelle chance ? Il a tout perdu. Pour ne pas devenir fou, il essaye de remonter son commerce d'épices, ce qui s'avère impossible puisque les aromates indonésiens ne sont plus disponibles, et il aide à retrouver et confier des orphelins à leurs proches.

Dans une lettre à sa mère, il raconte sa visite à Jetteke Frijda, cette camarade de Margot au lycée juif, que les jeunes filles avaient fréquenté une fois les enfants juifs bannis des écoles publiques néerlandaises. Jetteke est seule. Son père et son frère sont morts. Sa mère est en Suisse[11]. Les besoins sont tels que c'en est parfois écrasant. Pourtant, Otto fait ce qu'il peut pour l'aider.

« Il est devenu mon père à partir de ce moment-là ; il s'est occupé de tout », témoigne Hanneli Goslar, une orpheline, à propos d'Otto[12]. Ses parents étaient des amis des Frank, et elle a été l'une des camarades les plus intimes d'Anne à l'école. Sa mère est morte en couches en 1942, et son père et ses grands-parents maternels ont été assassinés à Bergen-Belsen.

Hanneli a croisé Anne plusieurs fois dans le camp. Persuadée que son père avait été gazé immédiatement, Anne pleurait devant la clôture de barbelés qui les séparait : « Je n'ai plus de parents. » Hanneli a perdu contact avec Anne quand elle a été déplacée avec sa petite sœur vers le camp de Theresienstadt. Toutes deux figuraient sur la liste Palestine de la Croix-Rouge, et étaient censées servir de « monnaie d'échange » contre la libération de prisonniers de guerre allemands. Elles n'ont jamais atteint le camp, leur convoi ayant été libéré par les Russes avant d'atteindre sa destination[13].

Otto a vu le nom des sœurs Goslar sur une liste de survivants de la Croix-Rouge et s'est rendu à Maastricht, où Hanneli était hospitalisée. Ravie qu'Otto ne soit pas mort, elle s'est écrié : « Monsieur Frank !... Votre fille est vivante[14]. » Il lui a alors révélé l'atroce vérité. Si Anne avait su qu'Otto n'était pas mort, elle aurait peut-être trouvé la force de survivre.

Otto a pris les sœurs Goslar sous son aile, faisant soigner Hanneli à Amsterdam, avant de s'occuper des papiers pour qu'elles puissent se rendre en Suisse chez un oncle, les accompagnant lui-même à l'aéroport. Il comprenait l'abîme auquel faisaient face les orphelines[15].

La dernière image connue d'Anne Frank nous vient de Hanneli Goslar. Elle aperçoit Anne à travers les barbelés de Bergen-Belsen. « Ce n'était plus la même Anne. Elle était brisée. Je l'étais sans doute aussi, mais c'était terrifiant[16]. » C'était au mois de février. Il faisait froid. Anne s'était débarrassée de ses vêtements, car elle ne supportait plus les poux. Elle se tenait debout, nue, à l'exception d'une couverture sur les épaules. Sa mère et sa sœur étaient mortes. Elle croyait son père mort, lui aussi. Elle délirait à cause du typhus. Il ne lui restait que quelques jours à vivre[17].

Une autre survivante de Bergen-Belsen, qui connaissait Anne, dira : « Là-bas, rester en vie demandait un effort surhumain. Le typhus et la folie… en effet. Mais je suis sûre qu'Anne a succombé au décès de sa sœur. Mourir est si facile pour celle qui demeure seule dans un camp de concentration[18]. »

15

Les collabos

À la fin de la guerre, au moins onze millions de réfugiés se retrouvent sur les routes. On s'attend à ce que deux cent cinquante mille travailleurs forcés néerlandais reviennent aux Pays-Bas, s'ajoutant aux réfugiés étrangers demandeurs d'asile. Le gouvernement néerlandais en exil à Londres se prépare depuis 1943 à accueillir six cent mille personnes, dont soixante-dix mille Juifs. Les frontières doivent être sécurisées et un système est pensé pour s'assurer de la légitimité des rapatriés, auxquels sont réclamées autorisations médicales, douanières et de sécurité. Personne ne souhaite que des communistes infiltrent et déstabilisent le pays[1].

Les autorités ont largement surestimé le nombre de rapatriés juifs. Seulement 5 500 survivants des camps sont parvenus à regagner les Pays-Bas. Et c'est épouvantable, mais ils ont été traités de façon indigne. Les survivants juifs rentrés au pays se voient refuser les aides sociales et on leur demande de s'adresser aux organisations juives internationales pour obtenir un soutien financier. Après les ultimes déportations du camp de Westerbork en septembre 1944, environ 500 Juifs ont été laissés sur place, et au cours des mois d'hiver ce nombre est passé à 896. Bien que le camp ait finalement été libéré par les Canadiens le 12 avril 1945, ces personnes ont été contraintes de rester en détention et de cohabiter avec les quelque dix mille membres du NSB fraîchement arrêtés, qui n'étaient autres que leurs bourreaux[2]. Il fallut attendre le 23 juin pour que les autorités militaires néerlandaises autorisent les anciens détenus à quitter le camp.

Les survivantes des camps de concentration, dont la tête a été rasée, sont souvent identifiées à tort comme des collaboratrices et humiliées. Les Juifs qui rentrent au pays découvrent que leurs maisons sont occupées, ou qu'elles ont été pillées ; certains reçoivent même des avis d'imposition couvrant les années passées dans les camps. Si l'on a mis ces aberrations sur le compte du chaos de l'après-guerre, cela n'en reste pas moins traumatisant.

Les autorités néerlandaises ne sont pas les seules à agir de la sorte. Lorsqu'un comité intergouvernemental américain commande une étude sur les camps de personnes déplacées gérés par les États-Unis, il découvre des survivants de l'Holocauste vivant dans des conditions effroyables, mal nourris et sous la surveillance d'hommes en armes.

Le gouvernement néerlandais en exil abroge les lois nazies qui ont exclu les Juifs des activités commerciales. Ce qui aurait dû être une bonne nouvelle pour Otto, mais il est désormais classé comme ressortissant allemand et ses entreprises tombent sous le coup du décret sur les biens ennemis. Il est obligé de prouver qu'il ne s'est jamais comporté de manière antinéerlandaise. En février 1947, vingt et un mois après son retour d'Auschwitz, on l'informe qu'il n'est plus considéré comme « sujet hostile[3] ». Au moins, Miep et Jan l'ont hébergé et des amis lui ont envoyé des lettres de soutien. Comme il l'écrit à son frère Robert, certains survivants incapables de prouver qu'ils avaient des moyens de subsistance ont été internés dans des camps ou n'ont tout simplement pas été autorisés à rentrer dans le pays.

Les civils néerlandais ne sont pas plus accueillants. Ils ont vécu leur lot de drames. Le dernier hiver de la guerre, appelé « l'hiver de la faim », a été particulièrement dévastateur. Le gouvernement en exil avait demandé aux cheminots de se mettre en grève en signe de solidarité avec les Alliés. En guise de représailles, les Allemands ont empêché les ravitaillements de nourriture et de combustible pour le chauffage. Cet hiver-là, entre vingt et vingt-cinq mille Hollandais sont morts de faim. Au fur et à mesure de sa retraite, l'armée allemande a également ouvert les digues, inondant 8 % des terres, et le pillage systématique a eu pour conséquence que la perte économique des Pays-Bas a été plus importante que dans tout autre pays occidental[4]. De nombreux Néerlandais considèrent alors que les récits des camps d'extermination sont exagérés. La vérité, du moins à ce stade, est que beaucoup ne réalisent pas qu'il y a eu un Holocauste. Comme le dit tristement Miep Gies, « tout le monde avait vécu tant de souffrances que personne ne s'intéressait à celles des autres[5] ».

Pendant ce temps-là, le gouvernement néerlandais en exil s'intéresse particulièrement aux collaborateurs. Comme il s'attend à des actes de vengeance contre celles et ceux dont on sait qu'ils ont prêté main-forte aux nazis, il entreprend d'identifier les collaborateurs afin de les faire comparaître en justice dès 1943, via une loi sur la justice spéciale (Besluit Buitengewone Rechtspleging*), puis, à partir de mai 1945, par l'intermédiaire de tribunaux et de cours spéciales dans tout le pays. Dans les Pays-Bas nouvellement libérés, le service d'enquête politique (Politieke Opsporingsdienst*, POD) examine des centaines de milliers de dossiers[I].

Plus de cent cinquante services de police sont mobilisés pour recueillir des preuves – lettres, photos, témoignages, cartes

I. En 1946, le POD fut rebaptisé Politieke Recherche Afdeling (PRA), sous l'autorité du bureau du procureur (NdA).

d'affiliation – et confondre les traîtres. La peine de mort, abolie aux Pays-Bas en 1870, est rétablie.

Des dossiers sont constitués et compilés aux Archives centrales de la procédure judiciaire spéciale (Centraal Archief van de Bijzondere Rechtspleging*, CABR) à La Haye. Abrités par les Archives nationales, leurs 450 000 dossiers s'alignent sur plus de deux kilomètres et demi. Régis par les lois sur la protection de la vie privée, ces dossiers contiennent des informations sur des collaborateurs condamnés, des personnes accusées à tort, des individus acquittés, des victimes et des témoins. On compte parfois des dizaines de dossiers sur une même personne, car celle-ci peut avoir fait l'objet d'une enquête par plusieurs services de police et avoir été poursuivie pour autant de crimes. Ils contiennent photographies, preuves d'appartenance au NSB, expertises psychologiques, relevés bancaires, transcriptions de procès, déclarations de collaborateurs et de Juifs rescapés, etc. Deux cent mille de ces dossiers ont été envoyés au bureau du procureur général. C'est le chaos, et bien que les chiffres soient approximatifs on estime que 150 000 Néerlandais ont été arrêtés (quelques fonctionnaires allemands sont également jugés et emprisonnés aux Pays-Bas). Parmi les prisonniers néerlandais, 90 000 ont été libérés et désignés « provisoirement exemptés de poursuites ». Au total, 14 000 condamnations ont été prononcées, dont 145 condamnations à mort. La sentence ne sera finalement appliquée qu'à 42 individus[6].

Parmi les collaborateurs les plus zélés des « chasseurs de Juifs », on trouve un groupe de nazis néerlandais travaillant pour la division chargée des enquêtes du Bureau de l'inventaire des ménages (Abteilung Hausraterfassung*), qui traquait et expropriait les biens juifs. L'une des quatre subdivisions, ou *Kolonnen*, de l'agence était la Colonne Henneicke*, du nom de son chef, Wim Henneicke. Homme impitoyable, ex-figure de la pègre ayant été à la tête d'un service de taxis illégal, celui-ci mit ses contacts dans le monde interlope au service de la Colonne[7]. La Colonne Henneicke commença à traquer les Juifs en octobre 1942. Au moment de sa dissolution en octobre 1943, elle avait livré entre huit et neuf mille Juifs aux nazis[8].

Dans son remarquable ouvrage *Hitler's Bounty Hunters : The Betrayal of the Jews* (« Les chasseurs de primes de Hitler : la trahison des Juifs », non traduit en français), Ad van Liempt apporte la preuve du *Kopgeld**, ou prime à la tête allouée aux chasseurs de Juifs pour chaque individu dénoncé. Il cite notamment le témoignage de Karel Weeling, agent de police néerlandais affecté à la Zentralstelle für Jüdische Auswanderung (Agence centrale pour l'émigration juive) en 1943. Dans un rapport d'enquête de police daté de 1948, Weeling a déclaré : « Il était de notoriété publique que les membres de la Colonne Henneicke recevaient une prime pour chaque Juif ramené à la Zentralstelle. » Weeling avait souvent vu Henneicke payer ses hommes, toujours à la fin du mois. Au moins au départ, la prime pour un Juif était de 7,50 florins (une quarantaine d'euros actuels). Weeling, toujours : « J'ai vu qu'après ils devaient signer un certain nombre de reçus. Je crois qu'il y en avait trois en tout… J'ai également vu Henneicke verser des sommes allant de 300 à 450 florins par tête. À mon avis, elles étaient bien supérieures à leurs salaires[9]. »

Un membre de la Colonne pouvait toucher une prime comprise entre 1 550 et 2 400 euros d'aujourd'hui, ce qui explique probablement l'« insatiable zèle » de ces Hollandais lorsqu'ils chassaient leurs proies. Chaque Juif capturé était synonyme de prime. Plus sinistre encore, l'argent pour rémunérer les ravisseurs provenait des biens juifs spoliés. Le 8 décembre 1944, la Résistance néerlandaise assassina Henneicke.

16

Elles ne reviendront pas

Ce jour de juillet 1945 où Otto Frank se trouve dans le bureau de Miep, la lettre de l'infirmière de Rotterdam à la main, est un moment qui hantera son amie à jamais. D'une voix « blanche, totalement brisée », Otto lui dit : « Miep. Margot et Anne ne reviendront pas. »

Nous sommes restés ainsi, tous deux frappés par la foudre, nos cœurs brûlés vifs, les yeux dans les yeux. Puis M. Frank s'est dirigé vers la porte et a dit de la même voix défaite : « Je serai dans mon bureau[1]. »

Miep s'approche de sa table et ouvre le tiroir contenant le petit journal à carreaux, les carnets et les feuilles volantes qu'elle a conservés en attendant le retour d'Anne. Elle les apporte à Otto et les lui tend. Reconnaissant le journal intime, il le touche du bout des doigts. Miep lui remet le tout, puis s'éclipse.

Otto avait accepté de vivre avec Miep et Jan en affirmant qu'ainsi il pourrait parler de sa famille. En fait, les premiers temps, il ne dit rien. Miep comprend que l'épreuve qu'il traverse se passe de mots. « Il pouvait aborder le sujet s'il le souhaitait. Et, s'il ne le voulait pas, nous partagions tous le même chagrin et les mêmes souvenirs en silence[2]. »

Puis, lentement, Otto se met à traduire en allemand des bribes du journal d'Anne, qu'il joint à des lettres envoyées à sa mère à Bâle. Certains soirs, il sort de sa chambre, le journal à la main, et lance : « Miep, tu devrais lire cette description qu'Anne a écrite ! Qui aurait pensé que son imagination resterait si féconde pendant tout ce temps[3] ? »

Au début, accablé de chagrin, il ne parvient à parcourir que quelques pages par jour. Puis il lit des extraits à ses amis, et beaucoup sont impressionnés, même si quelques-uns trouvent cela trop intime. En décembre 1945, il décide de publier le texte. Il sait qu'Anne le souhaitait et il est déterminé à montrer que toute cette horreur peut accoucher de quelque chose de positif. Il confie le manuscrit qu'il a tapé à son ami Werner Cahn, qui travaille pour un éditeur néerlandais. Le texte parvient jusqu'à un historien très respecté, Jan Romein, lequel, le 3 avril 1946, écrit un article qui paraît en une du quotidien *Het Parool*, sous le titre « Kinderstem » (« La voix d'une enfant »). Des journaux intimes de la guerre font surface un peu partout, mais Romein « ... serai[t] très surpris qu'il en existe un autre aussi lucide, intelligent, et en même temps naturel[4] ». Les éditeurs ne tardent pas à se manifester. Le texte sort le 12 juin 1947, sous le titre qu'Anne avait choisi : *L'Annexe secrète : lettres d'un journal intime du 14 juin 1942 au 1er août 1944*. Le premier tirage se vend à 3 036 exemplaires, le deuxième en décembre 1947 à 6 830 et le troisième en 1948 à 10 500. Au printemps 1952, le livre est publié aux États-Unis et au Royaume-Uni, avec une préface d'Eleanor Roosevelt.

L'année 1952 est importante pour Otto Frank. Il décide de s'installer à Bâle, en Suisse, où il a encore de la famille. Rester à Amsterdam est devenu trop pénible. Le flot incessant de lecteurs du *Journal* qui se présentent au 263 Prinsengracht pour le voir devient éprouvant. Au moins, à Bâle, les lecteurs devront se résoudre à lui écrire des lettres, auxquelles il répondra consciencieusement. Interviewé par le magazine *Life* des années plus tard, il expliquera qu'il en est arrivé au point de ne pouvoir supporter Amsterdam plus de trois jours. Lors de ses visites, il se rend à l'Annexe, où rien n'a changé[5].

Le 10 novembre 1953, Otto se remarie. Il a soixante-quatre ans. Sa nouvelle épouse est Elfriede « Fritzi » Geiringer, cette femme rencontrée à la gare de Czernowitz, en Ukraine, lors de son voyage retour d'Auschwitz huit ans plus tôt.

Fritzi et Otto ont vécu dans le même quartier à Amsterdam sans se connaître. En juillet 1942, les familles Geiringer et Frank sont entrées en clandestinité. Fritzi et sa fille, Eva, ont trouvé refuge à Amsterdam, tandis que son mari et son fils disparaissaient à la campagne. Les deux familles ont été dénoncées.

Après la Libération, Otto rend visite à Fritzi et Eva dans leur ancien appartement, au 46 Merwedeplein. Le 18 juillet 1945, il apprend qu'Anne et Margot ont péri. Le 8 août, la Croix-Rouge informe Fritzi que son mari, Erich, et son fils, Heinz, ont été tués[6].

Entre 1947 et 1949, Otto soutient Fritzi tout au long des pénibles procédures visant les délateurs de son mari et de son fils. Des procédures judiciaires qui ont un effet dévastateur sur elle. Otto recherche lui-même activement l'identité de la personne qui a dénoncé sa propre famille, et être témoin de la douleur et de l'ultime frustration de Fritzi lors du verdict, qui pour l'essentiel disculpa les accusés, dut être très difficile à encaisser.

La relation entre Otto Frank et Fritzi Geiringer procura à chacun une consolation face à ce qui était une tragédie inimaginable, un réconfort fondé sur leur perte mutuelle. Otto a déclaré un jour que, parce qu'ils avaient tous deux survécu aux camps de concentration et tous deux perdu conjoint et enfants, ils se comprenaient. Une relation avec quelqu'un ne partageant pas cette souffrance eût été impossible[7].

Eva, la fille de Fritzi, brosse un portrait émouvant de l'homme qui devint son beau-père :

Otto vivait depuis quelque temps à Merwedeplein avec ma mère, mais ils étaient tous deux hantés par leurs souvenirs… Même s'il était déterminé à faire publier le journal d'Anne et à ce que celui-ci obtienne la reconnaissance qu'il méritait, la guerre et la perte de sa famille l'avaient mis à très rude épreuve[8].

La vérité est qu'Otto avait besoin d'être auprès de sa famille encore en vie. Fritzi et lui entament la phase suivante de leur existence en Suisse. À Bâle, le couple s'installe chez la sœur d'Otto, Leni, son mari, Erich Elias, et leurs deux fils. Ils y restent près de sept années avant d'emménager dans leur propre appartement, modeste, à Birsfelden, dans la banlieue de Bâle. Rien, à part peut-être l'héritage d'Anne, n'est désormais plus important pour Otto que ses liens avec sa famille. Au fil des ans, il est devenu très proche d'Eva, de son mari et de leurs trois filles, qui vivent à Londres ; Fritzi et lui ne manquent jamais une occasion de leur rendre visite. Il est également proche de sa belle-mère, elle aussi bâloise.

Le 21 mars 1953, Otto est à Londres avec Fritzi lorsque son frère Robert lui annonce au téléphone que leur mère a succombé à une attaque la nuit précédente. Deux mois plus tard, Robert est lui aussi victime d'une crise cardiaque ; il meurt le 23 mai. Au même moment, Otto est en pourparlers avec le propriétaire du 263 Prinsengracht, qui veut vendre. Psychologiquement, c'est comme si la perte du bâtiment donnait l'impression à Otto que son histoire était en train de s'effacer. Il a perdu sa mère, son frère, son passé. Il souhaite faire de l'immeuble un symbole de ce qui ne doit plus jamais se reproduire.

Travailler sur le livre et sur la pièce de théâtre tirée du journal d'Anne constituait un but, mais cela a dû être une souffrance terrible de revivre ces années de clandestinité. Il dit à ses amis qu'il se sent fragile et doit ménager ses nerfs[9]. En octobre 1954, il fait une dépression et est admis à l'hôpital, mais il se rétablit rapidement[10]. Il a la chance que Fritzi lui soit dévouée.

Si la guerre est terminée depuis plus de dix ans, les attaques antisémites, elles, se poursuivent. Un Allemand écrit à Otto en 1959 : « Je suis choqué qu'en tant que père vous ayez publié une telle chose. Mais c'est typique du Juif. Tu veux encore te remplir les poches avec le cadavre puant de ta fille. C'est une bénédiction pour l'humanité que de telles créatures aient été exterminées par Hitler[11]. » Il faut du courage à Otto pour s'exposer à ce genre d'obscénités. La même année, ses éditeurs et lui ont engagé le premier de plusieurs procès contre ceux qui contestent l'authenticité du journal de sa fille. Son ami le père John Neiman déclare : « Ces histoires de faux journal ont profondément blessé [Otto], et même si cela lui a coûté beaucoup, personnellement et financièrement, de se battre contre ces gens, il l'a fait au nom de toutes les victimes du nazisme[12]. » Les calomnies contre le journal n'ont jamais cessé du vivant d'Otto. Le fait que peu de temps avant sa mort, en 1980, la Cour suprême d'Allemagne de l'Ouest ait statué que la négation de la Shoah était pénalement répréhensible fut peut-être une sorte de consolation[13].

SECONDE PARTIE

L'enquête

17

Les prémices

En avril 2017, Vincent Pankoke se rendit à Amsterdam pour faire la connaissance de l'équipe ; jusqu'à présent, les contacts s'étaient faits uniquement par Skype. Thijs Bayens souhaitait lancer l'enquête en réalisant une vidéo pilote afin de savoir si le projet pourrait intéresser les médias. Il filma Vincent tandis que l'équipe montait des reconstitutions de témoignages avec des acteurs néerlandais.

Vincent profita du temps passé avec Thijs, Pieter van Twisk et Jean Hellwig pour se rendre aux Archives de la ville d'Amsterdam, à l'institut NIOD pour les études sur la guerre, l'Holocauste et le génocide, et à la Maison Anne-Frank, qu'ils visitèrent seuls tôt le matin, avant l'arrivée du public. Pour Vincent, déjà très imprégné de l'histoire d'Anne, pénétrer dans ces murs en songeant à ce qui s'était passé fut une expérience indescriptible. À ce stade, sa rencontre avec les scientifiques de Xomnia, société amstellodamoise de données qui proposa de fournir les bases du programme d'intelligence artificielle, que Microsoft accepta ensuite de développer pour les recherches de l'équipe, fut importante elle aussi. L'intelligence artificielle allait transformer l'enquête sur la rafle ; elle permettrait à l'équipe de compiler les millions de détails entourant l'affaire et d'établir des liens entre des personnes et des événements, qui n'avaient jamais été avérés.

Lorsque Vincent s'était attelé à la tâche, en 2016, il avait compris qu'il ne s'attaquait pas seulement à une affaire classée, mais à l'exemple ultime du genre. Ce type d'affaire n'est jamais élucidé, en raison d'un manque de preuves, ou parce que celles-ci ont été négligées ou mal interprétées. Aussi, l'équipe élabora un plan combinant une méthodologie éprouvée pour ces cas précis et un modèle de recherche historique, puisqu'elle travaillerait surtout sur la base de récits historiques. Très vite, Vincent contacta un collègue, le docteur Roger Depue, spécialiste des sciences comportementales à la retraite, pionnier dans ce domaine et ex-patron de l'unité des sciences comportementales du FBI. Au cours de longs déjeuners à Manassas, en Virginie, une banlieue de Washington, DC, les deux hommes discutèrent de la manière d'aborder l'enquête. Ils gardaient à l'esprit que Vincent n'aurait qu'une seule chance pour résoudre cette affaire, et qu'il se devait de bien faire les choses.

L'équipe savait depuis le début qu'il n'y avait eu que deux enquêtes de police officielles sur la trahison d'Anne Frank. La première menée en 1947-1948 par le PRA (Politieke Recherche Afdeling*) et la seconde en 1963-1964 par la police néerlandaise. Il n'en existait pas d'autre.

Mais les spéculations et, parfois, les enquêtes sérieuses sur la rafle n'ont jamais cessé. Au cours des dernières décennies, nombre de théories ont été avancées et, à ce jour, selon un employé de la Maison Anne-Frank, la question la plus souvent posée par les visiteurs demeure : qui a dénoncé Anne Frank ?

En 1998, Melissa Müller publia *La Vie d'Anne Frank*. D'après ses recherches, Lena Hartog, l'épouse de Lammert Hartog, assistant du responsable de l'entrepôt Willem van Maaren, serait la délatrice. Quatre ans plus tard, Carol Ann Lee écrivit

Otto, père d'Anne Frank. Pour elle, c'est un personnage louche, Anton « Tonny » Ahlers, qui serait le coupable. Évidemment, ces théories ne pouvaient être toutes deux exactes et, sous la pression du public, David Barnouw et Gerrold van der Stroom, du NIOD, décidèrent de reprendre l'enquête. Ils concentrèrent leur attention sur trois personnes (Willem van Maaren, Lena Hartog et Tonny Ahlers), n'envisageant d'autres pistes que de manière très superficielle.

En 2015, une biographie de Bep Voskuijl fut publiée par son fils Joop van Wijk et un jeune écrivain belge, Jeroen de Bruyn. Au cours de leurs recherches, les deux hommes découvrirent qu'une des sœurs de Bep, Nelly, avait causé beaucoup de tracas à la famille Voskuijl à cause de ses liens avec un jeune nazi autrichien et, plus tard, de son travail dans la France occupée. Les tensions dans la famille étaient devenues si fortes qu'elle avait quitté la maison. Le fils de Bep pensait que sa tante aurait pu dénoncer l'Annexe secrète aux autorités allemandes.

En 2017, la Maison Anne-Frank publia sa propre théorie sur la rafle, fondée sur les recherches de l'historien Gertjan Broek. Ce dernier conclut que, bien que tout le monde tînt pour acquis que l'Annexe avait été trahie, les SS auraient pu fouiller l'entrepôt à la recherche de marchandises illégales et d'armes et seraient tombés par hasard sur des Juifs. Ce qui ouvrait une toute nouvelle perspective sur l'affaire. Il fallait examiner la crédibilité de chacune des théories.

En tant qu'enquêteur principal, Vincent resta à Amsterdam quelques semaines afin d'explorer le terrain et les archives. Il revint à plusieurs reprises début 2018 pour tâcher de retrouver des documents égarés. En octobre de la même année, il s'établit à plein temps dans la ville. L'équipe, qui avait un petit bureau sur le Herengracht, s'était installée dans des locaux plus vastes dans le nord d'Amsterdam, que Vincent rejoignait à vélo, ce qui lui donnait l'impression, dit-il, d'être presque néerlandais.

Conscient de l'immensité de la tâche, il savait qu'il devait définir une stratégie afin d'organiser l'enquête. La première étape consista à interroger et passer au crible toutes les découvertes, déclarations et spéculations antérieures, et en particulier les dossiers de l'enquête du PRA de 1947-1948 et ceux de l'enquête de 1963-1964 du département d'État des enquêtes criminelles.

Vincent fut surpris de constater qu'il n'y avait pas d'archives centralisées où consulter ces dossiers. La plupart des dossiers du PRA se trouvaient dans divers dossiers CABR des Archives nationales néerlandaises ; des copies et des originaux, sans cohérence apparente. Les dossiers du département d'État des enquêtes criminelles, principalement au NIOD, étaient répertoriés de manière plus logique. Dans les deux cas, l'équipe fut immédiatement refroidie lorsque les responsables des archives annoncèrent que les chercheurs ne pouvaient obtenir de copies des dossiers en raison de la législation européenne récemment adoptée quant à la protection des données. Un choc pour Vincent, habitué à la souplesse des lois américaines en vertu de la liberté d'information. Il était illogique que l'équipe soit autorisée à lire et à transcrire manuellement les rapports, mais pas à les photocopier. Heureusement, de nombreux contacts de Thijs et Pieter leur fournirent des copies qu'ils avaient obtenues avant l'adoption de la loi. Tous les documents durent être traduits du néerlandais ou de l'allemand vers l'anglais pour que Vincent et les autres membres anglophones de l'équipe puissent les lire, ce qui fut un facteur de retard supplémentaire.

Une fois que Vincent et l'équipe eurent ce qu'ils pensaient être la totalité des dossiers disponibles (une fausse supposition, comme ils l'apprendraient plus tard), la tâche suivante consista à rechercher des preuves nouvelles ou négligées. Ils s'attendaient à ce que la plupart des données se trouvent aux Pays-Bas ou en Allemagne, mais là encore ils avaient tort. En raison des circonstances, des acteurs et de l'issue de la Seconde Guerre mondiale, documents et témoignages importants (journaux intimes, récits de témoins, dossiers militaires) avaient été éparpillés sur plusieurs continents. Les migrations d'après-guerre, la confiscation des documents par les Alliés et la création de fonds liés à l'Holocauste avaient entraîné une vaste dispersion de la documentation disponible. L'équipe finit par parcourir le monde entier, trouvant de la matière en Autriche, au Canada, en Allemagne, en Grande-Bretagne, en Israël, en Russie, aux États-Unis et, bien sûr, aux Pays-Bas.

« Nous avons consulté vingt-neuf centres d'archives, raconte Vincent, de l'Institut viennois Wiesenthal d'études sur la Shoah en Autriche aux Bibliothèque et Archives canadiennes, en passant par les Archives fédérales en Allemagne et les Archives nationales britanniques à Kew. » Il ajoute : « Ces voyages n'avaient rien de chimérique. On ne peut rester de marbre confronté à l'histoire tragique dont ces archives sont la mémoire. »

Tout au long de la mission, Vincent reçut le soutien de nombreuses personnes qui acceptèrent de coopérer. « Nos sollicitations auprès d'institutions ou de témoins étaient généralement accueillies avec un commentaire indiquant qu'ils avaient entendu ou lu des informations sur notre enquête, et qu'ils étaient prêts à nous aider à la résoudre », dit-il. La seule entité qui ne se montra d'aucune aide fut le Fonds Anne-Frank à Bâle, en Suisse. Avec son schéma détaillant les différentes parties prenantes de l'héritage d'Anne Frank, Jan van Kooten avait eu raison de prévenir Thijs et Pieter qu'ils pénétraient dans un monde labyrinthique laissant peu de place à la négociation.

La recherche de nouvelles preuves ou de documents oubliés ne se limitait pas aux sous-sols et aux voûtes des archives et des musées ; l'équipe partit aussi en quête de témoins.

Bien sûr, il n'y avait guère d'espoir de rencontrer des témoins directs, mais l'équipe retrouva des personnes ayant un lien indirect avec la rafle de l'Annexe – notamment un survivant de l'Holocauste dont les parents et la sœur s'étaient cachés dans une maison de Prinsengracht et avaient été dénoncés quelques mois avant les occupants de l'Annexe. La descente de police avait eu lieu grâce aux informations fournies par une collaboratrice notoire, Anna « Ans » van Dijk. L'un des policiers présents ce jour-là participa aussi à la rafle du 263 Prinsengracht. Les similitudes entre les deux raids pouvaient être instructives.

L'équipe rechercha des témoins secondaires qui auraient pu avoir des conversations ou des contacts directs avec des témoins ou des suspects, notamment des parents, amis et voisins. Elle parvint à établir une liste de trente noms. En élargissant les recherches, elle identifia près de soixante-dix témoins « informationnels », comme les appelle Vincent, qu'il fallait interroger : des personnes qui avaient effectué des recherches sur le sujet, ou des experts dans un domaine particulier lié à l'enquête. On reconnaît là l'esprit, la formation et la méthodologie d'un agent du FBI.

Une fois les vannes du flux d'informations et de découvertes libérées, l'équipe se tourna vers les techniques modernes dont les enquêteurs ne disposaient pas au moment où le crime avait été commis : le profilage, les analyses médico-légales et l'intelligence artificielle, c'est-à-dire un programme informatique capable de reconnaissance visuelle et vocale, de travaux de traduction et de prise de décision.

Lorsque Vincent rencontra les scientifiques de Xomnia, ils lui laissèrent entendre que, comme l'équipe travaillait sur une affaire très ancienne aux données manquantes, le puzzle de l'arrestation du 4 août 1944 ne serait certainement jamais complet. Mais, à un moment donné, les algorithmes du programme devaient pouvoir avancer une théorie sur le suspect le plus probable.

Pour organiser la masse de données recueillies à partir des documents et entretiens, Vincent imagina un certain nombre de pistes d'enquête, qu'il intitula Projet occupants, Projet témoignages, Projet médias, Projet cartographique et Projet de suivi des arrestations. Cela nécessita des centaines d'heures de travail, abattu par un groupe de chercheurs dévoués, dont de nombreux étudiants et bénévoles de tous âges, comme cet adolescent italien qui traduisit des articles de presse, ou cette retraitée néerlandaise âgée de soixante-dix ans.

Outre la numérisation de documents et de livres, la reconnaissance vocale du programme de Microsoft permettait de transcrire des enregistrements vidéo et audio en texte, de les rendre consultables et de les traduire en anglais. Comme l'équipe l'espérait, le programme commença à faire apparaître des liens entre les personnes, les adresses et les dates. Ces liens – policiers participant aux mêmes rafles, informatrices ayant travaillé ensemble –, présents depuis le début, n'avaient jamais été établis. Désormais, ils commençaient à raconter une histoire.

Parce qu'il était en ligne, le programme pouvait être utilisé n'importe où. Pieter décrit l'excitation qu'il ressentit lorsqu'il s'en servit aux Archives nationales : « Si, par exemple, une adresse intéressante apparaissait dans l'un des dossiers, je pouvais très vite la recouper dans la base de données afin d'obtenir tous les documents et autres sources dans lesquels cette adresse était mentionnée. Les résultats les plus pertinents ressortaient en premier. Le programme pouvait également me fournir un graphique sur la façon dont cette adresse était liée à d'autres éléments, tels que les différentes personnes ayant une attache quelconque avec cette adresse. Il pouvait fournir une carte avec toutes les connexions entre cette adresse et d'autres, et indiquer quelles connexions étaient les plus fréquentes. Il pouvait aussi dresser une chronologie des moments et des lieux où cette adresse se révélait pertinente. »

Approché, Bram van der Meer accepta de travailler avec l'équipe. Vincent connaissait ce profileur criminel et psychologue d'investigation établi aux Pays-Bas, qui conseillait des enquêteurs dans toute l'Europe et avait travaillé sur plusieurs affaires non résolues. L'équipe lui fournit toutes les données recueillies à propos des victimes, témoins et personnes susceptibles d'être intéressantes, en lui demandant de les examiner d'un point de vue comportemental. Ces données concernaient leurs parcours, leur vie familiale, sociale et professionnelle, et surtout leurs réactions et leurs décisions dans des situations inhabituelles ou dans des circonstances spécifiques.

Dans l'espoir de faire une découverte miraculeuse du côté des preuves matérielles, l'équipe élabora un plan avec l'inspectrice Carina van Leeuwen, enquêtrice et spécialiste des affaires classées au sein du corps de la police nationale. L'enquête n'étant pas officiellement approuvée, Vincent savait que l'accès aux laboratoires gouvernementaux pour l'analyse des preuves matérielles (ADN, empreintes digitales, datation au carbone 14) serait difficile, mais il restait optimiste. Selon lui, aux Pays-Bas, il n'existait sans doute pas de crime non résolu plus douloureux pour la nation que la trahison commise envers Anne Frank.

Autre outil d'investigation sorti tout droit de l'époque des *millennials* : le *crowdsourcing*. Dès le projet annoncé et l'appel au public pour toute information relative à la rafle de l'Annexe lancé, l'équipe se mit à recevoir un flux constant d'informations. Certaines débouchaient sur de nouvelles théories qui méritaient d'être étudiées ; d'autres provenaient d'individus affirmant être la réincarnation de résistants ou savoir qu'Anne Frank avait survécu et coulait des jours heureux sous une nouvelle identité quelque part dans le monde.

Si l'enquête était on ne peut plus sérieuse, il y eut des moments comiques. Par exemple, ce jour où Vincent se vit donner une leçon par un des stagiaires de l'équipe, à qui il avait demandé de vérifier les adresses et numéros de téléphone de certains témoins en consultant le Bottin de 1963. Vincent passa les noms en revue et expliqua ce qu'il attendait, puis il dit au jeune homme de répéter les instructions. Le stagiaire s'exécuta. « Des questions ? » demanda Vincent. « Juste une, répondit le stagiaire. C'est quoi le Bottin ? » Moralité : « Ne tenez jamais rien pour acquis. »

Sur la base des théories existantes, de celles qui furent nouvellement élaborées par l'équipe et de celles émanant du public, il se dégagea une trentaine d'hypothèses pour expliquer l'origine de la rafle. Plusieurs de ces théories avaient déjà fait l'objet de recherches poussées, mais le protocole mis en place exigeait de procéder à un examen minutieux des documents, de vérifier l'exactitude des sources d'information et de passer au crible les conclusions.

Un psychiatre néerlandais fit parvenir à l'équipe un scénario de ce genre. Une patiente lui avait raconté un souvenir de jeunesse, dans lequel l'arrestation d'un couple de Juifs qui se cachait à Utrecht aurait finalement conduit à la rafle de l'Annexe. Ce couple, qui connaissait la famille Frank, quittait sa cachette tous les mois pour se rendre à Amsterdam afin de s'y ravitailler. Ils furent arrêtés à la gare d'Utrecht par un agent néerlandais du SD notoire. Au cours de leur détention, ils furent victimes d'une ruse de la part d'une certaine Ans van Dijk qui, se faisant passer pour une détenue juive, leur demanda s'ils connaissaient d'autres Juifs cachés à prévenir, au cas où le couple donnerait leur adresse sous la torture.

Un détail piqua au vif l'intérêt de l'équipe : le couple était connu pour rapporter des sachets d'épices moulues de ses périples mensuels à Amsterdam. L'entreprise d'Otto vendait des épices. Y avait-il un lien ? Mais, lorsque l'équipe retrouva le dossier confirmant l'arrestation du couple, elle découvrit que celle-ci avait en fait eu lieu à la mi-août 1944, soit après la rafle sur l'Annexe, et sans qu'il soit fait aucune mention d'une informatrice. Dès lors, cette théorie fut classée dans la catégorie « hautement improbable ».

Vincent compare certaines des hypothèses qui furent émises à des terriers de lapins : on s'y engage tête baissée, prenant virages et détours dans des galeries apparemment sans fin, et sans aucune idée de l'endroit où l'on va ressortir. Mais peu importe, un bon enquêteur s'y jette quand même. « Il en va ainsi pour la plupart des affaires », explique-t-il. Finalement, la liste fut réduite à une trentaine de théories, dont certaines étaient associées, car elles avaient en commun des faisceaux d'indices. L'application de l'axiome des forces de l'ordre – « connaissance, mobile, opportunité » – aux théories restantes permit à l'équipe d'en éliminer davantage[1]. Autrement dit, si les enquêteurs ne pouvaient prouver qu'un suspect avait la connaissance nécessaire pour commettre le crime, ainsi qu'un mobile et une opportunité, le suspect en question avait toutes les chances d'être rayé de la liste.

À l'automne 2018, l'équipe au grand complet était en place et commençait à travailler à temps plein, quand les diverses tâches se faisaient auparavant sur la base du volontariat. Au printemps 2019, les trente hypothèses étaient circonscrites à huit scénarios, impliquant un informateur bien connu, un homme d'affaires local et un parent de l'un des protecteurs. Un an s'écoula encore avant qu'émerge le scénario le plus probable. En tout, l'enquête s'est étalée sur une durée de cinq ans.

1. L'axiome original des forces de l'ordre est « moyens, mobile et opportunité ». L'équipe se l'est approprié en le transformant légèrement (NdA).

18

Les *Documents Men*

Avant de se rendre à Amsterdam au printemps 2017, Vincent avait effectué des recherches aux Archives nationales de College Park, dans le Maryland. Il savait que la National Archives and Records Administration (NARA) détenait des millions de documents allemands saisis. Tandis qu'elle libérait les pays les uns après les autres, l'armée américaine avait désigné une unité spéciale chargée de rechercher les documents susceptibles d'être exploités à des fins de renseignement, tels que les effectifs des troupes, les dépôts d'armes et les plans de bataille. Les soldats avaient pour consigne de ne pas négliger les bâtiments incendiés et bombardés dans leur prospection.

En 1945, les documents collectés furent expédiés aux États-Unis et stockés dans diverses installations militaires. Au milieu des années 1950, l'Allemagne de l'Ouest demanda leur restitution. Le gouvernement américain accepta, mais pas avant d'avoir identifié les pièces susceptibles d'intéresser de futurs enquêteurs. Les documents furent microfilmés dans une ancienne usine de torpilles à Alexandria, en Virginie. Il fallut plus de dix ans pour mener à bien ce qui fut baptisé le « projet Alexandria ». En mars 1968, l'armée américaine renvoya en Allemagne trente-cinq cargaisons de documents saisis[1].

La plupart de ces documents sont disponibles depuis un demi-siècle, même si certains n'ont été déclassifiés qu'en 1999, à la suite de pressions juridiques. Cependant, ils sont si nombreux que Vincent avait bon espoir de découvrir des informations utiles autres que celles déjà connues. En pensant aux soldats qui avaient sauvé ces papiers, il les surnomma les « *Documents Men* », en référence au film *The Monuments Men,* évoquant la section chargée par le président Franklin D. Roosevelt, durant la Seconde Guerre mondiale, de soustraire les œuvres d'art des zones de guerre.

Vincent fut surpris de constater que la salle de lecture des Archives nationales, où des appareils pour lire les microfilms sont à la disposition du public, était invariablement comble. Les écrans des utilisateurs indiquaient qu'ils consultaient des documents de l'armée américaine ou qu'ils visionnaient des matériaux saisis en allemand, italien ou japonais. Lors d'une visite, il entendit un ancien combattant demander de l'aide. En raison de ses questions et des cotes qui l'intéressaient sur les prisonniers de guerre, Vincent se demanda s'il avait été détenu dans un camp allemand. Il pensa à son père. Vers la fin de sa vie, Vincent Sr avait évoqué une bataille au cours de laquelle il avait tiré des obus de mortier sur un soldat allemand pris au piège, à découvert dans un champ. Le soldat s'était mis à courir vers un bois pour se mettre à l'abri mais, une seconde plus tard, il avait disparu dans le nuage de terre et de poussière soulevé par l'explosion. « Bien sûr, à l'époque, je pensais “chacun pour sa peau”, avait dit son père. Maintenant, je me demande si ce type est arrivé jusqu'au bois. J'espère que oui. »

Pour Vincent, comme pour tous les autres membres de l'équipe, le travail ne se résumait pas à une recherche théorique. Le mal lié à la guerre était infini. Il s'agissait de personnes réelles, de frustrations et de succès palpables, de tragédies douloureuses.

Vincent concentra ses recherches sur des documents venant des Pays-Bas. Certains sans réelle valeur stratégique : des demandes de congé, des permissions de se marier (l'une d'elles émanant de Karl Silberbauer), des vœux d'anniversaire. Mais, chose étonnante, il y avait aussi des dossiers récupérés auprès du SD allemand et de la Gestapo.

L'un des guides de recherche de la NARA mentionnait un ensemble varié de reçus de paiement relatifs aux Pays-Bas. En chargeant le rouleau du microfilm, Vincent découvrit qu'il s'agissait de formulaires dactylographiés, remplis à la main ou à la machine à écrire, et signés au bas des pages. Les reçus étaient classés par ordre alphabétique en fonction du nom de famille du bénéficiaire. En faisant défiler les 956 feuillets, il reconnut quelques noms de famille de policiers qui avaient travaillé activement pour le SD à Amsterdam. Il avait en tête le livre d'Ad van Liempt *Hitler's Bounty Hunters* (« Les chasseurs de primes de Hitler », non traduit en français), qui décrit comment les membres de la Colonne Henneicke recevaient le *Kopgeld*, le paiement pour chaque Juif livré au SD. Soudain, il comprit que les papiers qui se trouvaient devant lui étaient des reçus de *Kopgeld*.

Beaucoup indiquaient le nom des Juifs arrêtés et un versement de 7,5 florins. Le versement était intitulé, par euphémisme, « frais » ou « investigation ». Mais deux des 956 reçus qualifiaient le paiement de « prime de tête ».

Vincent chercha alors les noms des policiers d'Amsterdam associés à l'arrestation des huit occupants de l'Annexe. Et trouva rapidement plusieurs reçus pour l'agent W. Grootendorst. Il lâcha un « Oui ! » si enthousiaste qu'autour de lui on se retourna pour le regarder.

Puis vint la déception. Après avoir entré les informations des reçus dans une feuille de calcul, il découvrit que le premier était daté du 28 février 1942 et le dernier du 16 août 1943. Ils ne couvraient pas la date de la rafle dans l'Annexe. Manifestement, Grootendorst avait touché cet argent pour d'autres agissements.

Jusqu'à ce que Vincent trouve les 956 reçus, qui apportent un éclairage sur le fonctionnement du système des *Kopgeld* – qui y participait et qui était visé –, moins de dix reçus de ce type étaient parvenus aux historiens. Le 26 novembre 1944, des bombardiers britanniques menèrent un raid nocturne sur le quartier général du SD, situé sur Euterpestraat à Amsterdam. Ce n'était vraisemblablement pas un tir de précision, les dégâts causés au QG étant légers. Soixante-neuf civils néerlandais furent tués, pour quatre victimes allemandes. En revanche, le bâtiment situé de l'autre côté de la rue, qui abritait les dossiers administratifs, fut totalement détruit. On pensait que tous les documents avaient été perdus dans ce bombardement.

L'équipe rechercha dans les archives allemandes les reçus *Kopgeld* manquants émis après la mi-août 1943, mais ne trouva rien. Pensant qu'il pourrait y avoir d'autres informations ailleurs, Vincent contacta Rinsophie Vellinga, professeure de langue et de culture néerlandaises à l'université d'État de Moscou, qui se rendit aux Archives militaires russes au cas où des soldats de l'Armée rouge auraient saisi des documents. L'ambassade des Pays-Bas la mit en contact avec le Musée juif et le Centre pour la tolérance de Moscou, qui l'aida à accéder aux archives. Rinsophie Vellinga fit malheureusement chou blanc elle aussi. Néanmoins, compte tenu de l'obsession allemande pour la tenue de registres, de la quantité d'archives existantes et de la dispersion des informations, souvent mal cotées, Vincent avait bon espoir de retrouver les reçus *Kopgeld* de l'été 1944, qui incluraient les versements effectués pour l'arrestation des huit occupants de l'Annexe.

19

L'autre bibliothèque

Depuis le départ, l'équipe avait réussi à rassembler un nombre considérable de documents, photos, films, entretiens et autres informations, mais ceux-ci étaient éparpillés, non classés et impropres à l'archivage. Lorsque l'analyste criminelle Monique Koemans rejoignit l'équipe en octobre 2018, elle constata qu'un système de classement électronique était nécessaire face à la quantité d'informations recueillies. Elle s'adressa à un expert en informatique pour mettre en place un système capable de gérer le volume et les types de dossiers, un ensemble qui serait baptisé plus tard la « bibliothèque ».

À la fin de l'enquête, la bibliothèque contenait plus de 66 gigaoctets de données, répartis en plus de 7 500 fichiers. Chaque information était classée sous le nom d'une personne d'intérêt ; les fichiers comprenaient photos, certificats personnels, documents officiels, transcriptions d'entretiens, dossiers CABR, journaux intimes scannés, rapports d'enquêtes, dossiers de scénarios et bien d'autres choses encore.

Chaque semaine, Monique Koemans réunissait les jeunes chercheurs. Elle mit en place trois panels : un pour identifier le problème de recherche à résoudre, un pour nommer le chercheur chargé de la mission et un pour rendre compte du travail effectué.

Toutes les deux semaines, ils discutaient de l'opportunité de modifier les scénarios et hypothèses en fonction des nouvelles informations récoltées. La collaboration était au cœur des méthodes de travail de Koemans. Il ne fut pas évident, sur le moment, de savoir comment elle répartissait les tâches de manière à assurer l'indépendance de chaque chercheur. Mais en fin de compte ces différentes tâches furent comme les pièces d'un puzzle, qui finirent par s'assembler.

Tous les lundis, sous la direction de Vincent et en présence des enquêteurs, se tenait une séance plénière où l'équipe échangeait sur les progrès de la semaine, les suivis et les stratégies. De temps en temps, certains experts, comme le spécialiste en profilage Bram van der Meer, étaient invités pour creuser tel ou tel sujet.

Les Archives de la ville d'Amsterdam devinrent l'une des principales sources de documentation et comme une seconde maison pour les chercheurs à plein temps. L'archiviste en chef, Peter Kroesen, en poste depuis vingt-cinq ans, était souvent sollicité par des personnes recherchant celui ou celle qui avait dénoncé leurs proches. À chaque visite de Vincent ou de Pieter, il avait une nouvelle histoire à raconter ; des récits extrêmement précieux pour l'équipe, car ils donnaient une idée du quotidien pendant la guerre.

Parfois, Kroesen résolvait des affaires en un rien de temps, comme le cas de cet homme arrivé un jour en voulant savoir qui avait trahi ses parents. Comme l'homme connaissait l'adresse de leur cachette, Kroesen vérifia l'identité du résident officiel de l'époque. Il s'agissait d'une femme qui vivait là avec son neveu depuis les années 1930. Deux mois après la dénonciation des parents de l'homme, la femme déménagea dans une maison plus grande, celle qui avait appartenu aux personnes qu'elle avait dénoncées. Pendant le même temps, le neveu changeait d'adresse officielle tous les deux mois, un comportement typique des collaborateurs qui craignaient d'être ciblés par la Résistance. Kroesen dénicha rapidement les dossiers des états de service du neveu. Ancien élève de l'école secrète d'espionnage allemande d'Anvers, il avait travaillé pour le SD ainsi que pour l'Einsatzstab Reichsleiter Rosenberg* (ERR, l'organisation nazie dédiée à l'appropriation des biens culturels). Kroesen conclut rapidement que le neveu avait trahi les parents de l'homme, lesquels ignoraient qu'ils étaient cachés par la tante d'un fervent défenseur du Reich.

Une fois l'équipe installée dans ses bureaux du nord d'Amsterdam, les visiteurs commencèrent à arriver. Le passage du grand rabbin au ministère néerlandais de la Défense, le colonel de la police militaire Menachem Sebbag, fut sans doute le plus marquant pour Thijs. Il l'avait rencontré par l'intermédiaire du commandant de la caserne de la Royal Navy lorsqu'il était à la recherche de nouveaux locaux pour l'équipe. Le contact était tout de suite passé.

Thijs souhaitait connaître son opinion dans le cas où l'équipe découvrirait qui avait effectivement dénoncé Anne Frank. Le rabbin craignait-il que cela ne suscite des émotions qu'ils feraient mieux de ne pas remuer ? Et si le coupable était juif ? Faudrait-il s'abstenir de creuser ?

Le rabbin Sebbag fut très clair. « Rien ou presque n'est plus important que la vérité, dit-il. Si le traître s'avère être un Juif, que la vérité éclate. » Le rabbin rappela à Thijs que les nazis avaient essayé de déshumaniser le peuple juif. « La vérité, ajouta-t-il, c'est que le peuple juif est fait d'hommes comme les autres. Et, comme tous les humains peuvent se trahir ou se trahiront, alors on trouvera des Juifs parmi les traîtres. »

L'équipe conservait dans le bureau un gros classeur avec des copies des reçus des *Kopgeld* découverts par Vincent aux Archives nationales de College Park, dans le Maryland. Chacun des 956 reçus était revêtu, avec une précision bureaucratique, de timbres, de signatures, d'un montant en florins et du nom du bénéficiaire. Parfois, les noms des personnes arrêtées étaient mentionnés ; souvent, seul le nombre d'hommes, de femmes et d'enfants était noté.

Le rabbin Sebbag connaissait l'existence du *Kopgeld,* mais n'avait jamais vu les reçus. Lorsque Thijs lui montra le classeur, il n'y toucha pas. Il se raidit. Tant d'hommes, de femmes et d'enfants condamnés à mort. Leur absence était palpable dans le profond chagrin qui envahit soudain la pièce.

20

La première trahison

Au cours de l'enquête, divers chercheurs travaillaient sur différents scénarios, et de nouvelles informations arrivaient en permanence. Vincent envisageait l'enquête moins comme une frise chronologique que comme un arc, qui commençait par une trahison bien antérieure à l'appel de 1944 passé au SD.

À la fin de l'année 1934, les affaires d'Opekta reprennent et Otto loue de plus grands bureaux au 400 Singel. Comme c'est souvent le cas dans les toutes jeunes entreprises, il se retrouve à jouer plusieurs rôles, et notamment celui de représentant rendant visite aux ménagères et aux grossistes dans tout le pays. Les affaires s'améliorent en 1935 après qu'Otto a convaincu un certain nombre de petits grossistes de stocker de la pectine. Il est enfin en mesure d'employer plus de personnel et engage une secrétaire, Isadora « Isa » Monas, et au moins deux démonstratrices.

L'une d'elles, Jetje Jansen-Bremer, a pour mission de se rendre dans des salons professionnels pour y expliquer l'utilisation de la pectine. En même temps, Otto confie deux emplois à temps partiel au mari de Jetje, Josephus Marinus « Job » Jansen, et à leur fils aîné, Martinus. Job construit les éléments en bois de la vitrine, et Martinus aide à l'emballage et à la manutention dans l'entrepôt.

Après la guerre, Job Jansen est accusé de collaboration. L'équipe a pu obtenir son profil, établi à partir du rapport d'enquête de police, dans ses dossiers CABR au NIOD. Il existe également des documents le concernant dans les Archives nationales néerlandaises. Il semble que l'homme ait eu un passé mouvementé. Élevé dans un foyer au catholicisme strict, il rejoint le séminaire des Frères de l'Immaculée Conception de Marie (Broeders van de Onbevlekte Ontvangenis van Maria), avec l'intention de devenir prêtre. Ayant échoué, il se marie à l'âge de vingt ans et travaille dans un théâtre, à l'administration, à la publicité, et parfois sur la scène. Au bout de huit années et demie, son mariage se défait, sa femme et ses deux enfants le quittent. Dévasté, il tente de se suicider en se tirant une balle dans le poumon. Pendant sa convalescence, il rencontre Jetje Bremer, qui travaille au Théâtre néerlandais (Hollandsche Schouwburg*) ; ils se marient et auront six enfants. En 1935, Jansen n'étant plus en mesure de subvenir aux besoins de sa famille avec son seul salaire au théâtre, Jetje ouvre une boutique de fleurs à Amsterdam et devient aussi une employée à temps partiel d'Otto.

L'indépendance financière de Jetje indispose son époux, et leur mariage commence à battre de l'aile. Prisonnier de sa paranoïa et d'un sentiment d'impuissance, Jansen en vient bientôt à croire que sa femme entretient une liaison avec son patron (il s'excusera plus tard d'avoir « impliqué » M. Frank et d'avoir « terni » son nom[1]). Ces tensions poussent Otto à couper tout lien avec les Jansen.

Lorsque les Allemands envahissent le pays, Jansen rejoint aussitôt le parti nazi néerlandais, alors férocement antisémite, auquel il avait adhéré au milieu des années 1930. Ce qui rend la vie insupportable à sa femme, qui est juive. Finalement, Job quitte Jetje pour se mettre en ménage avec une veuve, sympathisante du NSB.

Job Jansen était l'archétype du membre de base du NSB. Lorsque Vincent demanda au docteur Roger Depue, l'expert en sciences comportementales, d'examiner les documents biographiques qu'ils avaient rassemblés sur Jansen, Depue affirma que l'appartenance au Mouvement national-socialiste donnait clairement à Jansen un sentiment de pouvoir et d'autorité. En réalité, il n'était qu'une petite frappe qui passait sa frustration sur ses concitoyens, et en particulier sur le groupe désigné comme bouc émissaire.

Une anecdote dans le dossier de Jansen l'illustre clairement. Lors de la procession funéraire de Hendrik Koot, ce membre du NSB qui a trouvé la mort lors de la violente altercation entre des nazis néerlandais et de jeunes Juifs en février 1941, Jansen et un autre sbire du NSB, Martinus J. Martinus, accostent un Juif qui a osé franchir les barrières du défilé et traverser la rue. Ils conduisent Isidore Rudelsheim au poste de police voisin, affirmant qu'il a manqué de respect au cortège – même si ce dernier ne s'était pas encore mis en branle – et exigeant qu'il soit bouclé.

En mars 1941, Jansen et Otto se croisent par hasard sur le Rokin, une rue très fréquentée du centre-ville d'Amsterdam. Bien qu'il n'aime pas l'homme, Otto s'arrête par courtoisie pour échanger quelques mots. Avec une condescendance des plus méprisantes, Jansen lui demande si, en tant que Juif, Otto peut encore importer des marchandises d'Allemagne. Otto répond qu'il ne rencontre aucune difficulté. Jansen lui dit alors : « La guerre sera bientôt terminée. » Otto réplique qu'il n'en est pas convaincu et que les Allemands ne sont pas au bout de leurs peines. Un tel commentaire, insinuant que les nazis pouvaient perdre la guerre, à cet endroit et en ces temps-là, était considéré comme une trahison.

Quelques semaines plus tard, le 18 avril 1941, un jeune homme passe à l'improviste chez Opekta et demande à voir Otto Frank. Introduit dans son bureau, il se présente comme coursier entre le NSB et le SD allemand et demande à Otto s'il connaît un certain Jansen. Lentement, le coursier lui tend une lettre. Une missive adressée au NSB.

Otto jette un coup d'œil à la signature : Job Jansen, membre nº 29992. La lettre dénonce Otto qui « insulte publiquement la Wehrmacht » et « a tenté de l'influencer ». Jansen demande que les SS en soient informés et que le Juif Frank soit arrêté. Otto comprend immédiatement que Jansen fait allusion à sa remarque sur l'armée allemande lors de leur brève rencontre sur le Rokin. Très reconnaissant, Otto donne au jeune homme l'argent qu'il a en poche, 20 florins seulement, pour le remercier d'avoir intercepté la lettre. À l'époque, il était convaincu que ce jeune homme venait de lui sauver la vie[2].

Otto déclara plus tard à la police qu'il avait fait lire la lettre à Miep avant de transmettre l'original à son avocat pour avis. Après avoir pris quelques notes, ce dernier la détruisit avec la permission d'Otto, car il la jugeait trop dangereuse pour être conservée[3].

À la fin de la guerre, alors qu'il recherche l'individu responsable de la rafle sur l'Annexe, Otto n'a pas oublié cet ancien employé déloyal. Cela ne lui ressemble pas, mais le 21 août 1945 il écrit une missive cinglante aux autorités d'Amsterdam afin de savoir si elles détiennent Jansen. Il y explique que l'homme l'a dénoncé. Il prend soin d'insister sur le fait que la femme de Jansen, qui est juive, n'était en aucun cas impliquée, mais affirme qu'elle pourrait les aider à le retrouver s'il n'est pas déjà écroué[4]. C'est sans doute la déloyauté de Jansen qui avait affecté Otto si profondément. Il les avait aidés, lui et sa famille, en les embauchant à une époque où ils n'arrivaient plus à joindre les deux bouts, et l'homme l'avait trahi. Si la lettre de Jansen était parvenue au SD sur Euterpestraat, Otto aurait certainement été arrêté et, au minimum, envoyé dans un camp de concentration.

Parce que Otto avait d'abord soupçonné Job Jansen, Vincent jugeait logique que l'équipe commence son enquête par lui. Les chercheurs réussirent à localiser Eric Bremer, un parent de la femme de Jansen, Jetje, et Vincent l'interrogea le 23 avril 2017 au restaurant Tolhuistuin, à Amsterdam-Noord. Si Bremer ne savait rien de la dénonciation d'Otto et des autres clandestins de l'Annexe, il révéla qu'une rumeur courait dans la famille : Jansen aurait dénoncé ses propres fils aux nazis[5]. Une information de taille. Un père capable d'un tel acte n'aurait pas hésité à dénoncer son ancien employeur, un Juif contre lequel il entretenait une rancune tenace.

Dans le dossier CABR de Jansen, l'équipe retrouva le témoignage de Jetje sur l'arrestation de leurs enfants :

En septembre 1941, vers 4 heures du matin, deux de ses fils ont été arrêtés, tirés de leurs lits pour être conduits au poste de police d'Overtoom par deux officiers de police néerlandais. Mon époux n'était pas présent lors de l'arrestation, car il résidait à une autre adresse. Après l'arrestation de mes deux fils, j'ai demandé à mon mari : « Qu'est-ce que tu en penses ? Deux de tes enfants ont été arrêtés, et tu es membre du NSB. » Et il m'a répondu : « Eh bien, dans une guerre, il y a des victimes[6]. »

Une déclaration qui fait froid dans le dos. Quel genre de père faut-il être pour réagir ainsi ? Était-ce une façon de dissimuler sa culpabilité ? Ce discours est d'autant plus accablant que les fils de Jansen ont connu un destin tragique. L'un d'eux a été abattu dans le camp de concentration de Neuengamme le 18 août 1942, alors qu'il se dirigeait vers la clôture électrifiée, disant qu'il avait assez souffert. Le deuxième a subi les horreurs d'Auschwitz et de Dachau, mais il a survécu.

Cependant, l'équipe dénicha rapidement une déclaration du fils survivant, Josephus, datée du 10 septembre 1947, dans laquelle il expliquait que son frère et lui avaient été trahis par un facteur qui tenait une liste de tous les membres de leur groupe de Résistance (apparemment, l'homme, alors en vacances, s'était soûlé et vanté de détenir cette liste de noms). D'après Josephus, son père avait tenté d'intercéder auprès des Allemands pour les faire libérer.

Ce témoignage constituait un premier avertissement pour les chercheurs : rien ne pouvait être pris pour argent comptant. Les dires d'une épouse amère doivent être confrontés aux faits. Et, quand bien même, la validation d'une déclaration plutôt qu'une autre implique une interprétation : le premier témoignage était-il simplement l'illustration de l'acrimonie entre mari et femme ? Le fils avait-il voulu couvrir son père ? En fin de compte, ce sont les faits qui font pencher la balance. Le facteur avait bien trahi les fils Jansen, entre autres personnes.

Mais cela laissait l'équipe avec une question : Otto avait-il raison de soupçonner Jansen d'avoir dénoncé les clandestins de l'Annexe aux SS ? Vincent commençait à appliquer l'axiome « connaissance, mobile, opportunité » pour examiner chaque cas.

Dans le dossier de Jansen, l'équipe trouva une évaluation psychologique effectuée par un Dr W. Ploegsma en 1948, manifestement à la demande de la police d'Amsterdam, dans laquelle Jansen est décrit comme un narcissique jouant à la victime qui s'apitoie sur son sort. « Rancune, culpabilité excessive, comportement impulsif, fixation, assujettissement, sens excessif de la dignité, soif de pouvoir ; le sujet porte tout cela en lui[7]. » Jansen était jaloux d'Otto Frank parce que celui-ci était un homme « capable de subvenir à ses besoins ». Jansen avait d'abord adhéré au NSB en 1934, mais avait dû rendre sa carte au bout de deux ans parce qu'il était incapable de s'acquitter des frais d'adhésion. Il s'était ensuite réencarté parce que, comme il l'avait dit au psychologue, « il voulait montrer qu'il était un homme ».

Cela semblait indiquer que Jansen aurait eu un mobile pour trahir ceux de l'Annexe. Ou, plus simplement : s'il avait dénoncé Otto une fois, pourquoi pas deux ? Le véritable test consistait à déterminer s'il avait eu la connaissance et l'opportunité pour commettre ce crime.

Déterminer si Jansen savait qu'Otto se cachait dans l'Annexe était le plus difficile, mais sans doute possible en émettant des hypothèses. Même si Jansen était séparé de Jetje pendant presque toute la période de clandestinité dans l'Annexe, pouvait-on supposer qu'il était resté en contact avec elle ? Comme elle était toujours légalement mariée à un non-Juif, elle n'avait pas l'obligation d'émigrer et continuait à travailler dans sa boutique de fleurs. Avait-elle entendu parler des clandestins et partagé cette information avec Job ? Job ou sa nouvelle petite amie – une sympathisante du NSB – avaient-ils eu un lien avec un habitant du quartier ou avec quelqu'un qui fournissait de la nourriture aux protecteurs de l'Annexe ? Malgré ses efforts, l'équipe ne trouva aucune information susceptible de répondre à ces questions.

Les enquêteurs se demandèrent donc si Jansen avait eu l'opportunité de trahir les occupants de l'Annexe. Un examen approfondi du dossier CABR révéla qu'en 1944 il travaillait pour une troupe de théâtre néerlandaise qui jouait en allemand et qu'il vivait à Winterswijk, non loin de la frontière allemande. Le 15 août, onze jours après la rafle sur l'Annexe, il était emprisonné à Münster, en Allemagne, pour vol[8]. Jansen avait-il réussi à revenir à Amsterdam, à apprendre l'existence de Juifs cachés dans l'Annexe, à les trahir et à retourner à l'autre bout du pays à une époque où les déplacements étaient très compliqués, dans les onze jours écoulés entre la rafle et son arrestation ? Cette hypothèse, peu probable, ne pouvait être totalement écartée, étant donné le ressentiment de Jansen envers Otto.

Cependant, l'argument le plus convaincant à l'encontre de la culpabilité de Jansen est que, s'il avait passé cet appel anonyme, il n'aurait pas eu l'entregent nécessaire pour être mis en relation directe avec le chef, le lieutenant Julius Dettmann. Il aurait été orienté vers le bureau des Affaires juives, et l'unité IV B4 du sergent Abraham Kaper.

En 1946, Jansen fut condamné pour compromission avec l'ennemi en temps de guerre. L'une des charges retenues contre lui était la dénonciation d'Otto Frank. Alors qu'il était jugé pour collaboration, son autodéfense fut des plus créatives. Il prétendit avoir rejoint le NSB en 1940 afin d'aider son épouse juive. S'il était devenu membre de la SS aux Pays-Bas, c'était pour faire quelque chose pour ses fils, capturés par les Allemands[9]. Ses mensonges ne trompèrent personne et il fut condamné à une peine de quatre ans et six mois. Comme il avait été placé en détention préventive le 31 mars 1945, il fut libéré le 30 septembre 1949.

L'histoire de Job Jansen s'arrêtait-elle là ? L'équipe retrouva un de ses petits-fils, qui vivait en Australie. Quand il obtint son numéro de téléphone, Vincent tenta d'évoquer avec lui des souvenirs de famille. Après avoir écouté attentivement ses explications, le petit-fils refusa de parler de Job, affirmant qu'il menait sa propre enquête. Son ton indiquait clairement que sa famille était toujours embarrassée par le passé nazi du grand-père.

Ce scénario, comme beaucoup d'autres étudiés par l'équipe, fut finalement écarté. Mais il était particulièrement intéressant, car il recoupait une autre théorie. Celle-ci impliquait un homme envers qui Otto Frank avait été initialement reconnaissant, un homme dont l'histoire avait été ignorée pendant plus de soixante ans, jusqu'à ce qu'il soit cité par l'autrice britannique Carol Ann Lee dans son livre *Otto, père d'Anne Frank*. Cet homme, qui était entré avec audace dans le bureau d'Otto avec la lettre de dénonciation de Jansen, s'appelait Anton « Tonny » Ahlers.

21

Le maître-chanteur

« L'étranger a dit : "Vous pouvez garder la lettre. Ou peut-être que vous feriez mieux de la déchirer. Je l'ai sortie du dossier des rapports entrants[1]." »

C'est ce que déclare Ahlers quand il remet l'enveloppe à Otto Frank dans son bureau d'Opekta, le 18 avril 1941. Le premier récit publié de cet incident se trouve dans le livre d'Ernst Schnabel, *Sur les traces d'Anne Frank.* Otto décrit à l'auteur un moment où « le danger était très proche ». Il parle de Job Jansen comme d'une « connaissance » qui l'a arrêté dans la rue, et de Tonny Ahlers comme d'un « étranger » qui s'est présenté à son bureau. Il ne nomme aucun des deux hommes. C'est un moment poignant, car Otto raconte à Schnabel qu'il a échappé à la menace à cette époque et qu'il a ensuite survécu aux camps, contrairement au reste de sa famille. « Mais je n'aime pas parler d'ange gardien, dit-il. Comment un ange aurait-il eu le cœur de sauver un homme seul, sans sa famille[2] ? »

Vincent contacta Carol Ann Lee, la première à avoir identifié Tonny Ahlers comme étant le coursier du NSB, et le 8 novembre 2018 il s'envola pour l'Angleterre afin de la rencontrer chez elle, non loin du Yorkshire. L'une de ses premières questions fut de lui demander comment elle en était venue à écrire une biographie d'Otto Frank. Elle répondit qu'intriguée par sa vie elle avait voulu savoir qui il était indépendamment du journal intime de sa fille. Finalement, Vincent lui demanda comment elle était tombée sur Tonny Ahlers. « C'est une longue histoire », le prévint Carol Ann Lee. Tout commença lorsqu'elle prit contact avec le neveu d'Otto, Buddy Elias, président du Fonds Anne-Frank, qui avait repris la maison d'Otto à Bâle après sa mort et celle de Fritzi. Lee dit à Elias qu'elle écrivait une biographie consacrée à Otto Frank, et il lui proposa de venir le voir.

Otto avait laissé derrière lui une énorme quantité de documents. Le grenier et la cave de la maison contenaient des piles de photos et de documents, y compris les lettres qu'Otto avait écrites et reçues au fil des années. Elias n'avait visiblement pas la moindre idée de leur valeur.

À un moment donné, Elias lui indiqua un bureau bourré de liasses de papiers. En les parcourant, Lee tomba sur une lettre d'Otto faisant référence à un certain A. C. Ahlers. La missive, adressée aux autorités néerlandaises, les informait qu'Ahlers était venu dans ses bureaux lui remettre la lettre de dénonciation écrite par Job Jansen. Otto précisait que l'homme avait intercepté la lettre, et lui avait sauvé la vie. Lee reconnut alors l'histoire qu'Otto avait racontée à Schnabel, même s'il n'avait nommé personne. Comme Tonny Ahlers n'avait pas été mentionné dans les enquêtes précédentes, Lee décida de creuser.

Fondant son enquête sur la rencontre entre Otto Frank et Tonny Ahlers en 1941, elle élabora l'une des théories les plus complexes sur l'identité de la personne qui avait dénoncé Anne Frank. Elle soutenait qu'après cette première entrevue Ahlers avait vu l'opportunité de continuer à faire chanter Otto.

Vincent résuma les hypothèses de Lee. Premièrement, Ahlers devait savoir qu'Otto Frank et sa famille se cachaient dans l'Annexe. Lee prétendait qu'il était au courant parce que l'Annexe du

263 Prinsengracht était identique à celle de la résidence voisine de sa mère, qui vivait au 253 Prinsengracht, où lui-même avait vécu quelque temps en 1937[3]. Deuxièmement, Ahlers avait gardé pour lui les informations sur les clandestins jusqu'à ce que, à l'été 1944, ses affaires battent de l'aile et qu'il ait besoin d'argent. La prime à la dénonciation des Juifs était trop alléchante[4]. Ce serait ainsi qu'informée par Ahlers une équipe d'agents du SD aurait fait irruption dans les bureaux d'Opekta le 4 août 1944, exigeant de savoir où se cachaient les Juifs. Ni le chantage ni la trahison n'auraient été révélés après la guerre, car Ahlers aurait continué à faire chanter Otto Frank. Selon Lee, son levier résidait dans le fait de savoir que la société d'Otto Frank avait livré des marchandises à la Wehrmacht pendant la guerre[5].

L'équipe trouva les déductions de Lee intéressantes, mais elles devaient être prouvées. Monique Koemans installa le tableau des preuves dans le bureau et assigna à chacun de ses chercheurs une étape dans les déductions de Lee. Première question : quel aurait été le mobile d'Ahlers en apportant la lettre de Jansen à Otto ? Le chantage ? Ahlers rendit effectivement une seconde visite au 263 Prinsengracht, et Otto lui donna quelques florins de plus. Mais, s'il s'agissait d'un chantage, même Otto suggérait qu'il aurait pu lui extorquer bien plus. Il ressortait clairement du récit qu'Otto avait livré après la guerre au bureau de la Sécurité nationale (Bureau Nationale Veiligheid* ; BNV) que son chemin et celui d'Ahlers ne s'étaient plus croisés avant que les Frank ne se cachent[6]. Otto affirmait qu'il était reconnaissant et redevable à Ahlers de lui avoir sauvé la vie. Ce qui était bien évidemment absurde : Ahlers était un nazi néerlandais sans scrupule et un voleur de bas étage. Mais Otto l'ignorait.

Le dossier CABR d'Ahlers renferme des témoignages selon lesquels il travaillait pour le SD. Coursier, il portait le courrier des nazis néerlandais au SD, et n'aurait eu aucun scrupule à ouvrir les enveloppes. Il était connu pour avoir tenu une liste de noms et adresses de Juifs clandestins. Il était également chargé de signaler toutes les personnes qui écoutaient la BBC sur des radios illégales, qu'il confisquait parfois pour les revendre. Il est prouvé qu'il dénonça de nombreuses personnes, y compris le second mari de sa mère, qui fut envoyé au camp de Vught*, ainsi qu'un boucher et un marchand de fruits et légumes qui étaient des amis de la famille. Il était décrit comme un farouche antisémite avant même que la guerre n'éclate[7].

Ahlers n'était pas le genre de type motivé par l'altruisme ou la générosité. Il aurait plutôt vu une bonne occasion de racketter Otto Frank. Il est possible qu'il ait eu l'intention de revenir une troisième fois pour obtenir plus d'argent, mais Otto avait alors disparu.

Au moment de sa rencontre avec Otto, Ahlers a vingt-quatre ans. Sur sa photo d'identité, il est plutôt bel homme : fines pommettes, menton carré et front haut, les cheveux noirs gominés et peignés en arrière, à la mode de l'époque. Pourtant, on pourrait aussi y voir les traits agressifs de ses amis fascistes néerlandais, au regard arrogant, voire suffisant. C'était un méprisable opportuniste, qui profita de son affiliation au SD pour accaparer toujours plus de pouvoir et d'argent.

Vincent et l'équipe passèrent au crible l'enfance d'Ahlers telle qu'elle est racontée dans son dossier CABR. Né à Amsterdam en 1917 de parents ouvriers, il est encore petit lorsqu'il contracte la polio et passe neuf mois dans un sanatorium. Il en restera légèrement boiteux. Ses parents divorcent lorsqu'il a onze ans et perdent tous deux la garde de leurs enfants. Avec ses cinq frères et sœurs, il est placé dans un foyer pour enfants de l'Armée du salut, puis à Vereeniging Nora, dans un orphelinat[8]. À vingt et un ans, il tente de se noyer, apparemment après une déception amoureuse.

La vie professionnelle d'Ahlers est instable. D'abord apprenti coiffeur, il travaille ensuite dans une usine en France. Son dossier aux Archives de la ville d'Amsterdam indique qu'il a vécu avec sa mère pendant trois mois au 253 Prinsengracht, à quelques portes du 263, mais que sa mère a déménagé bien avant qu'Otto n'y installe son entreprise. À part le fait que les bâtiments avaient des annexes similaires, qu'aurait-il bien pu apprendre ?

Ahlers adhère au NSB dès 1938 et, selon son dossier CABR, participe vite à une attaque contre le personnel et les clients du grand magasin Bijenkorf, qui appartient à une famille juive. En mars 1939, avec un groupe appelé la Garde de Fer (De IJzeren Garde*), il vandalise le bureau amstellodamois du Comité pour les réfugiés juifs (Comité voor Joodsche Vluchtelingen*, CJV) et se retrouve emprisonné neuf mois dans la province septentrionale de la Frise[9].

Les chercheurs de l'équipe accumulèrent les informations confirmant qu'Ahlers était bien différent de l'image qu'Otto Frank avait de lui. Après l'invasion allemande, il prête immédiatement allégeance à l'ennemi. Il fait office de photographe officiel lors des raids du WA (Weerbaarheidsafdeling), l'aile paramilitaire en uniforme des fascistes néerlandais. On le voit souvent au Café Trip sur Rembrandtplein et dans d'autres lieux où se retrouvent les sympathisants nazis, se vantant de ses relations avec des responsables allemands[10]. Dans son numéro du 18 février 1941, *De Telegraaf* consacre un article aux funérailles de Hendrik Koot, tué lorsque les nazis néerlandais ont envahi le quartier juif d'Amsterdam, illustré d'une photographie d'Ahlers posant fièrement à côté d'officiers allemands[11]. Sanglé dans un imperméable blanc, il semble jouer les détectives. Ces mêmes obsèques ont vu Job Jansen, l'auteur de la lettre de dénonciation, et Martinus J. Martinus arrêter illégalement un Juif qui aurait effrontément traversé devant le cortège. Bien que l'équipe n'ait pas pu confirmer de lien entre Jansen et Ahlers, elle tient pour acquis que Martinus et Ahlers ont tous deux participé à l'arrestation d'un homme se faisant passer à tort pour membre de la Gestapo et de la SS en novembre 1940. Il est clair qu'Ahlers et Jansen évoluaient dans les mêmes cercles politiques.

En novembre 1943, le travail d'Ahlers pour le SD lui permet d'emménager dans une maison élégante auparavant occupée par une famille juive. Parmi ses voisins, le Sturmführer du SD Kurt Döring, responsable de la traque des mouvements de Résistance et des communistes. Le dossier CABR d'Ahlers indique qu'après la guerre, lors d'un interrogatoire à la prison d'Amsterdam, Döring a admis qu'il avait bien connu Ahlers. Il dit l'avoir « trouvé trop idiot » pour des missions sérieuses et l'avoir donc envoyé à l'usine d'avions Fokker pour faire un rapport sur la propagande communiste. Avant d'ajouter : « Plus tard, j'en ai fait un *V-Mann* [un informateur rémunéré]. Il n'a jamais fait de gros coups. » Mais il a reconnu qu'Ahlers était un homme dangereux[12].

Après la libération des Pays-Bas, en avril 1945, Ahlers est l'un des premiers à être interpellé par le service d'enquête politique (Politieke Opsporingsdienst ; POD) de la police nationale. Accusé, entre autres, de servir d'informateur au SD, il est emprisonné à La Haye. Dans le chaos de ces premiers mois, il s'évade plusieurs fois, mais est vite repris[13]. On peut se demander si ces incarcérations ne se font pas à contrecœur. En décembre 1945, le quotidien néerlandais *De Waarheid* rapporte qu'entre 100 et 150 prisonniers s'échappent chaque mois[14]. Après avoir purgé quatre années, Ahlers est libéré le 3 octobre 1949. Ses biens sont confisqués et il est déchu de la nationalité néerlandaise.

Lorsque Otto Frank revient d'Auschwitz, il ne cherche pas à se venger des crimes commis contre lui et sa famille, mais à ce qu'on lui rende des comptes. Comme s'il croyait que justice pouvait être faite. Il écrit donc au POD, l'informant de la lettre calomnieuse de Job Jansen. En novembre, il retrouve deux des policiers néerlandais qui ont fait partie de la petite bande envoyée à l'Annexe, dans l'espoir de découvrir qui les a dénoncés, lui et sa famille. Et il cherche Tonny Ahlers.

Le 21 août 1945, quand Otto écrit au bureau de la Sécurité nationale (BNV), il a entendu dire que Tonny Ahlers est en détention[15]. Il veut témoigner : cet homme lui a sauvé la vie. Lorsqu'il se rend finalement au BNV en décembre, ses interlocuteurs lui remettent peut-être les pendules à l'heure. Il s'en expliquera de manière énigmatique : « Je me suis rendu au Bureau, où j'ai dit : "Un jour, cet homme m'a sauvé la vie." Mais ils m'ont montré des documents, et j'ai constaté que j'étais le seul qu'il avait sauvé. Il en avait dénoncé quantité d'autres[16]. » Le BNV présente en effet à Otto une feuille clandestine datée de 1944, intitulée *Signalementenblad** (livret descriptif), publiée par la Résistance dans le but d'avertir de la présence de provocateurs et de traîtres. Le nom de Tonny Ahlers y figure parmi les douzaines d'individus les plus dangereux[17].

Pour les enquêteurs, il s'agissait de vérifier si les accusations de Lee tenaient la route. Selon elle, Ahlers avait continué à racketter Otto même une fois sa famille et lui passés à la clandestinité.

Cependant, cela signifiait que les employés d'Opekta auraient été témoins des visites d'Ahlers, et qu'ils auraient même pu être chargés de le payer. Une hypothèse déraisonnable. Si l'un des protecteurs avait eu le moindre soupçon sur le fait qu'Ahlers faisait chanter Otto, il n'aurait pas hésité une seconde à le dénoncer aux autorités après-guerre.

Lee suggérait qu'Ahlers, financièrement acculé, n'avait eu d'autre choix que de dénoncer Otto Frank pour toucher le *Kopgeld*. Comme Lee, l'équipe pensa d'abord que la prime était assez intéressante pour faire passer le tuyau à un policier du SD néerlandais. Cependant, les reçus découverts par Vincent dans les

Archives nationales du Maryland attestaient que la récompense était versée non pas à l'informateur, mais aux agents néerlandais qui procédaient à l'arrestation. Ceux-ci pouvaient rétribuer leur informateur à discrétion. Ce genre de tuyaux de citoyens lambda provenait parfois d'individus ayant des démêlés avec la justice pour des vols ou des infractions mineures, tel l'oubli des rideaux occultants lors des raids aériens nocturnes.

Dans tous les cas, Ahlers savait-il qu'Otto et les autres se cachaient dans l'Annexe ? L'équipe n'en trouva aucune preuve. Environ un mois après qu'Ahlers a remis la lettre de Jansen à Otto, la loi nazie interdisant aux Juifs de posséder des entreprises est entrée en vigueur, et l'enseigne de l'immeuble situé au 263 Prinsengracht est passée d'Opekta à Gies & Co. Ce nom aryanisé aurait signalé à toute personne qui ne le savait pas encore qu'Otto était parti. Or, la première visite d'Ahlers remonte à 1941 et l'arrestation a eu lieu presque quarante mois plus tard : s'il savait que des Juifs se cachaient, Ahlers n'aurait pas été homme à garder l'information si longtemps.

Dans son livre, Lee notait que, d'après les membres de sa famille, Ahlers aimait se vanter d'être celui qui avait dénoncé les huit clandestins, alors devenus célèbres[18]. C'est une psychose particulière, bien que fort répandue, que de vouloir revendiquer la couronne du méchant. Même ses proches ne le croyaient pas vraiment.

Pour compléter l'enquête, Vincent demanda à l'équipe d'examiner l'affirmation de Lee selon laquelle Ahlers avait continué de faire chanter Otto après la guerre en raison de ses prétendues relations d'affaires avec l'Allemagne. Grâce à l'accès aux archives de la Maison Anne-Frank, l'équipe put fouiller dans les carnets de commandes d'Opekta et de Gies & Co. Elle découvrit qu'Opekta recevait bien de la pectine de la société mère à Francfort et qu'elle fournissait les Allemands, mais c'était le cas de nombreuses autres sociétés néerlandaises.

Le carnet de commandes de 1940 indique que du poivre et de la noix de muscade ont été fournis à la Wehrmacht à La Haye. Mais les comptes de résultats de Gies & Co. pour 1942, 1943 et 1944 ne mentionnent aucune livraison directe à la Wehrmacht. Après la guerre, l'Institut administratif néerlandais (Nederlandse Beheersinstituut* ; NBI), qui surveillait le commerce avec l'ennemi en temps de guerre, a indiqué qu'il ne se préoccupait pas des petites entreprises, tant qu'elles ne recherchaient pas activement des commandes allemandes. Si la société d'Otto avait travaillé avec les Allemands, c'était à doses homéopathiques et cela ne prêtait pas à chantage. Otto Frank n'était pas un profiteur de guerre[19].

Vincent est une sorte de chien de chasse. Quand il trouve une piste, il la suit, implacablement. « Lorsque j'enquêtais pour le FBI, dit-il, je n'ai jamais laissé quoi que ce soit se mettre en travers de mon chemin. Quand je formais les nouveaux agents à la manière d'aborder les grosses affaires, je leur disais que, s'ils se heurtaient à des obstacles administratifs, mon conseil était le suivant : "Si vous ne pouvez pas les contourner, rentrez-leur dedans." » On ne peut qu'admirer sa ténacité.

Dans cette affaire, l'équipe mit en lumière une autre facette de la société néerlandaise sous l'Occupation. Tonny Ahlers et Job Jansen étaient des opportunistes rancuniers qui considéraient le déchaînement nazi comme un système à leur avantage. Ils n'éprouvaient aucune réticence morale à l'assassinat de Juifs, Sinté et Roms (« Tziganes » dans le jargon de l'époque[1]), d'otages ou de résistants. Selon leur raisonnement, tous étaient des ennemis qui méritaient leur sort. Bien qu'enclins à la violence, ils ne commettaient pas eux-mêmes de meurtres. Mais ils s'en accommodaient.

1. On estime que les nazis ont tué 500 000 Roms et Sinté (NdA).

22

Le voisinage

Le 263 Prinsengracht se situe à la limite du quartier Jordaan* dans le vieil Amsterdam, où les maisons alignées les unes à côté des autres font face au canal. Pendant la guerre, le quartier est relativement pauvre. Les habitants s'entassent dans de petits appartements et se retrouvent souvent dans la rue, les adultes faisant leurs courses dans les magasins ou se rassemblant le long du canal, et les enfants étant occupés à jouer. Entre voisins, on se connaît.

Dans son livre *The Phenomenon of Anne Frank* (« Le phénomène Anne Frank », non traduit en français), l'ancien chercheur du NIOD David Barnouw suggère que le traître vivait peut-être dans le quartier. Selon Barnouw, non seulement les fenêtres des maisons situées dans les rues Keizersgracht et Westermarkt, adjacentes, étaient visibles depuis l'Annexe, mais l'Annexe était aussi visible depuis les fenêtres situées à l'arrière des bâtisses qui donnaient sur la cour.

Si la rafle était le résultat du renseignement d'un voisin, l'équipe devait découvrir qui vivait dans ces maisons. Vincent eut alors l'idée du Projet occupants. Trois chercheurs furent chargés de trouver et de compiler toutes les informations disponibles sur les personnes qui avaient travaillé et vécu dans le quartier de l'Annexe durant la période 1940-1945. Ce qui signifiait localiser et récupérer des milliers de documents provenant de cinq centres d'archives situés dans trois pays différents.

À l'époque, lorsqu'une personne déménageait, elle était tenue de déclarer sa nouvelle adresse aux services municipaux. Les Archives de la ville fournirent à l'équipe un accès inédit à ces documents, qui permettent de suivre le flux des individus qui arrivaient en ville ou déménageaient. Les cartes du registre de la population indiquent le lieu et la date de naissance de la personne, les noms de ses parents, de son conjoint et de ses enfants, ainsi que toutes les adresses où elle a vécu. La religion est aussi mentionnée. Sur quelques cartes, les chercheurs notèrent que la mention *NI*, pour « Israélite néerlandais », était barrée, ce qui signifiait que la personne avait réussi à se faire « aryaniser » et ainsi échapper aux listes des futurs déportés.

Une fois la liste des résidents et des personnes travaillant dans les entreprises du quartier complétée, l'étape suivante consista à déterminer qui, parmi eux, était membre du NSB, collaborateur, informateur et/ou délateur.

L'équipe se tourna d'abord vers l'institut Yad Vashem en Israël, car les archives du Mémorial renferment les dossiers de tous les membres néerlandais du NSB, récupérés après la guerre. Le NIOD et les Archives de la ville d'Amsterdam ont des copies du *Signalementenblad*, compilé par la Résistance néerlandaise, régulièrement mis à jour, et contenant des informations incroyablement détaillées sur les collaborateurs connus, leur modus operandi, et occasionnellement une photographie (comme indiqué plus haut, Tonny Ahlers figurait sur la liste.) Vincent dénicha également une liste d'informateurs du SD dans les dossiers de la NARA, dans le Maryland, où il avait découvert les reçus de *Kopgeld*.

Il aurait dû exister des *proces-verbalen* (rapports de police) fournissant des détails essentiels sur les collaborateurs, mais selon

Jan Out, un policier archiviste, les dossiers de cette période ont tous été détruits (commodément, pourrait-on dire) par manque d'espace et d'argent. En revanche, les rapports de police quotidiens conservés par chaque commissariat de la ville sont encore consultables. Toute personne arrêtée ou impliquée dans un incident nécessitant l'intervention de la police, ou qui se présentait au commissariat pour signaler quelque chose, était consignée dans un registre, souvent avec le nom du fonctionnaire concerné. Anne Frank, douze ans, figure dans l'un de ces registres, où elle signale le vol de son vélo le 13 avril 1942, un peu moins de trois mois avant d'entrer dans la clandestinité.

Au milieu des années 1990, l'archiviste Peter Kroesen a découvert des rapports de police de la période 1940-1945 parmi quantité de dossiers sur le point d'être détruits. Il les a sauvés et stockés en lieu sûr (ces dossiers, qui peuvent être consultés mais pas scannés, sont parmi les plus demandés aux Archives de la ville d'Amsterdam). L'équipe entreprit d'examiner les rapports relatifs à tous les incidents et appels provenant du quartier de l'Annexe, à la recherche du moindre indice susceptible de faire la lumière sur l'origine de la rafle.

Les enquêteurs affectés au Projet occupants entraient les informations dans une base de données, puis les téléchargeaient sur le programme informatique fourni par Microsoft afin de pouvoir recouper les noms figurant sur les cartes de résidence, les listes de membres du NSB, les listes d'informateurs du SD, les *V-Männen* et *V-Frauen* connus, ceux qui étaient mentionnés dans les rapports de police, ainsi que ceux des dossiers de l'épuration et des services sociaux, en se concentrant sur Prinsengracht et les rues avoisinantes : Leliegracht, Keizersgracht et Westermarkt.

Le programme d'intelligence artificielle reconstitua une image virtuelle de l'endroit où les personnes résidaient dans le quartier, un processus compliqué par le fait que de nombreuses rues d'Amsterdam avaient changé de nom depuis la guerre. Cependant, des informaticiens conçurent un programme qui pouvait convertir les noms de rues d'une carte actuelle en la superposant sur celle de l'époque de la guerre, puis géolocaliser toutes les adresses des résidents et les menaces potentielles qu'ils représentaient[1].

Les bureaux de Xomnia se trouvent dans un bâtiment historique, juste à côté de Prinsengracht, à cinq blocs au sud de la Maison Anne-Frank. L'équipe fut invitée pour une démonstration. Les chercheurs restèrent sans voix lorsque le visuel du quartier apparut sur grand écran. Des points de couleur représentant les différentes catégories de menaces, telles que les membres du NSB (bleu), les collaborateurs *V-Männen* et *V-Frauen* (rouge) et les informateurs du SD (jaune), étaient si proches les uns des autres qu'ils semblaient former une seule et même masse au-dessus du quartier Jordaan. En zoomant sur les rues entourant l'Annexe, les amas étaient moins denses, mais le nombre de menaces potentielles restait important. Un informateur du SD du nom de Schuster possédait un magasin de vélos à un pâté de maisons et demi de l'entreprise d'Otto ; un collaborateur, un certain Dekker, serveur de profession, dont l'équipe avait trouvé le nom sur la liste des personnes recherchées par la Résistance, vivait à quelques portes de l'Annexe ; et plusieurs membres du NSB résidaient dans les bâtiments bordant la cour arrière.

Quand Kelly Cobiella, journaliste de l'émission *Today* sur NBC, se rendit à Amsterdam à la fin du mois de septembre 2017 pour interviewer l'équipe, Vincent fit une démonstration pour révéler la concentration de menaces autour de l'Annexe. Il déclara qu'au lieu de chercher l'origine de la rafle ils feraient peut-être mieux de se demander comment les clandestins avaient tenu plus de deux ans avant d'être pris.

Pour que la théorie du voisinage de David Barnouw tienne, il ne suffisait pas que les voisins soient des membres du NSB ;

il fallait aussi qu'ils sachent que des Juifs se cachaient dans l'Annexe. L'équipe constata que certains voisins semblaient savoir que l'Annexe était occupée, notamment les propriétaires des commerces situés dans les deux bâtiments de part et d'autre du 263 Prinsengracht : Elhoek, un atelier de tapisserie au 261, et Keg, un commerce de thé et café au 265.

Bep avait affirmé qu'un employé de Keg avait interrogé le personnel d'Opekta/Gies & Co. sur les tuyaux d'évacuation des eaux de l'immeuble. Il voulait savoir « si des gens étaient dans le bâtiment ». Il travaillait souvent tard le soir et entendait de l'eau couler dans les canalisations une fois tout le monde rentré chez soi. Un employé d'Elhoek avait déclaré qu'ils prenaient parfois leur repas sur le trottoir, entre le 261 et le 263, et qu'il leur était arrivé d'entendre des voix provenant de l'Annexe[2]. Comme Anne le raconte dans son journal, les clandestins pouvaient être négligents, jetant un coup d'œil par la fenêtre et oubliant parfois de tirer les rideaux.

Pourtant, en supposant que certains voisins se doutaient de quelque chose, ils n'en auraient pas automatiquement conclu que les clandestins étaient juifs. En août 1944, quantité de citoyens néerlandais (estimés à plus de trois cent mille) se cachaient pour éviter d'être envoyés en Allemagne pour le service du travail obligatoire, ou étaient recherchés pour s'être échappés des camps de travail. Les bruits de voix occasionnels, l'eau qui coulait dans les tuyaux ou la fumée de la cheminée de l'Annexe pouvaient tout aussi bien être causés par des Néerlandais. Compte tenu de la propagande antisémite nazie de l'époque, certaines personnes étaient prêtes à dénoncer les Juifs – un tiers de ceux qui se sont cachés l'ont été. Mais ces personnes étaient moins disposées à dénoncer des concitoyens qui refusaient de travailler pour l'ennemi, ce qui n'aurait fait que prolonger une guerre qu'à l'été 1944 les Allemands étaient clairement en train de perdre.

Il était important pour l'équipe de savoir ce que l'on pouvait réellement voir et entendre depuis les bâtiments dont les fenêtres arrière donnaient sur la cour commune, d'environ soixante mètres de long (soit presque deux tiers de la longueur d'un terrain de football). Vincent souhaitait effectuer un balayage laser et audio en 3D de la cour, mais il y avait trop de bâtiments et cela aurait été trop onéreux. À la place, avec Brendan Rook, l'ancien enquêteur de la Cour pénale internationale de La Haye, ils utilisèrent la méthode empirique.

Tous deux demandèrent à la Maison Anne-Frank un accès au toit des bureaux et du musée, qui occupent l'angle du pâté de maisons situé à côté du 263 Prinsengracht. On leur indiqua les escaliers menant au toit. Heureusement, la plupart des bâtiments entourant la cour sont globalement les mêmes que pendant la guerre, à l'exception de celui sur lequel ils se trouvaient. De là, ils avaient une vue d'ensemble de la cour, mais seulement une vue latérale de l'Annexe. Il apparut immédiatement que les bâtiments situés sur Prinsengracht de part et d'autre de l'Annexe n'avaient pas vue sur ses fenêtres, orientées vers l'arrière. Seul un nombre restreint de fenêtres des bâtiments situés sur Westermarkt, Keizersgracht et Leliegracht avaient une vue directe sur l'Annexe.

Par ailleurs, certains points de vue devaient être encore plus obstrués par le grand marronnier qui se trouvait autrefois derrière l'Annexe ; Anne y fait souvent référence dans son journal (en 2010, cet arbre presque centenaire a été victime d'une tempête, mais il est encore vivant aujourd'hui. Des marrons de l'arbre ont été semés, et des pousses ont été repiquées aux quatre coins du globe en mémoire d'Anne). Si l'on regarde les photos aériennes de l'époque, il est clair que le feuillage de l'arbre, l'été, bouchait presque complètement la vue sur l'Annexe depuis la plupart des bâtiments situés du côté de Keizersgracht.

Parce que la perspective depuis le toit ne leur permettait pas de voir les fenêtres de l'Annexe, Vincent et Brendan cherchèrent un autre poste d'observation. Un bâtiment situé de l'autre côté de la cour sur Keizersgracht, aujourd'hui une librairie de bandes dessinées très en vogue, semblait offrir le meilleur point de vue. Lorsqu'ils expliquèrent au propriétaire ce dont ils avaient besoin, ce dernier se montra immédiatement coopératif. Il raconta qu'il avait hérité du bâtiment par son père et qu'il vivait à l'étage. Les enquêteurs étaient libres d'aller constater ce que l'on pouvait observer depuis les fenêtres. Alors qu'ils s'apprêtaient à monter les escaliers jusqu'au grenier, le propriétaire leur avoua, avec une certaine gêne, que des membres de sa famille avaient été pronazis pendant la guerre.

Vincent et Brendan s'assirent à la fenêtre de la chambre, regardèrent de l'autre côté de la cour et se demandèrent ce que l'on pouvait voir et entendre émanant de l'Annexe quand les huit clandestins y étaient cachés. Toutes les fenêtres étaient désormais invisibles derrière leurs volets, à l'exception de l'unique lucarne du grenier où Anne, Margot et Peter se réfugiaient pour échapper à leurs parents. De leur point de vue, les enquêteurs distinguaient le clocher de l'église Westerkerk, dont les cloches sonnaient encore bruyamment les quarts d'heure, comme pendant la guerre. La souche du marronnier était également visible. La cour était pratiquement déserte, à l'exception de quelques résidents qui arrosaient leurs plantes et de plusieurs ouvriers qui rénovaient un patio à l'autre extrémité de la cour.

De cette brève enquête, Brendan et Vincent tirèrent plusieurs conclusions : même si les personnes ayant une vue directe sur l'arrière de l'Annexe pouvaient détecter des mouvements à l'intérieur, il aurait été très difficile de savoir si c'était le fait d'ouvriers ou de résidents, juifs ou non, surtout la nuit avec les rideaux tirés à cause des bombardements. En outre, comme la cour était entourée de bâtiments principalement en briques, l'écho des bruits aurait rebondi et trompé quiconque les aurait entendus.

De temps à autre, l'équipe était contactée par des personnes qui avaient des théories inédites, en rapport avec le quartier, sur l'identité du dénonciateur d'Anne Frank. L'une des plus intéressantes venait d'Arnold Penners, un kinésithérapeute d'Amsterdam-Noord à la retraite. Il racontait avoir reçu en 1985 une patiente âgée – il ne se souvenait pas de son nom, mais il commençait par un B. Cette patiente affirmait avoir vécu sur Prinsengracht, à quelques maisons seulement du 263, et avoir été témoin de l'arrestation. L'équipe était enthousiaste, car il s'agissait de la première et unique déclaration connue d'un témoin de l'arrestation autre que Jan Gies et Willy Kleiman.

La dame se souvenait que c'était une belle journée. Elle regardait par la fenêtre quand elle vit arriver un camion venant de Rozengracht. Le camion s'immobilisa devant le 263, et de l'avant sortirent un officier allemand et un homme qu'elle reconnut : l'un des manutentionnaires de Gies & Co., Lammert Hartog. Des soldats allemands et des policiers néerlandais bondirent de l'arrière, et les militaires bloquèrent la rue dans les deux sens. Hartog pointa le haut du numéro 263, et les hommes entrèrent dans le bâtiment. Quelque temps plus tard, elle les vit ressortir avec les prisonniers. Lammert Hartog se dirigea de l'autre côté du canal et cria quelque chose d'antisémite aux détenus. Lorsque le camion se remit en branle, elle remarqua un petit groupe de femmes sur le trottoir et repéra la femme de Hartog, Lena. Qui y alla aussi de son invective antisémite, cognant le flanc du camion qui passait devant elle.

La patiente affirmait avoir témoigné de ce qu'elle avait vu devant le policier chargé de l'enquête de 1947, mais comme rien n'avait été fait elle disait avoir laissé tomber.

Son récit s'avéra être une ingénieuse fiction contredite par tous les témoins, suspects et victimes de la rafle. Le groupe d'intervention n'était pas arrivé dans un camion ; la rue ne fut pas bouclée par des soldats ; aucun des protecteurs ne mentionna jamais les remarques antisémites des Hartog ; Jan Gies et Willy Kleiman observaient la scène depuis l'autre côté du canal et ils n'avaient rien entendu. Seule conclusion possible : il est curieux de constater combien les gens souhaitent faire partie de l'histoire d'Anne Frank.

23

La nounou

Si Vincent espérait que des personnes ayant des informations sur l'affaire les contacteraient, il fut stupéfié par le nombre de lettres reçues. Le *Today Show* fut l'un des premiers à répondre au communiqué de presse, fin septembre 2017. L'équipe reçut également des demandes d'interviews de la part de médias anglais, canadiens, australiens, colombiens, russes, français, américains, hollandais, allemands, israéliens, italiens, et de bien d'autres pays. Puis le quotidien néerlandais *Het Parool* publia un long article sur l'enquête, ce qui donna lieu à de nouvelles pistes suggérées par des lecteurs[1].

L'une d'elles émanait d'une femme de quatre-vingt-deux ans qui avait grandi dans Jordaan, à quelques pâtés de maisons du 263 Prinsengracht. Jansje Teunissen vivait désormais dans une petite bourgade agricole à environ deux heures de route au sud d'Amsterdam[I]. Christine Hoste organisa le voyage et s'y rendit en voiture avec Monique et Vincent pour la rencontrer. Christine connaissait bien la région puisqu'elle avait passé son enfance dans

I. Ceci est un pseudonyme. Jansje ignorait que son père avait travaillé pour le Corps de transport national-socialiste (Nationalsozialistisches Kraftfahrkorps ; NSKK), et fut surprise de découvrir que sa mère avait également été membre du NSB, et que tous deux avaient été déchus de leur nationalité néerlandaise (NdA).

cette campagne et que sa famille y vivait toujours. La maison de Jansje était modeste et à l'écart de la route, décorée de photographies de ses proches et de trouvailles qui donnaient à l'intérieur l'aspect d'un joli cabinet de curiosités. L'entretien, filmé, fut mené en néerlandais, et Monique traduisit pour Vincent.

Jansje était nerveuse, mais elle se détendit vite en évoquant ses nombreux souvenirs du Jordaan. Merveilleuse conteuse, elle n'avait rien oublié du début de la guerre, décrivant avec force détails le son terrifiant des sirènes qui annonçaient les bombardements tandis que son père lui prenait la main pour courir vers un abri. Au départ, l'approvisionnement n'était pas un problème. Passer des appels téléphoniques était encore possible, et la famille avait la chance d'avoir un téléphone chez elle, ce qui était normalement réservé aux entreprises ou individus complices de l'occupant allemand. Au cours de l'été 1944, Jansje fut envoyée dans un pensionnat de la petite ville de Noordwijkerhout, plus sûre que la capitale.

Jansje expliqua à Vincent et Monique qu'elle n'avait pas eu une enfance facile. Son père était membre du NSB, mais ce n'est qu'avec le recul qu'elle avait compris ce que cela signifiait. Alcoolique, il gagnait parfois un peu d'argent en jouant du piano dans les bars de la région, argent qu'il s'empressait ensuite de boire. Jansje était souvent seule la journée, car sa mère devait subvenir aux besoins de la famille en travaillant dans une poissonnerie. À un moment, ses parents décidèrent de la confier pendant la journée à une nounou.

Pour se rendre chez cette dernière, Jansje descendait sa rue jusqu'à Prinsengracht, en face de l'entreprise d'Otto Frank. Elle traversait ensuite le canal jusqu'à l'église Westerkerk, puis gagnait Westermarkt. La maison de sa nounou, au numéro 18, n'était pas difficile à trouver. Une affiche de la propagande nazie néerlandaise s'étalait bien en évidence sur la fenêtre.

Berdina van Kampen (surnommée « Tante Kanjer ») n'avait pas d'enfants et vivait seule avec son époux. Jansje l'avait toujours trouvée chaleureuse et généreuse, une femme qui lui donnait bonbons, biscuits et câlins, autant de denrées plutôt rares chez elle. Berdina était mariée à un homme que Jansje appelait « Oncle Niek », un compositeur néerlandais qui s'était fait connaître en écrivant quelques chansons populaires. Elle craignait l'oncle Niek, et avait de la peine pour Tante Kanjer.

Il était défendu à Jansje de pénétrer dans la cuisine de Tante Kanjer.

Se décrivant comme une enfant « indisciplinée » et « curieuse », elle était entrée une fois dans la pièce interdite, avait grimpé sur le plan de travail et découvert un panier au bout d'une corde à poulie, caché derrière un rideau. Ce n'est que des années plus tard qu'elle s'était rendu compte que la maison de sa nourrice était adjacente à l'Annexe. Jansje s'était alors demandé si sa nounou avait utilisé ce panier pour descendre de la nourriture aux huit clandestins. De la fenêtre de la cuisine, on apercevait la cour et l'arbre qu'Anne décrit dans son journal et, derrière, on avait une vue imprenable sur l'Annexe.

Vincent et l'équipe étaient fascinés par le témoignage de Jansje : un fervent membre du NSB, dont la femme était susceptible de fournir de la nourriture aux clandestins, et qui vivait à un jet de pierre de l'Annexe – il fallait absolument enquêter. L'équipe commença par examiner l'histoire en détail en interrogeant sa gigantesque base de données afin de confirmer les différents noms et adresses que Jansje avait fournis. Les résultats montrèrent que la nourrice, Berdina van Kampen-Lafeber, et son mari, Jacobus van Kampen, avaient bien vécu au 18 Westermarkt, de mai 1940 à février 1945. Par ailleurs, l'oncle Niek était bien identifié comme étant compositeur.

Ce laps de temps était intéressant : le couple avait vécu au 18 Westermarkt dès le début de l'invasion allemande ; et il avait déménagé lorsqu'il avait été clair que les Allemands avaient perdu la guerre et que les collaborateurs fuyaient Amsterdam. Une recherche dans le dossier CABR de l'oncle Niek confirma qu'il était bien un collaborateur du NSB, mais l'équipe ne s'attendait pas à découvrir que la gentille nounou de Jansje était également encartée et qu'elle louait des chambres à des jeunes gens du NSB. Peut-être qu'au lieu d'aider les huit de l'Annexe elle n'avait pas été étrangère à leur dénonciation.

Bien qu'il fût peu probable qu'un collaborateur du NSB ait nourri des Juifs cachés, Vincent et Monique émirent l'hypothèse que la nounou était secrètement antinazie et n'était encartée que pour contenter son mari. Mais vivait-elle assez près pour livrer de la nourriture sans être vue ?

Malheureusement, l'immeuble du 18 Westermarkt a disparu, remplacé par des appartements modernes. En consultant des photos d'époque, on s'aperçoit que l'arrière du bâtiment donne en fait sur le flanc de l'Annexe, sans vue sur les fenêtres orientées à l'arrière, comme dans le souvenir de Jansje. De plus, l'immeuble était assez éloigné pour que sa théorie, selon laquelle sa nounou descendait des vivres aux clandestins, exige que les bienfaiteurs soient sortis de l'Annexe par l'arrière de l'entrepôt et aient parcouru plusieurs dizaines de mètres afin de les récupérer. Autant d'activités trop risquées pour tout le monde. En outre, si cela s'était passé comme Jansje le racontait, il aurait existé des traces de cette aide dans le journal d'Anne, ou dans les témoignages des protecteurs. Quant au panier, à la corde et à la poulie de la nourrice, nombre de maisons à étages du canal avaient des couloirs étroits et des escaliers raides et tortueux ; par conséquent, c'était une méthode de livraison très courante à Amsterdam à l'époque.

Le dossier CABR de l'oncle Niek contenait les preuves de l'ardeur de son affiliation au NSB. Des témoins racontaient comment il se promenait parfois en uniforme de la Landwacht[1], deux pistolets à la ceinture, ou faisait flotter le drapeau du NSB à ses fenêtres pendant les vacances. De toute évidence, il conserva ses convictions radicales jusqu'à la fin de la guerre, plusieurs personnes l'ayant entendu tenir un discours pro-allemand dans la rue la veille de la Libération.

Ces mêmes témoins affirmaient que sa femme, la gentille nourrice, l'accompagnait lors de cette diatribe. Les souvenirs variaient quelque peu quant à la date, puisque le couple aurait quitté la rue en février, mais l'anecdote montre combien ses voisins détestaient l'oncle Niek.

Quand bien même celui-ci fut un véhément sympathisant nazi, l'équipe ne trouva aucune preuve qu'il ait jamais été reconnu coupable d'avoir dénoncé quelqu'un. Après la guerre, il fut accusé d'avoir été un chef de quartier du NSB et d'avoir écrit des chansons de propagande pronazie. Il fut condamné pour cela à vingt-deux mois de prison[2].

Finalement, une information dénichée dans les tréfonds de son dossier social acheva de convaincre l'équipe que l'oncle Niek n'était pas le traître : en 1944, il ne se trouvait pas à Amsterdam, mais dans la ville orientale d'Arnhem. S'il avait un mobile, en raison de son affiliation pleine et entière au NSB, il n'avait pas eu l'opportunité. L'équipe ne trouva pas non plus de preuve que, bien qu'il ait vécu à proximité de l'Annexe, il ait su que celle-ci était occupée.

Normalement, ce scénario aurait dû être enterré, mais l'équipe découvrit les cartes d'identité des parents de Jansje aux archives

1. À partir de l'été 1943, de nombreux hommes du NSB furent intégrés à la Landwacht, qui aidait le gouvernement dans le contrôle de la population (NdA).

municipales d'Amsterdam et par la même occasion le fait qu'ils avaient été déchus de leur nationalité néerlandaise après la guerre. Être membre du NSB n'entraînait généralement pas une telle sanction ; il fallait plus qu'une sortie de piste idéologique pour que cela se produise. L'équipe apprit du dossier CABR du père que celui-ci était membre du Corps de transport national-socialiste (Nationalsozialistische Kraftfahrkorps* ; NSKK) et qu'il avait travaillé en Allemagne de 1942 à 1944. Groupe paramilitaire, le NSKK fournissait des mécaniciens et des chauffeurs aux différents corps de l'armée allemande. C'est sans doute son appartenance au NSKK qui valut au père de Jansje sa déchéance de nationalité. Ses activités de collaborateur expliquaient également pourquoi la famille conserva une ligne téléphonique privée si tard pendant la guerre. Ce qui était plus surprenant, c'est que la mère de Jansje aussi était membre du NSB. Son nom figurait sur la liste que Yad Vashem avait fournie à Vincent au début de l'enquête. Elle fut également déchue de la nationalité néerlandaise – une révélation qui choqua Jansje, loin de se douter du niveau de collaboration de sa famille avec les nazis.

Puis l'équipe apprit que la mère de Jansje avait été arrêtée le 3 août 1944, à 22 h 10, soit douze heures seulement avant la descente au 263 Prinsengracht. Le fait qu'elle n'ait reçu qu'une amende et ait été vite relâchée éveilla les soupçons des enquêteurs, une libération rapide signifiant souvent que les gens avaient livré des informations en échange de leur liberté[3]. La mère de Jansje aurait-elle pu voir ou entendre quelque chose à propos de Juifs cachés dans l'Annexe toute proche du lieu de résidence de la nounou, et ainsi tuyauter la police lors de son arrestation ?

Une hypothèse intéressante, mais qui ne tenait pas la route. Les registres montrent qu'elle fut arrêtée pour avoir violé le couvre-feu, fixé à 20 heures. Cependant, il faisait jour jusqu'à 21 h 30, et il n'y avait donc rien de grave à ce qu'elle se promène à cette heure-là ; elle ne semblait pas représenter une menace. De plus, à ce moment du conflit, tout le monde savait les Allemands en difficulté, et le flic de quartier lambda n'aurait sans doute pas pris la peine de s'encanailler avec les agents du SD néerlandais et leurs redoutables chasseurs de Juifs. Une fois la guerre terminée, tout le monde voudrait être du bon côté.

24

Une autre théorie

En 2018, un vénérable gentleman néerlandais du nom de Gerard Kremer contacta l'équipe, affirmant que les chercheurs perdaient leur temps à essayer de résoudre le mystère de la rafle de l'Annexe, car lui savait ce qui s'était passé. Après quelques échanges de mails, Pieter téléphona à Kremer, qui, enfant, avait grandi au 2 Westermarkt, cet imposant bâtiment qui abritait deux étages de bureaux de la Wehrmacht, à l'angle de la boutique de bandes dessinées depuis le grenier de laquelle Vincent et Brendan avaient observé la cour intérieure et l'arrière de l'Annexe.

Comme souvent dans ce quartier, le 2 Westermarkt était alors occupé par plusieurs entreprises et appartements. Le père de Kremer, Gerardus Sr, en était le gardien et vivait avec sa femme et son fils au sixième étage. Les troisième et quatrième étages étaient occupés par une unité de la Wehrmacht chargée de collecter les biens confisqués aux Pays-Bas pour les expédier en Allemagne. Une partie de la cave était aussi réquisitionnée pour stocker des vivres et du matériel médical.

Le livre de Gerard Kremer *De achtertuin van het achterhuis* (« L'arrière-cour de l'Annexe », non traduit en français) sortit en mai 2018 et, s'il suscita un certain scepticisme, il fit aussi sensation. L'ouvrage se voulait un hommage à ses parents et à leurs actions de résistance. Kremer affirmait que son père et sa mère volaient de la nourriture dans la cave du 2 Westermarkt et qu'avec l'aide du Dr Lam, un médecin dont le cabinet se trouvait dans un bâtiment adjacent, ils distribuaient des colis de vivres à la Résistance. Une fois dérobés, fromages et autres denrées étaient descendus à l'aide d'un palan et d'une corde depuis le 2 Westermarkt jusqu'à la petite cour du domicile du Dr Lam, sur Keizersgracht. Les articles étaient ensuite distribués par la Résistance, et notamment aux huit clandestins de l'Annexe. Lorsque Pieter demanda à Kremer comment son père avait su que des gens se cachaient dans l'Annexe, Kremer lui répéta l'histoire que son père lui avait racontée : il avait vu et entendu les filles de l'Annexe jouer bruyamment autour du marronnier dans la cour[1].

En plus d'aider les occupants de l'Annexe à se ravitailler, le Dr Lam leur aurait prodigué des soins. La découverte d'un nouveau fournisseur de l'Annexe suscitait l'intérêt de l'équipe, mais ce qui intéressait Pieter dans l'histoire de Gerard Kremer c'était sa version de la rafle. Kremer affirmait que son père avait reconnu une habituée de leur immeuble, la tristement célèbre *V-Frau* juive Ans van Dijk. Elle venait souvent boire un café avec les secrétaires du bureau de la Wehrmacht sous le faux nom d'Ans de Jong. Gerardus Sr l'avait un jour reconnue et saluée, car elle avait travaillé avant la guerre pour un chapelier, la Maison Evany. La femme avait alors insisté sur le fait qu'il faisait erreur, avant de tourner les talons.

Décrivant la rafle sur l'Annexe Kremer soutenait que, début août 1944, son père avait entendu les bribes d'un appel téléphonique qu'Ans van Dijk passait au SD pour signaler qu'elle avait entendu des voix d'enfants provenant d'une maison sur Prinsengracht. Selon lui, c'était ce coup de fil qui aurait entraîné la descente.

La femme de Gerard Jr avait recueilli ce remarquable récit de Gerardus Sr juste avant son décès, en 1978, sorte d'ultime confession sur son lit de mort. Curieusement, elle n'en avait informé son mari que des années plus tard. Gerard Jr s'était tu pendant très longtemps avant de se décider à publier son livre, en 2018[2].

Le père de Kremer fut arrêté plus d'un mois après le raid sur l'Annexe. Selon Gerard Jr, son père pensait avoir été trahi par Ans van Dijk, bien que cela n'ait jamais été prouvé. La famille supposa que son arrestation était liée au fait qu'il avait aidé des Juifs à se cacher. Il fut emmené au siège du SD dans Euterpestraat et torturé. Le Dr Lam fut également arrêté, mais relâché peu de temps après. Gerardus Sr échoua dans la tristement célèbre prison nazie de Weteringschans mais, heureusement, un officier allemand vivant dans le même immeuble que la famille Kremer au 2 Westermarkt intercéda en sa faveur. Gerardus Sr fut libéré le 23 octobre 1944, le jour où un officier du SD, Herbert Oelschlägel, fut assassiné par la Résistance. Le lendemain matin, vingt-neuf hommes furent sélectionnés dans la prison où Gerardus Sr avait été détenu, transportés au sud de la ville et exécutés en représailles.

Quand Pieter mit fin à cette conversation téléphonique, la première d'une longue série avec un Kremer parfois furieux, l'équipe commença à disséquer cette nouvelle théorie. Elle répondait assurément aux éléments avancés par David Barnouw, chercheur au NIOD, selon lesquels le traître était à chercher dans le voisinage, parce qu'il avait vu ou entendu quelque chose avant de prévenir le SD. Par ailleurs, Ans van Dijk était déjà sur le radar de l'équipe, car elle était connue pour avoir sévi dans ce quartier d'Amsterdam.

Il fallait d'abord tenter de confirmer certaines des informations fournies par Kremer sur son père, sur le Dr Lam, et sur l'emplacement du bureau de la Wehrmacht. Grâce au Projet occupants, l'ordinateur confirma que les Kremer vivaient effectivement à cette adresse pendant la guerre et que le père était bien le gardien de l'immeuble. Le Dr Lam avait bien son cabinet et son domicile dans le bâtiment adjacent, au coin de la rue, au 196 Keizersgracht. Il y avait emménagé avec sa femme en mars 1942, soit quatre mois seulement avant que les Frank ne se cachent dans l'Annexe. Toutefois, il s'avéra plus complexe de vérifier que la Wehrmacht occupait deux étages du bâtiment. Le seul bureau gouvernemental figurant sur les registres d'archives était un service du département des Affaires sociales, section Santé publique. Mais c'était la guerre, et la Wehrmacht s'était très probablement emparée des deux étages sans que rien soit jamais consigné dans les registres municipaux.

L'équipe se pencha ensuite sur l'affirmation de Kremer selon laquelle son père ravitaillait l'Annexe. Dans son livre *Elle s'appelait Anne Frank*, Miep Gies décrit avec force détails l'approvisionnement en légumes auprès d'un ami commerçant, Hendrik van Hoeve, dont le magasin se trouvait sur Leliegracht, à quelques centaines de mètres de l'Annexe[3]. Un ami de Kleiman, W. J. Siemons, propriétaire d'une chaîne de boulangeries, livrait du pain au bureau deux ou trois fois par semaine. Il y avait aussi la boucherie de Piet Scholte, où Hermann van Pels s'était entendu avec le propriétaire pour fournir en viande les huit clandestins (Anne en parle dans le menu qu'elle a rédigé pour le dîner d'anniversaire de Miep et Jan à l'Annexe). Bep Voskuijl, on l'a vu, aidait Miep au ravitaillement, se rendant souvent à vélo – et au péril de sa vie – dans des fermes situées en dehors d'Amsterdam ou à Halfweg, une ville à l'ouest de la capitale[4].

Ceux qui aidaient les clandestins ont toujours été très reconnaissants aux fournisseurs de nourriture, et il n'y a aucune raison de penser qu'ils ne l'auraient pas été envers Gerardus Sr, qui aurait mis sa vie en danger pour les approvisionner. Cependant, l'équipe ne trouva aucun élément pour corroborer l'affirmation de Kremer selon laquelle son père ravitaillait l'Annexe. Cela ne signifiait pas qu'il n'aidait pas la Résistance à nourrir d'autres clandestins. De même, si le Dr Lam avait soigné les huit de l'Annexe, comme Kremer l'avait affirmé avec insistance lors d'une conversation téléphonique, Anne l'aurait sans doute mentionné dans son journal, ou Otto Frank et les bienfaiteurs l'auraient raconté. Il est possible que le Dr Lam ait prodigué des soins à des clandestins, mais pas à ceux de l'Annexe.

Pour vérifier les autres affirmations de Kremer, Pieter et Christine Hoste se chargèrent de déterminer s'il était possible d'entendre des voix provenant de l'Annexe. Le 2 Westermarkt a peu changé depuis la guerre. C'est un bâtiment de cinq étages en briques brunes, dont la façade est presque entièrement constituée de grandes fenêtres. Le décor du hall d'entrée est d'époque, ce qui permit à Pieter et Christine de visualiser facilement sa configuration pendant la guerre. En discutant avec différents locataires, ils apprirent que l'immeuble possédait une immense cave, telle que décrite par Kremer, où les biens confisqués pouvaient être stockés.

L'inspection du mur à l'arrière du bâtiment confirma qu'il n'y avait aucune fenêtre et, comme le montrent des photos d'époque, qu'il n'y en avait jamais eu ; les personnes qui travaillaient dans ces bureaux n'auraient donc pu avoir de vue directe sur l'Annexe. Même avec les fenêtres sur le côté ouvertes, il aurait été très difficile d'entendre, et encore plus de localiser, des voix venant de la cachette. Quant au récit de Gerardus Sr selon lequel il aurait vu les filles jouer dans la cour, il est possible qu'il ait aperçu des enfants, mais certainement pas les filles Frank. Anne indique dans son journal qu'aucun des résidents n'a quitté l'Annexe pendant plus de deux ans.

Vincent et l'équipe retoquèrent la théorie de Kremer au motif qu'il s'agissait de ouï-dire, fondés sur les confidences de Gerardus Sr à sa belle-fille sur son lit de mort, qui les aurait rapportées à son mari des années après. Il n'existe tout simplement pas de déclarations ou de documents corroborant cette hypothèse.

25

Les « chasseurs de Juifs »

Qui étaient les hommes (et parfois les femmes) qui traquaient les Juifs pour gagner leur vie ? Qui, pour la mirifique somme de 7,5 florins (47 dollars aujourd'hui), dénoncerait un Juif, pour le simple « crime » d'être juif ? (Si l'individu en question commettait ce que les nazis considéraient comme un « vrai » crime – posséder une radio par exemple –, un extra de 15 florins s'ajoutait à leur rémunération.) Pendant que l'équipe étudiait les dossiers CABR, elle découvrit que certains « chasseurs de Juifs » étaient des membres du Referat IV B4*, dirigé par Adolf Eichmann à Berlin. Dans chaque territoire occupé, cette sous-section de l'Office central de la sûreté du Reich (RSHA) supervisait la classification des Juifs, la législation antijuive et les déportations de masse dans les camps d'extermination. L'unité IV B4 à Amsterdam, ainsi que les policiers néerlandais qui l'ont intégrée, faisait partie du Sicherheitsdienst (SD), le service de renseignement SS.

À la fin de l'année 1941, le nœud coulant nazi se resserre autour du cou de la population juive néerlandaise. Jour après jour, les règles se font plus strictes. Le 5 décembre, tous les Juifs non néerlandais sont sommés de se présenter à la Zentralstelle für Jüdische Auswanderung (l'Agence pour l'émigration juive), communément appelée la Zentralstelle, pour s'inscrire à l'« émigration volontaire ».

Les nazis ont déjà des fiches sur tous les Juifs néerlandais. Ensuite, c'est au tour de quarante mille Juifs néerlandais et non néerlandais de se signaler à l'*Arbeitseinsatz* – le service du travail obligatoire en Allemagne. Le recensement débute le 5 juillet 1942, le jour même où Margot Frank reçoit sa convocation. En 1943, la machine bien huilée est en passe d'atteindre son objectif « émigratoire ». Les nazis font le décompte des Juifs aux Pays-Bas et retranchent ceux qui ne se sont pas présentés et ceux qui sont exemptés du fait de leurs fonctions au Conseil juif. Pas besoin d'être mathématicien pour en déduire qu'un certain nombre de Juifs ne sont pas répertoriés. Environ vingt-cinq mille manquent à l'appel, la plupart sans doute dans la clandestinité.

Pour parvenir à leurs fins et faire des Pays-Bas une nation *judenfrei* (libre de Juifs), les nazis ordonnent que ces vingt-cinq mille personnes soient traquées. Au cours d'un interrogatoire après-guerre, Willy Lages, le chef du SD d'Amsterdam, reconnaîtra avoir participé à une réunion au QG à La Haye, où décision fut prise d'encourager la recherche des Juifs clandestins par un système de primes. Ces récompenses sont versées aux policiers néerlandais, en majorité des agents du bureau des Affaires juives de la police d'Amsterdam. La brigade d'enquête au sein de la Zentralstelle, surnommée la « Colonne Henneicke », est constituée de civils[1].

Presque tous des Néerlandais affiliés au NSB, les membres de la Colonne Henneicke représentent une large palette de professions : notamment 20 % de vendeurs itinérants, 20 % d'employés de bureau, 15 % d'ouvriers de l'industrie automobile, 8 % de petits commerçants. Parmi les plus influents, certains sont mécaniciens, comme Joop den Ouden et Henneicke. Den Ouden travaille pour Lippmann, Rosenthal & Co., et est connu pour s'approprier les biens des Juifs sans le moindre scrupule. Eduard Moesbergen, opérateur radio de profession, s'avère un comptable chevronné, très efficace dans la gestion de la Colonne.

Après la dissolution de la Colonne le 1er octobre 1943, la chasse aux Juifs revient aux forces de police, en particulier à la brigade des affaires juives du SD, connue sous le nom d'unité IV B4. À sa tête, le lieutenant SS Julius Dettmann, d'origine allemande, et, directement sous ses ordres, son compatriote Otto Kempin, responsable des policiers néerlandais du SD. Ces deux hommes sont en place dès 1942, mais l'équipe découvrit que Kempin avait été transféré quelques jours avant la rafle de l'Annexe. Son absence est probablement la raison pour laquelle l'appel téléphonique a été transmis directement à Dettmann. En tant qu'officier allemand du SD, Karl Silberbauer est censé se référer à Kempin, mais comme ce dernier n'est plus en poste il reçoit ses ordres en droite ligne du haut commandement.

Après la guerre, tous les membres néerlandais du IV B4 sont accusés de collaboration, de sorte qu'ils ont chacun un dossier CABR aux Archives nationales néerlandaises. Plusieurs membres non néerlandais de la cellule sont poursuivis pour crimes de guerre – Otto Kempin est condamné à dix ans de prison et Dettmann se suicide avant son jugement. D'autres, comme Silberbauer, réussissent à fuir les Pays-Bas.

D'après les fichiers du IV B4, les policiers néerlandais s'appuient sur des opérationnels civils qui leur révèlent où sont cachés les Juifs. Ces informateurs, hommes et femmes, sont parfois juifs. La plupart ont commis des actes répréhensibles aux yeux des nazis et dénoncent les leurs pour sauver leur peau. En échange de leur coopération, les informateurs conservent leur liberté, mais sous l'œil vigilant de leurs superviseurs, qui profitent largement de leur travail. Leurs frais sont généralement pris en charge et un appartement est souvent mis à leur disposition. À l'occasion, ils reçoivent un bonus, de beaux vêtements ou de la nourriture, mais le *Kopgeld* – la récompense – et les avantages en nature remplissent avant tout les poches des policiers qui les encadrent.

La *V-Frau* la plus connue, Ans van Dijk, identifiera par la suite Gerrit Mozer et Pieter Schaap – deux responsables des informateurs et informatrices, parmi les plus efficaces – comme les hommes auxquels elle fournissait des renseignements. Eduard Moesbergen, qui rejoint l'unité IV B4 après le démantèlement de la Colonne Henneicke, forme une *V-Frau* très productive du nom d'Elisa Greta de Leeuw, nom de code « Beppie ». Ces informateurs ont pour mission de gagner la confiance de Juifs et de leur soutirer des confidences. Il suffit d'identifier leurs besoins (un refuge, des faux papiers ou encore de la nourriture) et de leur faire croire qu'ils appartiennent à des réseaux capables de les aider. Ils utilisent des appartements comme « pièges à Juifs », dans lesquels ils attirent des clandestins aux abois, avec la promesse d'un abri sûr. Cette ruse est utilisée le 10 mai 1944 pour capturer le mari et le fils de la future seconde épouse d'Otto Frank, Fritzi Geiringer. La rafle entraîne le lendemain l'arrestation de Fritzi et de sa fille, Eva, ce qui par une triste coïncidence tombe le jour de l'anniversaire de cette dernière[2].

Un autre stratagème employé par les agents du SD est de placer leurs informateurs dans les prisons et les camps pour obtenir des détenus la localisation de Juifs vivant dans la clandestinité. Dans son interrogatoire d'après-guerre, Schaap reconnaîtra avoir envoyé un de ses informateurs, Leopold de Jong, au camp de Westerbork pour collecter des adresses auprès de prisonniers récemment arrivés. Il était de ce fait un suspect potentiel dans la trahison des habitants de l'Annexe.

Des informateurs non juifs sont également employés, mais ces derniers attendent une rémunération en échange de leurs informations ou au moins un pardon pour une infraction mineure.

Les gens qui cachent des Juifs ont la possibilité de se racheter en devenant des informateurs et en trahissant des clandestins ou des résistants. Un procès d'après-guerre concerne un homme qui tenait une pension de famille sur Weteringschans, à Amsterdam, et qui proposait aux Juifs de les héberger. Après avoir empoché l'argent du loyer, il les dénonçait aux autorités. Pendant son interrogatoire, il désigna Frederick Cool comme l'agent qu'il devait avertir de l'arrivée de nouveaux pensionnaires. Il affirma avoir obéi aux ordres de Cool par peur des représailles. Ainsi livrait-il ses locataires aux SS, mais seulement après les avoir délestés de leur bourse.

À mesure que les Juifs clandestins sont dénoncés et écroués, les membres du IV B4 voient leurs revenus diminuer. Moins d'arrestations signifient moins de primes à la fin du mois. Pour compenser ce manque à gagner, les chasseurs de Juifs dérobent les objets de valeur des clandestins et de leurs protecteurs. Par exemple, Pieter Schaap, du bureau des Affaires juives, n'est pas le dernier à s'approprier une part du butin. Quand les autorités d'après-guerre l'arrêtent, ils trouvent à son domicile des fourrures, des tableaux, des bijoux et autres bibelots précieux. Plusieurs témoins affirment avoir souvent vu son épouse porter des fourrures et des bijoux.

Vincent fut intrigué lorsqu'il vit le nom du policier néerlandais Willem Grootendorst sur un document du NIOD. Son nom apparaissait sur plusieurs reçus *Kopgeld* et, bien sûr, il faisait partie des agents qui accompagnaient Silberbauer pendant le raid. L'autre policier du raid, Gezinus Gringhuis, avait fait l'objet d'un rapport pour avoir extorqué de l'argent à une femme néerlandaise qui cachait un Juif. Il lui réclamait 500 florins pour « fermer les yeux ». Loin de se laisser intimider, la femme le dénonça à la police locale. Quand Gringhuis revint chez elle pour empocher son pot-de-vin, l'agent Hendrik Blonk l'attendait derrière les rideaux, prêt à l'appréhender. Malheureusement, un coup de vent fit bouger le rideau et révéla la présence de Blonk, éventant le piège. Quand Blonk se plaignit de Gringhuis au sergent

Kaper, ce dernier lui répondit en présence de ses hommes que, s'il mettait à nouveau le nez dans leurs affaires, il leur donnerait l'ordre de l'exécuter[3]. Telle était l'ampleur de la corruption au sein des forces de police.

Pour comprendre quels agents SD travaillaient de concert, Vincent lança le Projet de suivi des arrestations, l'idée étant de retrouver tous les Juifs arrêtés entre 1943 et 1944 afin de déterminer le mode opératoire des « chasseurs ». Qui collaborait avec qui ? Quelles méthodes employaient-ils ? Comment obtenaient-ils leurs informations ? Et ainsi de suite.

Quand les enquêteurs étudièrent les dossiers CABR du département de police d'Amsterdam, les journaux intimes, les reçus *Kopgeld* et autres sources, ils conclurent que le raid sur l'Annexe était une opération inhabituelle à plusieurs titres. Ce jour-là, c'est la première fois que Silberbauer et les agents du SD néerlandais Gringhuis et Grootendorst travaillent ensemble (des documents attestent que Silberbauer et Grootendorst ont participé à des opérations antérieures, par exemple en juin 1944, mais pas avec Gringhuis). Même si personne ne peut identifier avec certitude le troisième agent du SD qui a rejoint Silberbauer et ses acolytes, Vincent et son équipe en arrivèrent à la conclusion qu'il ne pouvait s'agir que de Pieter Schaap en personne. Grâce à Nienke Filius – une jeune et brillante ingénieure de la police scientifique néerlandaise, créatrice du programme d'analyse des données du Projet de suivi des arrestations –, l'équipe put établir que Schaap et Silberbauer collaboraient en août 1944.

Souvent, les dossiers CABR indiquaient des circonstances atténuantes à la conduite des hommes de l'unité IV B4 en temps de guerre. En général, la mention de leur « comportement bienveillant » apparaît dans les rapports à la fin de l'année 1943, quand le SD comprend que les Allemands risquent de perdre la guerre. Mus par leur instinct de survie – tous se doutent qu'ils devront rendre des comptes –, les agents néerlandais du SD aident parfois des clandestins et laissent des suspects s'en aller. Après la guerre, beaucoup envoient des messages depuis leur cellule aux Juifs qu'ils ont épargnés pour leur demander de témoigner en leur faveur. Dans son dossier, Eduard Moesbergen prétend avoir aidé un membre important du Conseil juif en se rendant chez lui pour l'avertir de son arrestation imminente. L'homme, notaire de profession, n'est pas présent à l'arrivée de Moesbergen. Quand le nazi revient quelques jours plus tard et ne trouve toujours pas son homme, il suppose que ce dernier a déniché une planque quelque part[4]. Bien sûr, la plupart des membres de l'unité IV B4 ne peuvent témoigner, car ils n'ont pas survécu au conflit.

Durant la période d'après-guerre, des tribunaux spéciaux ont pris en compte l'attitude des membres de l'unité, comme celle des informateurs sous leurs ordres, avant de rendre leur verdict. Près d'un quart des agents du IV B4 ont été condamnés à mort, même si la majorité des sentences a été commuée. Abraham Kaper, Pieter Schaap, Maarten Kuiper (un policier assigné au SD, spécialisé dans la traque et l'arrestation des résistants) et Ans van Dijk ont été exécutés. Seules les personnes coupables des crimes les plus infâmes furent mises à mort, ce qui incita l'équipe à étudier de près leurs dossiers CABR, pour découvrir quel rôle ils avaient joué dans la dénonciation de la famille Frank.

26

La *V-Frau*

Anna « Ans » van Dijk naît à Amsterdam en 1905. Ses parents sont des Juifs laïcs de la classe moyenne. Elle a un frère. Sa mère décède quand elle a quatorze ans, et son père se remarie rapidement. À vingt-deux ans, Van Dijk se marie, puis se sépare de son époux huit ans plus tard. En 1938, tandis que son père est interné dans un hôpital psychiatrique, où il finira ses jours, elle divorce officiellement de son mari.

Son histoire aurait pu rester banale si, à l'âge de trente-trois ans, comme elle en témoignera par la suite à son procès, elle n'était tombée amoureuse de l'infirmière restée à son chevet quand elle est tombée malade.

Van Dijk travaille dans une boutique de chapeaux, la Maison Evany, dont la propriétaire, Eva de Vries-Harschel, est elle aussi juive (c'est l'endroit où Gerardus Kremer se rappelait l'avoir rencontrée). Après l'interdiction faite aux Juifs de tenir un commerce, la boutique est saisie, et Van Dijk perd son emploi. Peu après, elle entame une relation amoureuse avec une femme du nom de Miep Stodel. Cette dernière, également juive, la quitte en 1942 pour trouver refuge en Suisse. L'existence de Van Dijk aurait probablement été très différente si elle avait réussi à s'enfuir avec sa compagne.

Durant son procès d'après-guerre pour collaboration, entre 1946 et 1948, Ans van Dijk affirme que dès le début de l'invasion elle a défié l'occupant allemand, refusant de porter l'étoile jaune et d'obéir aux lois discriminatoires antijuives. Elle prétend avoir fait partie d'un groupe de jeunes résistants, principalement juifs, qui se retrouvaient clandestinement sur Tweede Jan Steenstraat. La plupart seront arrêtés et ne survivront pas à la guerre. Grâce à de faux papiers d'identité, au nom d'Alphonsia Maria (« Annie ») de Jong, elle procure de faux documents aux clandestins et réussit à cacher de nombreux Juifs. Van Dijk prétend également avoir collaboré avec le journal de la Résistance *Vrij Nederland*[1].

L'équipe ne trouva aucun rapport pour corroborer ces faits, mais cela ne signifiait pas pour autant qu'ils étaient erronés, car les résistants appartenaient à de petites cellules, où ils donnaient rarement leurs vrais noms et évitaient de conserver des traces écrites. En cas d'arrestation, moins vous pouviez en dire sous la torture, mieux c'était. De plus, quand un groupe était majoritairement juif, les chances de survie de ses membres étaient extrêmement minces[2]. Un témoin aurait pu se présenter au procès, scrupuleusement suivi par la presse, pour démentir les liens de la *V-Frau* avec la Résistance. Personne ne s'est fait connaître. Mais personne non plus n'a confirmé son témoignage.

Van Dijk dit avoir résisté pendant près de deux ans avant que la situation s'envenime. Elle se cache alors sur Marco Polostraat. Malheureusement, elle calcule mal son coup : ses hôtes, une femme du nom d'Arnoldina Alsemgeest et sa fille, la dénoncent[3].

Le dimanche de Pâques, le 25 avril 1943, Van Dijk est arrêtée par Pieter Schaap, l'agent néerlandais notoirement cruel de l'unité IV B4. Il a débuté sa carrière de policier avant la guerre, dans la brigade canine. À la fin du conflit, il sera responsable de la trahison et l'exécution de centaines de Juifs et de combattants de la Résistance. Schaap adresse à Van Dijk l'ultimatum habituel :

coopérer ou être condamnée à une mort certaine dans un camp de l'Est. De son propre aveu, le troisième jour de sa captivité, Van Dijk accepte de collaborer. Et devient l'une des *V-Frauen* les plus actives des Pays-Bas.

Pieter Schaap a de nombreux informateurs sous sa coupe, et il mesure l'intérêt de les faire travailler en équipe. Van Dijk est assistée dans son « travail » par Branca Simons, une couturière juive qui risque la déportation depuis que son mari chrétien, Wim Houthuijs, a été arrêté pour vol. Quand Van Dijk est recrutée par Schaap, son appartement du 25 Kerkstraat devient un « piège à Juifs »[4]. Elle accueille des clandestins chez elle avec la promesse d'un refuge et de bons alimentaires. Puis, au bout de quelques heures, voire de quelques jours, le SD vient les arrêter.

Comment passe-t-on d'une résistante qui sauve des vies à une *V-Frau* qui trahit les siens ? Certes, à trente-huit ans, face à une condamnation à mort certaine, beaucoup auraient choisi la vie. Van Dijk raconte qu'elle était terrifiée par Schaap, qui l'avait menacée, un pistolet sur la tempe, de la déporter à Mauthausen.

À la fin des années 1930, quand Ans van Dijk se déclare lesbienne, l'homosexualité n'est pas un crime. Il y a des bars gay et lesbiens à Amsterdam. Les gens instruits savent ce qui s'y passe, tandis que d'autres, moins ouverts d'esprit, nient l'existence des homosexuels. Les hommes qui vivent ensemble sont des « célibataires endurcis » et les couples de femmes des « vieilles filles ». Cependant, ils ne peuvent se risquer à exhiber leur orientation sexuelle[I]. Les policiers font souvent du zèle en

I. Article 248 bis du Wetboek van Strafrecht (code pénal). L'homosexualité n'est plus un crime aux Pays-Bas depuis 1811. Les relations homosexuelles entre adultes (de plus de vingt et un ans) et mineurs (de moins de vingt et un ans) sont interdites en 1911 (NdA).

affichant les homosexuels, ce qui a des conséquences dramatiques sur leur vie sociale. Dans le dossier CABR de Van Dijk, l'équipe a trouvé de longues déclarations où les témoins expriment leur dégoût à propos de son mode de vie. L'une d'elles émane de la propre fille de sa compagne. Van Dijk est considérée comme une marginale, une paria.

En 1936, Heinrich Himmler crée une division au sein de la Gestapo : l'Office central du Reich pour la lutte contre l'homosexualité et l'avortement (Reichszentrale zur Bekämpfung der Homosexualität und der Abtreibung). Deux « problématiques » qui menacent l'expansion de la race supérieure. Les hommes homosexuels sont internés, souvent dans des camps de concentration, où ils servent parfois de cobayes pour des expériences scientifiques, en particulier pour guérir l'homosexualité. Mais curieusement les lesbiennes ne sont pas persécutées[5]. Il semblerait que la sexualité féminine soit considérée comme passive et de ce fait sans danger, si bien qu'elle est passée sous silence, voire tolérée. C'est le cas aux Pays-Bas. Pour ses mentors du SD, la sexualité de Van Dijk ne pose pas de problème. Ce sont des hommes pragmatiques, qui acceptent son homosexualité dans la mesure où elle peut leur être utile.

Deux mois après avoir été enrôlée par Pieter Schaap, Van Dijk rencontre Johanna Maria « Mies » de Regt dans un café. De Regt devient sa petite amie, et peu après Van Dijk emménage dans son appartement au 54-2 Nieuwe Prinsengracht, où d'élégantes demeures bordent le canal. Les deux femmes officient en tant que *V-Frauen*, et l'appartement se transforme en piège à Juifs. De Regt témoignera par la suite que Van Dijk et elle se rendaient à des soirées dans des boîtes de nuit avec tout le gratin de la société allemande, où la nourriture abondait et où le vin coulait à flots, alors même que la population se serrait la ceinture[6]. Pour la première fois, Van Dijk fait partie de la haute société, et l'argent qu'elle gagne lui permet de s'offrir une vie luxueuse. Elle s'est apparemment laissé séduire par ce statut privilégié, devenant indifférente au tribut payé par ses victimes. Si la guerre révèle des héros, elle n'est pas le meilleur contexte pour aiguiser les consciences.

L'esprit froid et calculateur de ces *V-Frauen* laisse perplexe. Dans son audition au tribunal, Van Dijk raconte qu'un jour elle est tombée par hasard sur la famille d'un homme nommé Salomon Stodel, alors que sa brigade traquait d'autres clandestins.

Comme on n'avait pas l'adresse de Klepman (qui d'après les rumeurs planquait son magot dans sa cheminée), on a posé des questions dans une crèmerie du quartier. On s'est fait passer pour des membres de la Résistance. La vendeuse nous a appris que les Klepman avaient déjà été arrêtés par les Allemands et que leur appartement était vide. Comme on avait l'air de braves Néerlandaises, elle nous a dit que des Juifs habitaient juste à côté, et qu'ils étaient dans le besoin[7].

Les deux complices avertissent aussitôt Schaap, qui fait arrêter la famille Stodel. Ronnie Goldstein-van Cleef se rappelle sa rencontre avec Van Dijk. Parce qu'elle est issue d'une famille juive libérale de La Haye, opérer dans l'ombre et rallier la Résistance lui semble naturel : « Les circonstances et les demandes de vos proches vous forcent à agir. » Sa famille cache une presse appartenant à la Résistance sous le plancher de la maison et sa tante, Dora, recueille souvent des clandestins chez elle. Elle a trouvé la cachette idéale pour des *onderduikers* dans un appartement condamné tout proche. C'est à cet endroit que Goldstein-van Cleef rencontre Van Dijk :

Je devais emmener un garçon à Twente. Tante Dora connaissait Ans van Dijk depuis qu'elle était petite et la croyait digne de confiance. Ans van Dijk m'a demandé si je pouvais prendre aussi une fille avec moi. Elle m'a donné une photo de la fille, et je lui ai fait faire une carte d'identité. Plus tard, elle m'a lancé : « Viens à la gare centrale à telle heure avec le gamin, je viendrai avec la fille, et tu pourras les emmener tous les deux. » L'affaire était entendue. À la gare centrale, j'ai demandé à l'enfant de me tenir mon sac, le temps d'acheter les billets au guichet. Quand je me suis retournée, il avait été arrêté. Avec juste la monnaie dans ma main, j'ai quitté la gare en courant, j'ai sauté dans le tramway et je suis rentrée chez tante Dora, où j'ai fondu en larmes. J'étais horriblement choquée. Puis j'ai bredouillé : « Cette Ans van Dijk n'est pas une bonne personne. Pas une bonne personne du tout. » Et il s'est avéré que j'avais raison[8].

Goldstein-van Cleef restera hantée par ce souvenir. La victime était un enfant, qu'elle avait été forcée d'abandonner. Elle-même est trahie à nouveau en 1944, et se retrouve au camp de Westerbork, avec la famille Frank. Elle survivra à la guerre.

L'une des stratégies d'Ans van Dijk pour obtenir des informations s'appelle l'« espionnage cellulaire ». On l'envoie au trou avec d'autres prisonniers soupçonnés de connaître la localisation de clandestins juifs. Elle prétend avoir été affreusement torturée pendant son interrogatoire, et s'emploie à convaincre ses compagnons de cellule que le SD va la libérer et qu'elle peut prévenir leurs proches pour qu'ils changent de planque au plus vite. Elle insiste en disant aux détenus qu'ils risquent de craquer sous la torture[9].

Comme tous les informateurs, Ans van Dijk table sur un mélange de chance, d'opportunité et de manipulation pour faire son travail. Vincent a recueilli une histoire extraordinaire à son propos, de la bouche de Louis de Groot, un survivant de l'Holocauste. Il a pu s'entretenir avec lui dans son appartement de Washington en mai 2018[10].

Pendant la guerre, les parents de Louis possèdent un magasin d'électroménager à Arnhem. Son père, Meijer de Groot, s'entend bien avec les policiers du quartier, lesquels lui ont promis de l'avertir en cas de rafle. Prévenue à temps, sa famille entre en clandestinité le 17 novembre 1942. Les De Groot sont obligés de se séparer et sont répartis dans plusieurs lieux à Amsterdam. Louis et ses parents se cachent au 825 Prinsengracht, mais en décembre 1943 Louis est envoyé à la campagne par un policier néerlandais, ami de son père. Sa sœur aînée, Rachel, se terre dans une autre partie de la ville.

Le 8 avril 1944, en début de soirée, Ans van Dijk, Branca Simons et son mari, Wim Houthuijs, se promènent dans le quartier de Prinsengracht, où les parents de Louis vivent clandestinement. Van Dijk reconnaît Israel, l'oncle de Louis, qui marche seul dans la rue. Elle l'aborde et mentionne qu'elle peut le faire passer en Espagne en toute sécurité. Israel lui répond qu'il n'a pas besoin de son aide et continue son chemin.

Van Dijk, Simons et Houthuijs le suivent et le voient entrer au 825 Prinsengracht. D'un café tout proche, Van Dijk passe un coup de fil à la Zentralstelle pour en informer le lieutenant SS Otto Kempin, qui ordonne à Grootendorst et à plusieurs autres agents néerlandais du SD de se rendre à l'adresse indiquée. Les deux informatrices, qui patientent non loin de là, leur désignent le bâtiment dès leur arrivée.

Israel de Groot quitte l'immeuble juste avant l'intervention des hommes du SD. Malheureusement, la sœur de Louis, Rachel, rend visite à ses parents à ce moment-là, et tous trois sont arrêtés. En sécurité à la campagne, Louis est informé que ses parents et sa sœur ont été capturés, mais il ne découvre qu'après la guerre qu'ils ont péri dans les camps. Son oncle Israel, qui est entré dans la Résistance, réussit à échapper aux mailles du filet.

Louis apprend par la suite que sa mère Sophie et sa sœur ont été emprisonnées à La Haye. Même si c'est impossible à prouver, il pense qu'après l'arrestation de sa famille Van Dijk a été incarcérée avec sa sœur pour lui arracher des informations sur les autres familles juives dans la clandestinité. Son père s'est retrouvé dans une prison d'Amsterdam, où par chance il connaissait son geôlier. Il a réussi à convaincre l'homme de faire passer un mot à son frère Israel pour lui raconter leur arrestation. C'est ainsi que Louis a su qui était impliqué dans la déportation et la dénonciation de sa famille. Grâce à cette missive, il a également découvert que son père, Meijer, connaissait Grootendorst, le policier qui l'avait arrêté. Tous deux jouaient aux billes quand ils étaient petits.

À l'automne 1944, lorsqu'il devient évident que les Alliés ont gagné la guerre, Van Dijk demande à Otto Kempin de l'aider à obtenir un visa et à gagner l'Allemagne. Kempin refuse. Malgré sa dévotion de *V-Frau*, Van Dijk n'est pas récompensée pour sa loyauté[11]. Dès lors, elle s'installe avec sa compagne, Mies de Regt, à La Haye, où elle gagne sa vie au marché noir.

Après la Libération, Van Dijk est arrêtée et jugée par la Cour spéciale de justice. Reconnue coupable de vingt-deux trahisons impliquant soixante-huit personnes, elle est condamnée à mort. Son épais dossier CABR suggère un nombre de dénonciations bien plus important, sans doute plus proche de deux cents, mais de nombreux cas n'ont pu être vérifiés, faute de survivants.

En appel, l'avocat de Van Dijk réclame une évaluation psychiatrique, au motif que ses deux parents sont décédés des suites de troubles mentaux. Cette tentative de justifier le comportement de Van Dijk par une maladie mentale héréditaire n'impressionne guère les juges. Le 14 janvier 1948, Ans van Dijk est exécutée à Fort Bijlmer – la veille, elle s'est fait baptiser catholique.

Van Dijk a la particularité d'être la seule femme à avoir été condamnée à mort et exécutée aux Pays-Bas. Ses complices,

Miep Braams et Branca Simons, sont elles aussi condamnées à la peine capitale, mais leurs sentences sont commuées en peines de prison à perpétuité. D'aucuns pensent que Van Dijk a été exécutée parce qu'elle affichait ouvertement son homosexualité.

Sans les nazis, le destin d'Ans Van Dijk n'aurait sans doute rien eu d'exceptionnel. En tant que lesbienne, elle était considérée comme marginale, ce qui manifestement la mettait en colère, même si rien ne prouve qu'elle était animée par un esprit de revanche. Peut-être que, dans les premiers temps, cet état de fait lui a donné du courage. Durant les deux dernières années de la guerre, d'avril 1943 à avril 1945, elle s'est transformée en monstre abject, capable de trahir plusieurs centaines de personnes. Sa peur de mourir l'a sans doute poussée à devenir une *V-Frau,* mais par la suite, d'après son superviseur Pieter Schaap, elle s'est prise au jeu et est devenue une informatrice des plus zélées.

Dans son témoignage, sa compagne, Mies de Regt, explique que Van Dijk était animée par « l'irrésistible frisson de la chasse »[12]. Le frisson de la chasse ! Quelle expression stupéfiante ! Vaincue par la peur, puis séduite par le pouvoir. L'histoire de Van Dijk tend à prouver que les régimes totalitaires assoient leur pouvoir non seulement par la répression, mais aussi par la séduction, par le sentiment d'appartenance, qui transforme des individus en de lâches flagorneurs. Ces derniers croient faire partie d'une élite jusqu'à ce que, comme Van Dijk, le pouvoir se retourne contre eux et les rejette.

Pendant un temps, Van Dijk est la coupable toute désignée de la rafle du 263 Prinsengracht. Dans le Projet de suivi des arrestations, son nom revient sans arrêt. À l'évidence, en tant que *V-Frau,* elle avait un mobile. Quant à la connaissance des faits, le quartier de Prinsengracht faisait partie de son secteur habituel et, d'après Gerard Kremer, on la voyait souvent dans les parages. Avait-elle entendu une bribe de conversation à propos des locataires de l'Annexe ? Avait-elle eu des soupçons et surveillé l'immeuble ? Les fournisseurs n'apportaient-ils pas trop de nourriture ? Et l'opportunité ? Où se trouvait-elle les jours précédant le 4 août, et avec qui était-elle en contact ? Telles étaient les questions auxquelles l'équipe devait désormais répondre.

27

Pas de preuves concluantes – première partie

Au début de ses recherches, l'équipe avait rassemblé une profusion de données grâce à la première investigation de 1947-1948 sur la rafle. Soit : de nombreux dossiers CABR, des correspondances privées et officielles, des documents juridiques, ainsi que le rapport de neuf pages de la police d'Amsterdam. Selon Vincent, la qualité et la rigueur de l'enquête étaient loin d'être acceptables à l'aune des critères actuels. Cela s'explique en partie par le fait qu'après la guerre les forces de police néerlandaises sont expurgées des collaborateurs nazis. Deux mille cinq cents policiers perdent leur emploi tandis que beaucoup d'autres sont rétrogradés ; 16 % des policiers sont suspendus et font l'objet d'une enquête. Résultat, un petit nombre d'enquêteurs inexpérimentés croulent sous une avalanche de dossiers de collaborations, de crimes de guerre et de trahisons.

De plus, cette enquête n'aurait tout simplement pas eu lieu sans l'insistance et la détermination d'Otto et de ses employés d'Opekta/Gies & Co. Johannes Kleiman et Victor Kugler, qui poussent les autorités d'après-guerre à prendre l'affaire en charge. Avec l'aide de Miep et Bep, ils sont parvenus à la conclusion que le directeur de l'entrepôt, Willem van Maaren, était très probablement le coupable. Kleiman écrit au service d'enquête politique d'Amsterdam (Politieke Opsporingsdienst, POD) durant l'été 1945 pour réclamer une enquête sur Van Maaren. Mais la demande reste sans suite[1].

Le 11 novembre 1945, dans une lettre à sa mère, Otto raconte qu'il s'est rendu au bureau de la Sécurité nationale (Bureau Nationale Veiligheid – BNV) avec Kleiman et Kugler pour chercher dans les rapports de police les photographies des policiers néerlandais qui les avaient arrêtés. Il écrit qu'ils ont réussi à identifier deux hommes – les meurtriers responsables de la destruction de sa famille. Ils espèrent que ces policiers leur donneront le nom du dénonciateur qui les a livrés au SD, même s'ils ne sont guère optimistes – après tout, ces derniers ne faisaient que suivre les ordres[2] (dans une lettre datée du 2 mai 1958, Kugler explique que Kleiman et lui ont accompagné Otto au BNV en 1945). Ces hommes sont Willem Grootendorst et Gezinus Gringhuis, les policiers néerlandais affiliés à l'unité IV B4, qui purgent une peine pour collaboration dans la prison d'Amstelveenseweg.

Peu après, Otto, Kleiman et Kugler leur rendent visite en prison. Grootendorst et Gringhuis reconnaissent avoir pris part au raid du 263 Prinsengracht, mais lors d'un interrogatoire officiel ultérieur, curieusement, ils ne se souviennent plus de leur participation[3]. Les deux hommes affirment que c'est le sergent Abraham Kaper, du bureau des Affaires juives, qui les a convoqués. Ils prétendent également n'avoir aucune information sur l'appel anonyme matinal passé à Julius Dettmann pour dénoncer les clandestins de l'Annexe. Personne ne peut interroger Dettmann : il s'est pendu dans sa cellule le 25 juillet. D'après la rumeur, il aurait été un peu aidé.

Otto retourne à la prison, cette fois pour interroger Gezinus Gringhuis seul. Il prend note de cet entretien dans son agenda le 6 décembre 1945, avec la mention « Ab ». Cela désigne sûrement son ami proche, Abraham « Ab » Cauvern, dont l'épouse, Isa, était la secrétaire d'Otto.

Otto espère manifestement que le POD ouvrira une enquête, mais en 1945 il n'est que l'un des 5 500 survivants des camps. Rien ne se passe. Le 11 juin 1947, près de deux ans plus tard, Otto se rend en personne au bureau de la Sécurité nationale. Là encore, rien. Puis, le 16 juillet, après en avoir discuté avec Otto, Kleiman envoie une autre lettre au département d'enquête politique (Politieke Recherche Afdeling, PRA – le POD a été renommé en mars 1946, après que les forces alliées militaires ont rendu le pouvoir à l'administration civile). Il demande, en son nom et en celui d'Otto, que le dossier soit « réexaminé »[4].

Le 12 janvier 1948, trois ans et demi après la rafle, le brigadier Jacob Meeboer ouvre une enquête sur le directeur de l'entrepôt, Willem van Maaren, le seul qui ait jamais été officiellement considéré comme le délateur potentiel. Meeboer interroge huit personnes : Johannes Kleiman, Miep Gies et Victor Kugler, mais pas Bep Voskuijl[1] ; Johannes Petrus van Erp et le Dr Petrus Hendrikus Bangert, qui connaissent tous deux Van Maaren ; un autre employé de l'entrepôt, Lammert Hartog, et sa femme, Lena ; et enfin l'intéressé, Van Maaren. Dans sa lettre de juillet, Kleiman exprime sa consternation : il ne comprend pas pourquoi Karl Silberbauer n'a jamais été convoqué aux Pays-Bas, alors qu'il a « joué un rôle important dans l'arrestation de Juifs et de clandestins[5] ». En effet, Silberbauer n'est pas appelé à témoigner. Pas plus qu'Otto Frank, probablement parce que ce dernier a déjà expliqué à la police que sa famille et lui se cachaient dans l'Annexe bien avant l'arrivée de Van Maaren chez Opekta et qu'il ne connaissait pas cet individu.

1. On ignore pourquoi Bep Voskuijl n'a pas été entendue. Peut-être Meeboer a-t-il décidé qu'il avait recueilli suffisamment de témoignages (NdA).

Le rapport officiel du brigadier Meeboer débute avec le témoignage de Kleiman, où celui-ci livre un récit détaillé de la rafle, et souligne le comportement suspect de Van Maaren. Peu après son embauche, le directeur avait demandé au personnel si quelqu'un s'était rendu dans l'entrepôt après les heures d'ouverture. Il avait trouvé un portefeuille sur une table, que Van Pels avait dû oublier au cours d'une balade nocturne. Van Maaren avait montré le portefeuille à Kugler, qui s'était empressé de répondre : c'était le sien, il l'avait oublié la nuit précédente. Il ne manquait rien, à l'exception d'un billet de 10 florins.

Kleiman explique que Van Maaren était sûrement au courant de l'existence de l'Annexe. Il l'avait forcément repérée quand Kugler l'avait envoyé réparer une fuite dans le toit, et plusieurs autres immeubles étroits du quartier possédaient la même extension. De plus, une porte à l'arrière du bâtiment ouvrait sur une cour, où un homme curieux comme Van Maaren s'était sûrement rendu. De là, il aurait considéré l'ensemble de l'Annexe attachée à l'édifice. Pourquoi ce large « appendice » n'était-il jamais mentionné et ne servait-il pas à l'entreprise ? Par où on accédait-on à cette annexe, puisqu'il n'y avait aucune indication nulle part ? En l'absence d'entrée visible, le directeur avait certainement imaginé une porte dérobée.

Kleiman explique à Meeboer que les huit clandestins trouvaient des crayons en équilibre sur les bureaux et de la farine saupoudrée sur le sol, manifestement placés là par Van Maaren pour confirmer ses soupçons au sujet d'intrus dans l'édifice après les heures de bureau. Un jour, il avait même demandé à Kleiman si M. Frank avait travaillé dans le bâtiment, comme s'il menait sa petite enquête. Tout indique qu'il savait que des gens vivaient dans l'autre partie de l'entrepôt.

D'après le récit de Kleiman, après le raid du 4 août, le comptable d'Opekta, Johannes van Erp, a rendu visite à Petrus Bangert, un médecin homéopathe, et mentionné que des Juifs cachés sur Prinsengracht venaient d'être arrêtés. Le médecin lui a demandé s'ils habitaient au 263, précisant qu'il était au courant de la présence de clandestins à cette adresse depuis environ un an. Quand Van Erp a rapporté cette conversation à Kleiman, ce dernier a pensé que la fuite venait de Van Maaren, l'un des patients de l'homéopathe.

Lors de son interrogatoire, le Dr Bangert affirme que le comptable d'Opekta s'est trompé : il n'a jamais dit cela. Après avoir consulté ses dossiers, il ajoute que Van Maaren est devenu son patient le 25 août 1944, soit trois semaines après la rafle. Est-ce la vérité ou bien a-t-il trouvé une échappatoire ? On est en 1948, trois ans après la guerre. Tout le monde cherche à se dédouaner de la débâcle et à vivre en paix.

La partie la plus intéressante de l'enquête de Meeboer est la réponse de Van Maaren à cette question : savait-il que des Juifs se cachaient dans l'Annexe ? Le directeur témoigne qu'il n'avait aucune certitude concernant la présence de clandestins dans l'édifice, même s'il avait des soupçons. Les crayons en équilibre sur les bureaux et la farine sur le sol avaient pour but de démasquer les voleurs qui selon lui puisaient dans les réserves d'Opekta. Quant à ses questions sur un certain M. Frank, il avait entendu parler de « Papa Frank » au bureau, et Miep Gies et Kleiman lui avaient raconté que les anciens propriétaires, Frank et Van Pels, s'étaient enfuis, sûrement aux États-Unis[6].

Fait plus accablant, son assistant, Lammert Hartog, jure que Van Maaren lui a parlé, deux semaines avant la rafle, de Juifs cachés sur Prinsengracht, alors que le directeur nie catégoriquement avoir fait une telle déclaration.

Si Van Maaren finit par reconnaître qu'il a volé des marchandises à la société Opekta/Gies & Co., il accuse Miep et Bep d'en avoir fait autant. Il accuse aussi les deux femmes de s'être précipitées à l'Annexe après la rafle et, avant que les Allemands puissent procéder à l'inventaire, d'avoir récupéré « des vêtements, des papiers et tout un tas d'autres objets qu'elles ont gardés pour elles[7] ». Van Maaren est un homme amer, qui renvoie à ses accusateurs les faits qui lui sont reprochés.

L'enquête est abandonnée le 22 mai 1948. Le rapport conclut qu'il n'y a aucune preuve de la culpabilité du directeur de l'entrepôt[8]. Van Maaren écope d'une condamnation avec sursis : la Fondation pour la surveillance des délinquants politiques (Stichting Toezicht Politieke Delinquenten*, STPD) gardera un œil sur lui et il est privé du droit de vote pendant dix ans.

Indigné par la sentence, Van Maaren fait appel. Pendant l'audience, son avocat plaide que la demande d'appel en soi prouve l'innocence de son client. « Si le prévenu avait éprouvé la moindre culpabilité, il n'aurait jamais fait appel d'une condamnation avec sursis, vu le peu de restrictions qui lui était imposé[9]. » Le 13 août 1949, une cour de district abandonne toutes les charges.

Van Maaren crut sans doute que son chemin de croix était terminé. Pourtant, quinze ans plus tard, le mystère de la trahison de l'Annexe refit surface, et il se retrouva de nouveau sur la sellette, comme principal suspect. Estimant que la première enquête manquait de rigueur, l'équipe rassembla toutes les informations intéressantes de la seconde enquête de 1963-1964, espérant avoir une meilleure vue d'ensemble et comprendre ce qui avait déclenché la rafle.

28

« Occupez-vous de vos Juifs ! »

L'équipe n'avait trouvé aucune preuve concluante que le traître habitait dans le quartier, pourtant l'enquête amena les chercheurs à considérer le cercle proche de la famille Frank, soit leurs protecteurs en personne. L'équipe s'était attachée émotionnellement à eux mais, comme le rappelle Vincent, il est indispensable de garder la tête froide pour assurer l'intégrité d'une enquête. Grâce au Projet cartographique, ils découvrirent que le voisin de Johannes Kleiman était non seulement un membre du NSB, mais aussi un employé du bureau du SD sur Euterpestraat. L'épouse de Kleiman et son frère étaient au courant pour les clandestins, et il semble que leur fille, Corrie, ait deviné, après un commentaire anodin de son père, que les Frank étaient toujours à Amsterdam – même si elle ne connaissait probablement pas leur cachette[1]. L'équipe établit également que le frère adoptif de Miep ainsi que le beau-frère de Kugler avaient été accusés d'être des collabos. Une remarque de l'un d'eux avait-elle signé l'arrêt de mort des clandestins ?

L'équipe examina d'abord le dossier du beau-frère de Kugler et comprit que sa « collaboration » consistait à gérer un cinéma qui diffusait des films progermaniques pendant l'Occupation. Quant à Miep, tout doute sur son implication fut rapidement balayé. Elle était suffisamment disciplinée pour compartimenter les informations en sa possession. Comme elle le fit elle-même remarquer, pendant la guerre, elle avait perdu l'habitude d'exprimer son opinion. Néanmoins, des documents prouvent que son frère adoptif, Laurens Nieuwenburg Jr, partit pour l'Allemagne en novembre 1943 et s'installa chez ses parents en août 1945. Apparemment, il se trouvait en Allemagne au moment du raid. Enfin, le voisin de Kleiman était un suspect peu plausible. S'il avait donné l'adresse de la famille Frank aux Allemands, il n'aurait pas téléphoné au lieutenant SS Julius Dettmann. En tant qu'employé du SD, il savait que la personne à contacter pour ce genre d'informations était le sergent Abraham Kaper, du bureau des Affaires juives. Kaper était le responsable de la traque des Juifs et pouvait se montrer hargneux si on tentait d'empiéter sur son territoire pour obtenir une prime.

La guerre engendra des conflits entre les pays, les peuples, les voisins, et au sein même des familles. Les querelles s'introduisirent au 263 Prinsengracht. Il apparut que la sœur de Bep, Nelly Voskuijl, avait des raisons de dénoncer les habitants de l'Annexe. Dans son livre *Anne Frank : The Untold Story* (coécrit avec Jeroen de Bruyn, non traduit en français), le fils de Bep, Joop van Wijk, semblait avoir monté un dossier plutôt solide contre sa tante.

Vincent parvint à contacter Joop sur les réseaux sociaux et constata qu'il avait très envie de partager son point de vue avec l'équipe. Un jour glacial de décembre 2018, Joop et sa femme firent le déplacement de l'est des Pays-Bas à Amsterdam, où Vincent et Brendan les reçurent dans leur bureau[2]. Joop se montra très ouvert. Il expliqua qu'il avait écrit son livre par amour pour sa mère et en hommage à son grand-père, dont les efforts pour aider les clandestins n'avaient jamais été vraiment reconnus. Il ajouta qu'en rédigeant l'ouvrage il n'avait pu s'empêcher d'exprimer son inquiétude sur le rôle présumé de sa tante dans la dénonciation des clandestins.

Fils cadet d'une famille de quatre enfants, Joop a sept ans quand il comprend que sa mère a aidé la famille d'Anne Frank. L'histoire de l'Annexe le fascine. Il se rappelle avec tendresse les visites d'Otto Frank, qu'il appelait « oncle Otto ». Il se souvient aussi avec émotion d'un incident qui se produit en 1959. Il a dix ans. Il entend sa mère pleurer dans la salle de bains, et quand il ouvre la porte il voit qu'elle s'apprête à prendre des pilules. Elle le regarde avec effroi et suspend son geste. L'intrusion de Joop lui a indéniablement sauvé la vie. Plus tard, il comprendra que sa mère a été traumatisée par la guerre. Elle lui avouera qu'elle avait le sentiment d'avoir échoué à protéger les habitants de l'Annexe.

La tante de Joop, Nelly, est la quatrième d'une fratrie de huit enfants et a quatre ans de moins que sa sœur Bep, l'aînée. La famille vit dans un quartier ouvrier de l'ouest d'Amsterdam. La maison est trop petite pour dix personnes, si bien que les filles aînées doivent aller vivre ailleurs. Au début de la guerre, Nelly et sa sœur Annie logent, en tant que domestiques, chez des gens aisés, qui s'avèrent être des sympathisants nazis. Des soldats allemands sont souvent invités à la villa. L'un des habitués est un jeune Autrichien prénommé Siegfried dont Nelly, alors âgée de dix-huit ans, tombe bientôt amoureuse.

Le 1er novembre 1941, Nelly est arrêtée alors qu'elle marche dans la rue commerçante de Nieuwendijk avec Siegfried. L'équipe déniche dans les Archives de la ville d'Amsterdam un rapport de police indiquant qu'elle n'a pas respecté le couvre-feu[3]. Comme Nelly est encore considérée comme mineure, la police contacte son père, qui doit venir la chercher au commissariat le lendemain matin. Lorsqu'il découvre que sa fille fréquente un soldat ennemi, il entre dans une rage terrible. Antinazi convaincu, Johannes Voskuijl somme Nelly de mettre fin à cette relation[4].

Mais Nelly ne se laisse pas démonter. Sa jeune sœur Diny relate, dans un entretien de 2011 à la Fondation Anne-Frank, qu'un jour Nelly a amené son petit ami autrichien à la maison pour demander à son père la permission de le fréquenter. Épiant la scène par une fissure de la porte, Diny a vu le jeune homme faire claquer ses bottes et lancer à leur père : « *Herr Voskuijl, Heil Hitler*[5] ! »

D'après l'histoire familiale, Johannes tente de convaincre sa fille de couper les ponts avec Siegfried, mais rien n'y fait. Les tensions au sein de la famille deviennent intolérables, au point qu'en décembre 1942 Nelly fait une demande de passeport néerlandais[6]. L'équipe a retrouvé le formulaire. Il porte la mention « A.B. », ce qui signifie que l'agence pour l'emploi d'Amsterdam a approuvé sa demande d'aller travailler en Allemagne. À cela s'ajoute la mention « avec consentement parental ». Comme elle est mineure, Nelly a besoin d'une autorisation pour voyager, mais il paraît peu probable que son père lui ait donné son approbation. Selon Joop, sa tante aurait menti sur le fameux consentement parental.

Par ailleurs, les membres de la famille Voskuijl auraient sous-estimé, voire délibérément caché, les liens de Nelly avec l'armée allemande, prétendant qu'elle avait gagné la France après une dispute avec Siegfried et qu'elle était restée là-bas jusqu'à la fin de la guerre. Or, lors de ses recherches pour son livre, Joop a découvert une tout autre histoire.

À en croire sa sœur Diny, Nelly s'installe en Autriche pour vivre avec la sœur de Siegfried, parti combattre sur le front. Puis elle tombe sur une lettre envoyée à Siegfried par sa « fiancée »[7], et rentre à Amsterdam, le cœur brisé. Mais ses relations avec les nazis ne s'arrêtent pas là. Le petit ami de Bep, Bertus Hulsman, qui rend souvent visite aux Voskuijl, se rappelle qu'après son retour aux Pays-Bas Nelly continue à frayer avec l'occupant : « Elle allait souvent dans un ancien club de patinage, en face du Concertgebouw, que les Allemands avaient transformé en un établissement surnommé *Wein, Weib und Gesang* [Vin, femmes et chants] et où ils organisaient des fêtes[8]. »

En mai 1943, Nelly gagne le nord de la France pour travailler pour la Wehrmacht, sur la base militaire aérienne de Laon. Elle est employée comme secrétaire du commandant de la base. On peut parler de collaboration étroite avec les Allemands, étant donné qu'elle est au courant des jours et des heures des bombardements ennemis. Apparemment, elle occupe ce poste pendant un an avant de rentrer chez elle, en 1944.

Alors qu'elle continue à fréquenter des soldats allemands, la tension monte d'un cran au sein de sa famille. Diny affirme qu'il arrivait à son père de frapper Nelly. Un jour, il la flanque par terre dans l'entrée et s'acharne sur elle à coups de pied. C'est tellement choquant que Diny interroge sa mère : pourquoi son père a-t-il à ce point perdu son sang-froid ? Elle n'obtient pas de réponse.

L'incident s'est produit durant l'été 1944, mais Diny ne sait plus si c'était avant ou après la rafle[9]. Si cela s'est passé *après,* la colère de son père était peut-être due au rôle supposé de Nelly dans la trahison des huit de l'Annexe.

À ce stade de l'enquête sur Nelly comme principale suspecte, l'équipe tomba sur une anomalie. Dans la version du *Journal* éditée sous la supervision d'Otto Frank et publiée dans le monde entier en 1947, il n'est fait aucune mention de Nelly Voskuijl. Bien sûr, cela peut être lié à la volonté de produire un livre équilibré de 335 pages. Des coupes étaient nécessaires. Quand le NIOD publie une nouvelle édition critique en 1986, de nombreux passages sont restaurés.

Dans une mystérieuse entrée datée du 6 mai 1944, Anne raconte que « M. K. » est dans le nord de la France, lequel a récemment subi des bombardements alliés. « M. K. » est terrifiée et a hâte de revenir à Amsterdam. Elle demande également pardon à son père pour le souci qu'elle lui a causé.

Nelly était la secrétaire du commandant de la base aérienne allemande de Laon, dans le nord de la France. À l'évidence, son nom a été remplacé par des initiales. On trouve aussi une curieuse note de bas de page dans l'édition critique.

Les éditeurs y expliquent qu'à la demande de quelqu'un qu'ils ne nommeront pas ils ont remplacé le nom de la personne à laquelle Anne fait référence par les initiales « M. K. », choisies de manière aléatoire. Ils précisent qu'à la demande de cette même personne vingt-quatre mots ont été supprimés du récit du 6 mai. Trois autres passages, dans les entrées du 11 mai et du 19 mai, ont été coupés, soit un total de quatre-vingt-douze mots.

Bien sûr, l'équipe voulait savoir qui avait fait cette requête et quel contenu avait été censuré. Lorsque les enquêteurs contactèrent David Barnouw, l'un des responsables de l'édition critique, ce dernier leur confirma qu'il s'agissait bien de Nelly. Elle avait eu vent de la parution de cette version et contacté le NIOD pour demander la suppression de ces passages. L'institut lui avait répondu qu'il conserverait le texte intégral, mais masquerait son nom.

En quoi ce texte était-il si accablant pour Nelly ? Fournissait-il des indices de son implication dans la dénonciation des clandestins de l'Annexe ?

L'équipe fit appel à Jeroen de Bruyn, le coauteur de Joop van Wijk pour son livre *The Untold Story.* Il eut la générosité d'envoyer aux enquêteurs l'intégralité des documents et des notes qu'il avait rassemblés lors de ses propres recherches. L'un des documents comportait quatre entrées du *Journal,* où étaient soulignés les termes supprimés à la demande de Nelly.

Bep parlait sans doute librement avec Anne des querelles entre son père et sa sœur Nelly à propos des mauvaises fréquentations de cette dernière, car c'est l'objet de la plupart des commentaires d'Anne sur Nelly[10].

Dans les vingt-huit premiers mots supprimés, Anne écrit que Nelly pourrait utiliser la maladie de son père comme argument pour revenir aux Pays-Bas. Après quoi, elle ajoute que cela ne fonctionnerait que si son père était mourant[I]. Les quatre mots suivants, effacés aussi, expriment l'espoir et l'impatience de Nelly de revoir son père[11].

La troisième suppression de vingt-huit mots est tout aussi inoffensive. Nelly demande semble-t-il une permission pour aller voir son père aux Pays-Bas. Le commandant de la base lui fait comprendre qu'il n'aime pas être dérangé avant son dîner. D'après Anne, Nelly lui répond que, si son père meurt sans qu'elle puisse le revoir, elle ne le pardonnera jamais aux Allemands. Finalement, Anne évoque la tristesse du père de Nelly. Alors qu'il se meurt d'un cancer, sa fille, de retour à la maison, lui cause les pires tourments en se compromettant avec des Allemands[12].

Les entrées des 6 et 19 mai montrent que Nelly est rentrée de France et poursuit sa relation avec un pilote ennemi. Peut-être veut-elle faire disparaître cette mention parce qu'elle se sent coupable de la souffrance de son père, même si à l'époque de la parution du livre Johannes est décédé depuis longtemps. Il est plus probable qu'en 1986, même quarante ans après la guerre, elle craint d'être désignée comme une collaboratrice à la solde de l'occupant et de susciter l'indignation et le mépris. Or le journal d'Anne présente clairement Nelly comme une sympathisante nazie. Quoi qu'il en soit, les passages proscrits sont inoffensifs.

I. Nous n'avons malheureusement pas eu l'autorisation de citer les entrées de *The Diary of Anne Frank : The Revised Critical Edition*, édité par David Barnouw et Gerrold van der Stroom (New York, Doubleday, 2003) (NdA).

Ils ne fournissent aucune preuve de la responsabilité de Nelly dans la trahison de la famille Frank.

L'accusation la plus directe à l'encontre de Nelly vient du petit ami de Bep, Bertus Hulsman[13]. En 2007, dans un entretien avec Dineke Stam, de la Fondation Anne-Frank, il se remémore les disputes familiales : un jour, ses sœurs ont reproché à Nelly de « sortir avec des Boches ». Et « une autre fois – je ne l'oublierai jamais – elle leur a répondu en criant : "Occupez-vous de vos Juifs !" Je ne sais plus exactement quand ça s'est passé[14] ».

L'entretien dure plus de deux heures, et l'échange entre Nelly et sa famille est relaté sous plusieurs angles. À un moment, Hulsman donne une explication à la réplique de Nelly : « Les relations au sein de cette famille étaient toujours très… tendues. Vous savez, toutes ces filles… Et puis un jour elle leur a lancé : "Occupez-vous de vos Juifs[15] !" »

À un autre moment, Hulsman ajoute que c'était sans doute une remarque d'ordre général : « Comme on lui avait envoyé une pique, elle en a fait autant[16]. »

Ensuite, il exprime ses propres doutes quant à la source de cette information : « Je ne sais pas à quand remonte cette scène. […] Peut-être soixante ans ? Moi-même, je n'en suis plus très sûr, vous savez. […] J'espère que je me trompe, que ma suggestion est fausse[17]. »

La déclaration de Nelly, qui semble de prime abord faire référence aux clandestins de l'Annexe, est-elle une simple provocation ou une accusation précise ? Lance-t-elle « Occupez-vous de vos Juifs ! » en réaction à ses sœurs et à son père qui lui reprochent de sortir avec des « Boches » ? Ou bien veut-elle leur faire comprendre qu'elle est au courant ? Peut-être est-elle simplement jalouse de la sympathie que son père et sa sœur Bep témoignent à la communauté juive dans les Pays-Bas occupés.

Peu après la Libération, en mai 1945, Nelly emménage dans la ville de Groningue, non loin d'Amsterdam. D'après le livre de Melissa Müller, *La Vie d'Anne Frank*, elle y est arrêtée le 26 octobre pour collaboration avec les nazis. Elle passe plusieurs années en détention et ne « parvient pas à retrouver une vie normale avant 1953[18] ».

Dès lors, l'équipe entreprit de chercher le dossier CABR de Nelly. Toutes les personnes condamnées après-guerre pour des crimes politiques sont fichées aux Archives nationales. Pourtant, il n'existe aucun rapport au nom de Nelly Voskuijl. Vincent contacta Melissa Müller pour lui demander la source de ses informations sur l'arrestation et la condamnation de Nelly, et Müller l'orienta vers l'enquêteur qui l'avait aidée dans ses recherches[19].

Mais l'enquêteur ne se souvenait pas non plus de sa source[20]. Au cours de deux entretiens avec l'équipe, il exposa néanmoins sa théorie. D'après lui, Nelly Voskuijl avait d'abord été détenue dans un théâtre de Groningue, avec d'autres femmes soupçonnées de collaboration. Par la suite, elle aurait été transférée dans une prison, où elle serait restée environ un an. L'équipe éplucha les archives de Groningue, mais ne trouva aucune preuve de ce scénario. L'enquêteur pensait que le dossier de Nelly avait été détruit car, étant mineure à l'époque, elle aurait été jugée par un tribunal pour enfants. Le témoignage de sa sœur Willy corrobore le séjour de Nelly en prison : Willy se souvient avoir été entendue après la guerre, sans doute au sujet de Nelly, même si elle ne se remémore pas les détails[21].

Mais en 1945 Nelly a plus de vingt et un ans : elle est censée être jugée par un tribunal pour adultes. Et il aurait dû en rester une trace. Pour vérifier cette théorie et découvrir ses agissements entre 1945 et 1953, les membres de l'équipe enquêtèrent du côté des camps d'après-guerre. Ils cherchèrent spécifiquement des jeunes femmes détenues à Groningue et lurent les dossiers des prisonnières politiques arrêtées par les autorités de la ville[22]. Aucun profil ne correspondait à Nelly Voskuijl. L'absence de dossier CABR portait l'équipe à croire que Nelly n'avait jamais été arrêtée.

Un jour, la chercheuse Circe de Bruin revint au bureau dans un état d'exaltation intense. Elle avait découvert un document indiquant l'enregistrement de Nelly Voskuijl à la municipalité de Groningue le 26 octobre 1945, soit le jour de son arrestation selon Müller[23]. L'enquêteur de Müller semblait avoir confondu son document de référencement avec un mandat d'arrêt[1]. Vincent savait que les montagnes russes émotionnelles font partie de toute investigation, mais la déception fut réelle. Si Nelly avait été incarcérée, son dossier CABR aurait rendu compte de ses activités et de ses liens avec les Allemands pendant la guerre. Et son rôle dans la trahison des clandestins de l'Annexe aurait pu être élucidé.

En fuyant Amsterdam, Nelly est passée sous le radar et a évité une condamnation pour ses crimes présumés de collaboration. À tout le moins, elle a échappé au sort des femmes accusées d'avoir eu des relations sexuelles avec des Allemands. Arrachées à leur maison, le crâne rasé, elles furent traînées sur des charrettes à travers les rues de la ville, sous les huées des passants.

Après des décennies de silence, en 1996, Joop van Wijk reprit contact avec sa tante Nelly. Elle habitait le petit village de Koudum, dans la province de la Frise, dans le nord des Pays-Bas, et était restée en contact régulier avec ses sœurs, en particulier Diny et Willy. Joop se souvient : « J'étais toujours le bienvenu,

1. L'enquêteur de Müller ne s'est sans doute pas rendu en personne au bureau des Archives de Groningue. Il a très bien pu demander à une personne habitant sur place de se renseigner pour lui. Nous n'avons pas d'autre explication à cette méprise (NdA).

mais elle a changé de couleur quand j'ai parlé de la guerre et de son attitude dans la famille Voskuijl[24]. » Nelly comprit que Joop écrivait un livre sur sa mère, et lui avoua qu'il lui était très pénible d'évoquer cette période, qu'elle regrettait amèrement.

Joop relate une anecdote étrange : « Lors de l'une de mes dernières visites, quand j'ai mentionné Anne Frank et la rafle, elle a carrément fait un malaise[25]. » Il proposa de l'emmener à l'hôpital, mais elle refusa et lui expliqua que ses évanouissements étaient probablement dus aux mauvais traitements infligés par son père. Joop était soupçonneux : il pensait que sa tante était capable de jouer la comédie pour masquer sa culpabilité. Cela dit, inquiet pour sa santé, il n'osa pas continuer à l'interroger.

Bien sûr, il semblait étonnant que Nelly se soit évanouie à la simple mention de l'Annexe. Était-ce une ruse ? Une manière pour elle de ne pas répondre aux questions gênantes ? D'après Joop, elle eut des étourdissements en trois autres occasions, ce qui suggère qu'elle souffrait d'une maladie chronique. Dans son livre *Anne Frank : The Untold Story,* il mentionne aussi le malaise de sa tante, mais précise que cela se produit lorsqu'il évoque la guerre, et non la rafle en particulier. L'équipe s'interrogeait : les malaises de Nelly cachaient-ils son secret ? Son refus de dire la vérité[26] ? Ou bien Joop, déjà convaincu de la culpabilité de sa tante, avait-il une vision erronée des faits ? Après la dernière visite de son neveu, Nelly partit en maison de retraite, où elle s'éteignit en 2001. Joop reçut une ultime carte postale de sa tante, avec un message laconique : « Un bisou, Nel. »

Au cours de ses vingt-sept années d'expérience comme agent sous couverture au FBI, Vincent avait appris à lire les gens – il en allait de sa propre sécurité. Il appréciait beaucoup Joop, mais il avait le sentiment que ce dernier nourrissait une obsession pour la culpabilité de sa tante. Vincent lui conseilla alors de ne pas trop s'inquiéter au sujet de l'identité du traître : mieux valait se concentrer sur l'histoire extraordinaire de sa mère et de son grand-père, les sujets principaux de son livre.

Vincent poursuivit méthodiquement son analyse, et appliqua l'axiome « connaissance, mobile, opportunité » au scénario Nelly Voskuijl. Nelly avait-elle un mobile ? Quand Joop rend visite à sa tante, cinquante ans après la guerre, elle a honte de ses années de jeunesse, pourtant à l'époque elle était rebelle, impulsive, téméraire, et flirtait sans vergogne avec l'ennemi. Avait-elle pu, dans un moment d'égarement – après une querelle avec son père, par exemple –, révéler à la mauvaise personne le secret jalousement gardé par son père et sa sœur ? Cette personne, disons l'un de ses amis allemands, s'était-elle empressée de transmettre l'information au SD ?

Qu'en était-il de sa connaissance des faits ? Malgré la discrétion de son père et de sa sœur, il est possible que Nelly les ait entendus parler de la porte dérobée de la bibliothèque. Peut-être a-t-elle eu des soupçons en voyant Bep collecter des objets et de la nourriture, parfois avec l'aide de ses frères et sœurs. Pourtant, même la mère de Bep n'était pas au courant de l'existence de clandestins au 263 Prinsengracht. Quand elle apprend leur arrestation, elle est furieuse contre son mari et sa fille, qui selon elle ont mis toute leur famille en danger.

L'opportunité s'est présentée à Nelly lors de son retour à Amsterdam en mai 1944. Son père se plaint alors qu'elle fréquente toujours ses amis allemands.

Mais l'équipe doutait que Nelly ait voulu se venger de Johannes. Les commentaires du *Journal d'Anne Frank* dont elle avait demandé la suppression étaient des passages inoffensifs, qui trahissaient son inquiétude pour son père. Il est plus probable qu'elle n'ait pas voulu passer pour une sympathisante allemande dans les années 1980, ce qui aurait pu lui porter préjudice et entacher la mémoire de son père et celle de sa sœur Bep, tous deux célébrés comme les bienfaiteurs de la famille Frank.

Aucune preuve tangible n'indiquait que Nelly, même par inadvertance, ait dénoncé les résidents de l'Annexe secrète. Malgré tout, l'équipe n'était pas encore décidée à mettre ce scénario de côté.

29

La mémoire à l'épreuve

La lecture des déclarations de témoins oculaires sur un épisode donné de l'histoire montre que la mémoire est loin d'être fiable. Les descriptions sont parfois contradictoires, voire carrément absurdes. Les témoins ne mentent pas, simplement ils sont influencés par leur expérience passée. L'épisode est revécu par le prisme d'un kaléidoscope d'émotions qui modifient la perception des faits. Chaque fois que l'équipe étudiait un scénario, elle était obligée de prendre cette donnée en compte. Le cas de Victor Kugler est, en la matière, très révélateur.

Voici l'un de ses récits de la rafle. Ce matin-là, il est dans son bureau, quand il entend des bruits de pas et perçoit des ombres qui passent devant la porte vitrée. Il ouvre la porte pour découvrir un agent de la Gestapo en train de monter l'escalier, arme au poing, suivi de plusieurs autres[1]. Les agents du raid envahissent le bureau où Kleiman, Bep et Miep sont en train de travailler. Silberbauer laisse un policier derrière lui pour surveiller les deux femmes et ordonne à Kugler de le précéder pour gagner le niveau supérieur du bâtiment. Kugler se retrouve seul avec le nazi. Alors qu'il grimpe les marches, Silberbauer lui crie : « Où sont les Juifs[2] ? » et Kugler le mène à la bibliothèque.

Dans un article du magazine *Life* en 1958, son récit varie légèrement. Il raconte que les agents du raid l'emmènent dans la réserve et examinent la pièce avant de dégainer leurs pistolets et de le conduire à la bibliothèque[3]. Dans le livre d'Ernst Schnabel, *Sur les traces d'Anne Frank*, publié en 1958, on retrouve cette même version. Au cours de l'enquête de 1963-1964, il explique à l'agent Arend Jacobus van Helden que, s'accrochant à l'espoir que les SS ne cherchent que des armes illégales et des faux documents, il montre d'abord à Silberbauer son bureau, dont il ouvre les armoires et les bibliothèques. Puis il l'entraîne dans le bureau de Kleiman, dans la salle d'eau, puis dans la petite cuisine. Après quoi, le SS lui ordonne de monter au niveau supérieur. Ils gagnent d'abord la réserve, puis le couloir de l'Annexe. Lorsqu'ils atteignent la bibliothèque, Kugler remarque qu'un autre meuble de rangement tout proche ainsi que des cartons ont été fouillés, sans doute par les policiers néerlandais. Les agents tentent de déplacer la bibliothèque, mais ne parviennent pas à la faire bouger d'un pouce. Puis ils comprennent qu'il faut ôter un crochet, et l'ouvrent à la volée[4].

Qui pourrait s'attendre à un récit identique de la part de Kugler dix-neuf ans après les faits ? Pourtant, il semble qu'une forme de révisionnisme émotionnel soit à l'œuvre ici.

1. Dans sa première version, Kugler révèle presque tout de suite la localisation de la porte dérobée derrière la bibliothèque, sous la menace de Silberbauer, qui lui crie : « Où sont les Juifs ? »

2. Dans les versions ultérieures, les membres du raid fouillent le bâtiment : ils comprennent que la bibliothèque cache quelque chose à cause des marques de roulettes sur le plancher. Le meuble est déplacé, la porte secrète révélée. Kugler ajoute qu'il a immédiatement senti que l'homme en uniforme vert « était au courant de tout[5] ».

Le scénario le plus probable est le premier. Vincent fait remarquer que la question agressive de Silberbauer est une tactique familière des agents du FBI : il s'agit de faire croire au suspect que vous êtes déjà dans la confidence. D'après le déroulement des opérations, il est clair que l'officier allemand sait déjà que des Juifs se cachent dans l'édifice, mais il ignore où. Un pistolet pointé dans le dos, Kugler, terrifié, conduit les hommes du raid à l'entrée secrète de l'Annexe. C'est sûrement douloureux pour un homme de l'intégrité de Kugler. Lui qui a dissimulé huit personnes pendant deux ans, en dépit de l'immense pression exercée sur lui, doit à présent assumer la responsabilité de leur arrestation. Il se sent probablement très vulnérable, et écrasé d'une culpabilité irrationnelle – irrationnelle au sens où il n'aurait rien pu faire pour les sauver. Dès lors, il n'est pas surprenant que son récit ait évolué au fil des années et que son personnage soit devenu plus rusé, et plus prompt à tromper Silberbauer.

Kugler s'est sans doute senti un peu moins coupable quand l'agent Van Helden a rapporté les propos d'Otto en décembre 1963 : « Quand Silberbauer a affirmé que l'une des personnes présentes avait pointé du doigt la porte [cachée derrière la bibliothèque], eh bien, il [Otto] a compris que cette personne, sous la menace des armes, n'avait pas pu garder le secret très longtemps. » Aucun reproche ne lui était fait. Otto savait que le sort des clandestins avait été scellé[6] dès que Silberbauer et les policiers néerlandais étaient entrés dans l'entrepôt.

Au vu des différentes versions de la rafle données par Kugler, certains ont suggéré que Silberbauer et ses hommes ne s'étaient pas déplacés à cause des clandestins. Gertjan Broek, de la Maison Anne-Frank, pensait que le SD cherchait des coupons d'alimentation illégaux et des faux papiers, et que les hommes étaient tombés sur la cachette des Frank par hasard. Peut-être n'y avait-il pas eu de dénonciation, après tout ? Monique Koemans trouvait l'idée de Broek suffisamment pertinente pour proposer, lors de la réunion hebdomadaire de l'équipe, de l'ajouter à la liste des scénarios à étudier.

Tandis qu'elle passait en revue les sources intéressantes, Monique décida de commencer par le livre d'Ernst Schnabel. Pour écrire *Sur les traces d'Anne Frank*, l'auteur s'était entretenu avec Otto et avec tous ses protecteurs, y compris Jan Gies. Il en débuta l'écriture en 1957, douze ans après la guerre, et réussit à recueillir le témoignage de quarante-deux personnes liées d'une manière ou d'une autre à Anne Frank.

Le manuscrit original de Schnabel était conservé aux Archives littéraires allemandes de Marbach, près de Stuttgart, en Allemagne. Lorsque Monique contacta ces archives, on lui précisa qu'une partie des carnets personnels de Schnabel ainsi que des lettres d'Otto Frank étaient également consultables. Schnabel n'avait pas effectué d'enregistrements des entretiens, et certains esprits critiques trouvaient ses notes imprécises. Néanmoins, pour Monique, examiner personnellement ces notes était une réelle opportunité. Elle espérait découvrir une preuve que Silberbauer avait bel et bien lancé « Où sont les Juifs ? », comme l'affirmait Kugler, et établir par là que les agents du raid étaient au courant de la présence de clandestins au 263 Prinsengracht.

Monique partit pour l'Allemagne avec la chercheuse Christine Hoste. Après un trajet en voiture de huit heures par un temps épouvantable, où vent et pluie se mêlaient aux premières neiges de décembre, elles arrivèrent dans un hôtel désert à proximité du bâtiment des archives. Être les seules clientes accentuait leur impression de pénétrer en territoire inconnu. Il n'est pas simple, avec la stricte bureaucratie allemande, d'obtenir la permission d'examiner les documents archivés. Pourtant, lorsqu'elles se présentèrent le lendemain matin, elles obtinrent le précieux sésame – non sans avoir dissipé quelques malentendus au préalable. Elles furent ensuite escortées jusqu'à une petite pièce dotée d'une paroi de verre (pour que la bibliothécaire garde un œil sur elles) et équipée d'une table en formica et de lampes de bureau.

Les notes de Schnabel étaient rédigées en allemand, d'une écriture cursive désuète. Certaines étaient faciles à déchiffrer ; d'autres s'apparentaient à une énigme, avec des mots gribouillés dans les coins. Le papier était encore une denrée rare à l'époque, à moins que Schnabel n'ait conservé l'habitude de l'utiliser avec parcimonie depuis la guerre.

Monique et sa collègue travaillèrent sans relâche. Cela procurait à Monique une sensation étrange que de se sentir si proche d'Otto, sachant qu'il avait tenu entre ses mains plusieurs de ces lettres. Ce n'étaient plus de simples recherches historiques : avoir ces feuilles entre les mains donnait un tour plus personnel à leur aventure.

Soudain, Monique lança à Christine : « Je l'ai ! J'ai la preuve ! » Elle venait de repérer deux occurrences, extraites de deux entretiens différents, de la phrase : « *Wo sind die Juden ?* » (« Où sont les Juifs ? ») À en juger par les commentaires de Schnabel, les bienfaiteurs avaient conservé le même souvenir que dans la première version de Kugler : les SS lui avaient demandé où se cachaient les clandestins. Quelle trouvaille ! Cela signifiait que Silberbauer et les policiers néerlandais ne cherchaient pas des bons alimentaires ou des armes de contrebande. Autrement dit, ils n'avaient pas découvert l'Annexe par hasard.

Parmi les notes de Schnabel figurait un bout de papier mystérieux, avec la fin d'une phrase : « … et elle connaissait le traître. » Rien d'autre. Ce « elle » désignait probablement Miep, certainement pas Bep. Otto ne se confiait pas à Bep, et Miep est la seule à avoir jamais affirmé connaître le nom du mouchard. Miep s'était-elle livrée à Schnabel ? L'écrivain est mort à Berlin en 1986. S'il connaissait le nom du délateur, il ne l'a jamais révélé.

Restait une énigme à résoudre. S'il y avait bien eu un dénonciateur, ce dont l'équipe ne doutait plus, la délation avait-elle été effectuée par téléphone, comme tout le monde le supposait ? Combien de maisons étaient équipées du téléphone pendant la guerre ? Les cabines téléphoniques publiques étaient-elles facilement accessibles pour un informateur potentiel ? Pour le découvrir, Vincent et Brendan se tournèrent vers Jan Rijnders, un historien et expert des télécommunications aux Pays-Bas durant la Seconde Guerre mondiale, qui leur fournit un rapport sur le réseau téléphonique public.

Quatre jours après la capitulation des Pays-Bas, le 15 mai 1940, les autorités allemandes nomment le docteur Werner Linnemeyer directeur des services téléphoniques municipaux. D'énormes quantités de câbles et d'équipements ont été volées par la Wehrmacht, mais d'après Rijnders cela signifie uniquement que la qualité du réseau est devenue très mauvaise. En 1944, seuls une poignée de particuliers aisés possèdent un téléphone, d'autant qu'il leur faut un permis. Bien que la majorité des cabines aient été démantelées, la plupart des entreprises encore en activité sont dotées d'une ligne téléphonique. Les chercheurs de l'équipe réussirent à mettre la main sur l'annuaire de 1943. Il n'existe pas d'édition pour 1944, car il n'y avait plus assez de papier pour l'imprimer.

En septembre 1944, les Allemands savent que la Résistance passe des appels dans les territoires libres du sud du pays. Ils décident de couper toutes les communications longue distance, tandis que les appels locaux restent autorisés, en partie parce que les SS veulent épier les transactions commerciales, ainsi que leur propre personnel[7].

Ce que l'équipe savait du coup de téléphone à l'origine de la rafle venait de Silberbauer. Dans son témoignage aux autorités autrichiennes, ce dernier déclare qu'à 10 heures, le 4 août, Julius Dettmann reçoit un appel, puis lui ordonne de lancer un raid avec plusieurs agents choisis par le sergent Kaper.

L'équipe doutait que le scénario soit aussi simple. Grâce au Projet de suivi des arrestations, les chercheurs savaient que les descentes menées par des officiers comme Silberbauer étaient rares. Cette opération, loin d'être ordinaire, suggérait que l'appel n'était pas passé par la voie hiérarchique habituelle : un coup de fil anonyme n'aurait pas été transmis directement à Dettmann, un homme trop haut placé dans la chaîne de commandement allemande pour prendre la communication d'un inconnu.

Les enquêteurs pensaient qu'il était destiné à Dettmann et émanait d'un individu interne à l'organisation allemande, peut-être issu du cercle proche de Dettmann, comme Willy Lages ou Ferdinand aus der Fünten, le chef de la Zentralstelle. Ou alors, s'il était externe, il venait d'une autre Zentralstelle, comme celle de Groningue, de Zwolle ou de La Haye, voire du camp de détention de Westerbork. En tout cas, son auteur était sûrement une personne que Dettmann connaissait et en qui il avait confiance.

Une déclaration faite en 1964 par Willy Lages, alors détenu à Breda, confirme cette hypothèse :

Finalement, vous me demandez s'il est logique, après avoir reçu un coup de téléphone à propos de Juifs cachés dans un certain lieu, de se précipiter à l'adresse indiquée pour appréhender les Juifs en question. Je répondrais que ça ne l'est pas. À mon sens, la validité du renseignement est d'abord vérifiée, à moins qu'il ne vienne d'une personne de confiance au sein de notre département. Si l'histoire de Silberbauer au sujet de cet appel est vraie et qu'une opération a été lancée le jour même, ma conclusion est que son auteur était connu de nos services et que son information était fiable[8].

À l'évidence, si l'informateur était une source haut placée, nombre des scénarios envisagés par l'équipe n'avaient plus de sens. Par exemple, Willem van Maaren n'aurait jamais pu être mis en relation avec un homme aussi important que Dettmann.

Seules deux personnes connaissaient l'identité du mystérieux informateur avec certitude : Dettmann, et l'auteur de l'appel lui-même. Cela dit, il était possible qu'en ordonnant à Abraham Kaper de former un groupe d'intervention Dettmann lui ait précisé de qui venait l'information. Kaper l'avait-il mentionné dans un rapport ? Où se trouvaient ces dossiers après tout ce temps ?

Grâce à sa longue expérience dans les forces de l'ordre, Vincent connaissait bien le fonctionnement des policiers. Kaper avait sans doute conservé des copies des dossiers qu'il considérait comme importants chez lui. Bien sûr, il semblait peu probable que les enquêteurs retrouvent l'un des descendants de Kaper (qui fut exécuté pour collaboration en 1949), et encore moins que ce dernier ait préservé les dossiers de son aïeul. Pourtant, Pieter mena l'enquête.

D'après les Archives de la ville d'Amsterdam, la famille Kaper était originaire du nord des Pays-Bas. Pieter trouva plusieurs Kaper dans l'annuaire et concentra ses recherches sur un homme qui aurait pu être le petit-fils d'Abraham Kaper. Cependant, chaque fois qu'il téléphonait, une femme lui répondait et niait tout lien de parenté entre son mari et le fameux collaborateur. Il n'est sûrement pas facile d'être le petit-fils de l'un des criminels de guerre néerlandais les plus notoires. Durant le procès d'après-guerre de Kaper, de nombreux témoins ont attesté de son impitoyable cruauté envers les Juifs et les résistants, qui, pour la plupart, n'ont pas survécu à ses interrogatoires.

Après la guerre, la honte s'est abattue sur les collaborateurs et leurs familles. La plupart ont perdu leur emploi et se sont vus obligés de demander de l'aide aux services sociaux de leur municipalité. Les fonctionnaires qui étudiaient leurs dossiers interrogeaient leurs voisins pour savoir s'ils travaillaient au noir ou s'ils enfreignaient le règlement. Toutes ces données sont conservées dans les archives des services sociaux de la ville d'Amsterdam.

Grâce au dossier de Kaper, Pieter apprit que sa femme s'appelait Grietje Potman, et qu'ils avaient eu une fille et deux fils. D'après les rapports des inspecteurs qui sondèrent les voisins juste après la guerre, la plupart des gens détestaient Abraham Kaper, mais appréciaient son épouse.

Pieter était sûr à 90 % d'avoir mis la main sur le petit-fils de Kaper, et il décida de tenter sa chance. Il se rendit chez les Kaper par une belle journée de juin, avec un gâteau à la crème acheté sur la route. Profitant de la sortie d'un résident, il se faufila dans l'immeuble et sonna à la porte.

Kaper en personne lui ouvrit. Pieter lui tendit le gâteau et déclara qu'il possédait des informations intéressantes sur sa famille. L'homme se montra charmant, tout comme son épouse, et à plus de quatre-vingts ans il évoqua librement les souvenirs qu'il avait de son grand-père, même s'ils étaient peu nombreux, étant donné qu'il n'était qu'un enfant à l'époque.

Abraham Jr savait que son grand-père était un criminel de guerre, mais il se consolait avec les récits de ses voisins, les Van Parreren, sur sa grand-mère. Apparemment, Grietje agissait en secret contre son mari : elle récupérait les messages des délateurs déposés anonymement dans la boîte aux lettres de l'entrée ou retrouvés dans les poches d'Abraham, puis elle notait les noms des clandestins en danger et les donnait à Van Parreren pour que ce dernier les avertisse. (Abraham Jr racontait aussi avec fierté que son oncle Jan était dans la marine avec les Alliés et que sa tante travaillait pour la Résistance.)

Abraham Jr confirma que son grand-père avait bel et bien conservé des documents chez lui, dans un carton. Il se souvenait même de l'endroit où il se trouvait. En apprenant la nouvelle, Pieter fut extatique : il avait l'impression d'avoir décroché la timbale. Puis Kaper lui annonça que tous les papiers avaient été détruits en 1960, quand la zone rurale où habitaient ses grands-parents avait été inondée. Tout avait été perdu.

Là encore, c'était une immense déception pour toute l'équipe.

30

« L'homme qui a arrêté la famille Frank découvert à Vienne »

En 1957, à la première de la pièce *Le Journal d'Anne Frank* dans la ville de Linz, en Autriche, un groupe de manifestants s'introduit dans le théâtre et interrompt la représentation en hurlant à l'imposture. Cet incident parvient aux oreilles de Simon Wiesenthal, lui-même survivant de l'Holocauste et connu pour sa traque impitoyable des criminels de guerre nazis. Dans son livre *Les Assassins sont parmi nous*, Wiesenthal décrit la scène :

À 21 h 30, un soir d'octobre 195[7][1]*, un ami m'appelle chez moi à Linz. Il est dans tous ses états et me demande si je peux venir tout de suite au Landestheater.*

Une représentation du Journal d'Anne Frank *vient d'être interrompue par des manifestants antisémites. Un groupe de jeunes gens, âgés de quinze à dix-sept ans, ont scandé : « Traîtres ! Crapules ! Escrocs ! » D'autres huaient les comédiens et sifflaient. Les lumières se sont rallumées. Depuis la galerie, les jeunes manifestants ont jeté une pluie de tracts sur les spectateurs assis au parterre.*

1. Wiesenthal se rappelle à tort la date de 1958. La première de la pièce a eu lieu en 1957 (NdA).

Voici ce que les tracts disaient : « Cette pièce est une imposture. Anne Frank n'a jamais existé. Les Juifs ont inventé cette histoire pour extorquer de l'argent au gouvernement. N'en croyez pas un mot ! C'est totalement faux ! »

... Ici, à Linz, où Hitler est allé à l'école et où Eichmann a grandi, [les jeunes gens] sont abreuvés de mensonges, de haine, de préjugés et de nihilisme[1].

Deux jours plus tard, Wiesenthal prend un café avec un ami dans un bistrot de Linz. Tout le monde parle de l'incident. Son ami hèle un jeune homme de sa connaissance et lui demande ce qu'il pense de toute cette histoire. Le jeune homme répond avec emphase :

— Le journal peut très bien être un faux. En tout cas, il ne prouve pas l'existence d'Anne Frank.

— Elle est enterrée dans une fosse commune à Bergen-Belsen, lui répond Wiesenthal.

Son interlocuteur hausse les épaules :

— On n'en a aucune preuve.

S'il peut prouver l'existence d'Anne Frank, s'il retrouve l'agent de la Gestapo qui l'a arrêtée, cela le persuaderait-il ?

— Oui, concède le jeune homme. À condition que l'homme l'avoue lui-même[2].

Cet échange déclenche chez Wiesenthal un besoin impérieux de retrouver le chef du raid. Le seul indice que possède alors le chasseur de nazis, c'est le nom de famille de l'officier, qu'il croit être Silbernagel. Il se rappelle aussi que Miep a reconnu l'accent viennois du SS, ce qui ne lui est guère utile, vu que 950 000 Autrichiens ont combattu auprès des Allemands pendant la Seconde Guerre mondiale. Grâce à diverses sources, Wiesenthal localise huit hommes du nom de Silbernagel, membres du parti nazi. Cependant, aucun d'eux n'était en poste au SD d'Amsterdam. Quelque chose ne colle pas.

Dans ses mémoires, Wiesenthal avoue qu'il n'a pas contacté Otto Frank pour vérifier le nom de l'officier du SD. Lui-même hanté par l'Holocauste, Wiesenthal ne veut pas forcer Otto à raviver ses souvenirs de cette tragique journée. Il craint également qu'Otto, comme de nombreux survivants avec qui il a discuté, ne veuille pas retrouver cet homme. Wiesenthal a été confronté à des réactions telles que : « À quoi bon ? Vous ne ramènerez pas les morts. Vous ferez seulement souffrir les survivants[3]. » Pourtant, l'enjeu est de taille : s'il réussit à retrouver le chef du raid et à lui faire admettre l'arrestation de la famille Frank, il prouvera l'existence d'Anne Frank et l'authenticité de son *Journal*. De plus, à la fin des années 1950, alors que les Allemands et les Autrichiens évoquent à nouveau avec nostalgie leur « glorieux passé », il pourrait les confronter à une preuve tangible de l'Holocauste.

Dans cette histoire, un détail paraissait crucial à l'équipe : bien qu'Otto soit au courant de la mission que Wiesenthal s'est donnée, à savoir identifier et localiser l'officier du SD, il ne lui offre pas son aide. Pourtant, il connaît le vrai nom de Silberbauer. Dans une interview en 1985, Miep explique qu'Otto lui a demandé de modifier le nom de l'agent pour que la famille de celui-ci ne soit pas persécutée. C'est pourquoi elle a inventé « Silberthaler[4] ». À en croire Wiesenthal, Victor Kugler est la source du nom « Silvernagl[5] ». Avant le livre d'Ernst Schnabel *Sur les traces d'Anne Frank*, personne n'avait mentionné publiquement le nom du chef du raid sur le 263 Prinsengracht. La ruse consistant à le désigner par un faux nom semble avoir débuté lors des entretiens de Schnabel avec Miep, Otto et les autres bienfaiteurs en 1957. Vincent se rappela soudain que, lors de sa visite avec Pieter et Thijs au Fonds Anne-Frank à Bâle, le président John Goldsmith l'avait emmené à l'écart pour lui souffler : « Vous savez qu'Otto a menti à Wiesenthal à propos de l'identité de Silberbauer. Pourquoi a-t-il fait ça d'après vous ? » Vincent était à présent convaincu que répondre à la question de Goldsmith était une des clés de l'énigme.

Pendant un séjour à Amsterdam au printemps 1963, des amis néerlandais conseillent à Wiesenthal de ne pas rechercher Silbernagel, mais Silberthaler, le nom inventé par Miep. Après quoi, Wiesenthal a une discussion informelle avec Ynze Taconis, le responsable du département des enquêtes internes (Rijksrecherche), à ce sujet. Alors que Wiesenthal s'apprête à partir, Taconis lui tend ce qu'il appelle une petite « lecture de voyage ». Il s'agit d'une copie du répertoire téléphonique du SD en 1943, qui contient environ trois cents noms. Pendant son vol de retour à Vienne, Wiesenthal feuillette le répertoire, en quête du dénommé Silberthaler. Il ne le trouve pas mais, en faisant courir son doigt sur la liste des quarante et quelques membres du IV B4, il tombe sur le nom autrichien « Silberbauer ». Euphorique, Wiesenthal se dit qu'il tient enfin son homme – ou du moins son nom de famille, puisque le document ne mentionne pas les prénoms[6].

Voilà six longues années qu'il piste l'officier. Après avoir traqué de célèbres nazis comme Josef Mengele et Adolf Eichmann, il sait que Silberbauer n'a rien d'un trophée de chasse. Son but n'est pas de le punir, mais de lui faire reconnaître qu'il a arrêté Anne Frank et sa famille. Début juin 1963, il fournit les données qu'il a rassemblées sur Silberbauer au docteur Josef Wiesinger, son contact au ministère fédéral de l'Intérieur autrichien, responsable des investigations sur les crimes de guerre.

À ce stade, Wiesenthal ne sait pas si Silberbauer a survécu au conflit. Les mois suivants, il appelle régulièrement Wiesinger pour savoir si son département progresse dans ses recherches. On lui fait invariablement la même réponse : « On y travaille », jusqu'en octobre 1963. Ce que Wiesenthal ne sait pas, et que l'équipe comprend grâce à un rapport du ministère fédéral de l'Intérieur autrichien daté du 21 août 1963, c'est que les autorités autrichiennes ont déjà identifié et localisé Silberbauer. Simplement, elles n'en ont pas informé Wiesenthal.

Selon le rapport, Karl Josef Silberbauer, alors employé de la police viennoise, a été discrètement convoqué par le ministère de l'Intérieur. Pendant l'interrogatoire, le policier a reconnu avoir été assigné au SD d'Amsterdam de novembre 1943 à octobre 1944, année où il a été blessé dans un accident de moto. Il a confirmé avoir été sous les ordres de Willy Lages et Julius Dettmann et avoir touché des primes pour la capture de Juifs clandestins, précisant que comme il ne maîtrisait pas la langue néerlandaise il avait besoin d'un interprète pour interroger les suspects. Surtout, il a avoué qu'il était présent lors de l'arrestation de la famille Frank.

Après la guerre, en avril 1945, l'homme est retourné dans son Autriche natale, où il a purgé une peine de prison de quatorze mois pour avoir fait usage de force excessive sur des prisonniers communistes avant son affectation à Amsterdam. Après sa libération, il a été recruté par le service fédéral de Renseignement (le BND) et, selon un article du journal *Der Spiegel*, a travaillé comme agent secret. Grâce à son passé de SS, il a facilement fait croire aux néonazis que sa loyauté leur était acquise[7]. Après un temps au BND, il est entré dans la police viennoise, où il a été promu inspecteur.

Le 11 novembre 1963, environ trois mois après la première déposition de Silberbauer, Wiesenthal tombe sur le gros titre du journal autrichien *Volksstimme* « L'homme qui a trahi Anne Frank[8] ». Apparemment, un membre de la police viennoise a lâché l'information au journal local. La presse du monde entier déferle sur Vienne. Tous veulent recueillir les réactions d'Otto, de Miep, de Bep, de Kugler, et même de l'ancien traître présumé, Willem van Maaren. De nombreux soutiens d'Anne Frank, ainsi que les principaux intéressés, pensent que le meneur du raid va leur révéler le nom du délateur.

Sans doute très en colère et blessé, Wiesenthal écrit aussitôt une lettre au docteur Wiesinger pour rappeler que c'est *lui* qui a fourni le nom de Silberbauer aux autorités autrichiennes. Il réclame une photo de l'agent pour l'envoyer à Otto Frank et confirmer son identité[9]. Afin de préserver leur amitié, Wiesinger finit par avouer à Wiesenthal qu'il a reçu l'ordre de ne rien lui dire.

D'après le contenu de cette lettre, Wiesenthal n'a pas compris qu'Otto et les autres témoins connaissaient le nom de Silberbauer depuis un bon moment. Mais bientôt il découvre le pot aux roses. Dans une nouvelle interview, Otto avoue au journal néerlandais *Het Vrije Volk* qu'il savait qu'un SS dénommé Silberbauer avait dirigé les opérations. Puis il ajoute : « Je n'ai eu aucun contact avec M. Wiesenthal à Vienne. La raison qui le pousse à rechercher Silberbauer avec un tel acharnement est pour moi une énigme[10]. » Miep confirme qu'elle connaissait ce patronyme et qu'à la demande d'Otto elle a employé un faux nom[11].

Ainsi, Otto a intimé à tous ceux qui étaient au courant du rôle de Silberbauer de taire son véritable nom. Pourquoi ?

Des années plus tard, Cor Suijk, ancien directeur de la Maison Anne-Frank et ami d'Otto, a émis l'hypothèse qu'Otto éprouvait pour Silberbauer une forme de compassion, et qu'en un sens il respectait l'officier qui l'avait arrêté. D'après lui, Otto voulait protéger les descendants de Silberbauer des gens malintentionnés, même si en réalité ce dernier n'a pas eu d'enfants[12].

Cette explication paraît naïve – et un brin simpliste. Otto n'a rien d'un sentimental. Par ses actes, Silberbauer a causé les morts atroces de sa femme et de ses enfants. Au moment de la rafle, le nazi a hurlé sur Miep – elle raconte qu'il se « tordait de rage » quand il lui a reproché d'avoir aidé « la vermine juive[13] ». Pendant l'interrogatoire de Kugler et Kleiman au quartier général du SD, il leur a lancé « *mitfangen, mitgehangen*[14] » – « pris ensemble, pendus ensemble ». Silberbauer ne méritait aucune compassion, et certainement pas de la part d'Otto. Il y avait forcément une autre raison à cette mystification délibérée.

Miep elle aussi a caché l'identité de l'homme, si bien que l'annonce inattendue de la presse pose un léger problème. Cinq mois plus tôt, le 3 mai 1963, Miep a été contactée sans raison apparente par un agent du département des enquêtes criminelles au sujet du raid sur l'Annexe. Au cours de cet interrogatoire, elle a affirmé ne pas connaître le nom de l'officier qui avait dirigé les opérations, alors qu'elle l'avait identifié durant l'enquête du PRA en 1947-1948[15]. Elle a également conseillé aux enquêteurs d'en parler avec Otto Frank, suggérant par là qu'il pouvait leur en dire plus.

Pendant ce temps, sans doute en représailles contre les autorités autrichiennes, qui ont refusé de partager les résultats de leur enquête, Wiesenthal transmet l'adresse de l'agent du SD à Jules Huf, un étudiant en journalisme néerlandais. Le 20 novembre 1963, l'ambitieux jeune homme déboule chez Silberbauer sans prévenir et demande à l'interviewer. La femme de l'intéressé refuse sa requête mais, depuis les profondeurs de la maison, Silberbauer lui crie de faire entrer le journaliste. Huf l'interroge pendant plusieurs heures au sujet de la rafle. Jouant la carte de la sympathie, Silberbauer se plaint qu'on l'a convoqué pour un interrogatoire, puis qu'on lui a ordonné de remettre son arme, son badge et sa carte de transport : « J'ai dû acheter un ticket dans le tram. La honte ! » Sa femme intervient de temps à autre pour se plaindre que la rémunération de son mari a été considérablement réduite : « Nous avons été obligés d'acheter nos meubles à crédit. » À la fin, Silberbauer lâche une bombe, que tous les journaux internationaux auraient théoriquement dû reprendre : l'homme qui a téléphoné pour dénoncer la famille Frank était selon lui un employé de l'entrepôt[16]. Le 22 novembre, l'interview, considérablement raccourcie, est publiée dans le journal autrichien *Kurier* mais, comme le journal a un tirage limité et que le monde est pétrifié par l'assassinat du président John F. Kennedy ce même jour, elle ne provoque pratiquement aucune réaction.

Cela dit, les autorités autrichiennes sont furieuses, car Silberbauer était prié de tenir sa langue sur le sujet[17]. Trois jours après la parution de l'article, il est de nouveau convoqué. Sa déposition diffère de la version donnée par Huf dans le journal :

Je précise que je ne sais pas qui a dénoncé la famille Frank. Je ne peux pas dire s'il s'agit d'un Néerlandais ou d'un Allemand. Moi, le seul Allemand et le seul officier de police, j'ai mené ma brigade à l'adresse indiquée. Un homme se trouvait dans l'entrepôt au rez-de-chaussée, mais il ne semblait pas nous attendre. Il a été questionné par les agents néerlandais, et a pointé du doigt l'escalier qui menait à l'étage[18].

L'équipe ne comprenait pas pourquoi il avait donné une version différente à Huf. Lors de ses trois dépositions officielles aux autorités autrichiennes (août 1963, novembre 1963 et mars 1964), il n'évoque pas une seule fois l'idée que l'appel a été passé par un employé de l'entrepôt. En fait, il déclare qu'il ignore qui a trahi la famille Frank et le nom du mystérieux informateur. Il ne sait même pas s'il s'agit d'un Néerlandais ou d'un Allemand, ni même d'un homme ou d'une femme. L'étonnante contradiction mise en lumière par l'article de Huf mettait l'équipe dans l'embarras. Qui croire, Huf ou Silberbauer ?

La version de Huf reflétait-elle la réalité ? Les auteurs Jeroen de Bruyn et Joop van Wijk ont fait une remarque pertinente : Silberbauer affirme que l'appel a été passé une demi-heure avant l'arrestation, ce qui élimine le directeur de l'entrepôt, Willem van Maaren, de la liste des suspects ; d'après l'ensemble des données analysées par l'équipe, l'opération s'est déroulée aux environs de 10 h 30. Van Maaren arrivait tous les jours au bureau à 9 heures. Or, presque toutes les cabines téléphoniques publiques avaient été démantelées par les Allemands des années plus tôt. Le seul téléphone que Van Maaren aurait pu utiliser se trouvait donc dans le bureau où Bep, Miep et Kleiman travaillaient ce matin-là[19]. La seule autre possibilité était qu'il se soit servi du téléphone d'une société voisine. Mais l'équipe écarta ce scénario car, étant donné la célébrité de l'affaire, quelqu'un l'aurait forcément vu et se serait fait connaître.

L'interview intégrale de Silberbauer ne fut accessible au public que vingt-trois ans plus tard, quand l'hebdomadaire néerlandais *De Groene Amsterdammer* la publia en 1986[20]. Une lecture instructive, mais qui ne répondait pas aux questions essentielles : Silberbauer avait-il appris par son supérieur, le lieutenant Julius Dettmann, l'identité de l'informateur ? Ou bien s'était-il juste vanté devant le jeune Huf, dans une dernière tentative de capter la lumière ?

Otto Frank *(au centre)* avec celles et ceux qui l'ont aidé à se cacher avec sa famille. *De gauche à droite* : Miep Gies, Johannes Kleiman, Victor Kugler et Bep Voskuijl. *Avec l'aimable autorisation de la Maison Anne-Frank, Amsterdam.*

Cette photo a été utilisée comme couverture de nombreuses éditions du *Journal*, lu par des millions d'écoliers à travers le monde. *Avec l'aimable autorisation de la Maison Anne-Frank, Amsterdam.*

À gauche : Otto Frank, avant la guerre. Sa « retenue toute prussienne » faisait sourire ses amis. *Mai 1936, avec l'aimable autorisation de la Maison Anne-Frank, Amsterdam. À droite* : Née en Allemagne, Edith Frank épouse Otto en 1925. En 1933, ils sont forcés de fuir à Amsterdam avec leurs filles, Anne et Margot. Edith est morte de faim à Auschwitz. *Mai 1935, avec l'aimable autorisation de la Maison Anne-Frank, Amsterdam.*

Margot Frank, de trois ans l'aînée d'Anne, est convoquée pour le travail forcé en juillet 1942. *Mai 1942, avec l'aimable autorisation de la Maison Anne-Frank, Amsterdam.*

Les Frank et leurs amis en route pour le mariage de Jan et Miep Gies. *Amsterdam, juillet 1941, © Granger.*

L'insaisissable Karl Josef Silberbauer. Il a arrêté les Frank et les autres résidents de l'Annexe, qui ont été déportés dans les camps de concentration. Il est devenu inspecteur de police à Vienne. *Collection privée. Heritage Images/TopFoto.*

Ans van Dijk était une *V-Frau* (une collaboratrice qui dénonçait des Juifs clandestins). Elle est la seule Néerlandaise à avoir été exécutée pour ses activités en temps de guerre. *1947, AFH/IISG, International Institute of Social History, Amsterdam.*

À gauche : Comme Otto Frank, Auguste van Pels et son mari sont nés en Allemagne et ont fui à Amsterdam pour échapper à la montée du nazisme. *À droite* : Hermann van Pels était herboriste dans la société d'Otto avant de rejoindre les Frank avec sa femme et son fils en clandestinité. *Fotobureau Actueel, avec l'aimable autorisation de la Maison Anne-Frank, Amsterdam.*

Peter van Pels était caché avec ses parents, les Frank et le dentiste Fritz Pfeffer. *1942, avec l'aimable autorisation de la Maison Anne-Frank, Amsterdam.*

Le Conseil juif d'Amsterdam, 1942. Un groupe très puissant et très controversé. Parmi les membres éminents *(assis de gauche à droite)* : Abraham Asscher *(le premier)*, David Cohen *(le troisième à partir de la gauche)* et Arnold van den Bergh *(le cinquième à partir de la gauche)*. *The College of the Jewish Council for Amsterdam, 1942, © Image Bank WW2 – NIOD – Joh. De Haas.*

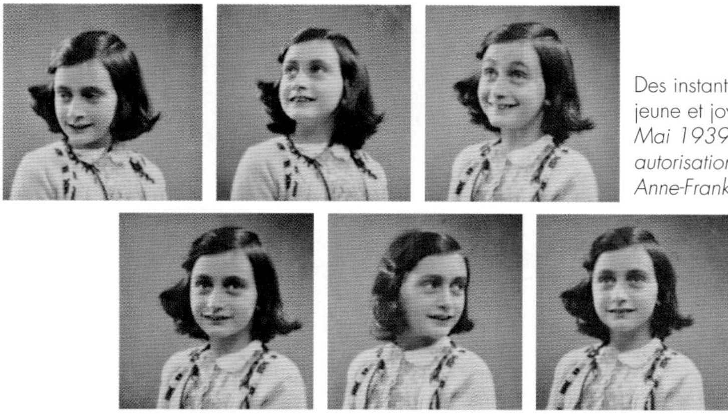

Des instantanés de la jeune et joyeuse Anne. *Mai 1939, avec l'aimable autorisation de la Maison Anne-Frank, Amsterdam.*

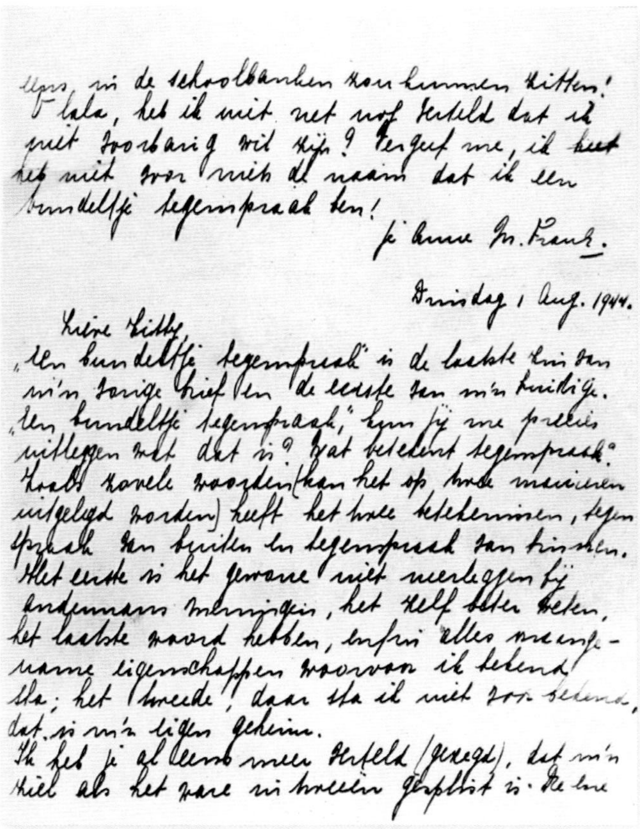

meer, in de schoolbanken zou kunnen zitten!
O lala, heb ik niet net nog verteld dat ik
niet voorbarig wil zijn? Vergeef me, ik heet
heb het niet voor niets de naam dat ik een
bundeltje tegenspraak ben!
je Anne M. Frank.

Dinsdag 1 Aug. 1944.

Lieve Kitty,
„Een bundeltje tegenspraak" is de laatste zin van
m'n vorige brief en de eerste van m'n huidige.
„Een bundeltje tegenspraak", kun jij me precies
uitleggen wat dat is? Wat betekent tegenspraak?
Zoals zovele woorden (kan het op twee manieren
uitgelegd worden) heeft het twee betekenissen, tegen
spraak van buiten en tegenspraak van binnen.
Het eerste is het gewone niet neerleggen bij
andermans meningen, het zelf beter weten,
het laatste woord hebben, enfin alles onaange-
name eigenschappen waarvoor ik bekend
sta; het tweede, daar sta ik niet voor bekend,
dat is m'n eigen geheim.
Ik heb je al eens meer verteld (gezegd), dat m'n
ziel als het ware in tweeën gesplitst is. De twee

La dernière page du *Journal* d'Anne, écrite juste avant l'arrestation de la famille. Miep l'a conservée dans son tiroir en attendant son retour. *1944, © Tallandier/ Bridgeman Images.*

Amsterdam. Remarquez combien les bâtiments sont proches. L'édifice en bleu abritait les bureaux d'Opekta, l'entreprise d'Otto Frank, tandis que la section en vert représente l'Annexe. Notez la cour avec le marronnier dont Anne parle dans son journal. © *Luchtvaart Museum Aviodrome.*

Le « Mur de la Honte » dans le bureau Proditione d'Amsterdam. Les photos du SD sont des portraits des policiers impliqués dans l'agence de renseignement nazie. Le V désigne les *V-Männer* et les *V-Frauen*, des informateurs payés pour débusquer et capturer des Juifs. *Avec l'aimable autorisation de Vincent Pankoke.*

La lettre anonyme qui a fait basculer l'enquête. *Avec l'aimable autorisation de Monique Koemans.*

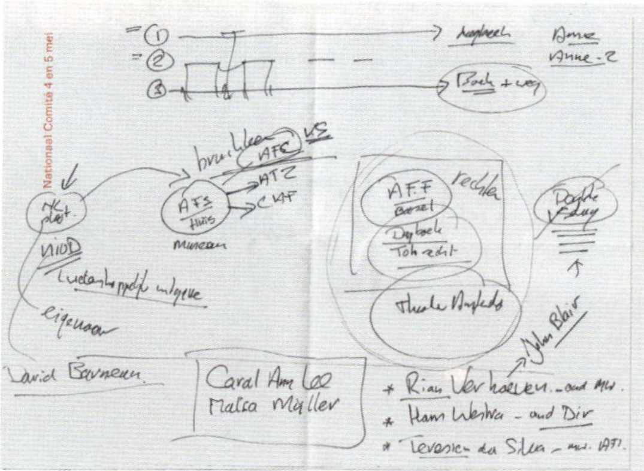

Le diagramme montre combien les relations entre les organisations Anne-Frank sont compliquées. *Avec l'aimable autorisation du bureau Proditione.*

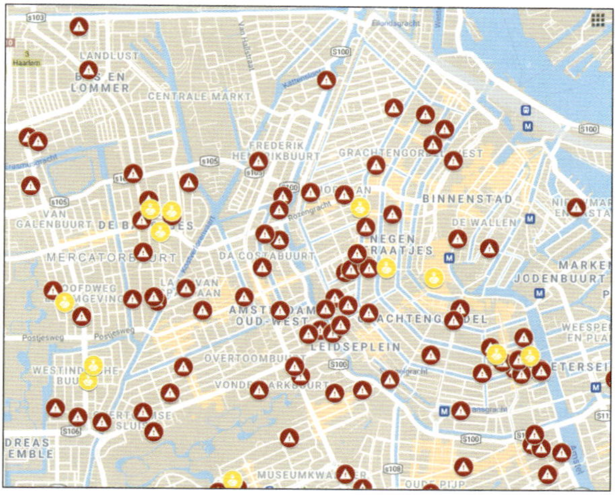

Carte interactive produite par Xomnia, la société informatique néerlandaise à laquelle l'équipe a fourni ses données brutes. Les triangles cerclés de rouge indiquent les adresses des collaborateurs, obtenues grâce à des listes compilées par la Résistance. Les cercles jaunes représentent les informateurs du SD, identifiés grâce à une liste trouvée à la National Archives and Records Administration (NARA), aux États-Unis.

Le 263-267 Prinsengracht. La cachette est aujourd'hui un musée et un lieu de référence. *2018, avec l'aimable autorisation de la Maison Anne-Frank, Amsterdam.*

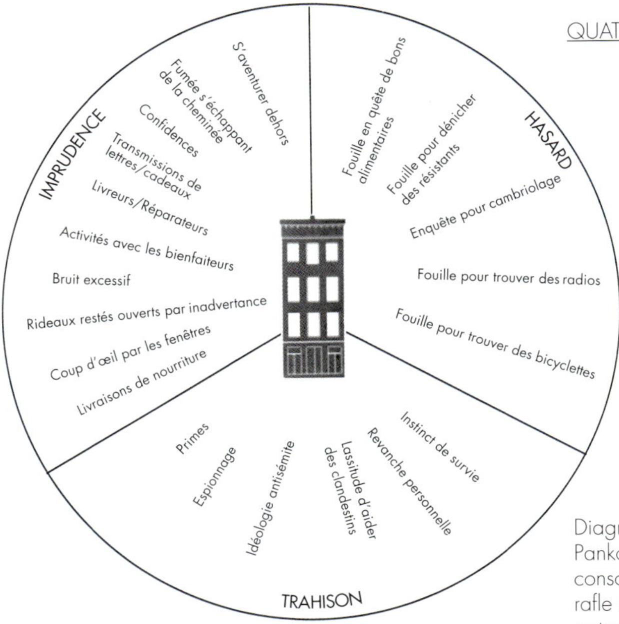

QUATRE MOTIFS D'ARRESTATION

1 Hasard
2 Trahison
3 Imprudence
4 Rafles

Diagramme réalisé par Vincent Pankoke pour découvrir les raisons, conscientes et inconscientes, de la rafle de l'Annexe. *Avec l'aimable autorisation de Vincent Pankoke.*

Modélisation de l'entrepôt et de l'Annexe. Illustration de la Maison Anne-Frank par Chantal van Wessel et Frédérik Ruys, www.vizualism.com *© 2010, 2012, Fondation Anne-Frank, Amsterdam.*

Le directeur de recherche Pieter van Twisk passe en revue les dernières découvertes avec la chercheuse Circe de Bruin. *Avec l'aimable autorisation de Proditione.*

Deux autres clichés du Mur de la Honte, avec des commentaires manuscrits. « A fui en Argentine » à propos de l'agent du SD *(sur la gauche)* et « Exécutée » pour Ans van Dijk *(sur la droite)*. *Avec l'aimable autorisation de Proditione.*

De gauche à droite : Les chercheuses Circe de Bruin, Nienke Filius et Nina Kaiser examinent minutieusement des milliers de documents d'archives. *Avec l'aimable autorisation de Proditione.*

De gauche à droite : Pieter van Twisk, Thijs Bayens et Vincent Pankoke aux premiers jours de l'enquête. *Avec l'aimable autorisation de Vincent Pankoke.*

Bernhard Haas, légendaire analyste de documents. L'équipe l'a consulté dans sa maison de Winnenden, en Allemagne. *Avec l'aimable autorisation de Bernhard Haas.*

De gauche à droite : Monique Koemans, Vincent Pankoke et Brendan Rook. *Avec l'aimable autorisation de Proditione.*

31

Ce que Miep savait

Miep Gies est une figure qui impose le respect. Elle a sauvé le journal d'Anne dans le but de le lui rendre à son retour. Elle et son mari ont accueilli Otto pendant sept ans quand il est revenu d'Auschwitz. Après la guerre, elle a gardé ses secrets. Quand il décède, en 1980, elle devient *de facto* la porte-parole de l'histoire d'Anne Frank. La presse internationale l'interviewe en d'innombrables occasions et elle est invitée à donner des conférences dans le monde entier.

À ce stade, Vincent avait mis au point le Projet témoignages : il s'agissait de rassembler les récits de tous les témoins au fil des années – aux formats papier, audio et vidéo –, puis de les placer sur une frise chronologique afin de repérer d'éventuelles contradictions. Au cours de ses recherches, l'équipe avait donc archivé tous les témoignages, écrits et audio, de Miep.

Un jour de 2019, alors qu'il réécoutait un enregistrement de l'une de ses conférences à l'étranger, Vincent releva un commentaire inattendu. Miep intervenait à l'université du Michigan, en 1994, avec le professeur Rolf Wolfswinkel, qui jouait le rôle de modérateur et l'aidait de temps à autre quand elle cherchait un mot ou une expression en anglais[1]. Étendu sur le canapé avec son casque, Vincent commençait à somnoler en écoutant le discours, à peu près le même que sur toutes les autres bandes. À la fin de la conférence, Wolfswinkel invite les auditeurs à poser des questions, et un jeune homme demande : « Qu'est-ce qui a perdu les Frank ? » En réponse, Miep fait une étonnante déclaration : « Quinze ans après… nous avons recommencé à chercher le coupable. Mais on était en 1960, le traître était déjà mort. » Elle ajoute : « Alors nous avons dû nous résigner à l'idée que nous ne saurions jamais qui c'était. » Vincent se redressa d'un bond. Ces deux assertions étaient contradictoires. Si Miep savait que l'informateur était mort en 1960, elle connaissait forcément son identité.

Vincent fit appel au psychologue Art Markman, de l'université du Texas, à Austin, pour obtenir une explication à cette incohérence. Dans un article de Drake Baer pour *The Cut,* intitulé « Pourquoi est-il si difficile de garder un secret d'après un psychologue ? », Markman explique que l'esprit a une capacité limitée de traitement des données, et que choisir ce qu'il faut conserver et ce qu'il faut divulguer relève d'un processus cognitif extrêmement complexe. Parfois, la tentation est grande de se délester de son fardeau en laissant échapper une partie du secret[2]. Vincent pensait que c'était ce qui s'était passé pour Miep ; elle avouait, à mots couverts, qu'elle connaissait l'identité du mouchard et donnait un indice : il ou elle était décédé avant 1960. Que savait-elle d'autre ?

Même si elle connaissait bel et bien le nom du mouchard, elle ne l'avait jamais divulgué. Quand son ami Cor Suijk lui demanda directement si elle savait qui avait trahi les Frank, elle répondit : « Cor, tu peux garder un secret ? » Il répliqua avec exaltation : « Oui, Miep, bien sûr ! » Alors elle sourit et déclara : « Moi aussi[3]. »

Vincent décida de contacter le père John Neiman, un ancien ami à la fois d'Otto et de Miep. En 1996, il avait accompagné Miep à la soirée des Oscars organisée par Leslie Gold, coautrice du livre de Miep *Elle s'appelait Anne Frank*. Le livre avait donné lieu à un film qui remporta l'Oscar du meilleur documentaire.

Ce soir-là, Neiman discutait tranquillement avec Miep quand, de but en blanc, elle lui asséna qu'Otto Frank connaissait le traître de l'Annexe et que celui-ci était mort. Neiman ne comprit pas si cela signifiait qu'Otto connaissait l'homme personnellement ou seulement son nom. « Un ange est passé », se souvenait-il. Puis il lui demanda si elle aussi était dans la confidence. Elle lui répondit par l'affirmative, et la conversation s'arrêta là[4].

D'après Joop, le fils de Bep, Otto et les protecteurs font spontanément un pacte à la fin des années 1950 : Otto sera le porte-parole de tout le groupe. Lui seul s'adressera à la presse : « Les bienfaiteurs commenteront le moins possible leur rôle dans cette histoire[5]. »

L'agressivité des néonazis, des révisionnistes et les distorsions des journalistes sur l'histoire des clandestins de l'Annexe sont des raisons suffisantes pour qu'Otto désire en contrôler la narration. Cet arrangement convient à Bep, Miep et Jan Gies, tant ils sont agacés par les fréquentes erreurs dans la presse[6]. Pourtant, il semble que pour Otto il y ait eu un autre enjeu, encore plus important. Et l'équipe était déterminée à découvrir lequel.

Vincent eut l'idée de chercher du côté de Rolf Wolfswinkel. Avait-il eu des échanges privés avec Miep au sujet de la rafle ? Après quelques recherches informatiques, il localisa Wolfswinkel à la New York University, où l'homme était professeur d'histoire moderne. Vincent le contacta et eut une longue conversation avec lui au sujet de ses relations avec Miep. Il s'avéra qu'il était proche de l'amie d'Otto : il l'accompagnait souvent à ses conférences et lui servait parfois d'interprète.

Wolfswinkel raconta à Vincent que son père, Gerrit, était agent de police à Amsterdam pendant la guerre. Gerrit avait accompagné le SD dans plusieurs raids, mais il se contentait de rester en faction devant la porte. Pour cela, il fut jugé coupable de collaboration et purgea une peine de prison. Sa mère divorça pendant que son père était derrière les barreaux et Rolf limita ses contacts avec lui.

Des années plus tard, il renoua avec son père et lui posa des questions sur ses activités pendant la guerre. Curieusement, son père, qui avait toujours été chrétien, était devenu Témoin de Jéhovah, et ne pouvait se confesser que devant Dieu. À ce moment-là, la remarque de Rolf sur l'inexplicable conversion religieuse de son père ne sembla d'aucun intérêt à Vincent, et comme Rolf n'en savait pas davantage sur Miep Vincent passa à autre chose.

Mais Wolfswinkel était un nom difficile à oublier, et Vincent avait l'impression de l'avoir déjà vu quelque part. Avant le programme d'intelligence artificielle de Microsoft, l'équipe cherchait les informations dans des rapports imprimés et entrait les données dans de simples tableaux. Vincent reprit le tableau des quelque mille reçus *Kopgeld* qu'ils avaient rassemblés, et fit une rapide recherche. Là, sous ses yeux, se trouvait une photo en noir et blanc du père du professeur Wolfswinkel. L'homme n'avait rien d'un simple policier qui faisait le planton devant l'immeuble pendant les raids : il appartenait à l'unité IV B4 des chasseurs de Juifs. Son fils était-il au courant ? Quelle incroyable coïncidence que l'ami de Miep Gies soit aussi le fils d'un membre de l'unité responsable de l'arrestation des Frank ! Vincent ne put s'empêcher de penser : « Ça ne s'invente pas ! »

Plus troublant encore, pendant qu'il examinait les reçus *Kopgeld* de Wolfswinkel père, Vincent en trouva un qui ne concernait pas l'arrestation de Juifs. Le reçu, daté du 15 mars 1942, indiquait que l'agent avait touché une prime de 3,75 florins pour l'appréhension d'un Témoin de Jéhovah. Gerrit Wolfswinkel se sentait-il si coupable de ce fait d'armes qu'il s'était converti à la religion de sa victime ? Ou bien cette conversion était-elle opportuniste, puisque les Témoins de Jéhovah ne rendent de comptes à personne d'autre qu'à Dieu ?

Dernière coïncidence, tout aussi étrange : Rolf précisa qu'il était apparenté à Tonny Ahlers, l'homme qui avait fait chanter Otto Frank en 1941 avec la lettre de Jansen. La grand-mère de Rolf s'était mariée plusieurs fois, dont une avec le père de Tonny Ahlers. Wolfswinkel avait en sa possession l'alliance de sa grand-mère, avec l'inscription « ACA 1925 » gravée à l'intérieur.

32

Pas de preuves concluantes – seconde partie

Il était temps de s'intéresser à la deuxième investigation sur la rafle, menée par Arend Jacobus van Helden, un policier néerlandais chevronné. L'équipe se posa une première question : pourquoi, soudainement, en 1963-1964, le gouvernement néerlandais autorise-t-il l'ouverture d'une nouvelle enquête ? Il n'y a apparemment rien de nouveau. En revanche, l'acharnement de Simon Wiesenthal à retrouver Silberbauer a attiré l'attention de la presse internationale. Et les Néerlandais veulent garder le contrôle de l'affaire.

La seconde enquête est conduite avec plus de professionnalisme que celle de 1947-1948, même si elle comporte des failles. Non seulement les mémoires se sont émoussées en l'espace de vingt ans, mais des preuves ont été perdues et plusieurs témoins sont décédés, notamment Johannes Kleiman (le 28 janvier 1959), Lammert Hartog (le 6 mars 1959) et sa femme, Lena (le 10 juin 1963).

De plus, le spectre de la seconde investigation n'est pas assez large. Elle se concentre essentiellement sur Willem van Maaren, en partie à cause de la révélation de Silberbauer à Vienne, qui a lancé au journaliste Huf que le traître était un employé de l'entrepôt d'Otto Frank. Même s'il s'est rétracté par la suite,

Silberbauer a affirmé que, lorsqu'il est arrivé sur les lieux, un policier néerlandais a demandé à Van Maaren : « Où sont les Juifs ? » et que le directeur de l'entrepôt a pointé du doigt l'étage supérieur. Silberbauer en avait conclu que Van Maaren était l'auteur du coup de téléphone et qu'il attendait la brigade du raid.

Van Helden est un enquêteur méthodique. Il interroge les deux policiers néerlandais qui secondaient Silberbauer, Willem Grootendorst et Gezinus Gringhuis. Grootendorst est libéré en 1955, lors du dixième anniversaire de la libération des Pays-Bas. Gringhuis, dont la condamnation à mort a été commuée en peine de prison à perpétuité, est relâché en 1958. Tous deux ne se souviennent pas d'avoir pris part à l'opération du 263 Prinsengracht. Mais Gringhuis va plus loin, prétendant qu'il n'était pas présent, sans quoi il se serait souvenu de l'arrestation de huit Juifs – c'est bien sûr une totale mystification de sa part[1].

L'enquêteur recueille également le témoignage d'un collègue de Van Maaren, Johannes de Kok, qui a travaillé à l'entrepôt durant la seconde moitié de l'année 1943. De Kok reconnaît avoir aidé Van Maaren à revendre au marché noir des marchandises volées à Opekta/Gies & Co., mais il ajoute que Van Maaren n'a jamais été un sympathisant de la cause nazie.

Quand Van Helden écume le passé de Van Maaren, il découvre des échecs commerciaux, des faillites, des années de chômage et des accusations de vol. Mais en dépit de tout cela l'homme semble antinazi. Peu avant la guerre, il a fait appel à une association caritative. Puis les nazis font fermer toutes les associations caritatives privées et les remplacent par le Winterhulp Nederland (le Secours populaire néerlandais). D'après un ancien membre du comité de bienfaisance, Van Maaren refuse, par principe, toute aide venant des fascistes. Le policier interroge aussi les anciens voisins de Van Maaren : si la plupart le trouvent « indigne de confiance sur le plan financier », aucun ne le soupçonne d'avoir des relations privilégiées avec « des individus à la solde de l'ennemi ». Il rend même régulièrement visite à un voisin appartenant à la Résistance et « il n'y a jamais eu la moindre allusion à une trahison[2] ».

Mis sur la sellette, Van Maaren réfute la version des faits de Silberbauer. D'après lui, Silberbauer, qui ne parle pas le néerlandais, a mal compris l'échange. Quand la brigade est arrivée, raconte-t-il, le policier néerlandais lui a simplement demandé : « Où est le bureau ? » Et il a pointé du doigt l'étage[3].

Van Maaren est également accusé d'avoir parlé des Juifs de l'Annexe à des employés d'entreprises voisines. Il se défend en affirmant que cela s'est produit *après* la rafle. De plus, selon lui, ils étaient déjà tous au courant de ce qui se tramait dans les locaux d'Opekta/Gies & Co. Un jour, Jacobus Mater, le gérant de l'herboristerie du 269 Prinsengracht, membre du NSB, lui avait même lancé : « Mais qu'est-ce que vous cachez là-dedans ? »

Le dossier Van Maaren est refermé le 6 novembre 1964. Le rapport final transmis au procureur atteste que « l'enquête n'a pas fourni de preuves concluantes[4] ».

L'équipe décida de disséquer les interrogatoires de Van Maaren rassemblés durant les investigations de 1947-1948 et 1963-1964, en quête de fausses déclarations ou d'incohérences. Le directeur affirme qu'il n'aurait jamais attiré l'attention des nazis en dénonçant les clandestins de l'Annexe, car son fils aîné, Martinus, s'était dérobé au STO, un fait que le SD aurait facilement découvert. L'équipe ne trouva aucun rapport au sujet d'un Martinus van Maaren manquant à l'appel pour l'*Arbeitseinsatz*. Cela dit, ce n'était pas une preuve suffisante, car le jeune homme aurait pu être inscrit sur une des listes de personnes recherchées après 1944, notoirement incomplètes.

Comme plusieurs témoins affirment que Van Maaren n'est pas pronazi, cela éliminait le mobile idéologique. Néanmoins, il ne faut pas nécessairement être sympathisant fasciste ou antisémite pour dénoncer des Juifs. Épargner la prison à son fils est un mobile valable. Si Martinus van Maaren était bel et bien considéré comme un hors-la-loi, son père aurait pu livrer les résidents de l'Annexe pour prix de sa liberté.

Malgré tout, à ce stade, l'équipe n'était pas convaincue de la culpabilité de Van Maaren. Au moment du conflit, ce dernier semble plutôt satisfait de son sort. Il peut voler l'argent des portefeuilles oubliés et des tiroirs sans être inquiété. Il peut aussi dérober en toute impunité des marchandises de la société et les revendre au marché noir. Le personnel a sûrement des doutes sur sa probité, mais il ne prend pas le risque de l'affronter ni de le renvoyer, de peur qu'il ne les dénonce pour se venger.

Dès lors, les enquêteurs étudient d'autres profils à la loupe. Le premier est celui de Lammert Hartog, qui a rejoint les rangs d'Opekta depuis peu et se trouve en situation illégale, puisqu'il ne s'est pas présenté à sa convocation pour le STO en Allemagne. Il y aussi sa femme, Lena, qui travaille occasionnellement comme femme de ménage chez Opekta/Gies & Co.

Dans sa biographie d'Anne Frank, Melissa Müller raconte que Lena Hartog a mentionné les Juifs cachés dans l'Annexe non seulement à l'un des clients chez qui elle fait le ménage, mais aussi à Bep Voskuijl, qui prévient aussitôt Miep. Les bienfaiteurs réfléchissent à l'idée de relocaliser les huit personnes de l'Annexe, et en concluent que c'est impossible. Aussi préfèrent-ils ne rien dire à Otto. Cet incident se produit seulement cinq semaines avant la rafle. Mais en toute logique il n'est pas dans l'intérêt de Lena de divulguer cette information. Après tout, son mari travaille illégalement pour Opekta/Gies & Co., et cette dénonciation coûterait à Lammert son emploi, son revenu et sa liberté. Les nazis ne prennent pas le STO à la légère.

À l'occasion d'un séjour chez Miep en novembre 2000, le père John Neiman confie à son amie avoir lu la biographie d'Anne Frank par Melissa Müller, laquelle suggère que Lena Hartog est la coupable. « Miep, c'était Lena ? demande-t-il. C'est elle qui les a trahis ? » Miep le regarde droit dans les yeux et répond : « Non, ce n'est pas elle[5]. »

Si Müller a envisagé la culpabilité de Lena, c'est à cause de la théorie selon laquelle l'auteur de l'appel est une femme. Cette idée est développée dans la minisérie produite par ABC, *Anne Frank : The Whole Story,* fondée sur la biographie de Müller. Mais l'hypothèse que le traître est une femme n'a jamais été vérifiée. La source de cette rumeur serait Cor Suijk, l'ancien directeur de la Maison Anne-Frank, qui affirmait l'avoir appris au détour d'une conversation avec Silberbauer. Or, il n'y a aucune preuve qu'il ait ne serait-ce que rencontré ce dernier[6].

Suijk est décédé en 2014, mais l'équipe a rencontré l'un de ses proches, Jan Erik Dubbelman, employé à la Maison Anne-Frank. D'après ce dernier, quand Silberbauer a été identifié, Otto Frank aurait envoyé Suijk à Vienne pour lui parler. C'est en tout cas ce que Suijk lui avait raconté. À l'époque (1963-1964), il n'était pas encore directeur de la Maison Anne-Frank, mais affirmait s'être lié d'amitié avec Otto. Il semblait peu probable qu'Otto lui ait fait une telle demande alors même qu'il s'était promis de ne plus jamais avoir affaire à Silberbauer[7]. De plus, après son entretien en 1963 avec le journaliste néerlandais Jules Huf, Silberbauer refusait toute interview, probablement sur ordre des autorités autrichiennes. Apparemment, Suijk avait une tendance à l'exagération. Sa fille a même confié à Dubbelman qu'il ne fallait pas croire un mot de ce que racontait son père.

Quant à envisager la culpabilité du mari de Lena, Lammert Hartog, l'équipe était dubitative. Certes, l'employé reconnaît dans sa déposition de 1948 qu'il a appris par Van Maaren, environ deux semaines avant la rafle, l'existence de Juifs cachés dans le bâtiment[8]. D'après Johannes Kleiman, dès l'arrivée de Silberbauer et son escouade, Hartog a « filé sans demander son reste. Et on ne l'a jamais revu[9] », ajoute-t-il. Mais cela ne prouvait rien – il semble logique qu'un travailleur clandestin détale à la vue d'un officier.

L'équipe écarta les Hartog, mais elle était intriguée par les recherches de Melissa Müller. Le 13 février 2019, Vincent et Brendan s'envolèrent pour Munich afin de recueillir son témoignage. La biographe se montra ouverte et partagea volontiers le fruit de son travail, d'autant qu'elle était visiblement toujours très attachée à Anne Frank. En réalité, elle n'était plus aussi convaincue de l'implication de Lena Hartog. Selon elle, le mystère restait entier. Elle raconta à Vincent qu'elle avait réussi à interviewer Miep Gies, une « dure à cuire », selon ses propres termes. « Ça n'a pas été facile de lui tirer les vers du nez », renchérit-elle. À en croire Melissa Müller, Miep et Otto en savaient plus qu'ils ne voulaient l'admettre sur les circonstances de la rafle. Elle ne s'expliquait pas leur silence à ce sujet.

Cette remarque piqua la curiosité de Vincent. Car une question tiraillait l'équipe depuis le début : que s'était-il passé entre l'enquête de 1948 et celle de 1963-1964 ? Finalement, pas grand-chose, en dehors du comportement d'Otto Frank. En 1948, il est déterminé à découvrir l'identité du traître. Alors que pendant la seconde investigation il reste à l'écart. Au mieux, il suit les événements de loin. À ce moment-là, les bienfaiteurs et lui ne sont plus du tout persuadés de la culpabilité de Van Maaren. Dans plusieurs interviews, Miep Gies déclare même qu'elle ne le croit pas coupable. Il manquait manifestement une pièce clé du puzzle : pourquoi Otto Frank avait-il changé d'avis dans l'intervalle ? Qu'avait-il découvert ?

À moins que, comme le pensait Melissa Müller, un événement ne se soit produit, faisant de l'identité de l'informateur « moins un mystère irrésolu qu'un secret bien gardé[10] ».

33

Le marchand de fruits et légumes

Pendant la guerre, Hendrik van Hoeve est propriétaire d'un magasin de primeurs sur Leliegracht, à cent mètres à peine du 263 Prinsengracht. Il donne des légumes frais et des pommes de terre aux résidents de l'Annexe, qu'il livre discrètement à l'heure du déjeuner, quand les employés de l'entrepôt prennent leur pause. Il travaille avec la Résistance et se sert d'une charrette à bras avec un compartiment secret pour distribuer des denrées de contrebande à une liste d'adresses, qui lui est fournie chaque matin. « Il ne voyait jamais les bénéficiaires. Soit il déposait les sacs devant la porte, soit un résident passait la tête pour les récupérer[1]. » Parfois, il colle des affiches sur les murs de la ville. Il se souviendra toute sa vie d'un grand poster portant le mot *VICTORIA !* en gros caractères, avec la tête de Hitler coincée entre les deux bras du V[2].

À l'hiver 1942, un ouvrier juif résistant du nom de Max Meiler contacte Van Hoeve et lui demande s'il peut cacher un couple de Juifs. Comme il donne son accord, Meiler embauche un menuisier de confiance pour aménager une cachette dans le grenier des Van Hoeve. Les Weisz emménagent dans une chambre d'amis au fond du couloir, équipée d'une alarme qui se déclenche en cas de danger, de sorte que le couple peut se réfugier dans le compartiment du grenier[3]. Ils séjournent chez les Van Hoeve pendant plusieurs mois.

Le 25 mai 1944, une escouade emmenée par Pieter Schaap, le mentor d'Ans van Dijk, fait une descente dans la maison et l'échoppe de Van Hoeve, et découvre le repaire des Weisz[4]. Le couple et Hendrik van Hoeve sont arrêtés, mais pas Mme Van Hoeve. Ce n'est pas inhabituel. Quand il y a des enfants en jeu, les brigades épargnent souvent la mère de famille.

L'équipe se demandait si la rafle de l'Annexe était le résultat d'une « réaction en chaîne », où des Juifs incarcérés sont forcés de divulguer l'adresse de compatriotes clandestins. Une question évidente se posait : y avait-il un lien entre les arrestations de Van Hoeve et des Weisz et l'opération lancée sur le 263 Prinsengracht ? La maison et le magasin de Van Hoeve étaient en effet très proches de l'entreprise d'Otto. Et dans le quartier les nouvelles allaient vite. Le jour même, Anne Frank écrit dans son *Journal* que leur livreur de légumes a été arrêté par la police, avec le couple juif qu'il cachait, et qu'ils ont été aspirés par l'univers concentrationnaire ; quant à sa propre famille, elle aura sûrement moins à manger. Ils auront sûrement faim, conclut-elle, mais au moins ils resteront libres[5].

Après six semaines dans une prison d'Amsterdam, Van Hoeve est envoyé au camp de Bois-le-Duc (ou camp de Vught). Créé en 1942 dans le sud des Pays-Bas par le commissaire du Reich Arthur Seyss-Inquart, il est le seul camp de concentration directement administré par les SS en Europe de l'Ouest, en dehors de l'Allemagne[6]. Un lieu terrifiant. Entouré de barbelés et de tours de guet, le camp dispose de potences, d'un endroit dédié aux exécutions dans les bois environnants et d'un four crématoire mobile pour se débarrasser des cadavres.

À cette époque, il est de notoriété publique aux Pays-Bas que ceux qui ont le courage d'aider les Juifs, s'ils se font prendre, échouent dans ce genre de camps.

Pendant la guerre, Amsterdam est un petit monde, où les vies et les destins s'entremêlent sans cesse. Le réseau relationnel autour du marchand de primeurs et de l'Annexe en est un bon exemple. Un grand nombre de personnes dans le cercle proche de Van Hoeve auraient pu trahir les clandestins du 263 Prinsengracht, et constituaient de ce fait des suspects potentiels.

Max Meiler

Max Meiler est la personne qui a demandé aux Van Hoeve de cacher le couple Weisz. Il est viscéralement antinazi et dès la Nuit de cristal, le 9 novembre 1938, il se sert de la résidence d'été de son frère, près de Venlo, non loin de la frontière allemande, pour abriter des réfugiés juifs[7].

Depuis le début de la guerre, Meiler fabrique de faux papiers d'identité (*Persoonsbewijzen** ou PB) et des cartes de rationnement, et aide les Juifs à trouver des abris. En 1942, il se rend régulièrement à Venlo en transportant le journal clandestin *Vrij Nederland* et des photos de la famille royale, ce qui en soi est un acte de résistance[8].

Le 17 mai 1944, huit jours avant le raid sur la maison et l'échoppe de Van Hoeve, Meiler est arrêté dans le train, entre Utrecht et Rotterdam. Il est en possession de faux papiers.

Dans ses mémoires sur la guerre, à présent conservés à la Fondation Anne-Frank, Van Hoeve décrit sa rencontre avec Meiler dans le camp de concentration de Bois-le-Duc, à la mi-juillet. Meiler est abasourdi de tomber sur le marchand et le supplie de ne pas l'appeler par son vrai nom[9]. Il a pris un nom d'emprunt pour cacher son identité juive. Les deux hommes se croisent à nouveau dans les usines Heinkel, près de Berlin, à la fin du mois de septembre ou tout début octobre. Le Meiler d'autrefois, un homme grand et séduisant, n'est plus que l'ombre de lui-même[10]. Il confie à Van Hoeve que les SS ont découvert qu'il était juif. Le 12 mars 1945, il meurt dans le camp de concentration de Neuengamme, dans le nord de l'Allemagne.

Meiler a-t-il craqué pendant son interrogatoire, peut-être au camp de Bois-le-Duc ? Il paraît probable que Van Hoeve lui ait parlé du 263 Prinsengracht. Après tout, les deux hommes appartenaient à la Résistance. Meiler avait peut-être vu les adresses de livraison de Van Hoeve, voire participé à la création des listes. Meiler avait-il révélé le secret de l'Annexe aux SS ? L'équipe pensait cette théorie plausible, jusqu'à ce qu'elle étudie la chronologie de plus près.

Van Hoeve a été arrêté le 25 mai et écroué pendant six semaines à la prison d'Amstelveenseweg avant d'être transféré au camp de Bois-le-Duc vers la mi-juillet. Quand il est tombé sur Meiler, ce dernier passait encore pour un Aryen et n'était pas sommé de livrer ses compatriotes aux Allemands. Mais un événement s'est sans doute produit le 12 août, car Meiler a été admis à l'hôpital du camp – l'équipe a pu retrouver le formulaire d'admission[11]. Peut-être un *kapo* l'a-t-il roué de coups après avoir découvert son identité juive. Or la rafle de l'Annexe a eu lieu huit jours *avant* son hospitalisation, si bien qu'il n'a pas pu révéler la cachette des Frank au moment de son passage à tabac.

Richard et Ruth Weisz

Après son arrestation, le 25 mai 1944, le couple Weisz est transféré au camp de transit de Westerbork. Les Juifs clandestins arrêtés sont considérés comme des criminels. Les Weisz sont affectés à la baraque 67 – la baraque pénitentiaire – et un S (synonyme de dossier pénal) apparaît sur leur carte d'identité[12]. C'est la pire désignation possible. Elle signifie que le prisonnier est condamné aux travaux forcés et sera déporté dans un camp de l'Est au plus vite. Les détenus font tout leur possible pour modifier leur statut S, espérant ainsi échapper à la déportation.

Le 10 octobre 2018, Pieter et Monique visitèrent le camp de Westerbork, dans le nord des Pays-Bas. C'est aujourd'hui un musée à la mémoire des victimes. Guido Abuys, le conservateur en chef des archives du camp, leur proposa d'aller chercher le dossier des Weisz. Abuys disparut un bon bout de temps dans la salle des archives. À son retour, il ne cacha pas sa perplexité : les cartes d'identité des Weisz présentaient une anomalie. Le numéro de leur baraque, le 67 (celui des criminels), avait été changé en 87 (celui de l'hôpital). Plus surprenant encore, entre le 11 et le 29 juin, Richard et Ruth Weisz voient leur S retiré de leurs papiers d'identité. Ils perdent alors leur statut « pénal » et deviennent des prisonniers « normaux », ce qui se traduit par une nette amélioration de leurs conditions de détention[13].

Pour ajouter au mystère, Richard Weisz envoie deux lettres à Mme Van Hoeve, la femme du marchand de primeurs, lui demandant de leur expédier des draps et des vêtements propres. La première missive est estampillée « baraque 67 », la seconde « baraque 85 ». Le couple a-t-il été transféré au numéro 85[14] ?

Pour obtenir un tel privilège, les Weisz ont forcément fait quelque chose d'extraordinaire. À moins qu'ils ne connaissent une personne très influente, capable d'intercéder en leur faveur. Le numéro 85, surnommé la « baraque Barneveld », du nom du château éponyme, héberge les classes supérieures du camp. Elle est réservée à une élite, des Juifs néerlandais considérés comme indispensables à l'État, à tel point qu'ils ne peuvent être déportés dans les camps de l'Est. Au début, ils étaient logés dans le château près de la ville de Barneveld, dans l'est des Pays-Bas, mais le 29 septembre 1943 ils ont tous été transférés au camp de Westerbork. Même là, ils jouissent de certains privilèges[15].

Bien sûr, il est possible que les Weisz n'aient jamais logé dans la baraque 85 et qu'une tierce personne ait envoyé la seconde lettre au nom de Richard Weisz. Pourtant, le couple est parvenu à modifier son statut pénal. Les prisonniers considérés comme des « criminels » pouvaient se payer cette faveur pour un montant colossal (un survivant de Westerbork a versé 80 000 florins, l'équivalent de 545 000 dollars actuels). Cependant, les Weisz ne semblaient pas posséder une telle somme, ce qui laisse supposer qu'ils ont acheté leur bonne fortune avec une autre monnaie – des informations.

Sur les cartes d'identité des Weisz, la date de leur déportation a été inscrite à la main, à côté de la mention « statut normal », en dépit de laquelle le couple est envoyé à Auschwitz, dans le même convoi qu'Anne Frank et sa famille. Les Weisz trouveront la mort dans les camps d'Europe de l'Est. On ne sait pas s'ils sont restés ensemble ou s'ils ont été séparés, et on ne connaît pas la date exacte de leur décès[16].

Leopold de Jong

La présence de Leopold de Jong à Westerbork est le résultat d'une longue et curieuse histoire. Elle commence avec l'homme qui a arrêté Van Hoeve et les Weisz : Pieter Schaap.

Pieter Schaap est l'agent néerlandais qui a dirigé la rafle du magasin de Van Hoeve sur Leliegracht, à deux pas de l'Annexe secrète. Il est également le superviseur de la *V-Frau* Ans van Dijk et de l'homme responsable de la trahison et de l'arrestation d'Erich Geiringer, le premier mari de Fritzi Geiringer, la seconde femme d'Otto Frank. D'après son supérieur, Abraham Kaper, sergent au bureau des Affaires juives, Schaap est l'un des hommes qui ont livré le plus de Juifs. « Et je suis bien placé pour le savoir, c'est moi qui le rétribuais[17] », dira-t-il.

Le modus operandi de Schaap est bien connu : forcer les Juifs à dénoncer les leurs. Après un raid, il prend pour cible un prisonnier juif et le menace de les envoyer, lui et toute sa famille, dans les camps, ou pire. Puis il lui propose une porte de sortie : devenir l'un de ses informateurs. Leopold de Jong fait partie de ces mouchards tristement célèbres. Dans son cas, Schaap a un double avantage : il peut exploiter De Jong, mais aussi son épouse, Frieda Pleij[18].

Durant les premiers temps de l'Occupation, De Jong (qui est juif) et Pleij (qui ne l'est pas) cachent des Juifs dans leur maison de Heemstede. Ils sont connus pour avoir chacun des amants. De Jong a des relations avec les jeunes filles juives qu'il recueille (et dont il trahira les familles par la suite) tandis que Pleij fréquente un certain Herman Mol, qui veillera sur sa maison après la guerre, pendant qu'elle purgera sa peine de prison. Elle est aussi la maîtresse de Pieter Schaap, ce qui est un secret de polichinelle au SD[19]. Pleij plaide qu'elle a cédé à ses avances uniquement par peur des représailles. À l'en croire, il la considérait comme sa *Friedl* et voulait l'épouser, même s'il était déjà marié[20].

Pleij affirme qu'elle fournissait des coupons d'alimentation au nom de la Résistance. Son dossier CABR confirme qu'elle récupérait des bons par l'intermédiaire de la Résistance. Bien évidemment, elle les revendait au marché noir.

En étudiant les dossiers de Pleij, la chercheuse Christine Hoste découvrit un relevé bancaire indiquant un important dépôt de 4 110 florins (l'équivalent de 28 000 dollars) le 5 août 1944 – le lendemain de la rafle. Quelle somme ! Quelle coïncidence ! À quoi cela correspondait-il ? Pieter Schaap avait-il pris part au raid et volé de l'argent aux résidents de l'Annexe avant de le confier à sa maîtresse, Pleij, pour qu'elle le dépose à la banque ? Pour Christine, cette découverte était énorme. Mais un examen plus poussé des relevés bancaires montra que Pleij déposait régulièrement des versements importants[21]. Vendre des coupons alimentaires au marché noir était manifestement une activité lucrative.

Durant l'été 1944, Leopold de Jong sent la panique l'envahir. De nombreuses personnes sont au courant de sa relation avec Schaap par l'intermédiaire de sa femme et il risque de passer pour un mouchard juif. Schaap l'envoie au camp de Westerbork, où il joue le rôle d'un prisonnier pour espionner ses pairs[22]. De Jong arrive au camp le 1er juillet[23]. Sur la liste du convoi, il est précisé que son statut juif fait l'objet d'une enquête, ce qui bien sûr est un subterfuge[24]. Il est affecté à la baraque Barneveld. Les registres de Westerbork indiquent qu'un jour il demande à aller à Groningue pour aider Pieter Schaap à traquer l'un des chefs de la Résistance, un homme du nom de Schalken.

La question était sur toutes les lèvres : Leopold de Jong, devenu un espion à la solde des SS, avait-il appris par les Weisz que des Juifs se cachaient au 263 Prinsengracht ?

S'il n'est pas certain que les Weisz étaient au courant pour l'Annexe, en revanche, Hendrik van Hoeve était dans la confidence. Après le cambriolage de l'entrepôt en avril 1944, il le fait comprendre à Jan Gies quand il lui confie qu'il a préféré ne pas avertir la police[25]. Or, Richard Weisz vendait des fruits et légumes avant d'entrer en clandestinité. Il a très bien pu aider Van Hoeve à préparer sa tournée de livraisons, et ainsi apprendre l'existence de Juifs au 263 Prinsengracht.

Van Hoeve disait que son épicerie servait de *doorgangshuis* (lieu de passage) pour les clandestins. Un endroit où peuvent circuler des rumeurs sur les *onderduikers* de l'Annexe secrète. Dans cet environnement, avec tant de tensions et de menaces, les gens laissent parfois échapper des informations sans s'en rendre compte.

Les Weisz, qui ont réussi à se débarrasser de leur statut pénal, auraient pu donner par inadvertance un indice à Leopold de Jong quand ils se sont croisés dans la baraque 85 ou dans le camp. Ils n'ont aucune raison de soupçonner que De Jong est à la solde des Allemands. Comme eux, il est juif, et en tant qu'informateur De Jong a dû tout faire pour gagner leur confiance. Et s'ils avaient partagé leurs soupçons à propos de Juifs cachés au 263 Prinsengracht ? Admiratifs des Frank, les Weisz ont peut-être vanté l'ingéniosité dont Otto a fait preuve pour dissimuler huit personnes dans sa propre société. Bien sûr, De Jong aura aussitôt transmis l'information à Schaap.

En avril 1945, De Jong a rendez-vous avec Schaap à Groningue. Il veut lui demander son aide pour s'enfuir en Suisse. Au lieu de quoi, Schaap, accompagné d'un membre du SD nommé Geert van Bruggen, l'entraîne dans une maison vide et lui tire une balle dans le dos. Bruggen témoignera par la suite : « Le Juif gisait dans une mare de sang au pied de l'escalier, près de la cuisine. Je n'ai vu aucun signe de vie chez le Juif[26]. » Le dossier de De Jong à Westerbork indique qu'il est « porté disparu » le 9 avril.

Après le Dolle Dinsdag* (le Mardi Fou) et les incroyables rumeurs sur l'arrivée imminente des forces alliées pour libérer le reste des Pays-Bas, la majorité des agents du SD et des collaborateurs nazis fuit Amsterdam. Mais les rumeurs se révèlent fausses et la panique retombe. Schaap reste à Groningue et, avec une poignée de sbires, fait régner la terreur sur la ville. Ils traquent les résistants et procèdent à de nombreuses exécutions sommaires et d'ignobles tortures. Quand le pays est enfin libéré, en mai, Schaap tente de s'échapper, et prend le nom De Jong pour cacher son identité.

Durant son interrogatoire après-guerre, Pieter Schaap confirmera que De Jong travaillait pour lui comme informateur et qu'il lui communiqua plusieurs adresses de Juifs clandestins. D'après le policier néerlandais, l'une de ces adresses était celle d'un « marchand de fruits et légumes sur Leliegracht ». Soit celle de Van Hoeve. Mais c'est impossible, car le raid sur l'épicerie s'est produit le 25 mai, or De Jong n'est arrivé à Westerbork que le 1er juillet. Peut-être confondait-il la rafle de Leliegracht et celle de Prinsengracht.

Pieter Schaap fut abattu par un peloton d'exécution le 29 juin 1949 à Groningen.

Ce cas illustrait bien le mélange d'exaltation et de frustration récurrent au cours de cette vaste enquête. Quand l'équipe se mit en quête de Frieda Pleij, elle présuma qu'elle était morte. Or, lorsque les chercheurs mirent le nez dans les archives, ils découvrirent qu'elle n'apparaissait pas dans la liste des personnes décédées. Ces données étant souvent fiables, et régulièrement mises à jour, l'équipe pensa un temps que Pleij était vivante. Comme elle était née en 1911, elle aurait eu l'âge vénérable de cent huit ans. Finalement, ils apprirent qu'elle avait vécu jusqu'à cent quatre ans avant de rendre l'âme à Düren, en Allemagne, le 15 décembre 2014.

Au début du mois de février 2019, Pieter parcourut 363 kilomètres pour gagner la ville allemande de Bad Arolsen, renommée pour son château, en plein cœur de la cité, et pour le Service international de recherches (ITS), surnommé les « Archives Arolsen ». Il s'agit d'un centre de documentation, d'information et de recherche sur la persécution nazie et l'holocauste, qui rassemble plus de trente millions de documents – fichiers originaux des camps de concentration, registres de travaux forcés, listes de convois, avis de décès, rapports de santé, dossiers d'assurance sociale, permis de travail, etc. Il conserve également toutes les lettres et les demandes de personnes qui recherchent un membre de leur famille ou un être cher. BadArolsen fait partie du programme « Mémoire du monde » de l'Unesco.

Quand Pieter arriva sur place, il découvrit avec stupeur que les archives étaient conservées dans un bâtiment quelconque au cœur d'une zone industrielle à la périphérie de la ville. Avant qu'il n'entre, on lui remit un casque et des surchaussures, un équipement plus approprié à une usine qu'à un centre de documentation. À l'évidence, les Archives n'avaient pas les moyens de s'offrir un édifice digne de ce nom. Tant pis pour la mémoire du monde, songea Pieter.

Le gigantisme de la collection a de quoi donner le vertige, mais Pieter parvint à récupérer les fichiers numérisés de Westerbork, ainsi que plusieurs listes de convois à destination et en partance du camp. Durant sa visite, il apprit également qu'une personne avait fait des recherches sur Ruth Weisz après la guerre. Avec l'aide des archivistes, il établit qu'une dénommée Ruth Weisz-Neumann avait survécu à la guerre et réussi à prendre un bateau à Shanghai pour gagner les États-Unis. Elle avait une adresse dans la région de Chicago. C'était une découverte exaltante, car l'équipe avait peut-être découvert un témoin vivant. Malheureusement, il s'agissait d'une autre Ruth Weisz. Au bout du compte, Pieter découvrit que la Ruth qu'ils recherchaient était décédée en février 1945, très certainement dans le camp de concentration de Flossenbürg.

Quant au marchand de fruits et légumes, Hendrik van Hoeve, il survécut à plusieurs camps et finit par être libéré. Monique Koemans se mit en quête du fils de Van Hoeve, Stef, en espérant qu'il détiendrait des informations sur les activités de son père pendant la guerre. Elle le localisa à Amsterdam et lui proposa de passer le voir. Stef l'informa que son père ne lui avait jamais parlé de la trahison de l'Annexe et qu'il avait été traumatisé par la guerre. Il faut dire qu'elle revint sans cesse le hanter. Après le conflit, on lui posa régulièrement des questions sur des prisonniers des camps, dont personne ne retrouvait la trace[27]. Il témoigna également au procès de Johannes Gerard Koning, l'un des policiers néerlandais qui l'avaient arrêté avec le couple Weisz[28]. Dans les années 1950, il joua son propre rôle dans l'adaptation du *Journal d'Anne Frank*[29]. Stef précisa que son père avait été hanté toute sa vie par son expérience des camps. En 1972, il déclara à un journal : « Quand j'étais dans les camps je ne rêvais que d'une chose : voir le jour de la Libération. Puis après la Libération j'ai pensé : maintenant, j'aimerais atteindre soixante-dix ans – rien que pour crâner ! Et maintenant que j'ai soixante-dix-sept ans je me dis encore : ils ne m'auront pas[30] ! »

34

Le Conseil juif

Peu après l'occupation allemande, en mai 1940, la communauté juive sent qu'elle a besoin d'un corps représentatif afin de se préparer aux mesures antijuives que tous redoutent, à juste titre. Elle crée la Commission juive de coordination ou JCC (Joodse Coördinatie Commissie*), dont l'objectif est de servir d'autorité à l'ensemble de la communauté. La Commission prodigue des conseils, organise des activités culturelles et offre parfois une aide financière. En revanche, elle refuse de négocier directement avec l'occupant allemand. Ce faisant, elle espère l'empêcher de prendre des décisions à la place du gouvernement néerlandais, dont les Juifs sont les citoyens.

Les nazis veulent isoler les Juifs du reste de la société, mais pour parvenir à leurs fins ils ont besoin d'un accès direct à la communauté. Pour ce faire, ils décident de fonder une entité alternative, le Conseil juif (Joodse Raad), coprésidé par David Cohen, un universitaire renommé, et Abraham Asscher, le directeur d'une fabrique de diamants. Le conseil compte des notables comme le grand rabbin d'Amsterdam Lodewijk Sarlouis et l'éminent notaire Arnold van den Bergh. Tandis que les décrets interdisant aux Juifs de participer à la société néerlandaise se multiplient, le Conseil prend le contrôle d'un nombre croissant des aspects de la vie juive, fournissant des emplois, des logements, de la nourriture, et même un soutien aux personnes âgées et aux handicapés[1]. À son apogée, le Conseil compte 17 500 membres.

Au début du mois de juillet 1942, le Conseil reçoit l'ordre d'aider à organiser la sélection des Juifs pour la déportation dans le camp de Westerbork et dans les camps de concentration de l'Est. Puis, le 30 juillet, les Allemands autorisent la secrétaire générale du Conseil juif, M. H. Bolle, à délivrer des sauf-conduits, ou *Sperres,* aux membres du Conseil ainsi qu'aux autres personnes jugées « indispensables ». Le tampon sur leur carte d'identité indique : « Exempté du travail obligatoire jusqu'à nouvel ordre[2] ».

Il s'agit d'une ingénieuse stratégie pour diviser la communauté et provoquer le chaos parmi les Juifs, dont l'unique objectif est désormais d'obtenir la précieuse dispense. Un témoin raconte que, le premier jour de l'émission des *Sperres,* les gens ont enfoncé les portes des bureaux du Conseil et agressé le personnel[3]. En réalité, les *Sperres* sont de la poudre aux yeux : ils ne font que retarder l'inévitable. À la fin, les Allemands se contenteront de barrer les mots « jusqu'à nouvel ordre » et déporteront tout le monde. Le « nouvel ordre » était advenu.

Les *Sperres* sont nominatifs. Chaque *Sperre* porte un numéro individuel et entre dans une catégorie spécifique, entre 10 000 et 120 000, correspondant au type de dispense accordée (le but est d'approcher le plus possible les 120 000). La complexité bureaucratique du système est impressionnante. Les nazis imaginent d'innombrables combinaisons et créent plusieurs sous-catégories de *Sperres* : les « Juifs étrangers » ; les « Juifs chrétiens », qui se sont fait baptiser avant le 1er janvier 1941 (seuls 1 575 Juifs catholiques et protestants seront épargnés) ; et les Juifs des mariages mixtes, qui sont invités à choisir entre la déportation et la stérilisation (cela n'a pas d'effet, car la plupart des médecins refusent de les opérer et leur fournissent de faux certificats. On estime que 8 000 à 9 000 Juifs issus de mariages mixtes ont survécu à la guerre)[4]. Les nazis mettent également en place un système d'« échanges de Juifs » : tous ceux qui réussissent à acheter la citoyenneté d'un pays d'Amérique du Sud deviennent des candidats à l'échange contre des prisonniers de guerre allemands. Les parents de la camarade de classe et amie d'Anne Frank Hanneli Goslar, internée à Bergen-Belsen, parviendront à acheter des passeports paraguayens grâce à un oncle en Suisse. Si Hanneli et sa sœur cadette n'ont jamais été « échangées », elles ont tout de même été autorisées à conserver leurs propres vêtements dans le froid mordant de l'hiver allemand et ont reçu occasionnellement des colis de nourriture de la Croix-Rouge. C'est sans doute grâce à ces « privilèges » que Hanneli et sa sœur ont survécu[5].

Les autres candidats concernés par cette procédure sont ce qu'on appelle les « Juifs palestiniens », qui ont des parents dans le protectorat britannique en Palestine. À la fin de l'année 1943, 1 297 Juifs possèdent des certificats palestiniens et sont qualifiés pour l'échange. En janvier 1944, ils sont envoyés à Bergen-Belsen[6]. En juillet, seuls 221 parviennent à gagner la Palestine via la Turquie. Presque tous les autres périssent dans les camps.

Ainsi, les Allemands ont mis en place un système d'une perversité diabolique avec des sous-catégories à n'en plus finir. La plupart des *Sperres,* même ceux des membres du Conseil juif, ne protègent leurs bénéficiaires que pour une durée limitée.

Cela dit, la dispense la plus convoitée et la plus efficace est le statut Calmeyer. Dans ce cas, le « J » est définitivement effacé des cartes d'identité des heureux élus, qui ne sont plus considérés comme juifs – et de ce fait ne risquent plus la déportation.

Les Allemands définissent un Juif comme une personne qui possède au moins un grand-parent juif ou qui appartient à la communauté religieuse juive (voir tableau p. 290). Les cas litigieux sont soumis à la Commission du Reich de La Haye, puis au Comité général pour l'administration et la justice (*sic*), et enfin au département de l'Administration interne contrôlé par les nazis, dont l'adjudicateur en chef est un Allemand, le docteur Hans Georg Calmeyer.

La liste Calmeyer inclut des gens qui affirment ne pas être juifs, ou seulement *partiellement* juifs. Ils fondent leur demande de révision sur des documents juridiques, des livrets de famille et autres déclarations prouvant qu'ils n'ont jamais fait partie de la communauté religieuse juive. La procédure nécessite l'aide d'un avocat, la création d'un arbre généalogique, la validation d'un notaire et, si nécessaire, la falsification d'attestations, car la plupart des requêtes viennent en réalité de personnes juives de naissance. Ces démarches sont très coûteuses. Pendant la phase de recherche en hérédité, les demandeurs sont exemptés de déportation.

Le bureau de Calmeyer est sous autorité allemande, mais il semble que son équipe et lui ne soient guère scrupuleux quant à la provenance et à l'authenticité des documents fournis : ils acceptent des certificats de naissance, de baptême, et des papiers de divorce douteux, ainsi que des lettres affirmant que les enfants sont nés illégitimement, si bien que ces derniers ne sont pas juifs. Calmeyer est considéré comme « totalement incorruptible », « ni nazi ni antinazi avéré », pourtant il se donne souvent beaucoup de mal pour défendre le dossier d'un demandeur, et certains membres de son bureau sont secrètement acquis à la cause juive[7]. On estime que Calmeyer a sauvé environ 2 899 personnes, soit les trois quarts des dossiers qui lui ont été soumis.

C'est la bureaucratie de l'absurde. Le nouvel ordre nazi joue sur la complexité et la pseudo-légalité d'un système fondé sur un principe très simple : envoyer des centaines de milliers de gens dans les camps de la mort.

Après la guerre, de nombreuses personnes accusent le Conseil juif de coopération, et presque de collaboration, avec les Allemands, lui reprochant d'avoir protégé l'élite au détriment des classes ouvrières et des pauvres – le Conseil dressait les listes des déportés et des exemptés. Cependant, les partisans du Conseil affirment qu'ils ont au moins donné aux Juifs un minimum de contrôle sur leur vie et une chance de négocier avec les Allemands.

En réalité, il y avait déjà une profonde fracture au sein même de la communauté juive à propos de la stratégie à mettre en place. Au début de l'Occupation, la JCC et le Conseil juif coexistent pendant plusieurs mois, mais de fortes tensions apparaissent rapidement entre les deux organisations. La JCC accuse le Conseil d'être l'instrument des Allemands, tandis que le Conseil considère la JCC comme un simulacre de pouvoir, puisqu'elle refuse de négocier avec l'ennemi. Les membres du Conseil juif sont persuadés que, s'ils entament un dialogue avec l'occupant, ils réussiront à gagner de l'influence, et pourront retarder, alléger, voire supprimer certaines mesures oppressives, et ainsi regagner un peu de leur dignité. Ils craignent que, s'ils ignorent les règles ou se révoltent contre les nazis, leur destin n'en soit que plus tragique. En octobre 1941, les autorités allemandes démantèlent la JCC.

Rétrospectivement, les survivants de la communauté juive des Pays-Bas considérèrent que le Conseil juif était une arme aux mains des nazis. Ce dernier n'avait aucune influence et n'a rien pu faire pour ralentir l'engrenage. Bien sûr, un tel jugement est facile après coup. Les Pays-Bas n'avaient aucun plan d'action pour survivre sous un régime d'occupation ennemie. Au bout du compte, le coprésident David Cohen reconnaîtra qu'il avait « mal jugé les intentions meurtrières, sans précédent, des nazis[8] ».

35

Un autre regard

L'équipe travaillait généralement sur plusieurs scénarios à la fois. Pendant que Monique entrait des noms dans le programme informatique pour trouver des liens avec Westerbork, Pieter et plusieurs jeunes historiens fouillaient les archives pour étayer la piste qui leur avait été assignée. De retour au bureau, Vincent était en train de feuilleter le rapport de quarante pages établi par Van Helden pendant l'enquête de 1963-1964, quand un détail retint son attention. Otto Frank avait confié à Van Helden avoir reçu, peu après la Libération, une lettre dénonçant le traître. La lettre n'était pas signée. D'après l'enquêteur, Otto en avait fait une copie avant de remettre l'original à un membre du conseil d'administration de la Maison Anne-Frank. Dans son résumé, Van Helden rédigeait comme suit le contenu de la missive :

Votre cachette à Amsterdam a été signalée à l'époque au Jüdische Auswanderung [l'émigration juive] d'Amsterdam, sur Euterpestraat, par A. van den Bergh, qui résidait alors sur O. Nassaulaan, Vondelpark. Il a fourni au JA une liste entière d'adresses[1].

Vincent était déjà au courant de l'existence de cette lettre anonyme, mais l'équipe ne l'avait pas considérée comme prioritaire[2]. Le A. van den Bergh en question était ce notaire appartenant au

Conseil juif, dissous en septembre 1943 et dont tous les membres avaient été déportés dans des camps de concentration. Si Van den Bergh avait détenu des informations sur l'Annexe il n'aurait pas attendu une année entière pour les transmettre à l'occupant ; et s'il l'avait fait avant d'être déporté il était peu probable que le SD ait attendu onze mois pour agir. Cependant, une recherche sur le terminal informatique des Archives Arolsen, au musée du Mémorial de l'Holocauste des États-Unis (United States Holocaust Memorial Museum*), révéla que Van den Bergh et sa famille ne figuraient sur aucune des listes des camps. Ils n'avaient jamais été déportés ni internés. Si Van den Bergh était resté à Amsterdam, il avait effectivement pu donner la liste.

Vincent décida d'enquêter à la fois sur la lettre anonyme et sur sa provenance. Le texte cité par Van Helden était-il complet ? Où était l'original, ou du moins la copie d'Otto ? Certainement pas dans le dossier de police. Quant à Van den Bergh, le logiciel le reliait à la secrétaire du Conseil juif, Mirjam Bolle, qui avait cent un ans et vivait en Israël.

Bolle avait écrit un livre intitulé *Letters Never Sent,* publié en anglais par l'institut Yad Vashem en 2014. Une partie de l'ouvrage relate son expérience au Conseil juif. Fort de ces renseignements, Vincent espérait s'entretenir avec elle : l'ancienne secrétaire pourrait leur donner une perspective unique du fonctionnement du Conseil. Il souhaitait également en apprendre plus sur Van den Bergh, un homme qu'en toute logique elle connaissait personnellement. Était-il très actif au sein de l'organisation ? Savait-elle ce qu'il était devenu ? Avait-il survécu à la guerre ?

En 1938, Bolle, qui se nomme alors Mirjam Levie, est employée par le Comité pour les réfugiés juifs. Après l'occupation nazie, le Comité est incorporé au Conseil juif, et Mirjam intègre le nouvel organisme, en partie grâce à sa capacité à lire et écrire l'allemand. Comme beaucoup d'employés du Conseil, elle sera finalement déportée à Westerbork, puis à Bergen-Belsen. Elle a tout de même plus de chance qu'Anne et Margot Frank. En juin 1944, elle fait partie des 550 prisonniers choisis pour ce qui sera l'unique échange de Juifs palestiniens, et quitte le camp avant l'arrivée des sœurs Frank.

Pendant la guerre, Mirjam écrit des lettres à son fiancé, Leo Bolle, qui a émigré en Palestine en 1938. Elle ne les envoie jamais, mais réussit à les cacher dans un entrepôt d'Amsterdam. Elles sont retrouvées en 1947 et lui sont rendues. Dans ses lettres, Mirjam raconte les jours sombres au sein du Conseil juif, quand ils préparent les listes de déportation. La panique et le désespoir les submergent rapidement, et les querelles sont monnaie courante parmi les membres du personnel. Sans parler de la souffrance inhérente à leur tâche impossible. Mirjam évoque le chaos régnant à l'Expositur*, le bureau responsable de l'émission des *Sperres*, et les visites intimidantes du chef de la Zentralstelle, Aus der Fünten. Dans son souvenir, la distribution des *Sperres* est un chapitre lugubre : « Les Allemands nous jetaient un os à ronger et nous regardaient nous entredéchirer avec un malin plaisir. »

Quand je me retrouvais seule chez moi, je sanglotais sans plus pouvoir m'arrêter. Je savais que ça tournait au cauchemar pour nous et j'étais horrifiée qu'ils se servent du CJ [Conseil juif] pour leur travail de boucher. Et au lieu de dire : « Ça suffit ! » je… je pleurais de colère et de rage, mais j'étais impuissante[3].

Grâce à une connaissance en Israël, l'équipe obtint le numéro de téléphone de Mirjam, et Thijs et Vincent l'appelèrent. D'abord, elle s'excusa pour son mauvais anglais – alors qu'elle s'exprimait tout à fait correctement. Sa voix était douce, et étonnamment ferme pour son âge.

Mirjam leur raconta qu'en tant que secrétaire son rôle était plutôt restreint : elle prenait des notes, envoyait des lettres. Elle était présente le jour où les camps de concentration nazis ont été évoqués pour la première fois. Thijs et Vincent lui demandèrent si elle se souvenait d'Arnold van den Bergh. Mirjam répondit par l'affirmative, et ils se regardèrent avec un sentiment d'espoir. Au début, elle peina à rassembler ses souvenirs, d'autant qu'elle ne travaillait pas directement avec lui. Ce n'est que lorsque Vincent précisa que Van den Bergh était notaire que la mémoire lui revint. Elle se rappelait que l'homme n'était pas très loquace pendant les réunions, contrairement aux deux présidents, Asscher et Cohen. Elle qualifia Van den Bergh de « réservé » et « modeste ». Ensuite, elle leur demanda de patienter un moment, le temps de retrouver les copies des comptes rendus de réunions, qu'elle avait conservées. Ils l'entendirent fouiller dans ses papiers. Puis elle reprit le téléphone et confirma que Van den Bergh était bien présent à certaines réunions.

Mirjam n'était pas en mesure de dire si Van den Bergh avait été détenu à Westerbork. Elle ne l'avait pas vu dans le camp avant de prendre le train pour Bergen-Belsen. De même, elle ignorait s'il s'était finalement retrouvé dans un camp de concentration allemand. Malheureusement, elle n'en savait pas plus, car elle n'était jamais retournée à Amsterdam après la guerre.

Si Thijs et Vincent souhaitaient en apprendre davantage sur Van den Bergh, il leur fallait chercher ailleurs.

36

Le notaire néerlandais

Arnold van den Bergh est né en 1886, dans la ville hollandaise d'Oss, à environ 90 kilomètres au sud-est d'Amsterdam. Il épouse Auguste Kan, et ils ont trois filles, les jumelles Emma et Esther, et Anne-Marie, née la même année qu'Anne Frank. Van den Bergh est l'un des sept notaires qui travaillent à Amsterdam avant la guerre. Il possède l'une des études les plus importantes et les plus florissantes de la ville. Son nom apparaît régulièrement dans des articles de journaux à propos de la vente de biens immobiliers. Il est un membre éminent et respecté de la communauté juive, ainsi que du Comité pour les réfugiés juifs, une organisation caritative présidée par David Cohen.

Comme l'auteur de la lettre anonyme semble le savoir, puisqu'il donne son adresse, Van den Bergh réside dans une élégante villa sur Oranje Nassaulaan, une rue adjacente au célèbre Vondelpark de huit hectares, avec sa roseraie et sa maison de thé, la Blue Tea House. Il est un homme discret mais plein d'assurance. Sa femme aime organiser des réceptions dans leur villa, lui se passionne pour les tableaux de maîtres des XVIIe et XVIIIe siècles, un luxe qu'il peut s'offrir. Naturellement, Van den Bergh est le notaire de Goudstikker, N.V., une galerie amstellodamoise réputée, qui vend des tableaux et des œuvres d'art inestimables.

Au début de l'Occupation, avant que les restrictions nazies n'étouffent la population juive, Van den Bergh continue d'exercer normalement sa profession, comme Otto Frank poursuit la gestion de sa société. D'après les registres retrouvés par l'équipe, le notaire suit, en 1940, plusieurs transactions qui méritent qu'on les étudie de près. En effet, plusieurs œuvres sont acquises par des nazis de haut rang, comme Hermann Göring.

Début février 1941, Van den Bergh est invité à devenir l'un des membres fondateurs du Conseil juif, probablement par David Cohen. Il est nommé à la Commission des Cinq, chargée de l'organisation interne du Conseil. En plus d'être le notaire du Conseil, il assiste aux réunions hebdomadaires du service de l'émigration, auquel revient la tâche peu enviable de constituer les listes des futurs déportés. À l'Institut néerlandais de documentation de guerre (NIOD), l'équipe a pu étudier les comptes rendus du Conseil juif, lesquels montrent que les chefs du SD d'Amsterdam, Willy Lages et Ferdinand aus der Fünten, ont des interactions régulières avec le Conseil, et assistent parfois à ses réunions[1].

Neuf mois après le début de l'Occupation, le 21 février 1941, les nazis décrètent que tous les notaires juifs doivent remettre leur étude à des confrères non juifs. Mais plusieurs mois s'écoulent avant la nomination des remplaçants[2]. Ainsi, ce n'est qu'en janvier 1943, presque deux ans plus tard, que Van den Bergh est informé de son remplacement par un notaire aryen.

À ce stade, il a déjà conscience de la terrible menace que les nazis font peser sur la sécurité de sa famille. En épluchant les dossiers du NIOD, l'équipe a constaté que le notaire, sa femme et ses trois filles font partie des bénéficiaires d'un *Sperre* 120 000 (seuls 1 500 Juifs jouissent de ce privilège). Ce talisman est censé prodiguer la protection la plus importante. L'élite du Conseil juif ainsi que tous les individus que les Allemands jugent opportun de protéger se voient accorder cette faveur, qui les exempte de la déportation « jusqu'à nouvel ordre ». D'après son dossier, Van den Bergh a demandé – ou plutôt *acheté* – ces *Sperres* en juillet 1943. Grâce au *Stempel* (timbre) sur sa carte d'identité, il peut vivre normalement à Amsterdam. En réalité, il se « cache à la vue de tous ».

Interrogé après la guerre, un homme du nom de Hans Tietje affirmera avoir aidé Van den Bergh à obtenir les fameux *Sperres*[3]. Cet homme d'affaires allemand s'était installé aux Pays-Bas pour diriger une usine de production d'étain. Simple fonctionnaire au départ, il est devenu millionnaire, collectionneur d'art et fournisseur de la Wehrmacht, tout en étant marié à une femme juive. Ses amis figurent parmi les personnalités les plus puissantes des Pays-Bas, comme Willy Lages, Ferdinand aus der Fünten et le marchand d'art Alois Miedl. Pendant l'enquête du BNV sur la collaboration, après la guerre, Tietje dira qu'il entretenait des relations avec les dignitaires allemands pour aider les Juifs. À l'en croire, une centaine de Juifs auraient échappé à la déportation grâce à ses rapports privilégiés avec Lages. Il fait même remarquer qu'il n'a jamais été récompensé pour ses bonnes actions.

Vincent et ses enquêteurs ne voyaient pas les choses de la même façon. Tietje n'a rien d'un des Justes du film *La Liste de Schindler*, même s'il s'efforce de passer pour tel. Il sauve en effet plusieurs Juifs, mais la plupart sont les enfants d'industriels influents, qui pourront assurer sa protection quand les Allemands auront perdu la guerre, ce dont il ne doute pas. En revanche, quand douze ouvriers de ses usines sont arrêtés, il ne lève pas le petit doigt. Et il ne réussit pas (ou ne cherche pas) à sauver son beau-frère et sa famille, qui sont déportés et périssent dans les camps de l'Est[4]. En somme, Tietje est un profiteur de guerre qui joue sur les deux tableaux. Il marchande des œuvres d'art volées aux Juifs et leur vend des *Sperres* 120 000 à prix d'or. Parfois, ses victimes se font purement et simplement escroquer, et sont déportées. Mais c'est le genre d'homme avec qui Van den Bergh, par nécessité, doit composer.

Le 31 août 1943, un notaire du nom de J. W. A. Schepers est officiellement désigné pour reprendre l'étude notariale de Van den Bergh[5]. Pieter retrouva un fichier CABR à son nom dans les Archives nationales. Après la guerre, il fait l'objet d'une enquête pour collaboration. Le fichier donne des éclairages passionnants sur son cas. Peu après avoir repris l'étude de son confrère, Schepers se rend compte qu'il est dans l'incapacité de mener les transactions à bien, à cause de ce qu'il appelle un « subterfuge juif » : avant son départ, Van den Bergh a judicieusement confié tous les dossiers notariaux à l'un de ses clercs, lequel est « opportunément » tombé malade. Un autre employé, chargé des tâches administratives, n'a pas l'autorité légale pour accéder aux dossiers ni pour les transférer à Schepers. L'homme d'affaires allemand a les mains liées : il ne peut pas conclure les contrats, alors qu'il a l'obligation de s'acquitter des charges de l'étude. Bien évidemment, le sympathisant nazi est furieux et décide de déchaîner son courroux sur Van den Bergh.

Dans son livre *Cold Mist : The Dutch Notaries and the Heritage of the War* (« Brume froide : les notaires néerlandais et l'héritage de la guerre », non traduit en français), Raymond Schütz explique que Schepers met tout en œuvre pour détruire Van den Bergh. Il se tourne vers la banque Lippmann, Rosenthal & Co., chargée par l'occupant allemand de répertorier les biens des Juifs et de les spolier. Dans une lettre datée du 15 octobre 1943, il se plaint que Van den Bergh habite encore dans sa somptueuse propriété au 60 Oranje Nassaulaan et ne porte pas l'étoile jaune réglementaire.

En fouillant les archives Calmeyer, une chercheuse de l'équipe, Anna Foulidis, découvrit comment Van den Bergh avait réussi à se sortir de ce mauvais pas. Le mois précédent, le 2 septembre, il a obtenu le statut Calmeyer, de sorte qu'il n'est plus considéré comme juif et n'est plus forcé de porter l'étoile juive. Apparemment, il ne croit plus à la protection des *Sperres* 120 000 et a changé son fusil d'épaule. Dès lors, comme il n'est plus juif, il ne fait plus partie du Conseil, et ne sera pas déporté avec ses autres membres quelques semaines après sa dissolution. Il échappe ainsi de justesse à leur sort tragique.

La procédure pour obtenir le statut Calmeyer a été interminable. Van den Bergh a déposé une requête un an et demi plus tôt, au printemps 1942, remettant en cause son identité juive. Il devait prouver qu'il n'avait qu'un seul parent juif, à la suite de quoi, en vertu du système de classification nazie, il pourrait être déclaré comme « appartenant partiellement à la race allemande ».

Pour les nazis, la question cruciale est : qui est juif et qui ne l'est pas ? D'après les lois raciales nazies, la judéité est déterminée par un tableau compliqué (voir ci-dessous), censé aider les policiers à interroger les suspects[6].

Le bureau Calmeyer a fini par statuer que Van den Bergh n'a qu'un seul grand-parent juif et est de ce fait un *Mischling** – une race mélangée – au second degré (*zweiten Grades*)[7]. Cela signifie qu'il appartient à la race allemande et peut obtenir la citoyenneté allemande. Ses filles sont également des *Mischlinge* au second degré, et comme il est maintenant considéré comme non juif, son épouse juive, Auguste, est protégée par leur mariage mixte. Cette décision lui permet d'enlever le « J » de sa carte d'identité. Cela signifie également qu'il doit démissionner du Conseil juif au début du mois de septembre, un coup de chance qui lui évite de peu la déportation.

CLASSIFICATION	TRADUCTION	HÉRITAGE	DÉFINITION
Deutschblütiger	De sang allemand	allemand	Appartient à la race et à la nation allemandes ; autorisé à avoir la citoyenneté du Reich
Deutschblütiger	De sang allemand	1/8 juif	Considéré comme appartenant à la race et à la nation allemandes ; autorisé à avoir la citoyenneté du Reich
Mischling zweiten Grades	race mélangée (second degré)	1/4 juif	N'appartient que partiellement à la race et à la nation allemandes ; autorisé à avoir la citoyenneté du Reich
Mischling ersten Grades	race mélangée (premier degré)	3/8 ou 1/2 juif	N'appartient que partiellement à la race et à la nation allemandes ; autorisé à avoir la citoyenneté du Reich
Jude	juif	3/4 juif	Appartient à la race et à la communauté juives ; n'est pas autorisé à avoir la citoyenneté du Reich
Jude	juif	juif	Appartient à la race et à la communauté juives ; n'est pas autorisé à avoir la citoyenneté du Reich

Que Van den Bergh obtienne le statut Calmeyer tient de l'exploit, surtout en pleine période de guerre. Pendant les dix-huit mois où sa situation est examinée, il est exempté de déportation. D'abord, une lettre est envoyée aux bureaux des docteurs J. & E. Henggeler, à Zurich, qui lancent une recherche en hérédité auprès d'une société de généalogie de Londres le 7 mars 1942[8]. La société a pour mission de retrouver les registres des églises afin de prouver qu'au moins un des parents ou grands-parents de Van den Bergh n'était pas juif. L'agence reçoit la requête le 6 août 1942, mais ne répond que le 12 janvier 1943. Elle s'excuse pour le retard, et explique que les registres nécessaires étaient entreposés dans des abris antiatomiques[9]. Les résultats sont-ils d'authentiques preuves ou d'ingénieuses contrefaçons ?

Quand Schepers apprend que Van den Bergh a obtenu le statut Calmeyer, il est fou de rage. Il rappelle qu'avant la guerre Van den Bergh se revendiquait comme un notaire juif et fait directement appel aux SS et au bureau Calmeyer pour réclamer une enquête approfondie[10]. Malheureusement pour Van den Bergh, Schepers obtient gain de cause. À la lecture du fichier CABR de Schepers, l'équipe comprit que ce dernier avait plus d'influence sur les factions nazies de La Haye que Van den Bergh.

Dans une lettre datée du 4 janvier 1944, deux avocats du bureau Calmeyer préviennent Van den Bergh de son arrestation imminente[11]. Le notaire décampe immédiatement de sa villa et inscrit comme nouvelle adresse le 61 Nieuwendammerdijk, une petite maison dans le nord d'Amsterdam appartenant à Albertus Salle, un clerc de son ancienne étude[12]. La fille de Salle, retrouvée et interrogée par Pieter, n'a aucun souvenir d'une famille habitant dans la maison à cette période, ce qui tend à prouver que cette adresse était un leurre[13].

Pieter passa un certain temps aux Archives de la ville d'Amsterdam et apprit, grâce à l'archiviste Peter Kroesen, que Van den Bergh était dans l'obligation de se présenter en personne au bureau de l'état civil pour modifier son adresse. À l'évidence, il n'avait pas peur de circuler librement dans les rues[14]. Mais il comprenait que l'acharnement de Schepers au sujet de son statut de « non-Juif » faisait peser une grande menace sur sa famille et lui.

Forcé de prendre en compte la plainte de Schepers, le 22 janvier 1944, le bureau Calmeyer rend sa décision : Van den Bergh a vraisemblablement fourni de faux documents pour prouver son identité « aryenne » et, en conséquence, ses comptes en banque sont gelés[15]. Le surréalisme et l'absurdité de ce jeu de chaises musicales, quand les vies d'un homme et de sa famille sont en jeu, illustrent bien la méthode d'extermination nazie, par le biais de la machinerie administrative.

Fait curieux, le nom de Van den Bergh apparaît dans le dossier de collaboration d'Eduard Moesbergen[16], chasseur de Juifs notoire, membre actif de l'unité IV B4 et de la Colonne Henneicke jusqu'à sa dissolution (il travaillera par la suite pour le sergent Abraham Kaper au bureau des Affaires juives. Kaper décrira Moesbergen comme l'un des « meilleurs chasseurs de Juifs »). Le fichier CABR de Moesbergen contient deux déclarations de témoins, une *V-Frau* et un *V-Mann* qui travaillent pour lui et qui affirment que le nazi a souvent sur lui des listes d'adresses de Juifs vivant dans la clandestinité. À l'été 1944, Moesbergen s'emploie à écumer méthodiquement les adresses en sa possession[17].

Durant son interrogatoire après-guerre, Moesbergen raconte que dès qu'il apprend qu'Arnold van den Bergh a perdu son statut Calmeyer il se rend dans la villa du 60 Oranje Nassaulaan. Mais l'oiseau s'est envolé. Il y retourne quelques jours plus tard, et comprend que le notaire a pris la poudre d'escampette. Dans l'espoir d'alléger sa sentence pour sa récente condamnation pour collaboration, Moesbergen prétend qu'il voulait avertir Van den Bergh, l'inciter à se cacher, chose que son dossier CABR ne suggère nullement[18].

L'équipe s'interrogeait : Moesbergen avait-il vraiment l'intention de prévenir Van den Bergh ou venait-il l'arrêter pour empocher le *Kopgeld* ? Après la guerre, il n'est pas dans l'intérêt du nazi d'avouer que son but était d'appréhender le notaire.

Aucun document indiquant que Van den Bergh a été interrogé au sujet des déclarations de Moesbergen n'a été retrouvé.

Quelque chose d'inattendu se produisit alors. Par un heureux hasard, Thijs rencontra un homme qui affirmait, documents à l'appui, que ses grands-parents avaient réussi à cacher la fille de Van den Bergh, Anne-Marie, pendant toute la durée de la guerre. D'après les grands-parents de cet homme, Arnold van den Bergh avait mis sa fille à l'abri par l'intermédiaire de la Résistance. Fait incroyable, Van den Bergh a sauvé sa famille d'une part grâce à ses puissants amis nazis, qui lui ont permis d'obtenir le statut Calmeyer, et d'autre part grâce à ses contacts au sein de la Résistance, qui l'ont aidé à cacher ses enfants.

Son cas était exceptionnel. Faire jouer ses relations au sein de la Résistance tout en s'arrogeant les faveurs de l'ennemi – cela, en soi, paraissait suspect à l'équipe.

37

Place aux experts

Vincent se rappelle parfaitement le moment où l'enquête a basculé. Il relisait la lettre anonyme pour la centième fois : « Votre cachette à Amsterdam a été signalée à l'époque au Jüdische Auswanderung d'Amsterdam, sur Euterpestraat, par A. van den Bergh [...]. »

Soudain, il se rendit compte que la lettre ne disait pas que le *nom* d'Otto Frank avait été livré. Seulement son adresse. L'auteur de cette missive ne savait peut-être même pas qui se cachait au 263 Prinsengracht. De plus, il précisait ensuite : « Il a fourni au JA une liste entière d'adresses. »

Vincent voyait tout à coup les choses sous un autre angle. Si Arnold van den Bergh avait bel et bien « fourni une liste entière d'adresses », et non une liste de noms, cela rendait la dénonciation – si toutefois c'en était une – moins personnelle. En somme, l'individu n'avait pas eu le sentiment de trahir une personne de sa connaissance.

Vincent voulait connaître la formulation exacte de la note retranscrite par Van Helden. Comportait-elle d'autres détails ? À quel membre du conseil d'administration de la Maison Anne-Frank Otto avait-il donné l'original ? Où se trouvait la copie qu'il avait réalisée ? Si Abraham Kaper avait conservé d'importants dossiers chez lui, Van Helden en avait peut-être fait de même ? L'équipe se mit en quête des héritiers de Van Helden et, après quelques recherches, elle retrouva la trace de son fils, Maarten.

Quand Vincent prit contact avec lui par e-mail, Maarten ne sembla tout d'abord pas très enthousiaste à l'idée de parler de son père. Il expliqua qu'il ne savait pas grand-chose sur son travail et qu'il ne leur serait probablement pas très utile. Mais, quand Vincent lui demanda si par hasard son père lui avait laissé des documents, Maarten répondit par l'affirmative. Environ huit ans après la mort de son père, il était tombé sur une pile de dossiers relatifs à l'investigation de 1963-1964.

Maarten van Helden envoya à l'équipe des copies numérisées d'une partie des documents qu'il avait retrouvés. Quand Vincent les passa en revue, il tomba sur un texte dactylographié avec des commentaires écrits à la main. Le contenu et la taille correspondaient à la description de la note anonyme par Van Helden. Ça ne pouvait pas être l'original, pas avec ces annotations manuscrites. Avait-il sous les yeux la copie réalisée par Otto en personne ?

Peu après les vacances de Noël, Vincent organisa un rendez-vous avec Maarten van Helden. Quand il entra dans le salon, son regard tomba sur une haute pile de papiers, qui attendait sur la table basse. Cela lui causa un choc. Vincent se tourna vers Maarten, un homme âgé, qui lui tendit la main. Sa femme, Els, à qui il était marié depuis quarante-cinq ans, s'avança et le salua elle aussi. Puis Maarten se mit à parler de son père.

Arend van Helden a dix-huit ans lorsqu'il s'enrôle dans l'armée. Il s'élève au grade de sergent dans la police militaire. Après l'invasion des Allemands en 1940, il est capturé et écroué à La Haye. Une fois libéré, il est autorisé par les Allemands à conserver son poste de policier, une erreur de leur part, car il se met rapidement à travailler pour la Résistance.

Utilisant sa position pour aider des gens entrés dans la clandestinité, il leur fait passer de la nourriture. Comme la viande est une denrée rare en temps de guerre, un policier doit être présent lors de l'abattage d'un cochon ou d'une vache, pour empêcher les vols. Des lambeaux de viande sont souvent abandonnés, qu'Arend récupère pour les donner aux clandestins.

Maarten avait gardé en mémoire les récits de guerre de son père. Notamment la capture d'un homme qu'il avait ordre de transporter au camp d'Amersfoort. Le prisonnier le supplie de le libérer une heure pour qu'il puisse prévenir ses proches d'une rafle imminente. Il lui donne sa parole qu'il reviendra se livrer. Arend le laisse partir, et l'homme tient sa promesse et revient pour être déporté. Maarten raconte aussi la confrontation entre son père et un officier nazi. En septembre 1944, Arend enquête sur un officier SS soupçonné de trafic au marché noir dans la ville d'Elst. Arend passe prendre l'officier en voiture pour l'interroger. Mais pendant le trajet le SS ordonne à Arend de lui donner son arme. Ce dernier s'exécute, puis le SS l'oblige à s'arrêter au bord de la route. Il s'apprête à tirer sur Arend, quand des bruits de pas se font entendre. Comme le SS baisse son arme, Arend prend ses jambes à son cou : il détale comme un lapin, traverse la plaine à toutes jambes et saute par-dessus les fossés pour échapper à l'Allemand.

Après la guerre, Arend van Helden garde son emploi et finit par être promu au rang d'inspecteur dans les forces de police d'Amsterdam. Maarten a vingt ans quand son père se voit confier l'enquête sur la rafle de l'Annexe, en 1963. Lorsque Arend se sentait frustré ou dans une impasse, il ramenait parfois l'affaire à la maison. Maarten se rappelait que son père s'était rendu à Vienne pour rencontrer Simon Wiesenthal, puis à Bâle pour questionner Otto Frank.

Quand les deux hommes reportèrent leur attention sur la pile de feuilles sur la table, Vincent s'efforça de masquer son excitation. Sous ses yeux s'étalaient des dizaines d'originaux et de copies carbone de presque toutes les pages de l'enquête de 1963-1964, y compris la couverture originale du dossier du département des enquêtes criminelles. Ses mains se mirent à trembler.

Tout en bas de la pile, il trouva ce qu'il cherchait : une feuille de quinze centimètres sur vingt-trois, légèrement jaunie, avec un message dactylographié et des commentaires manuscrits. L'écriture à l'encre semblait originale. Voilà pourquoi la copie ne se trouvait pas dans les dossiers de Van Helden au département des enquêtes criminelles – toutes ses années, elle était restée chez lui.

En haut de la page était dactylographié le mot allemand *Abschrift,* qui signifie « copie ». C'était donc bien, a priori, la fameuse reproduction d'Otto. Sa langue maternelle étant l'allemand, il est logique qu'il ait précisé « copie » en allemand. Le reste était en néerlandais. Quant aux commentaires manuscrits, Maarten reconnaissait l'écriture de son père. Il accepta de prêter l'*Abschrift* à l'équipe pour analyse. Vincent voulait s'assurer que le message avait bien été dactylographié par Otto Frank et que l'écriture était celle d'Arend van Helden.

Vincent contacta l'un de ses anciens collègues au laboratoire du FBI. Quelles analyses pouvaient-ils faire pour obtenir un maximum d'informations ? Malheureusement, la plupart auraient des effets secondaires destructeurs, et Vincent hésita à lancer des procédures qui risquaient d'endommager le message. Rechercher les empreintes était une possibilité, mais comme le procédé de relevé par colle cyanoacrylate (sorte de Super Glue) peut provoquer une importante décoloration cette idée fut abandonnée. Il se tourna ensuite vers l'experte scientifique Carina van Leeuwen.

Les deux spécialistes conclurent que l'étude du message nécessitait une double approche : un examen scientifique et une analyse linguistique.

Préférant ne pas faire confiance aux services postaux pour un document d'une telle importance historique, Maarten se rendit à Amsterdam en voiture avec sa sœur et remit la lettre en mains propres à Vincent et Brendan. Ces derniers demandèrent, cette fois aux deux enfants de Van Helden, si l'écriture cursive était bien celle de leur père. Tous deux furent catégoriques.

Pour la caution scientifique, Vincent fit appel à un graphologue néerlandais, Wil Fagel, retraité de l'Institut néerlandais de médecine légale. Ce dernier lui demanda de lui obtenir des échantillons de l'écriture du policier par le biais de Maarten, qui possédait plusieurs lettres de son père. Fagel compara son écriture à celle qui figurait sur le message, et en conclut qu'elles étaient identiques[1]. (Coïncidence, au milieu des années 1980, le service de Fagel au sein de l'Institut fut chargé d'étudier l'écriture manuscrite du *Journal d'Anne Frank* pour en vérifier l'authenticité. Les résultats de l'analyse graphologique furent publiés dans l'édition critique du *Journal* par le NIOD et réfutèrent les allégations selon lesquelles Anne Frank n'en était pas l'autrice[2].)

Il était essentiel de déterminer l'époque de fabrication de l'*Abschrift*. La datation au carbone 14 pourrait donner l'âge du papier, mais pas celui de l'écriture, et obligerait les experts à découper une partie du document. Cela dit, Vincent avait remarqué deux perforations dans la marge gauche du papier, dont l'une au milieu d'un mot. Il téléphona à Maarten van Helden, qui lui confirma avoir perforé tous les documents pour les ranger dans des classeurs. Vincent lui demanda si sa perforeuse était équipée d'un compartiment de récupération des pastilles. Marteen répondit que oui. Avait-il jamais vidé ce compartiment ? Marteen répondit que non. Peu après, le bureau reçut une enveloppe rembourrée.

Vincent en déversa le contenu sur une table, et constata qu'elle contenait environ un millier de pastilles en papier.

Vincent et Brendan les examinèrent une à une sur un écran Retina. Au bout de plusieurs heures, ils en sélectionnèrent quinze susceptibles d'être compatibles en termes de coloration, mais aucune ne comportait d'écriture à l'encre, et ils étaient incapables de déterminer si l'une d'elles correspondait aux perforations de la lettre.

Dans le même temps, Vincent et Brendan espéraient que l'analyse des caractères dactylographiés confirmerait l'identité de l'auteur et la date de la copie. Ils se mirent en relation avec l'expert international en typographie Bernhard Haas, fils de l'auteur du *Haas Atlas*, le guide de référence pour l'identification des caractères. Dans la terminologie d'une machine à écrire, la police de caractères d'un document est le dessin laissé sur le papier après que la barre de caractères a frappé le ruban encreur (à l'ère de l'informatique et des imprimantes à jet d'encre, l'étude de la typographie est un art en voie d'extinction, aussi l'équipe est-elle chanceuse d'avoir trouvé Haas). Vincent et Brendan lui expliquèrent le contexte de leur recherche et lui avouèrent qu'ils pensaient que l'*Abschrift* avait été réalisée par Otto Frank. Pour le vérifier, Haas avait besoin de la machine à écrire qu'Otto avait utilisée ou de documents originaux tapés par Otto sur la même machine. L'équipe ne voyait pas comment elle pourrait se procurer la machine à écrire d'Otto, conservée par le Fonds Anne-Frank à Bâle, un organisme qui jusqu'ici ne s'était guère montré très coopératif. La solution la plus évidente était de se tourner vers les correspondants réguliers d'Otto.

L'Américaine Cara Wilson-Granat avait grandi dans les années 1950 et été très marquée par le *Journal d'Anne Frank*, au point d'écrire à Otto. Elle passa même une audition pour jouer le rôle d'Anne dans le film de 1959 de George Stevens, *Le Journal d'Anne Frank*, qui fut récompensé aux Oscars (le rôle échut à Millie Perkins). Sa correspondance avec Otto dura plus de vingt ans, et ils développèrent une longue amitié. En 2001, Wilson-Granat publia les lettres dans un livre, *Dear Cara : Letters from Otto Frank* (« Chère Cara : lettres d'Otto Frank », non traduit en français).

Quand Vincent évoqua avec elle sa correspondance et ses conversations personnelles avec Otto, elle lui dit qu'elle avait conservé les lettres originales. Vincent lui expliqua que l'équipe était en possession d'un document potentiellement dactylographié par Otto. Aurait-elle l'obligeance de lui envoyer deux ou trois lettres pour établir la comparaison ? Cara accepta aussitôt.

Quand Vincent interrogea le bureau de poste d'Amsterdam au sujet de l'envoi des lettres, l'employé lui demanda quelle était la valeur du colis. « Inestimable », répondit Vincent. « Désolé, déclara l'employé, cela ne fait pas partie des options d'expédition. » L'équipe consulta alors un expert en documents, qui donna une estimation de sa valeur, puis le colis fut expédié. Le soir même, Vincent s'employa à suivre le parcours du paquet, et constata le lendemain matin qu'il était bien arrivé à l'aéroport Schiphol d'Amsterdam. Son cœur manqua un battement lorsqu'il reçut un SMS aux alentours de 8 h 15 l'avertissant que la livraison serait retardée de vingt-quatre heures, alors que le suivi en ligne indiquait que le colis était attendu pour le matin même, avant 10 h 30. Dans un moment de panique, il s'imagina appelant Cara pour lui dire que les lettres avaient été endommagées ou perdues. Mais à 9 heures le camion de livraison se gara devant son bureau. Le chauffeur entra et demanda une signature en échange du colis. « S'il se doutait de son contenu ! » songea Vincent.

Vincent et Brendan firent six heures de train pour atteindre Winnenden, une petite ville du sud-ouest de l'Allemagne, où habitait Bernhard Haas. Ils emportèrent avec eux le précieux message et plusieurs lettres originales de Cara. Haas, désormais à la retraite, avait transformé l'étage supérieur de sa maison en bureau, où trônait une collection de machines à écrire anciennes. Ses instruments étaient exposés sur un grand plateau vitré : un stéréomicroscope, des gabarits d'espacement, des lampes, une loupe.

L'évaluation dura plusieurs heures. Pour examiner les caractères de l'*Abschrift*, Haas sortit délicatement la feuille de sa pochette protectrice en plastique et la plaça sous l'œil du microscope. Puis il alluma une lampe spéciale destinée à révéler les plus infimes détails. Il prit des notes, marmonnant en allemand et étudiant attentivement les caractères. Puis il mesura les lettres, les espacements entre les caractères et les interlignages avec un gabarit particulier. Après quoi, il pivota dans son fauteuil, s'empara du livre écrit par son père sur l'étagère, et déclara à Vincent et Brendan que le message était un document dactylographié original. La machine à écrire utilisée présentait des défauts sur certaines lettres : le *h* (le haut de la hampe), le *n* (le jambage droit), le *a* (l'encoche inférieure), et le *A* (la diagonale droite). D'après son analyse, la machine avait été fabriquée par Ransmayer & Rodrian à Berlin, en Allemagne, entre 1930 et 1951.

Haas précisa que l'étape suivante consistait à comparer le message aux lettres originales de Cara Wilson-Granat. Brendan et Vincent attendirent nerveusement pendant que le spécialiste continuait à marmonner en allemand. Finalement, il se redressa et annonça qu'il pouvait conclure avec certitude que le mot et les lettres avaient été tapés sur la même machine[3]. Il donna ensuite une précision à laquelle les deux enquêteurs ne s'attendaient pas : d'après la dégradation des caractères dans les lettres de Cara Wilson-Granat, il estimait que le message avait été dactylographié plusieurs années avant la première lettre destinée à Clara, datée de 1959 (la typographie du message était plus propre, la machine à écrire s'étant dégradée par la suite, à force d'être utilisée). Cela confirmait la déclaration d'Otto à l'agent Van Helden : il avait fait une copie de la note avant de remettre l'original à un membre du conseil d'administration de la toute nouvelle Fondation Anne-Frank, en mai 1957.

Pendant le retour en train, Vincent et Brendan ressentirent une réelle satisfaction. Ils venaient de prouver que la lettre en leur possession n'était pas un simple bout de papier lié à la trahison de l'Annexe. Il s'agissait d'une preuve physique, établie par Otto Frank en personne.

Leur tâche suivante était d'analyser les commentaires manuscrits laissés par Van Helden sous le texte dactylographié. Un consensus fut trouvé entre ce que les enfants Van Helden pensaient que leur père avait écrit et l'analyse qu'en ont faite les chercheurs néerlandais pour en donner une traduction :

Ce document original est la propriété de
ou
L'original est au dépôt 23 [écriture difficile à déchiffrer, mais c'est la traduction la plus logique]
Notaire v. d. Hasselt, 702 Keizersgracht (230047)
(234602)
Reçu par la poste à Bâle, via la Fondation ou non
Détails personnels
Probablement
Déjà plusieurs années
Remise entre mes mains le 16/12/63…
M. Heldring,

1) a été membre du Conseil juif
Entre autres une société de bienfaisance
2) Département Lijnbaansgracht (? ? ? ?& ? ? ? ?)

Telles étaient les notes prises par l'enquêteur. La première phrase énonçait clairement que l'original était entre les mains d'un notaire du nom de Van Hasselt, résidant au 702 Keizersgracht. Puis il y avait un nombre à six chiffres. Une recherche dans l'annuaire d'Amsterdam de 1963 confirma qu'il s'agissait de l'adresse et du numéro de téléphone du notaire J. V. van Hasselt.

Les mots suivants n'étaient pas clairs, mais la ville de Bâle, où Otto habitait en 1963, était mentionnée. L'équipe interpréta la phrase suivante, « Remise entre mes mains le 16/12/63 », comme signifiant que l'agent Van Helden avait obtenu une copie du message le 16 décembre 1963, environ deux semaines après son entretien avec Otto.

Les chercheurs pensaient que « Heldring » se référait à Herman Heldring, l'un des premiers membres du conseil d'administration de la Fondation Anne-Frank. La dernière partie de la lettre – « a été membre du Conseil juif » et d'« une société de bienfaisance » – semblait se rapporter à Van den Bergh et à l'organisation qu'il avait rejointe après la Libération. Le « département Lijnbaansgracht » était le lieu où se situait le bureau d'information central du Conseil juif pendant la guerre. Le traducteur avait employé une série de ? ? ? ? à la place de deux mots séparés par un &, signifiant par là qu'ils étaient indéchiffrables.

Les membres de l'équipe étaient à présent certains qu'ils avaient entre les mains la copie originale réalisée par Otto, mais ils se retrouvaient face à des interrogations troublantes : qui était le notaire Van Hasselt ? Comment s'était-il retrouvé en possession de la lettre originale ? Et pourquoi l'équipe n'en avait-elle encore jamais entendu parler ?

38

Petite lettre entre amis

Jakob van Hasselt devint soudain une figure clé de l'enquête. Il apparut rapidement qu'il connaissait bien Arnold van den Bergh. Avant le conflit, tous deux faisaient partie des sept notaires juifs installés à Amsterdam et, ensemble, ils concluaient de nombreuses transactions[1]. Pendant la guerre, leurs routes se séparent : Van Hasselt refuse de devenir membre du Conseil juif, alors que Van den Bergh accepte. Van Hasselt et sa famille entrent en clandestinité. Sa femme et lui réussissent à gagner la Belgique, tandis que leurs deux filles restent aux Pays-Bas[1]. Après la guerre, leurs chemins se croisent à nouveau. De retour à Amsterdam, Van Hasselt s'investit pleinement dans l'aide humanitaire pour la communauté juive et nomme Van den Bergh au conseil d'administration de l'Organisation pour l'aide sociale juive (Joods Maatschappelijk Werk).

Van Hasselt est aussi très proche d'Otto Frank. Il rédige les actes de la Fondation Anne-Frank en mai 1957, dont le but est de sauver l'immeuble du 263 Prinsengracht de la démolition. Il en est l'un des membres fondateurs, avec Otto, Johannes

1. Séparer les clandestins était commun. Il était moins compliqué pour les bienfaiteurs de cacher une ou deux personnes que de mettre à l'abri une famille entière (NdA).

Kleiman, et d'autres. Van Hasselt établit également le contrat de mariage d'Otto et de sa seconde épouse, Fritzi, qui échangent leurs vœux en novembre 1953[2]. Il soutient même Otto quand certains remettent en cause l'authenticité du *Journal.* En 1954, il fait une déclaration notariée pour confirmer son authenticité[3].

Otto et Van Hasselt ont un autre point commun : Van Hasselt a lui aussi perdu ses deux filles (alors âgées de six et neuf ans) pendant l'Holocauste. Les circonstances de leur mort sont réellement tragiques. Afin d'éviter de payer une amende pour non-respect du couvre-feu, une femme dénonce une dame juive âgée qui vit dans la clandestinité, et qui n'est autre que la grand-mère des filles Hasselt. Quand la vieille dame est arrêtée, les SS découvrent les lettres de ses petites-filles, avec l'adresse de leur cachette[4].

La terrible perte subie par les deux hommes crée entre eux un lien unique, que personne ne peut comprendre s'il n'a pas vécu un drame similaire. Otto et Van Hasselt ont sans doute discuté du contenu de la lettre anonyme, sans savoir quelle conclusion en tirer. Le message semble malgré tout assez important aux yeux d'Otto pour qu'il en fasse une copie et confie l'original à son ami, chez qui il sera en lieu sûr[5].

Le nom Van Hasselt apparaît dans de nombreux documents retrouvés au cours de l'enquête, notamment dans une lettre de Kleiman à Otto Frank datée de mars 1958. Kleiman fait explicitement référence au mystérieux message :

J'ai lu la lettre anonyme qui m'a été transmise par le notaire Van Hasselt. Ce dernier connaissait le notaire Van den Bergh, qui habitait dans le quartier, et qui est décédé depuis longtemps. Il n'avait aucune raison de ne pas le considérer comme un homme « bien » à l'époque. Le docteur De Jong songeait à en informer le département de la Justice, mais nos deux gentlemen ont finalement préféré ne pas accorder trop d'importance à la missive. Une question se pose tout de même : pourquoi son auteur a-t-il attendu si longtemps pour porter une telle accusation ? Le docteur de Jong reviendra vers moi s'il en apprend davantage[6].

La lettre de Kleiman confirme deux choses. D'abord, le message original a été confié au notaire Van Hasselt (comme le suggère le commentaire manuscrit de Van Helden sur l'*Abschrift*). Ensuite, Van den Bergh et Van Hasselt se connaissaient et travaillaient ensemble. Elle suggère également que Kleiman se trompe (ou a été induit en erreur ?) sur la date de l'expédition de la missive, puisqu'il écrit : « Pourquoi son auteur a-t-il attendu si longtemps pour porter une telle accusation ? » Il ne semble pas être au courant qu'Otto l'a reçue peu après la Libération, soit treize ans auparavant. Kleiman est l'un des proches d'Otto. Durant les années d'après-guerre, Miep, Bep, Kugler et Kleiman émettent souvent des hypothèses sur l'identité du traître, mais d'après les renseignements que l'équipe a rassemblés le nom de Van den Bergh n'est pas évoqué.

D'autre part, Van Hasselt a manifestement appris à Kleiman que Van den Bergh était décédé, mais son commentaire – « Il n'avait aucune raison de ne pas le considérer comme un homme "bien" à l'époque » – est plutôt dérangeant. Quand Kleiman contacte le docteur Loe de Jong, un historien néerlandais, alors directeur du Rijksinstituut voor Oorlogsdocumentatie*, RIOD (par la suite renommé NIOD), pour lui demander ce qu'il doit faire du message, De Jong lui recommande d'en informer le département de la Justice. Toutefois, Van Hasselt et De Jong décident finalement que le message ne mérite pas d'être pris au sérieux. Il n'existe aucune preuve que la lettre a été archivée au RIOD, ni que son existence a été signalée au département de la Justice.

Contrairement à ce qu'il a dit à Van Helden, Otto a mené son enquête sur Van den Bergh. Quand il rend visite au policier néerlandais Gezinus Gringhuis en prison, le 6 décembre 1945, il lui pose des questions spécifiques sur le notaire et la lettre de dénonciation. Gringhuis lui aurait répondu : « Il n'y a aucune raison de soupçonner l'intégrité de cet homme[7]. » Il est peu probable qu'Otto ait pris les paroles de Gringhuis pour argent comptant. Et il est clair que quand il reçoit le fameux message, quelques mois seulement après son retour d'Auschwitz, Otto ne le prend pas à la légère.

Curieusement, lors de sa visite à la prison, Otto n'emmène pas Kugler ou Kleiman (comme le confirme son agenda), mais « Ab ». Abraham « Ab » Cauvern est un ami, qui aidera par la suite Otto à éditer le *Journal d'Anne Frank* et qui, après la mort de sa femme, propose en 1947 à Otto, Miep et Jan Gies de partager son grand appartement. Alors que Cauvern est manifestement au courant de la lettre anonyme, Kleiman et Kugler n'en savent rien à l'époque. Pourquoi Otto a-t-il gardé le secret ? Et pourquoi attendre 1963 pour en confier la copie à Van Helden ? Le mystère était à présent au cœur de l'enquête.

39

La dactylo

L'équipe s'intéressait désormais à l'expéditeur de la mystérieuse lettre anonyme. Le premier suspect était J. W. A. Schepers, le notaire pronazi qui avait repris l'étude de Van den Bergh. Schepers méprisait le notaire juif et lui livrait une impitoyable vendetta. Même après la guerre, il était peu probable que sa colère se soit apaisée. Alors pourquoi ne pas passer à l'étape suivante et le calomnier en l'accusant d'avoir trahi un compatriote juif ?

Mais Schepers n'aurait pas pu déposer le message, car le 2 juin 1945, la veille du jour où Otto rentre d'Auschwitz, il est arrêté pour collaboration. Les détenus sont autorisés à envoyer des lettres, mais seulement manuscrites, et sur du papier à en-tête de la prison. Si le message original avait été écrit sur un papier particulier, Otto l'aurait certainement mentionné à l'agent Van Helden ou à Kleiman. De surcroît, cela voudrait dire que Schepers savait qui était Otto Frank, ce qui n'était pas nécessairement le cas. De plus, ses lettres sur Van den Bergh témoignent que le nazi n'a aucun scrupule à accabler le notaire de tous les maux et à se plaindre aux autorités compétentes en signant de son nom.

L'auteur du message connaît forcément Van den Bergh, et semble en possession d'informations confidentielles. Peut-être que l'informateur anonyme travaille pour le SD, puisque la missive précise que d'autres adresses ont été fournies au QG sur Euterpestraat. Seule une personne officiant au sein du SD pouvait être aussi bien informée.

L'équipe fit appel au docteur Fleur van der Houwen, la spécialiste en linguistique médico-légale néerlandaise à l'université libre d'Amsterdam, qui avait vingt ans d'expérience sur le terrain. Après avoir examiné le choix du vocabulaire et la structure des phrases, elle rendit les conclusions suivantes[1] :

1. Le texte est écrit dans un registre élaboré et soutenu de néerlandais.

2. Le choix du lexique et la phraséologie indiquent que l'auteur est néerlandais et non allemand.

3. Il s'agit très certainement d'un adulte.

4. Il travaillait sûrement pour une entité gouvernementale.

D'après cette analyse, associée à d'autres données, l'équipe conclut que l'auteur du message :

1. Était néerlandais.

2. Était employé, ou lié d'une manière ou d'une autre, à la Zentralstelle sur Euterpestraat à Amsterdam.

3. Travaillait probablement en lien direct avec les responsables et maniait des dossiers confidentiels. On peut supposer que seuls les employés de confiance, les hommes du SD, les policiers néerlandais à leur solde et les informateurs avaient accès aux listes mentionnées dans le message.

4. Était impatient de se soulager de cette pénible information.

5. Connaissait Arnold van den Bergh ou en avait entendu parler, puisque son adresse personnelle est indiquée dans la lettre.

L'équipe se mit en quête d'un individu néerlandais à la Zentralstelle correspondant à ce profil, et décida de s'intéresser de plus près à Cornelia Wilhelmina Theresia « Thea » Hoogensteijn.

Ce nom apparaissait dans l'annuaire du SD d'Amsterdam, où elle est enregistrée en tant que secrétaire de Willy Lages et Julius Dettmann.

Née en Allemagne en 1918, Hoogensteijn vient vivre aux Pays-Bas avec sa famille néerlandaise catholique à l'âge de neuf ans. À vingt-quatre ans, maîtrisant aussi bien l'allemand que le néerlandais, elle obtient un poste de dactylo à la Zentralstelle. Au début, elle se contente de traduire les mesures antijuives en néerlandais, enregistre les noms des Juifs arrêtés durant les rafles, et tape les comptes rendus des interrogatoires des détenus politiques au quartier général du SD[2].

À première vue elle apparaît comme une sympathisante nazie, mais en réalité elle est proche de deux policiers amstellodamois qui travaillent pour la Résistance : Arend Japin et Piet Elias. Par la suite, ils témoigneront qu'elle les a aidés à libérer vingt étudiants sur le point d'être déportés dans un camp de travaux forcés en 1943. Opérer comme une sorte d'agent double finit par devenir trop pesant pour elle. Horrifiée par les tortures infligées aux prisonniers au QG, elle démissionne au début de l'année 1944[3]. Mais la Résistance la considère comme un atout si précieux qu'elle la presse de reprendre son poste. En juin, elle est promue secrétaire particulière du redoutable chef du SD, Willy Lages. Comme l'annuaire téléphonique du SD en témoigne, elle devient également la secrétaire de Dettmann, ce qui signifie qu'elle aurait pu avoir connaissance d'une liste donnée au SD par Van den Bergh, comme le suggérait le message.

À la fin de l'année 1944, le SD la soupçonne d'entretenir des liens secrets avec la Résistance. Lages tape sur la machine à écrire de la dactylo : « Thea, tu es une traîtresse[4]. » En janvier 1945, elle est arrêtée et accusée d'être une espionne, mais en l'absence de preuves solides elle est relâchée au bout de trois jours. Démasquée, elle s'enfuit avec pour sauf-conduit la lettre d'un résistant.

Le 11 mars, alors qu'elle tente de pénétrer dans le Sud libre, Hoogensteijn et son compagnon, Henk Klijn, sont arrêtés et écroués dans un camp de prisonniers près de la ville de Tilburg. L'agent du renseignement de la 15e division écossaise qui l'interroge a manifestement appris qu'elle travaillait pour le SD d'Amsterdam (la lettre du résistant n'a semble-t-il aucun poids.) Après la Libération, le 5 mai, elle est transférée dans le camp d'internement de Fort Ruigenhoek, près d'Utrecht, où elle est détenue avec plus de mille autres femmes, pour la plupart des épouses de membres du NSB. Désespérée, elle s'isole du reste de la population carcérale, refuse de s'alimenter, et fait une tentative de suicide. Elle est internée dans une institution pour malades mentaux à Utrecht. À la fin du mois d'août, elle est admise à la clinique Valerius, un hôpital psychiatrique à Amsterdam, où le diagnostic est posé : elle souffre de psychose hystérique et, fin novembre, elle reçoit le premier des quinze traitements par électrochocs de sa thérapie[5].

Le 21 mai 1946, elle est enfin libérée, mais la guerre a détruit sa vie. Comme elle n'est plus la bienvenue dans sa famille, qui la considère comme une *moffenhoer* (une catin des Allemands), elle émigre en Suède en 1947, puis gagne le Venezuela. Il faut attendre 1960, et la publication d'un article pleine page dans un journal néerlandais avec le titre « Au SD d'Euterpestraat, Thea a sauvé de nombreuses vies », pour qu'elle soit enfin saluée comme une héroïne oubliée de la Résistance[6].

Il est peu probable que Hoogensteijn ait écrit la lettre anonyme, mais ce n'est pas impossible. Si elle l'avait envoyée avant son arrestation, le 11 mars, à l'adresse du 263 Prinsengracht (elle ne connaissait pas le nom d'Otto), Kleiman et Kugler l'auraient ouverte. Or, ils ne savaient rien de cette dénonciation anonyme. Si elle l'avait écrite de l'un des camps, elle aurait utilisé un papier à en-tête, et Otto l'aurait mentionné. Et, à la fin du mois d'août, il semble qu'elle n'était plus en état d'écrire une telle missive. De son propre aveu, Otto a reçu ce message peu après la Libération ; malheureusement, il ne précise pas la date exacte. Finalement, l'équipe conclut que son auteur, s'il ne s'agissait pas de Thea, connaissait bien le fonctionnement du SD. Mais alors que les enquêteurs se préparaient à explorer d'autres pistes ils eurent soudain une nouvelle raison de croire que le contenu même de la lettre était fondé.

40

La petite-fille

De son côté, Thijs s'intéressait à l'homme dont les grands-parents avaient caché Anne-Marie van den Bergh pendant la guerre. Quand Thijs lui parla au téléphone, l'homme se montra cordial et proposa de lui présenter la petite-fille de Van den Bergh, avec qui il était resté en contact (pour protéger sa vie privée, nous ne citerons pas le nom de ce monsieur et nous nommerons la petite-fille Esther Kizio, le pseudonyme qu'elle s'est choisi).

Le 13 février 2018, l'homme envoya une lettre à Esther pour lui parler de Thijs et pour lui demander si elle voulait bien aider l'équipe dans son enquête. Il lui rappela qu'à la fin de la guerre Arnold et sa femme avaient emménagé au 72-3 Minervalaan avec leurs trois enfants. Soit à quelques kilomètres de Merwedeplein, où habitait la famille Frank avant d'entrer en clandestinité. Le 6 mars, elle répondit, avec circonspection, qu'elle acceptait de les rencontrer.

Le 15 mars, Thijs se rendit dans la ville où résidait Esther, près de la mer du Nord, non loin d'Amsterdam. Il était très tendu, étant donné l'enjeu. Avant de partir, il avait relu attentivement le rapport de police de 1963 et la lettre qui désigne Arnold van den Bergh comme le traître. Thijs comprenait la réserve d'Esther. Soudain, un étranger débarquait chez elle pour lui parler de son grand-père, qui, elle le savait sûrement, siégeait au Conseil juif, dont les membres avaient été diabolisés après la guerre.

Il se gara et sonna à la porte. Une femme d'une cinquantaine d'années lui ouvrit et l'invita à entrer, tout sourire. Tout en bavardant, elle le conduisit dans la cuisine, qui donnait sur le jardin. Elle lui proposa du thé et des biscuits au gingembre.

Ce fut le premier de plusieurs entretiens. Esther se montra très affable. Même si elle n'avait pas connu son grand-père, décédé avant sa naissance, elle avait une foule d'histoires de famille à raconter[1].

Esther a neuf ou dix ans quand sa mère Anne-Marie lui parle de la guerre pour la première fois. Elle lui explique qu'après l'invasion nazie la famille est protégée de la déportation par la position de son père au Conseil juif[2]. Cependant, au cours de l'année 1943, la situation s'envenime. Soudain, tous sont en danger (sans doute à partir de septembre, quand le Conseil juif est démantelé). La famille vit dans la peur, et les valises sont prêtes, en cas de départ précipité. Anne-Marie n'a pas de bonnes relations avec sa mère, qu'elle décrit comme froide et socialement ambitieuse. En revanche, elle aime tendrement son père. Ils partagent la même passion pour l'art et la littérature. Selon Esther, pour sa mère Anne-Marie, la mort de son père a été « le plus grand désastre de son existence. Le reste n'avait pas vraiment d'importance[3] ».

La Résistance place les sœurs jumelles d'Anne-Marie dans une ferme aux environs de la ville septentrionale de Scharwoude, dans une famille nommée De Bruin. Anne-Marie reste à Amsterdam, mais l'expérience s'avère terrible. La famille dans laquelle elle est placée la force à travailler et lui donne très peu à manger. Un jour, elle a tellement faim qu'elle vole de la nourriture, ce qui déclenche une violente dispute. Esther comprend aussi qu'Anne-Marie a été sexuellement abusée, même si ces mots n'ont jamais été prononcés.

Comme Anne-Marie se plaint à l'homme de la Résistance qui vient s'assurer de son bien-être, elle est relogée dans une autre famille dans le sud des Pays-Bas. Le résistant l'accompagne pendant une partie du voyage en train. Alors qu'elle attend seule sur le quai de la gare pour la dernière partie de son trajet, elle est repérée par un homme néerlandais qui, dans son souvenir, portait un chapeau de style allemand, avec une plume fichée dessus. Avisant ses cheveux et ses yeux noirs, l'homme pense sans doute avoir affaire à une Juive et avertit la police.

La police l'arrête et l'envoie dans la prison de Scheveningen (Oranjehotel*), où elle se retrouve incarcérée avec d'autres Juifs. Lors des interrogatoires, elle répète l'histoire que la Résistance l'a entraînée à raconter en cas d'arrestation. Des années après, Anne-Marie raconte à sa fille qu'elle a réussi à garder son sang-froid grâce au portrait d'une famille heureuse posé sur le bureau de l'homme qui l'interrogeait avec brutalité.

Elle finit par lâcher le nom d'Alois Miedl, un recours que son père lui avait dit d'utiliser si elle avait des ennuis. Miedl est un homme d'affaires, associé de Van den Bergh, et particulièrement intéressé par l'acquisition de tableaux anciens. Au bout de deux semaines, Anne-Marie est la dernière incarcérée. Tous ses compagnons de cellule ont été déportés.

Elle est libérée sans explication et reprend son voyage en train jusqu'à la petite ville de Sprundel, où elle est accueillie par un certain Pr Ruijgrok, qui l'emmène chez les Bastiaensen. Ces catholiques chaleureux la prennent volontiers sous leur aile. Mais un enfant qui vit dans la clandestinité ne peut guère espérer la stabilité. Anne-Marie est transférée à nouveau brusquement, car la famille est forcée de loger des soldats allemands. La Résistance la place chez les Sadee, dans la ville de Breda, où elle reste environ six semaines avant de retourner chez les Bastiaensen, dès que les Allemands ont vidé les lieux. Elle restera avec eux jusqu'à la Libération.

Esther raconte qu'à la fin de la guerre sa mère ne voulait plus quitter les Bastiaensen. Les enfants de la famille étaient comme ses demi-frères et sœurs, et Anne-Marie voulait même se convertir au catholicisme. Finalement, les Bastiaensen la convainquent de rejoindre sa propre famille à Amsterdam, mais elle restera en contact régulier avec eux longtemps après la guerre.

Telle était la version d'Esther sur sa mère. Son récit correspondait aux informations trouvées par l'équipe dans le dossier de son grand-père[4]. Dans son témoignage aux autorités néerlandaises, Arnold van den Bergh déclare que sa fille a été arrêtée à Rotterdam, alors qu'elle était en route pour une nouvelle planque. À l'en croire, elle a été emprisonnée pendant neuf jours, puis relâchée parce que ses papiers d'identité ne portaient pas la lettre J. Cependant, il ne précise pas qu'il a dit à sa fille d'utiliser le nom d'Alois Miedl en cas de problème[5]. Il se doutait certainement qu'après la guerre sa relation privilégiée avec un nazi notoire lui porterait préjudice.

Interrogée par les enquêteurs sur Miedl, Esther répondit qu'il était collectionneur d'art et marié à une Juive. Son grand-père collectionnait les tableaux de maîtres des XVIIe et XVIIIe siècles et se rendait à des ventes aux enchères avec Miedl. Elle se souvenait que celui-ci avait acheté la collection Goudstikker à peu près au moment de l'invasion allemande. Après quoi, il l'avait revendue au bras droit de Hitler, Hermann Göring. Elle évoqua une photographie d'époque, où on voit Göring sortir du bureau de Miedl. Cela dit, elle ne semblait pas savoir que son grand-père était le notaire qui avait supervisé l'achat de la collection par Göring.

Esther rendait régulièrement visite à sa grand-mère et à sa tante. Quand elle ouvrait la porte, elle avait l'impression d'entrer dans le Rijksmuseum. Les murs étaient recouverts de tableaux de l'école de Jan Steen et d'autres maîtres. Après la mort de sa grand-mère en 1968, Esther fut chargée de répertorier le contenu de sa maison à Amsterdam. Elle trouva de nombreux documents, mais la collection d'art de son grand-père avait disparu (elle recherchait toujours la trace des tableaux). Elle dénicha aussi une mallette remplie de papiers, qui était restée dans la maison de son grand-père pendant quarante ans. Mais, comme pour la propriété d'Abraham Kaper, tout avait été réduit en cendres lors d'un incendie causé par une fuite de gaz.

Esther fut invitée dans les bureaux de l'équipe à Amsterdam-Noord[6]. À la fin de l'entretien, Vincent et Brendan lui montrèrent la lettre anonyme qui désignait son grand-père comme le délateur de la famille Frank. « Pourquoi quelqu'un enverrait-il une telle lettre ? » demanda-t-elle, manifestement choquée.

Elle souligna qu'après la guerre les membres du Conseil juif avaient été victimes de la vindicte populaire. Sa grand-mère lui parlait rarement de cette époque, et personne dans la famille n'avait jamais porté d'accusations contre son grand-père. Mais, longtemps après la mort de celui-ci, elle avait reçu des coups de téléphone haineux au sujet du Conseil juif.

« Pourquoi une personne en aurait-elle trahi d'autres de cette manière ? » se demanda-t-elle aussi à haute voix. Son grand-père avait sans doute été contraint de coopérer avec les Allemands, mais elle ne l'imaginait pas une seconde dénonçant Otto Frank. Relisant le message attentivement, elle fit remarquer qu'il se référait à des listes, et non à des gens nommément. Dès lors, cela lui semblait plus plausible. Si son grand-père avait bien donné le 263 Prinsengracht, c'était certainement juste une adresse parmi d'autres. Il ne savait pas qui vivait à cet endroit. Et s'il l'avait fait, conclut-elle, c'était pour une seule et unique raison : parce qu'il n'avait pas le choix, parce que la vie de sa famille était en jeu.

41

L'affaire Goudstikker

Les commentaires d'Esther sur le lien entre son grand-père et l'affaire Goudstikker, la célèbre collection « acquise » par le Reich pendant la Seconde Guerre mondiale, correspondaient aux découvertes de l'équipe. Son récit renforçait leur intuition grandissante que Van den Bergh était impliqué, d'une manière ou d'une autre, dans la dénonciation des Frank[1].

Dans les années 1920 et 1930, Jacques Goudstikker est l'un des plus riches marchands néerlandais de tableaux de maîtres européens des XVIIe et XVIIIe siècles. Comme il est juif, durant l'été 1940, il est forcé de vendre sa collection, soit plus de mille œuvres d'art, ainsi que le reste de ses biens, pour un prix dérisoire, à Alois Miedl[2], un homme d'origine allemande naturalisé néerlandais qui s'est installé aux Pays-Bas comme banquier et collectionneur d'art. Ce que beaucoup de gens ignorent à l'époque, c'est que Miedl travaille aussi pour l'Abwehr*, le renseignement militaire allemand, et a ainsi ses entrées dans le cercle des officiers nazis du SD aux Pays-Bas, incluant Ferdinand aus der Fünten, le chef de la Zentralstelle, et Willy Lages, le chef du SD à Amsterdam. En fait, l'épouse de Lages vit au château Nyenrode, l'un des élégants manoirs que Miedl a acquis en même temps que les œuvres d'art de Goudstikker.

Miedl et son épouse, qui est juive, donnent de somptueuses réceptions où se presse tout le gratin du SD allemand, ainsi que les officiels de haut rang de l'administration civile. Miedl a aussi des amis influents en Allemagne. Il est proche de Heinrich Hoffmann, le photographe personnel d'Adolf Hitler[3]. Il aurait même passé plusieurs jours avec Hitler à Berchtesgaden[4].

La vente Goudstikker, réalisée peu après l'invasion allemande en 1940, est une opération fictive au profit du maréchal Hermann Göring, le numéro deux du Reich. Pour ne pas se salir les mains, Hitler et Göring utilisent des intermédiaires qui repèrent les collections et négocient les transactions afin de satisfaire leur goût pour les œuvres d'art rares. Il est clair que Göring et ses marchands d'art convoitent la célèbre collection Goudstikker depuis un moment. Celui-ci impose une condition avant de se plier à la vente abusive de ses biens : Miedl doit lui promettre de protéger sa mère juive âgée.

Tandis que les forces allemandes approchent d'Amsterdam, le 13 mai 1940, les Goudstikker, qui ont manqué l'opportunité de s'enfuir aux États-Unis, embarquent sans visas à bord du *SS Bodegraven,* à destination de l'Angleterre, en partie grâce à un soldat qui a reconnu l'épouse de Goudstikker, une chanteuse d'opéra renommée. Mais Goudstikker n'atteint pas l'Angleterre vivant. Une nuit, pendant la traversée, il tombe mystérieusement par une trappe ouverte dans la soute et se brise le cou[5].

Même après sa mort, la « maison d'art » Goudstikker poursuit son commerce florissant pendant l'Occupation, tandis que de nombreux Allemands aux ressources illimitées envahissent le pays. Après sa première visite à la fin du mois de mai 1940, Hermann Göring revient en plusieurs occasions, en train ou en avion privé, et descend à l'hôtel Astoria d'Amsterdam. Une célèbre photo montre Göring en train de sortir de la galerie d'art Goudstikker sur Herengracht, après une inspection des tableaux qu'il désire acquérir (c'est de cette photo dont la petite-fille de Van den Bergh se souvient). Pendant son interrogatoire, le 30 août 1946, un peu plus de six semaines avant son suicide, Göring affirme avoir rencontré le notaire de Goudstikker. Est-ce lors de la première visite de Göring ? Il ne le précise pas, pas plus que le nom dudit notaire, mais il s'agit manifestement d'Arnold van den Bergh[6]. Le maréchal se sert de la femme juive de Miedl pour faire pression sur le marchand d'art, qui, en fervent catholique, refuse de divorcer. Dès lors, Miedl s'assure les faveurs de Göring en lui fournissant des tableaux de prix et des cadeaux luxueux.

Grâce à la transaction frauduleuse, Alois Miedl acquiert les biens immobiliers ainsi que le nom de la société « Goudstikker, N.V. », tandis que Göring s'approprie la majorité des tableaux, y compris un Rembrandt (qu'il offrira à Hitler), un Frans Hals et un Ruysdael. Arnold van den Bergh supervise la transaction en tant que notaire de Goudstikker et rédige les actes pour la collection d'art, même si, comme l'équipe l'apprend par la suite, un notaire n'est techniquement pas indispensable pour ce type de vente[1]. Le paiement de 2 millions de florins (10 millions de dollars actuels) est effectué en coupures de 1 000 florins (l'accord original prévoyait un chèque de banque, mais les parties étaient si pressées de conclure le marché que l'émission d'un chèque n'a pas pu avoir lieu).

Après la vente, clairement illégale et réalisée sous la contrainte, tous les employés de Goudstikker, N.V. reçoivent une prime. Van den Bergh perçoit 10 % des 2 millions de florins. L'expert et restaurateur J. Dik Sr et l'administrateur A. A. ten Broek empochent chacun 180 000 florins. Même le petit personnel,

1. Le notaire néerlandais Cornelis M. Cappon a confirmé qu'un notaire n'était requis que pour la vente des biens (NdA).

comme les jardiniers, touche une part du gâteau. Entre eux, ils surnomment cette affaire la « douche dorée »[7].

Lui-même collectionneur, Van den Bergh vend des œuvres directement à la chancellerie du Reich. L'une d'elles finit dans la collection personnelle de Hitler[8]. Il est grassement rémunéré pour ses services mais, en plus de l'argent, son rôle chez Goudstikker, N.V. et son association avec Miedl lui octroient de nombreuses relations chez les SS et au sein de l'administration nazie, lesquelles peuvent assurer sa sécurité.

En septembre 1943, très certainement à la demande de Miedl[9], Van den Bergh ouvre les portes de sa villa d'Oranje Nassaulaan à la mère du marchand d'art, Emilie Goudstikker, qui y demeure jusqu'à la fin de la guerre. Un coup d'œil à la carte du Conseil juif de celle-ci indique que Miedl a réussi à la « nettoyer » : pas de numéro d'identification, pas de *Sperre* ni de J réglementaire[10]. Plutôt impressionnant. L'homme a un réel pouvoir. Van den Bergh comptait à l'évidence sur Miedl pour user de son influence sur l'administration nazie afin de les protéger, sa famille et lui.

Le notaire est un homme intelligent. Il met en place plusieurs stratégies pour sauver les siens. D'abord, il obtient plusieurs *Sperres*, puis une dispense Calmeyer – jusqu'à ce que Schepers décide de le faire tomber. Dès lors, il demande à la Résistance de cacher ses enfants. Il a bien compris que la survie de chacun dépend de ses relations. Grâce à son association avec Miedl, il bénéficie de la protection (indirecte) de Ferdinand aus der Fünten et de Willy Lages. Mais en dépit de ses liens avec les hautes sphères nazies Van den Bergh n'est pas assez naïf pour faire confiance à l'ennemi. Ses fonctions en tant que notaire de Goudstikker, N.V. prennent fin le 28 février 1944. Après quoi, il doit échafauder de nouveaux plans pour se tirer d'affaire. Lui et sa femme ne seront jamais déportés : ils n'apparaissent pas sur les registres des camps de concentration et ont survécu à la guerre. Qu'a fait le notaire pour assurer leur survie ?

En 1944, il devient clair que les Allemands vont perdre la guerre. L'influence de Hermann Göring s'étiole. Hitler est furieux que la Luftwaffe soit incapable de stopper les bombardements des villes allemandes par les Alliés. Miedl sent le vent tourner. Ne pouvant plus compter sur la protection de Göring, il décide d'envoyer sa famille en Espagne, dont le *Caudillo,* Francisco Franco, est un sympathisant de l'Allemagne. Dans son interrogatoire d'après-guerre par un représentant de l'armée américaine, Miedl affirme être arrivé en Espagne le 5 juillet 1944 avec trois peintures dans ses bagages. D'après le rapport retrouvé par l'équipe, il a été arrêté et brièvement interrogé par les Allemands en France le 21 août 1944. Ce n'est sûrement pas la première fois qu'il fait passer clandestinement des tableaux en Espagne. En son absence, il confie ses affaires et ses deux manoirs à son ami Hans Tietje, l'homme qui a obtenu les *Sperres* 120 000 pour Van den Bergh et sa famille. Le gardien, les domestiques et le voisin de Miedl racontent à la Résistance néerlandaise que, peu avant le départ de Miedl, une batterie de camions de l'armée allemande se sont garés devant sa villa et ont chargé quantité de meubles et d'objets de valeur à destination de l'Allemagne[11].

Comme Miedl a perdu une grande partie de son pouvoir, Van den Bergh est plus exposé que jamais. Même si l'équipe ne peut en avoir la certitude, il est possible que sa femme et lui aient cherché asile dans l'une des propriétés que Miedl avait « achetées » à Goudstikker, transaction pour laquelle Van den Bergh avait servi de notaire. Le couple a-t-il séjourné à Oostermeer, tout près d'Amsterdam ? Beaucoup de gens se sont cachés dans cette propriété à la fin de la guerre, mais il n'y a aucune trace des époux Van den Bergh, si bien que cette possibilité fut éliminée. Cependant, le château Nyenrode restait une hypothèse plausible.

Henriette von Schirach, une proche de Miedl, en est une ancienne résidente. Elle est l'épouse de Baldur von Schirach, chef des Jeunesses hitlériennes et gouverneur de Vienne pour le Reich, et une amie personnelle de Hitler. Elle décrit le château comme un lieu étrange :

Le soir même, j'ai suivi le conseil de Miedl et j'ai emménagé dans son château entouré de douves. Dans cette demeure, on trouvait tous ceux qui fuyaient les persécutions en Allemagne : des ingénieurs des usines Messerschmitt, venus ici à cause de Göring et de leurs femmes juives, des acteurs réfugiés en Hollande pour échapper à la Wehrmacht, des journalistes, des imposteurs, des hommes et des femmes avec des faux passeports et des faux noms[12].

Si les Van den Bergh ont séjourné dans le château, côtoyer des fugitifs allemands ne devait pas leur sembler très sûr. Comme Miedl est en Espagne et ne peut plus le protéger, le notaire a sans doute cherché une autre garantie – une monnaie d'échange suffisamment précieuse aux yeux du SD pour garantir la sécurité de sa famille. Quand l'unité IV B4 arrête des gens, la procédure standard est de les forcer à livrer des Juifs entrés en clandestinité. Pour Van den Bergh, une liste d'adresses de cachettes s'apparente à une porte de sortie.

42

Une révélation

L'équipe commença à chercher des sources pour des listes d'adresses dans les archives de la Commission de contact du camp de Westerbork.

Quand les prisonniers ont besoin de papiers spécifiques pour prouver qu'ils sont éligibles à un *Sperre,* ils s'adressent à cette commission. Le bureau est géré par deux hommes désignés par le Conseil juif, qui font souvent le trajet entre Westerbork et Amsterdam pour récupérer les documents nécessaires et intervenir en faveur des prisonniers. L'un d'eux, Eduard Spier, est un collègue et ami de Van den Bergh. Avant la guerre, ils ont partagé un bureau au 24 Westeinde. Spier, Van den Bergh et Van Hasselt faisaient souvent affaire ensemble. De nombreuses publicités associent leurs noms dans des journaux[1] d'avant-guerre.

Eduard Spier est également responsable du bureau d'information central du Conseil juif, qui travaille en lien étroit avec l'Expositur, le bureau de liaison entre le Conseil juif et la Zentralstelle, dirigée par Ferdinand aus der Fünten. Autrement dit, Spier a l'oreille de l'un des nazis les plus puissants d'Amsterdam et est bien placé pour distribuer des faveurs. A-t-il aidé son ami Arnold van den Bergh en lui fournissant une liste d'adresses pour négocier sa liberté ?

Mais l'équipe découvre qu'en avril 1943 le commandant du camp de Westerbork, Albert Konrad Gemmeker, décide de placer ses propres hommes[I] à la tête de la Commission de contact. Il envoie Spier rejoindre le groupe Barneveld dans le château aux abords de la ville éponyme. Spier passe quelques mois là-bas, puis le groupe tout entier est relocalisé au camp de Westerbork. Il est assigné à la baraque 85, où il a pu rencontrer Leopold de Jong. Mais il n'a dès lors plus accès aux données du Conseil juif, qui a été dissous, et il est sans doute plus préoccupé par sa propre survie que par celle de Van den Bergh.

Westerbork est ravagé par la corruption. Dans une déposition notariée, les quatre prisonniers désignés par Gemmeker pour reprendre les rênes de la Commission racontent qu'en mai 1944 ils sont convoqués par le commandant et reçoivent l'ordre de donner aux détenus la possibilité de racheter leur statut « pénal » avec des diamants[2]. D'après l'enquête d'après-guerre, Gemmeker leur ordonne également d'offrir aux Juifs clandestins la possibilité de gagner leur liberté avec de l'argent ou des bijoux de valeur[3]. Une question se posait alors : comment la Commission savait-elle où se trouvaient les Juifs clandestins ? Pieter décida d'éplucher les dossiers CABR des coprésidents du Conseil juif, David Cohen et Abraham Asscher, aux Archives nationales.

Les deux hommes sont arrêtés le 6 novembre 1947 sur ordre de la Cour spéciale de justice d'Amsterdam, et accusés de collaboration avec les Allemands. Ils passent un mois en prison, puis sont libérés en attendant leur procès[II]. Plusieurs témoins relatent comment ces hommes s'attirent les bonnes grâces des nazis de haut rang. Asscher est le propriétaire de l'Asscher

I. Hans Eckmann, Fritz Grünberg, Walter Heynemann et Hans Hanauer (NdA).

II. En 1951, les poursuites contre Cohen sont suspendues (Asscher est décédé en 1950) pour des raisons d'intérêt public (NdA).

Diamond Company. L'homme de main de Hermann Göring, A. J. Herzberg, visite plusieurs fois l'usine, et Göring vient au moins une fois en personne. Göring voulait acheter l'équivalent de un million de Reichsmarks en diamants, probablement pour son usage personnel – et non à la gloire de la nation allemande. Il fait comprendre à mots couverts à Asscher que, s'il refuse de les lui vendre, il a d'autres moyens d'obtenir sa coopération[4].

Les témoins racontent que Cohen et surtout Asscher rendent régulièrement visite à Willy Lages. Asscher apporte des bagues en diamant et des bijoux à Lages et à sa secrétaire. D'après Lages, interrogé par la suite en prison, la priorité d'Asscher était la sécurité de sa famille ; il aurait fait n'importe quoi pour la protéger. Lages lui promet qu'il les laissera partir dans un autre pays. Cela ne se produira jamais, bien sûr, mais Asscher le croit sur parole. D'après la déposition du commandant Gemmeker, Asscher a exigé que la fiancée de l'un de ses fils, une jeune femme nommée Weinrother, soit déportée à Auschwitz, car il n'en voulait pas pour belle-fille. Gemmeker dit avoir refusé, mais plusieurs personnes confirment que la jeune femme a bel et bien été déportée. Elle a survécu à la guerre, et à son retour elle a découvert le fin mot de l'histoire[5].

C'est en lisant ces dossiers que Pieter eut une révélation. Grâce au témoignage d'Ernst Philip Henn, un Allemand de trente-sept ans qui, de septembre 1942 à juillet 1943, est l'interprète du commandement de l'armée de l'air hollandaise à Amsterdam. Alors qu'il travaille aux Affaires civiles, Henn affirme avoir entendu un sergent de la Feldgendarmerie (la police militaire) discuter avec un assesseur du tribunal du nom de Willy Stark. Le sergent a déclaré que le Conseil juif possédait une liste de plus de cinq cents adresses de Juifs vivant dans la clandestinité. Quand son département a réclamé cette liste, le Conseil lui a envoyé entre cinq cents et mille adresses. Il conclut d'un ton sarcastique que les membres du Conseil pensaient sûrement que plus ils « trahiraient » de compatriotes, plus ils seraient traités avec clémence[6].

Henn a demandé par la suite à une femme juive comment le Conseil s'était procuré toutes ces adresses. Elle a répondu que c'était grâce aux correspondances. Tout le courrier du camp de Westerbork et des camps de l'Est passait par le Conseil. Les gens, en toute confiance, envoyaient des lettres à leurs familles et à leurs amis aux adresses où ils se cachaient.

Henn est jugé après la guerre pour avoir été l'interprète de l'occupant allemand, mais on voit mal en quoi ce témoignage a pu lui servir. Ce qui est intéressant, c'est qu'il mentionne des *adresses* et pas des noms. Il a sans doute surpris cette conversation avant juillet 1943, date à laquelle il change d'emploi. Reste à savoir si Van den Bergh a eu accès à ces listes et les a transmises au SD.

Au moment où le Conseil juif est dissous, certains de ses membres sont en fuite. Comme Rudolf Pollak, dont le rôle était de distribuer les coupons alimentaires aux prisonniers de Westerbork et du Théâtre juif (Hollandsche Schouwburg, Théâtre néerlandais, rebaptisé Théâtre juif par les Allemands en 1941). Il tenait également un catalogue de fiches avec les adresses des Juifs entrés en clandestinité[7]. En mars 1944, le SD l'arrête et, sous la menace, il cède immédiatement. Il leur donne le catalogue et devient un *V-Mann*. Au bout du compte, il est tué par des résistants néerlandais en novembre ou décembre 1944.

L'équipe pensait que Van den Bergh avait en sa possession une liste d'adresses qu'il conservait comme monnaie d'échange, et qu'il a fini par l'utiliser. Avant l'été 1944, le notaire réussit à protéger sa famille en cachant ses enfants et en demandant diverses dispenses. Après la révocation de son statut Calmeyer, il se tourne vers son ami Alois Miedl et se réfugie probablement dans sa propriété. Mais après la fuite de Miedl en Espagne Van den Bergh a besoin d'une autre forme de protection. Quelle que soit la carte qu'il a jouée, son coup fonctionne, car sa famille survit à la guerre. Il est possible que sa femme et lui se soient cachés avec l'aide de la Résistance, comme leurs filles en 1943, mais l'équipe aurait trouvé un rapport où le notaire aurait mentionné ses bienfaiteurs, étant donné les nombreux interrogatoires des membres du Conseil juif après la guerre. De plus, il se montre vague au sujet de son amitié avec Miedl, un nazi notoire[8]. La plupart des gens qui ont vécu dans la clandestinité remercient les personnes courageuses qui les ont aidés. La petite-fille de Van den Bergh elle-même affirme que ses grands-parents ne lui ont jamais parlé de clandestinité[9].

Après la guerre, la communauté des survivants juifs crée les cours d'honneur juives (Joodse Ereraad*) afin de réclamer des comptes aux Juifs soupçonnés de collaboration. Ces tribunaux ne possèdent aucune autorité légale. En tant que membres du Conseil juif, Van den Bergh et quatre autres hommes sont cités à comparaître devant la cour d'honneur d'Amsterdam. Aucun des cinq accusés ne se présente à l'audience[10]. Après les avoir jugés *in absentia*, le tribunal rend son verdict en mai 1948 : les cinq hommes ont participé à plusieurs actions antijuives, comme distribuer l'étoile jaune, attribuer injustement des exemptions et participer à la sélection des déportés[11]. Les défenseurs de Van den Bergh ne sont guère convaincants – « Aucun fait particulièrement incriminant n'a été rapporté contre lui », déclare l'un d'eux –, aussi, quand le notaire refuse de se retirer de la Commission juive de coordination (Joodse Coördinatie Commissie) nouvellement constituée, qui aide les survivants à rentrer des camps, plusieurs membres donnent leur démission.

Au bout du compte, il perd ses droits à officier dans une étude juive et à exercer toute fonction honoraire dans la communauté juive pour cinq ans[12]. Cela dit, aucune accusation officielle n'a été portée contre lui pour avoir dénoncé des Juifs.

C'est à peu près à cette époque qu'Otto déclare au journaliste néerlandais Friso Endt, qui travaille pour le *Het Parool* : « Nous avons été trahis par des Juifs[13]. » Il emploie le pluriel, se référant probablement à Van den Bergh et au Conseil juif. À l'évidence, Otto songe à la lettre anonyme identifiant Van den Bergh comme le dénonciateur, toutefois, alors qu'il suit le déroulement de l'enquête, à aucun moment il n'évoque le notaire. Peu après l'annonce du verdict, Van den Bergh se voit diagnostiquer un cancer de la gorge[14]. Il gagne Londres pour être soigné, et décède le 28 octobre 1950[15].

Son corps est renvoyé aux Pays-Bas pour l'enterrement. Bien qu'exclu de la communauté, il est enterré dans un cimetière juif. L'avion qui transporte son cercueil est retardé par le brouillard, si bien que les funérailles ont lieu à une heure inhabituelle, 19 heures, à Muiderberg. Une longue procession de voitures suit le corbillard. Des lampes sont installées en urgence autour de la tombe, tandis que les phares illuminent les allées. Les auteurs des éloges funèbres évoquent un mari et un père aimant, un homme dévoué au bien de sa communauté, même si l'un des orateurs exprime ses regrets en vertu de son association avec le défunt pour avoir « manqué de respect et de reconnaissance ». Le notaire et ami de Van den Bergh Eduard Spier, alors aux États-Unis, envoie un message précisant que ceux qui ont réussi à « percer sa carapace » ont trouvé un ami et un collègue exceptionnel[16].

Peut-être que la décision d'Otto de ne pas exposer le traître est due en partie à la mort de Van den Bergh. À quoi bon traquer un défunt ? Otto répétait également qu'il ne voulait pas de mal aux enfants de cet individu. Peut-être pensait-il aussi que le notaire ferait un bouc émissaire un peu trop commode pour les antisémites. Si c'était un Juif, et de surcroît le Conseil juif, qui avait trahi des Juifs – pas les nazis et la population allemande passive ; pas les SS néerlandais et la population néerlandaise consentante ; pas les gouvernements occidentaux, qui avaient tourné le dos aux réfugiés juifs –, cela n'aurait-il pas fait le jeu des innombrables antisémites qui peuplaient encore l'Europe ?

43

Un secret bien gardé

Au milieu de l'été 2019, seules quatre théories prévalaient encore au sujet de l'identité du traître. Toutes les autres avaient été éliminées, soit parce que l'équipe les avait jugées irréalistes, soit parce qu'elle manquait d'informations pour aller plus loin.

Ans van Dijk faisait partie des coupables toujours en lice. Bien que l'équipe ait écarté la théorie de Gerard Kremer, selon laquelle Van Dijk aurait entendu parler des huit par les secrétaires de la Wehrmacht, elle restait suspecte.

Cependant, en épluchant le fichier CABR de la *V-Frau*, l'équipe découvrit qu'elle et sa brigade d'informateurs (Branca Simons, son mari Wim Houthuijs et Mies de Regt) n'étaient pas à Amsterdam en août 1944. Fin juillet, ils sont à Zeist, près d'Utrecht, pour infiltrer un large réseau de la Résistance[1] (en entrant « Zeist » dans la base de données du logiciel en lien avec « Van Dijk » et ses déplacements au mois d'août, les chercheurs obtinrent 705 résultats, dont des notes manuscrites et même des fichiers vidéo attestant de sa présence dans cette ville). Le 18 août, Van Dijk et ses acolytes dénoncent cinq résistants qu'ils traquaient depuis un moment, ainsi que six Juifs qui vivaient clandestinement à Zeist.

Autre considération : l'équipe savait qu'Otto avait fait son possible pour protéger l'identité du délateur. Or, il ne se serait jamais donné ce mal pour Van Dijk, que non seulement il méprisait, mais qui était indirectement responsable de la capture de sa seconde femme, Fritzi, et de toute sa famille. Pourquoi aurait-il hésité à livrer son nom ?

Le scénario impliquant la sœur de Bep, Nelly, était également très plausible. Nelly était une sympathisante nazie bien connue, qui avait travaillé pendant un an pour une base aérienne allemande en France. Son père et sa sœur faisaient partie des bienfaiteurs des huit de l'Annexe, et étaient au courant de tous leurs secrets. Les diverses accusations à son encontre – elle était la femme qui avait passé l'appel ; elle les avait trahis pour se venger de son père – n'étaient que pures spéculations ; néanmoins, après la publication d'*Anne Frank : The Untold Story* par Joop van Wijk, le fils de Bep, et son coauteur, Jeroen de Bruyn, l'équipe s'était interrogée. Quand Joop évoque la guerre auprès de sa tante Nelly pour les besoins de son livre, Nelly avait fait un malaise. Cet évanouissement semblait opportun : cherchait-elle à éviter les questions embarrassantes ?

À la fin du livre, Joop conclut : « Affirmer que Nelly est coupable serait exagéré. Nous n'en avons pas la preuve irréfutable. » Il ajoute à propos de sa mère, Bep :

Après la guerre, elle vivait encore dans le passé, elle pensait à la fracture en elle : d'un côté la perte de ses amis juifs de l'Annexe, de l'autre sa loyauté envers sa sœur, qui collaborait avec l'occupant. Un occupant qui a brutalement déporté et tué ces personnes si chères[2].

Dans son entretien avec l'équipe, Joop expliqua que, dans son esprit, sa mère et sa tante illustraient le terrible paradoxe de la double loyauté au sein d'une même famille durant la guerre. Mais il n'en déduisait pas pour autant que Nelly avait à coup sûr dénoncé les Frank.

En fait, deux autres sources écartaient cette possibilité : Miep et Otto. Dans sa conférence à l'université du Michigan en 1994, Miep fait une « bévue » et lâche à un jeune étudiant que le traître est mort avant 1960 – or, Nelly a vécu jusqu'en 2001. De plus, à la fin des années 1940, Otto déclare à un journaliste néerlandais qu'il a été trahi par des Juifs et ne veut pas poursuivre le coupable pour ne pas punir la famille de cet homme. Ce qui signifie, entre autres, que le dénonciateur est un homme et qu'il a des enfants. Nelly n'était pas juive et n'avait pas d'enfants. Même si certaines déclarations d'Otto étaient des subterfuges pour se débarrasser des curieux, d'autres étaient vraies, et la plupart invalident l'hypothèse de Nelly.

Un troisième scénario, mettant en scène le marchand de primeurs, faisait sens. Van Hoeve avait été arrêté le 25 mai pour avoir caché un couple juif. Sous la contrainte, avait-il fourni des informations sur l'Annexe ? C'était possible, mais le cas échéant il était peu probable que les policiers néerlandais aient attendu deux mois pour aller cueillir les clandestins. De surcroît, Van Hoeve est envoyé dans un camp de travaux forcés juste après son arrestation. S'il avait dénoncé huit Juifs ce jour-là, il aurait sûrement été libéré.

Quant à Richard et Ruth Weisz, ils savaient sûrement que Van Hoeve fournissait de la nourriture à l'Annexe. Cependant, comme pour le marchand de primeurs, s'ils avaient livré l'information au moment de leur interpellation, le SD n'aurait pas attendu aussi longtemps pour agir. Cela dit, peu après leur arrivée au camp de Westerbork, leur statut « pénal » avait disparu, ce qui laissait les enquêteurs perplexes. Les Weisz avaient-ils une monnaie d'échange ? Une liste de Juifs clandestins ? Mais, là encore, la chronologie ne collait pas. Le statut du couple avait été modifié en juin 1944, bien avant la rafle du 263 Prinsengracht. Or les nazis n'avaient pas l'habitude de récompenser leurs informateurs sans avoir vérifié le renseignement.

Ces trois scénarios éliminés, un seul restait envisageable : Van den Bergh. Le seul pour lequel l'équipe détenait une preuve matérielle avec le nom du traître. Les enquêteurs, chercheurs et auteurs avaient émis des hypothèses fondées sur les actes suspects des uns et des autres. La pièce à conviction n'était certes pas l'original, mais il s'agissait d'une copie réalisée par Otto Frank en personne. Si cela ne prouvait pas en soi la véracité de son contenu, cela montrait qu'Otto avait pris l'avertissement au sérieux.

Bien sûr, on pouvait se demander si l'auteur de la lettre anonyme ne voulait pas juste régler ses comptes avec Van den Bergh. Mais pourquoi l'aurait-il envoyée à Otto ? Si le notaire n'avait pas fourni de liste d'adresses, comment et pourquoi l'expéditeur avait-il choisi le 263 Prinsengracht, parmi toutes les autres adresses possibles à Amsterdam ?

La formulation – « Votre cachette à Amsterdam a été signalée à l'époque au Jüdische Auswanderung » – suggérait que le traître n'était pas en possession des noms des *onderduikers* de l'Annexe. La probabilité que l'expéditeur ait envoyé la missive à une adresse au hasard, celle de la société d'Otto Frank, était infime.

Cet individu avait-il envoyé des lettres similaires à d'autres adresses sur la liste ? Si oui, elles n'ont pas été retrouvées – probablement parce que la plupart des Juifs dénoncés n'ont pas survécu aux camps, d'autant que très peu se cachaient dans leurs maisons ou bureaux. Otto était l'exception : il s'était caché dans sa propre société et avait survécu à la guerre.

Si la lettre était arrivée dix ans plus tard – disons au milieu des années 1950 –, on aurait pu penser que quelqu'un voulait se servir de la célébrité d'Otto pour jeter l'opprobre sur Van den Bergh.

Mais lors de son envoi, en 1945, le *Journal* n'a pas encore été publié et Otto Frank n'est que l'un des 5 500 Juifs de retour aux Pays-Bas. Dans le flot de Néerlandais qui reviennent des camps de travail, des centaines de milliers de personnes qui sortent de la clandestinité et des Juifs qui s'efforcent de reprendre le cours de leur vie, il est une figure anonyme.

Autrement dit, si l'accusation dans la lettre anonyme était fausse, on pouvait déduire un certain nombre de choses sur son auteur.

1. Il menait une vendetta personnelle contre Arnold van den Bergh, mais inexplicablement ne voulait pas en informer les autorités d'après-guerre, lesquelles s'étaient donné pour mission, dès la Libération, de rechercher activement les collaborateurs et les délateurs.

2. Il savait qu'Otto avait été dénoncé pendant qu'il était dans la clandestinité – et qu'il avait survécu aux camps.

3. Il savait qu'Otto était retourné à l'adresse où il habitait avant la guerre.

4. Il était au courant que des listes de Juifs clandestins avaient été transmises par des membres du Conseil juif au SD.

Les chances que l'expéditeur ait été en possession de tous ces faits sont très faibles. On peut supposer que l'auteur de la lettre anonyme est aujourd'hui décédé, mais il est possible qu'il ou elle ait raconté cette histoire aux membres de sa famille. Vincent espère que, lorsque la théorie Van den Bergh sera rendue publique, ces descendants se manifesteront.

Avec le Projet de suivi des arrestations, grâce auquel les dossiers de tous les Juifs arrêtés aux Pays-Bas entre 1943 et 1944 avaient été analysés, l'équipe avait compris que le raid sur l'Annexe était différent des autres, notamment parce qu'un officier allemand dirigeait les opérations. C'était très inhabituel et cela suggérait que ce n'était pas le sergent Abraham Kaper, de la Zentralstelle, qui avait appelé Silberbauer. Kaper n'aurait pas choisi un officier allemand pour accompagner un policier néerlandais. L'appel venait forcément d'une personne plus haut placée, comme le confirme Silberbauer : selon ses dires, c'est le lieutenant SS Julius Dettmann qui a pris l'appel et qui lui a ordonné d'organiser la rafle. En outre, si un simple civil néerlandais avait voulu dénoncer des Juifs, il ou elle aurait contacté le JA. Kaper était dans le répertoire. Dettmann était trop haut dans la hiérarchie pour recevoir un appel ordinaire. De plus, il ne parlait pas le néerlandais. S'il avait répondu, c'est parce que l'appel venait de l'intérieur de l'organisation allemande, d'un autre département ou d'une personne de sa connaissance. Parmi les suspects examinés par l'équipe, seul Van den Bergh avait des relations avec des dignitaires nazis : il était en contact avec des personnalités comme Tietje et était connu des services de renseignement allemands.

Pour Vincent, ce qui rend cette théorie d'autant plus convaincante, c'est que contrairement aux autres suspects le notaire répond à tous les critères de l'axiome :

Connaissance : Il est presque certain que le Conseil juif possède des listes d'adresses de Juifs entrés en clandestinité. Grâce à sa position privilégiée au Conseil, Van den Bergh a accès à ces listes. Il a sans doute aussi la main sur celles établies par la Commission de contact du camp de Westerbork[3]. Le 263 Prinsengracht peut avoir été inscrit en 1943 ou 1944 par un membre de la Résistance passé à l'ennemi ou par un informateur.

Mobile : Le but de Van den Bergh est de préserver sa famille à tout prix de la déportation en se rendant indispensable aux nazis, dont certains deviennent des « amis » et des relations de travail.

Comme la lettre anonyme mentionne des adresses, au lieu de noms, il est possible que Van den Bergh ait utilisé la liste pour sauver sa famille. Cela rend son acte moins personnel.

Opportunité : À une époque où chacun peut trouver une bonne raison de dénoncer son prochain, Van den Bergh possède quelque chose que la plupart des Juifs n'ont pas : la liberté de se déplacer librement et l'accès au SD. De plus, il est en contact régulier avec des nazis haut placés. Il pouvait transmettre l'information n'importe quand.

Même si le scénario Van den Bergh était le plus vraisemblable, Vincent décida de se faire l'avocat du diable et de repasser tous les arguments en revue. Encore et toujours, Van den Bergh semblait le coupable désigné. En fait, c'était la seule théorie qui expliquait le comportement d'Otto et les déclarations de Miep au fil des années. Mais, avant d'en arriver à une conclusion officielle, Vincent voulait faire un dernier tour de piste : présenter tous les arguments sous la forme d'une plaidoirie finale, à la manière d'un procureur en conclusion d'un procès.

Vincent et Pieter se retrouvaient souvent tous les deux après le départ du reste de l'équipe. « J'étais assis à mon bureau et Pieter dans le fauteuil de Brendan, avec les photos des chasseurs de Juifs au-dessus de lui, se souvient Vincent. J'ai commencé par lui rappeler les paroles de Melissa Müller : cette affaire était "moins un mystère irrésolu qu'un secret bien gardé". » Puis Vincent énonça les actions d'Otto qui étayaient la théorie Van den Bergh.

Le fait qu'Otto ait survécu à l'horreur des camps de concentration prouve sa volonté féroce de vivre. À l'évidence, il a été maintenu en vie par sa détermination à retrouver sa femme et ses filles. Mais son retour à Amsterdam est assombri par l'incertitude quant au sort de sa famille. À ceux qui le rencontrent à l'époque, il semble égaré, et erre dans Amsterdam comme dans un rêve éveillé, en quête de nouvelles de ses enfants. Quand il apprend qu'il est le seul rescapé, il plonge dans les ténèbres. Ravagé par le chagrin, il se donne pour mission de retrouver les responsables de la rafle, même si sa motivation n'est pas la vengeance. Il cherche la justice. Et il veut que le coupable réponde de ses actes. Cet état d'esprit est manifeste dans la lettre qu'il envoie à sa mère en novembre 1945 et dans le documentaire de CBS *Who Killed Anne Frank ?* diffusé le 13 décembre 1964.

Mais son désir de justice n'a-t-il pas été influencé par la dénonciation anonyme ? Ce message a dû engendrer des questions insolubles dans sa tête. Pourquoi Van den Bergh, un compatriote, aurait-il donné son adresse au SD ? Comment a-t-il obtenu l'adresse de l'Annexe ? Qu'a-t-il obtenu en échange ? Quand il lit le message, Otto se demande sûrement s'il doit prévenir les autorités. Puis il mène son enquête. Avec Kugler et Kleiman, il se présente au bureau de la Sécurité nationale dès novembre 1945 pour trouver des photos des agents du raid. Puis ils se rendent tous les trois à la prison d'Amstelveenseweg pour interroger les deux Néerlandais qu'ils ont identifiés. Otto y retourne même avec son ami Ab Cauvern pour questionner Gringhuis, et cette fois il lui parle spécifiquement de Van den Bergh. Entre 1945 et 1948, il rend également plusieurs visites aux autorités néerlandaises, même si certaines concernent sûrement les enquêtes sur Tonny Ahlers et Job Jansen.

À l'époque, Otto choisit de ne pas informer Kugler et Kleiman de la lettre anonyme. C'est sûrement une décision difficile, car eux aussi sont des victimes du traître, et ont été internés dans des camps à cause de lui. Otto craint peut-être qu'ils ne contactent immédiatement les autorités, ce qu'il n'est pas prêt à faire.

Otto est plus proche de Miep que de n'importe lequel des autres bienfaiteurs. Vincent en déduisait qu'il l'avait informée du contenu de la lettre, probablement après l'enquête de 1947-1948, et bien avant la parution du livre de Schnabel en 1958. À lire les déclarations de Miep en 1947 elle croit toujours à la culpabilité de Van Maaren, mais lorsqu'elle est interrogée plus tard par Schnabel elle semble plus dubitative. À ce moment-là, Otto et elle sont vraisemblablement au courant pour Van den Bergh.

Otto enquête sur le notaire amstellodamois entre la fin de l'année 1945 et 1949. Il sait forcément à l'époque que Van den Bergh est mis en cause par la cour d'honneur juive pour son rôle dans le Conseil juif. Une question se pose alors : pourquoi Otto n'a-t-il pas présenté la lettre au tribunal, puisqu'il s'agissait de Juifs jugeant les actions de leurs pairs et non d'un procès pour collaboration ? Il a peut-être suivi le déroulement des audiences en espérant que quelqu'un apporterait une preuve similaire, accusant nommément Van den Bergh d'avoir fourni des listes d'adresses à l'ennemi. Comme cela ne s'est pas produit, il s'est retrouvé démuni.

Après le verdict de la cour d'honneur, plutôt clément pour Van den Bergh, Otto réfléchit à l'intérêt de révéler le contenu du message. Mais, s'il sait que le notaire souffre d'un cancer et va se faire soigner à Londres, à quoi bon le harceler ?

Les années suivant la mort du notaire, le succès phénoménal du *Journal d'Anne Frank* – le livre, la pièce et le film – domine la vie d'Otto. Au cœur de cette activité frénétique, il est sûrement plus facile pour lui de refouler ses doutes dans les profondeurs de sa conscience. Pour le monde entier, l'histoire d'Anne Frank s'arrête au 1er août 1944, et jusque-là personne ne s'est réellement intéressé à l'identité du délateur. Mais cela change au milieu des années 1950, quand Otto se laisse convaincre par l'éditeur allemand du *Journal* de collaborer avec Ernst Schnabel à l'écriture d'un livre qui, pour la première fois, va raconter l'histoire de l'Annexe avant, pendant et *après* la rafle.

Un tel récit dissipera les rumeurs selon lesquelles le *Journal d'Anne Frank* est un faux. En acceptant de collaborer à ce projet, Otto et ses bienfaiteurs espèrent prouver au monde entier qu'Anne Frank est réelle, et que son *Journal* est réel, tout comme les huit habitants de l'Annexe dont elle parle. Mais le livre de Schnabel fournit aussi des informations sur le raid et des indices sur l'informateur, ouvrant ainsi involontairement une boîte de Pandore.

Otto demande à Miep de changer le nom de l'officier du SD, Silberbauer. Pourquoi ? La seule explication logique est qu'il craint que l'officier allemand ne connaisse l'identité du traître et ne nomme Van den Bergh – or, à cette époque, Otto ne veut pas révéler son nom.

Juste avant ou après la publication du livre de Schnabel, Otto fait un pari plutôt audacieux à propos de la lettre anonyme qu'il garde secrète depuis tant d'années. Il sait que le livre de Schnabel contient des informations qui vont inciter la presse, ainsi que les lecteurs, à les interroger, lui et les protecteurs, sur la rafle. Pourtant, il ne détruit pas la lettre. Au lieu de quoi, il décide de la remettre à une personne digne de confiance. Si on l'interroge sur l'existence de cette missive, il pourra répondre en toute sincérité qu'elle n'est plus en sa possession. On aurait pu imaginer qu'il la confierait à Kleiman, mais il la donne à son ami le notaire Jakob van Hasselt, qui était aussi un proche et un confrère de Van den Bergh.

Il est possible que, sans la preuve irréfutable que Van den Bergh est bien le traître, Otto choisisse de ne jamais mentionner publiquement la lettre anonyme ni son contenu. Mais, en collaborant avec Schnabel pour prouver l'authenticité du *Journal*, il prend le risque de faire surgir le nom de Van den Bergh, si jamais l'officier du SD est retrouvé. Aussi prend-il sur lui de mettre des bâtons dans les roues à Simon Wiesenthal, bien déterminé à mettre la main sur Silberbauer.

Otto est engagé dans plusieurs procès civils très médiatisés pour réfuter l'affirmation selon laquelle le *Journal* est un faux, mais quand Wiesenthal se lance dans la même bataille Otto ne fait rien pour l'aider. Au début, l'équipe était déroutée par cette contradiction, mais au bout du compte cela faisait sens. Otto pense qu'il peut défendre le *Journal* sans révéler le vrai nom de l'officier allemand, mais il n'est pas en mesure de contrôler Wiesenthal, qui s'est déjà fait une réputation en tant que chasseur de nazis. Et, même si cela lui prend six ans, celui-ci finit par retrouver Silberbauer, déclenchant un regain d'intérêt de la presse pour Otto et ses protecteurs. Ce n'est qu'à ce moment-là qu'Otto avoue qu'il connaît le nom du chef du raid, mais il déclare que Wiesenthal ne l'a jamais interrogé à ce sujet. Il sous-entend également que l'agent du SD ne se rappelle pas grand-chose après si longtemps[4].

Ce n'est que lorsque le département des enquêtes criminelles de la police nationale ouvre une enquête sur la rafle à la fin de l'année 1963 qu'Otto décide de parler à Van Helden de la lettre anonyme et de lui montrer la copie qu'il en a faite. Van Helden s'entretient pendant deux jours avec Otto au début du mois de décembre 1963, mais curieusement il n'y a aucune mention de la lettre dans le compte rendu. Cela dit, dans le rapport de quarante pages des conclusions de l'enquête à l'automne 1964, Van Helden évoque à plusieurs reprises une lettre anonyme mentionnée par Otto. D'après les commentaires manuscrits de l'enquêteur sur l'*Abschrift,* il a récupéré la copie le 16 décembre 1963, environ deux semaines après l'entretien. Van Helden semble croire Otto quand celui-ci affirme qu'il ne connaissait pas Van den Bergh, car le sujet est abandonné, et l'*Abschrift* qu'Otto lui a donnée n'est pas classée dans le dossier officiel.

Pendant l'enquête, l'équipe passa en revue la correspondance d'Otto et découvrit un indice qui lui semblait révélateur : la veille de son entretien avec Van Helden, le 1er décembre, Otto écrit à Miep pour lui exprimer ses doutes quant à la culpabilité de Willem van Maaren, car il n'y a aucune « preuve écrite » qu'il soit le délateur[5]. Une assertion étrange, sans doute une référence voilée à la lettre anonyme – une « preuve écrite » – qui désigne explicitement Van den Bergh.

Comme il a su tempérer la curiosité de la presse mondiale, Otto explique aux derniers bienfaiteurs, Miep, Bep et Kugler, qu'il sera désormais l'unique porte-parole de l'histoire de l'Annexe. Kugler, qui vit au Canada, ne respecte pas son vœu et accepte de collaborer à l'écriture d'un livre par l'écrivaine Eda Shapiro, qui décide de l'intituler *The Man Who Hid Anne Frank* (« L'homme qui a caché Anne Frank », non traduit en français). Kugler n'en informe pas Otto, et lorsque ce dernier l'apprend il est furieux. Quand l'éditeur s'aperçoit que le livre n'a pas la bénédiction d'Otto Frank, il annule la publication[6].

Après la mort d'Otto, Miep devient la porte-parole et la gardienne de l'héritage de l'Annexe. Bien qu'elle soit douée pour garder un secret, elle ne l'est pas autant pour dissimuler qu'elle en possède un. Dans ses nombreuses déclarations à la presse, ses discours et ses conversations privées, elle distille des indices à propos du traître. Tous pointent dans la direction de Van den Bergh. Otto connaissait le délateur. Il connaissait Van den Bergh. Le traître était juif. Van den Bergh était juif. Le traître est décédé avant 1960. Van den Bergh est décédé en 1950. Otto ne voulait pas punir la famille et les descendants de l'homme qui avait trahi les siens. Van den Bergh était le père de trois enfants, qui ont survécu à la guerre et à Otto Frank.

Vincent se souvenait de la question que John Goldsmith, le président du Fonds Anne-Frank à Bâle, lui avait posée en 2018 : « Vous savez qu'Otto a menti à Wiesenthal à propos de l'identité de Silberbauer. Pourquoi a-t-il fait ça d'après vous ? » À l'époque, Vincent n'avait pas saisi la portée de ces paroles, mais à présent cela lui semblait limpide. Otto ne voulait pas révéler la complicité de Van den Bergh. Il s'était même donné beaucoup de mal pour la cacher.

Otto Frank et Arnold van den Bergh ont fait des choix. Dans l'optique de la survie, Otto Frank a fait le mauvais – même si à l'époque il pensait protéger sa famille et quatre autres personnes en aménageant une cachette dans sa société. Dans l'optique de la survie, Van den Bergh a fait le bon. Il a sauvé sa famille en donnant des adresses de clandestins, dont le 263 Prinsengracht, au SD. Mais lui aussi en a payé le prix. Il est mort d'un cancer de la gorge, ce qui semble curieusement approprié : il a perdu la capacité de parler.

Vincent rappelle avec prudence qu'il n'y a pas eu de « moment de vérité » à la fin de l'enquête. La culpabilité de Van den Bergh est la conclusion d'un long processus d'analyse des preuves et des mobiles, un puzzle qui, soudain, a fait sens. Mais, si l'équipe est plutôt confiante quant à cette conclusion, elle n'en retire aucune joie. Vincent se souvient avoir été abattu par « le poids d'une immense tristesse », qui ne l'a pas quitté pendant un bon moment. Quand les membres de l'équipe se sont séparés, chacun est retourné à son travail, à sa famille, à son pays ; chacun aux prises avec son ressenti individuel de cette vaste aventure collective. Lorsque l'enquête s'est terminée, en 2021, tous savaient qu'ils venaient de vivre une expérience forte, essentielle. Ils en étaient arrivés à se référer aux protagonistes de l'affaire comme à des personnes qu'ils avaient personnellement connues. Vincent avoue avoir rêvé des Frank et s'être demandé comment il se serait comporté dans les mêmes circonstances.

De même, ils éprouvaient des sentiments partagés à l'idée de dévoiler leurs découvertes au monde entier. Ils savaient combien leurs conclusions étaient importantes – et douloureuses. Ils s'attendent aujourd'hui à des réactions tout aussi violentes. Le fait qu'un Juif néerlandais respecté ait vraisemblablement donné des adresses au SD, qu'une personne en somme relativement semblable à Otto Frank l'ait livré à l'ennemi, est choquant. Mais ils ne peuvent garder le silence. Comme le rabbin Sebbag l'a dit à Thijs au début de l'enquête, la seule réelle loyauté est celle que nous devons à la vérité.

Arnold van den Bergh s'est retrouvé face à un dilemme abject. Dans un contexte dont il n'était en rien responsable, il a été soumis à une telle pression qu'il n'a sans doute pas mesuré les conséquences de son acte. Il ne l'a pas fait par appât du gain ou par malveillance, contrairement à tant d'autres. Comme Otto Frank, son but était simple : sauver sa famille. Et il a réussi là où Otto a échoué. Telle est la terrible réalité historique.

À l'été 1944, on savait que les gens qui embarquaient dans ces trains étaient voués à l'extermination. Peut-on imaginer un tel sort pour ses enfants ? Vivre dans la peur permanente de l'arrestation et de la déportation… Comment ne pas perdre la raison ? Quelques-uns ont résisté. La plupart n'ont pas réussi. Personne ne peut savoir avec certitude comment il va réagir tant qu'il n'est pas confronté à une telle horreur.

Les choix d'Arnold van den Bergh se sont révélés meurtriers. Mais il n'est pas l'ultime responsable de la mort des résidents du 263 Prinsengracht. Cette responsabilité sera toujours celle des occupants nazis, qui ont terrorisé et décimé une société, forçant les gens à dénoncer leur voisin. Tels sont les vrais coupables des morts d'Anne Frank, Edith Frank, Margot Frank, Hermann van Pels, Auguste van Pels, Peter van Pels et Fritz Pfeffer. Et de millions d'autres, clandestins ou non.

Et cela ne doit jamais être accepté ni oublié.

Épilogue

La cité des ombres

Otto Frank décède le 19 août 1980, à l'âge de quatre-vingt-onze ans. À son retour d'Auschwitz, il essaye de relancer Opekta, mais on ne trouve plus de pectine ni d'épices depuis la guerre. À la fin des années 1940, il est entièrement accaparé par le journal de sa fille. Et, quand il s'installe en Suisse en 1952, Johannes Kleiman reprend les rênes de la société.

Otto et sa femme Fritzi se font un devoir de répondre à tout le courrier qu'ils reçoivent à propos du *Journal*, mais le phénomène prend une telle ampleur que les lettres arrivent bientôt par milliers. Otto se rend souvent à Amsterdam pour présider la Fondation Anne-Frank, créée en 1957, et pour gérer la restauration du 263 Prinsengracht, inauguré en 1960 sous le nom de Maison Anne-Frank.

Le 24 janvier 1963, Otto et Fritzi créent le Fonds Anne-Frank, une organisation caritative dont les bureaux se situent à Bâle. La propriété intellectuelle du *Journal d'Anne Frank* et tous les droits d'auteur du livre, de la pièce, du film et des diffusions radiophoniques et télévisuelles sont administrés par le Fonds Anne-Frank. Aux membres de sa famille, il lègue une partie des droits d'auteur. Le reste est alloué au Fonds. Cela dit, pour faire en sorte que les journaux originaux ne soient pas vendus – qui sait ce qu'il adviendra de la Fondation Anne-Frank dans cinquante ans ? –, Otto lègue par testament tous les carnets d'Anne à l'Institut néerlandais de documentation de guerre (NIOD), car il fait confiance au gouvernement néerlandais pour les conserver précieusement et ne jamais les vendre[1].

Otto et Fritzi vivent dans la banlieue de Bâle, et passent souvent l'été à Beckenried, au bord du lac des Quatre-Cantons. Pour Fritzi, ses années avec Otto sont « parmi les plus belles de son existence... Il avait un sens inné de la famille[2] ». Otto est proche de la fille de Fritzi, Eva, ainsi que du mari d'Eva et de leurs trois enfants. Fritzi et lui séjournent chez eux trois mois par an, à Londres.

Le couple fait plusieurs voyages aux États-Unis et en Allemagne pour des événements liés au *Journal.* Et pour recevoir de nombreux prix. Le 12 mai 1979, Otto célèbre son quatre-vingt-dixième anniversaire à Londres, puis, le 12 juin, il se rend à Amsterdam pour le cinquantième anniversaire de la naissance d'Anne à l'église de Westerkerk, sur Prinsengracht. Après quoi il escorte la reine à la Maison Anne-Frank pour une visite privée.

Mais l'âge le rattrape et, au cours de sa dernière année, il se bat contre un cancer des poumons, même s'il insiste pour dire qu'il n'est pas malade, simplement fatigué. L'une des dernières personnes à lui rendre visite est Joseph Spronz, un ami et survivant rencontré à Auschwitz. L'épouse de Spronz décrit la visite :

Quand on est arrivés, Otto était allongé sur un lit, mais il nous a entendus et s'est levé en tendant les bras vers nous. Il a regardé mon mari dans les yeux, puis ils se sont étreints. Otto lui a murmuré : « Mon très cher Joseph. » Il était si faible. Le personnel de l'hôpital est venu le chercher peu après. On les a suivis, et mon mari a été autorisé à entrer dans la chambre d'Otto. Ils ont parlé d'Auschwitz[3].

Otto est mort cette nuit-là.

Parmi les bienfaiteurs, Miep Gies était la plus proche d'Otto. Il disait qu'il associait Amsterdam à l'amitié éternelle, et bien sûr il entendait par là son amitié avec Miep.

Les gens ont souvent demandé à Miep quel effet cela faisait de survivre à presque toutes les personnes dont elle avait partagé l'histoire. Elle répondait que c'était « étrange ». « Pourquoi moi ? » ajoutait-elle. Pourquoi avoir été épargnée quand Kugler et Kleiman ont été déportés, alors qu'elle avait caché les Juifs autant qu'eux ?

Après l'installation d'Otto à Bâle, Jan et Miep lui ont rendu visite chaque année. Quand le film *Anne Frank Remembered*, adapté de son livre, a été nommé aux Oscars du meilleur documentaire en 1996, Miep s'est rendue à Hollywood avec le réalisateur, Jon Blair. De fait, après la mort d'Otto, elle est devenue la porte-parole du *Journal* d'Anne :

> *Le message que l'on doit retenir de l'histoire d'Anne est qu'il faut lutter contre les préjugés et les discriminations. Les préjugés commencent quand on évoque LES Juifs, LES Arabes, LES Asiatiques, LES Mexicains, LES Noirs, LES Blancs. Cela donne l'impression que tous les membres de ces groupes pensent et agissent de la même manière*[4].

Miep a rendu l'âme en 2010. Elle avait cent ans.

Après la publication du *Journal d'Anne Frank* en 1947, Johannes Kleiman a organisé régulièrement des visites guidées de l'Annexe secrète pour des journalistes et des particuliers. Comme Otto vivait en Suisse, Kleiman a endossé en quelque sorte le rôle de secrétaire particulier, notamment pour les transactions avec les éditeurs du *Journal* d'Anne. Il était très impliqué dans la restauration de la Maison Anne-Frank et, en 1957, il est devenu membre du conseil d'administration de la Fondation Anne-Frank. Il n'a hélas pas vécu assez longtemps pour assister à l'inauguration du musée. Le 28 janvier 1959, il a succombé à une crise cardiaque dans son bureau. Il avait soixante-trois ans.

La femme de Victor Kugler, longtemps malade, est morte en 1952. Trois ans plus tard, Kugler s'est remarié et a déménagé au Canada, où vivait la famille de sa seconde épouse. Il est décédé à Toronto en 1981, à l'âge de quatre-vingt-un ans. Le livre sur sa vie, au titre malheureux « L'homme qui a caché Anne Frank » (il est clair qu'il n'était pas le seul), a été publié en 2008, après la disparition d'Otto Frank et de Victor Kugler.

Bep Voskuijl s'est mariée en 1946 et a eu quatre enfants. Elle est restée en lien étroit avec Otto : elle le voyait toutes les semaines lorsqu'il vivait encore à Amsterdam et trois fois par an quand Otto partit pour la Suisse. Bep a toujours été très réservée au sujet de la guerre et de son rôle de bienfaitrice. Elle a donné très peu d'interviews au cours de sa vie. Elle a rencontré la reine Juliana à la première néerlandaise du film *Le Journal d'Anne Frank* de George Stevens, mais dans une lettre à Otto elle reconnaît que le film l'a mise mal à l'aise. Elle voulait entretenir ce qu'elle appelait « le symbole d'une Anne idéale », mais cela ravivait la douleur de son expérience passée : « Cette immense souffrance ne quitte jamais mon cœur[5] », disait-elle.

Tous ceux qui ont connu Bep voyaient bien que « la jeune fille autrefois si gaie » luttait pour ne pas perdre pied, incapable d'accepter la mort tragique des résidents de l'Annexe[6]. Elle est décédée à Amsterdam d'une rupture de l'aorte en 1983, à l'âge de soixante-trois ans.

En 1972, à la demande d'Otto, les quatre bienfaiteurs ont été récompensés par la distinction honorifique de « Justes parmi les Nations », décernée par le mémorial Yad Vashem, Johannes Kleiman étant nommé à titre posthume.

Otto Frank était déterminé à être un survivant et non une victime. Accepter le statut de victime serait revenu à concéder la victoire aux nazis. De son propre aveu, il n'a pas assisté une seule fois à la pièce ou au film adaptés du *Journal d'Anne Frank*. D'après sa belle-fille, Eva, « il ne supportait pas l'idée que des comédiennes prononcent les paroles de Margot et d'Anne et jouent le rôle des enfants qu'il ne reverrait jamais[7] ».

Otto détestait les généralisations. Fier de son héritage allemand, il n'a pas accepté l'idée de culpabilité collective et a pris le temps de répondre aux lettres des écoliers allemands pour leur exposer ce qui s'était passé pendant la guerre. Comme il l'explique à son biographe dans un entretien enregistré en 1952, 88 % des Allemands « n'éprouvent pas de responsabilité personnelle pour les exterminations de masse[8] ». C'est la génération suivante qui affrontera ce qui s'est réellement passé en Allemagne, et ce qui a permis à la folie meurtrière de Hitler et des nazis de se déchaîner.

Otto savait que sa fille était un symbole pour les millions de Juifs et de non-Juifs assassinés. Son *Journal* et l'Annexe secrète sont gravés dans tous les esprits, à la fois comme un avertissement du passé et un espoir en l'avenir[9]. Le monde ne doit pas oublier, pour que cela ne se reproduise jamais. Otto voulait faire comprendre à tous que le fascisme procède d'une lente construction et qu'un jour il se dresse devant vous telle une monstrueuse muraille, impossible à contourner. Il voulait rappeler au monde que tout peut basculer du jour au lendemain.

On peut imaginer Otto Frank arpentant seul les rues d'Amsterdam en juin 1945. Comment est-il possible que ce lieu existe encore quand tout ce qui lui est cher a disparu : sa femme, ses enfants, sa maison, sa société ? Il raconte alors à sa mère qu'il a l'impression de flotter dans un rêve étrange et de ne pas être dans son état normal.

Aujourd'hui, Amsterdam est une ville-mémoire. Avec quatre-vingts monuments commémoratifs sur la Seconde Guerre mondiale, la mémoire est imbriquée dans la géographie du présent, immédiatement accessible. On peut visiter la cité des ombres en commençant par la Maison Anne-Frank. La bibliothèque, si indélébile dans nos esprits, est aussi lourde et imposante qu'on l'imagine. L'escalier menant à l'Annexe est raide. L'espace est bien plus exigu qu'on ne le pense. Dans ce lieu claustrophobique, il est impossible de ne pas imaginer la peur au temps de l'Occupation.

Ensuite, on peut se rendre au tristement célèbre Théâtre juif. Il n'en reste que les murs. L'intérieur a été entièrement vidé et les noms des 6 700 familles déportées depuis ce lieu sont gravés sur un mur de bronze. Des centaines de prisonniers se sont un jour massés dans ce petit espace dans l'attente de leur transfert à Westerbork, avant le camp d'extermination. Les détenus étaient emmenés à la gare en tramway, en camion ou à pied, toujours la nuit, à l'abri des regards.

Au premier étage du théâtre se trouve une carte interactive de Bergen-Belsen. Quand je l'ai visité, j'ai vu un vieux monsieur s'approcher de la carte et pointer du doigt une liste. Il a expliqué à ses amis qu'il était le numéro 29 : « *Unbekannter Jude* [Juif inconnu]. *Hambourg ? Alfred ?* » Cinquante enfants avaient été découverts parmi des gentils, mais les nazis n'étaient pas sûrs qu'ils étaient juifs. Le 13 septembre 1944, les enfants ont été transférés de Westerbork à Bergen-Belsen et, deux mois plus tard, déportés à Theresienstadt. Quarante-neuf ont survécu, y compris l'homme à côté de moi. « À quoi est-ce que cela ressemblait ? » a demandé un de ses amis. Le vieil homme a répondu : « J'avais quatre ans. Je ne m'en souviens pas. »

On peut aussi visiter la garderie de l'autre côté de la rue. Walter Süskind, un réfugié juif allemand qui travaillait pour l'Expositur au Théâtre, avait réussi à nouer des liens avec Ferdinand aus der Fünten et à le persuader d'autoriser les enfants captifs à aller à la garderie. Süskind contactait ensuite la Résistance pour leur trouver des cachettes. Les employés faisaient descendre les enfants au moment où le tramway s'arrêtait devant le bâtiment, ce qui les dérobait à la vue des gardes postés devant le théâtre de l'autre côté de la rue. Ensuite, ils s'éloignaient avec les enfants, masqués par le tram. Les adultes les dissimulaient aussi dans des sacs à dos et dans des paniers à linge. Comme le jardin de l'École pédagogique voisine communiquait avec celui de la garderie, des enfants sont aussi passés par-dessus la clôture. Au bout du compte, Walter Süskind sera déporté et décédera en Europe centrale le 29 février 1945. Aujourd'hui, l'école est le musée national de l'Holocauste[10].

Un peu plus loin, au coin de la rue, se trouve le magnifique zoo Artis. La nuit, pendant l'Occupation, des douzaines de personnes – Juifs, résistants, échappés des camps de travail – trouvaient refuge à l'intérieur. Ils « se camouflaient dans le grenier à foin, sous le repaire des animaux sauvages, dans les volières des ibis, dans les antres nocturnes des ours polaires[11] ». Le directeur du zoo gardait leur secret. Quand une rafle avait lieu, le gardien posait une planche au-dessus des douves entourant la maison des singes pour permettre aux hommes et aux femmes de traverser. Après quoi, il enlevait la planche pour que personne ne puisse les débusquer.

Une femme, Duifje van der Brink, a vécu deux ans au zoo. Elle dormait dans la tanière des loups. La journée, elle s'asseyait sur un banc près de la maison des singes et discutait avec les visiteurs, parfois des Allemands. Personne ne savait qu'elle était juive. Avec le temps, environ deux à trois cents personnes ont réussi à survivre dans le zoo. On ne peut s'empêcher de penser que les animaux leur ont offert un refuge alors que les humains ne l'ont pas fait.

En face du zoo se trouve le musée de la Résistance, dont le sous-sol est rempli de bric-à-brac : des presses qui servaient à imprimer des journaux, des pamphlets, des faux papiers d'identité, des bons alimentaires ; des exemples de l'absurde propagande antisémite du NSB ; des armes pour des opérations clandestines.

Sur les murs du musée de la Résistance, des peintures des défilés du NSB et des citations d'anonymes qui expliquent leur engouement pour les nazis :

« *Ce qui m'a le plus attiré, c'est l'énergie, les chants, et le sentiment d'appartenance.* »

« *Je n'ai pas le choix : c'est le national-socialisme ou le chaos du communisme.* »

« *On n'arrive pas à gagner notre vie avec la boutique, le NSB a promis que les classes moyennes auraient une vie meilleure.* »

« *Avec l'Allemagne au pouvoir, être membre du NSB offre des opportunités de carrière.* »

« *La pauvreté et la division gangrènent notre pays. Le NSB est l'opposé de ce simulacre de démocratie.* »

« *On peut construire une unité nationale grâce à eux. Quand on a trop de choix, on ne décide plus de rien, et les intérêts personnels ne sont jamais loin.* »

Le fascisme repose sur la crédulité des gens, sur leur besoin pressant de croire en quelque chose, sur leur peur de n'avoir rien à quoi se raccrocher.

On peut ensuite passer près de la Wilhelmina Catharina School, la seule école dont les enfants juifs n'ont pas été exclus. Pendant la guerre, sur les cent soixante-quinze écoliers, soixante et onze étaient juifs. Les Allemands ne voulaient pas que les Juifs et les gentils soient mélangés dans les classes, mais exclure les Juifs aurait signifié fermer l'établissement. Les responsables construisirent un mur pour diviser les bâtiments en deux. L'avant était réservé aux gentils, tandis que les Juifs étaient relégués à l'arrière. Un beau jour, le mur fut détruit. Les enfants à l'avant furent ravis de voir cette hideuse démarcation disparaître, mais lorsqu'ils passèrent de l'autre côté ils ne trouvèrent aucun de leurs amis juifs. Tous avaient été déportés. Une plaque sur l'édifice leur rend aujourd'hui hommage[12].

Quand on traverse le quartier juif, on tombe sur la célèbre statue du docker. Le 25 février 1941, une grève éclata pour protester contre les arrestations massives de travailleurs juifs. D'abord, ce furent les employés des services municipaux de nettoyage, puis les ouvriers des chemins de fer et des tramways, et enfin les dockers. Les magasins fermèrent leurs portes. Des citoyens se joignirent aux manifestants, et brisèrent les vitres des tramways encore en circulation. Le journal de la Résistance interpella la population : « Suis-je le protecteur de mon frère ? » La réponse était « Oui ». La grève durait depuis deux jours quand les Allemands, armes au poing, mirent violemment fin à la manifestation.

On peut faire une pause et s'asseoir sur le « banc de Lotty », dans le quartier huppé d'Apollolaan. C'est l'endroit précis où Lotty et son amie Beppie passèrent leur première nuit à leur retour d'Auschwitz. Quand les Allemands évacuèrent le camp, ils rassemblèrent toutes les femmes et les envoyèrent dans une marche mortelle jusqu'au camp de concentration de Beendorf, à plus de six cents kilomètres de là. Lorsque les Alliés libérèrent Beendorf, les rares femmes qui, comme Lotty et Beppie, avaient survécu étaient celles qui avaient été échangées contre des prisonniers de guerre allemands. Lorsque les deux femmes atteignirent enfin Amsterdam le 26 août, elles ne trouvèrent aucun refuge pour les survivants de l'Holocauste. On leur donna tout juste une couverture et elles durent se débrouiller seules. « Viens, lança alors Lotty à Beppie. À nous la belle vie[13] ! » Elles s'installèrent sur un banc du très chic parc d'Apollolaan.

Le gouvernement néerlandais refusa d'accorder un traitement de faveur aux Juifs de retour des camps. Leur logique était la suivante : « Les nazis ont traité les Juifs différemment du reste de la population, et les considérer aujourd'hui comme des personnes distinctes serait assurément un rappel de l'idéologie nazie[14]. » Les Néerlandais se contentèrent de suivre la politique mise en place par les autorités alliées, qui affirmaient que dissocier les Juifs des autres personnes déplacées aurait été injuste et aurait constitué une « discrimination religieuse »[15]. En septembre 2017, Lotty, quatre-vingt-seize ans, vit enfin les atrocités qu'elle avait endurées reconnues, et elle fut honorée par un banc commémoratif.

Le buste en bronze de Geertruida « Truus » Wijsmuller-Meijer, inauguré en 1965, est aujourd'hui sur la place Bachplein, dans le sud d'Amsterdam. Truus est une figure de la Résistance néerlandaise. En 1938, le gouvernement britannique accepta que les enfants juifs de moins de dix-sept ans entrent au Royaume-Uni pour un séjour temporaire. Le Comité des enfants néerlandais d'Amsterdam demanda à Wijsmuller-Meijer, une femme connue pour son tempérament intrépide, d'aller à Vienne pour rencontrer Adolf Eichmann, chargé de l'« émigration forcée » des Juifs. Apparemment, Eichmann la trouva étonnante : *« So rein-arisch und dann so verrückt ! »* (« Une pure Aryenne, mais complètement folle[16] ! ») Il lui promit de lui « donner » dix mille enfants juifs si elle réussissait à rassembler six cents enfants dans les six jours suivant leur entrevue et à les embarquer sur un bateau pour l'Angleterre. Elle releva le défi. Le 10 décembre, six cents enfants juifs quittèrent Vienne en train. Wijsmuller-Meijer organisa des *Kindertransporten,* des transports d'enfants, jusqu'à ce que la guerre éclate. Plusieurs fois par semaine, elle se rendait en Allemagne et dans les territoires occupés par les nazis à cet effet. Le jour où la guerre fut déclarée, le 1er septembre 1939, son organisation avait sauvé dix mille enfants juifs. Les Allemands la surnommaient *die verrückte Frau Wijsmuller* (la folle Mme Wijsmuller) parce qu'elle avait aidé des Juifs sans rien exiger en échange.

Depuis 1995, l'artiste allemand Gunter Demnig crée des « pierres d'achoppement » commémoratives. À Amsterdam, plusieurs centaines de pavés sont posés devant les dernières adresses connues de Juifs, de Roms, de Sinté et d'autres victimes des persécutions nazies. Les pierres sont recouvertes de plaques de bronze. Quand on trébuche dessus, on trébuche sur le passé. Elles font partie de notre construction du présent. De notre mémoire collective.

Postface

Au cours de cette enquête, on m'a demandé plusieurs fois si l'équipe allait élucider le mystère une bonne fois pour toutes. Je ne pouvais rien promettre, bien sûr, simplement affirmer que nous ferions notre possible pour découvrir la cause probable de la rafle. Nous avons passé près de cinq ans à parcourir le globe, à chercher des rapports perdus ou mal archivés, à retrouver des témoins jamais consultés. Au bout du compte, notre talentueuse équipe d'enquêteurs, de chercheurs et de bénévoles a atteint son but : comprendre ce qui a déclenché les événements du 4 août 1944 au 263 Prinsengracht. Comme c'est souvent le cas dans les affaires restées sans suite, la clé de ce mystère qui courait depuis près de quatre-vingts ans se trouvait dans une pièce à conviction trop rapidement écartée.

Cette formidable révélation n'est pas l'unique résultat de notre enquête. Nous avons rassemblé quantité d'informations qui permettent de mieux comprendre cette période de l'histoire, ainsi que les arcanes du SD, des informateurs et des collaborateurs. Nous avons également retrouvé et analysé près de mille reçus *Kopgeld,* qui ont donné un nouvel éclairage sur le système de primes dans la chasse aux Juifs et autres personnes jugées indésirables aux yeux des nazis. Le spectre de nos recherches était si large que nous avons élucidé, ou du moins clarifié, un grand nombre d'affaires de délation. J'espère que le fruit de ce travail aidera les descendants des victimes à faire leur deuil.

Les gens de ma génération, ceux qu'on appelle les baby-boomers, sont les fils et les filles des militaires, hommes et femmes, qui ont combattu pendant la Seconde Guerre mondiale. Nous sommes la dernière génération à avoir encore un lien réel avec cette période de l'histoire. Je suis imprégné des souvenirs de guerre de mon père et de mes oncles – pas des anecdotes qu'on lit dans les livres, mais des récits de première main. La plupart des baby-boomers qui étaient dans les forces de police sont à la retraite ou proches de l'être. Tant que les archives sont encore accessibles et que les témoins sont encore vivants, il faut raconter ces histoires.

Après la publication de ce livre, une fois toutes ces révélations sorties au grand jour, des personnes en possession d'informations pertinentes nous contacteront et nous aideront certainement à combler les dernières lacunes sur cette journée fatidique du 4 août 1944. Je crois sincèrement que sonder et interpréter le passé est un exercice infini. C'est pourquoi nous avons fait don de notre base de données à l'État néerlandais, afin que d'autres puissent bénéficier de nos recherches sur cette période cruciale de l'histoire.

Pour ma part, cela a été un honneur et un privilège de jouer un rôle, même infime, dans le devoir de mémoire envers les victimes de l'Annexe et toutes les victimes juives de délation.

Vincent Pankoke

L'ÉQUIPE

Thijs Bayens	Responsable du projet
Luc Gerrits	Directeur financier
Pieter van Twisk	Responsable des chercheurs
Vincent Pankoke	Enquêteur principal (agent spécial du FBI à la retraite)
Monique Koemans	Criminologue, historienne et autrice
Brendan Rook	Enquêteur, spécialiste des crimes de guerre
Joachim Bayens	Traducteur
Veerle de Boer	Chercheur
Circe de Bruin	Historienne
Amber Dekker	Historienne militaire
Rory Dekker	Traducteur
Matthijs de Die le Clercq	Chercheur
Nienke Filius	Ingénieure de la police scientifique
Anna Foulidis	Historienne
Marius Helf	Spécialiste des données numériques
Anna Helfrich	Historienne

Jean Hellwig	Chef de projet
Soeliah Hellwig	Chercheur sur le genre
Robbert van Hintum	Spécialiste des données numériques
Christine Hoste	Historienne
Nina Kaiser	Documentaliste
Linda Leestemaker	Archéologue, journaliste
Bram van der Meer	Psychologue, enquêteur
Lilian Oskam	Criminologue
Welmoed Pluim	Criminologue
Marin Rappard	Chercheur, spécialiste du patrimoine
Isis de Ruiter	Documentaliste
Cerianne Slagmolen	Historienne
Patricia Spronk	Chercheuse, spécialiste du genre
Rinsophie Vellinga	Chercheuse indépendante
Machteld van Voskuilen	Historienne, histoire sociale

CONSULTANTS

Gerard Aalders	Historien et auteur
Frans Alkemade	Expert en analyse bayésienne pour Alkemade Forensic Reasoning (AFR)
Hubert Berkhout	Archiviste
Gertjan Broek	Historien à la Maison Anne-Frank
Roger Depue	Comportementaliste/profileur (retraité de l'unité des sciences du comportement du FBI)
Wil Fagel	Spécialiste en graphologie
Corien Glaudemans	Historienne et chercheuse
Bernhard Haas	Expert judiciaire, spécialiste en analyse de documents
Eric Heijselaar	Archiviste aux Archives de la ville d'Amsterdam
Peter Kroesen	Archiviste aux Archives de la ville d'Amsterdam
Carina van Leeuwen	Enquêtrice médico-légale, spécialiste des affaires non résolues
Guus Meershoek	Historien

Quentin Plant	Spécialiste des données numériques
Sierk Plantinga	Archiviste
Leo Simais	Conseiller pour les questions de police
Eric Slot	Historien, auteur et journaliste
Hans Smit	Conseiller pour les questions de police
Erik Somers	Historien au NIOD
Gerrold van der Stroom	Historien
Sytze van der Zee	Journaliste et auteur

Remerciements

De l'idée à la conclusion, l'enquête sur ce qui a conduit à la rafle de l'Annexe a duré bien plus de cinq années et a bénéficié de l'aide de deux cents personnes. Bien que nous ayons concentré notre attention dans ce livre sur les responsables et autres membres éminents de l'équipe, il y en a beaucoup d'autres sans qui cette recherche n'aurait pas été possible. Nous souhaitons avant tout remercier notre équipe d'enquêtrices à plein temps, qui a travaillé inlassablement, jour après jour : Christine Hoste, Circe de Bruin et Anna Foulidis. Elles ont été à leur tour soutenues par une équipe d'indépendants, de bénévoles et de stagiaires : Joachim Bayens, Veerle de Boer, José Boon, Amber Dekker, Rory Dekker, Matthijs de Die le Clercq, Nienke Filius, Anna Helfrich, Soeliah Hellwig, Gülden Ilmaz, Nina Kaiser, Eline Kemps, Linda Leestemaker, Patrick Minks, Lilian Oskam, Welmoed Pluim, Marin Rappard, Anita Rosmolen, Isis de Ruiter, Dorna Saadati, Cerianne Slagmolen, Babette Smits van Warsberghe, Patricia Spronk, Logan Taylor-Black, Mattie Timmer, Maudy Tjho, Rinsophie Vellinga, Marlinde Venema, Machteld van Voskuilen et Mary Beth Warner.

Nous sommes également profondément redevables à de nombreux spécialistes qui ont soutenu notre enquête et qui nous ont fréquemment aidés dans leurs domaines d'expertise.

Nous les avons nommés nos « experts en la matière ». Il s'agit de Roger Depue (spécialiste en sciences du comportement du FBI, à la retraite) ; Bram van der Meer (psychologue d'investigation et expert en profilage des délinquants) ; Frans Alkemade (statisticien judiciaire) ; Bernhard Haas (examinateur judiciaire de documents) ; Wil Fagel (ancien expert en écriture du NFI) ; Carina van Leeuwen (cheffe de l'équipe de police chargée des affaires non résolues à Amsterdam) ; Menachem Sebbag (grand rabbin au ministère néerlandais de la Défense) ; Leo Simais (équipe chargée des affaires non résolues, police nationale néerlandaise) et Hans Smit (police nationale néerlandaise). Nous tenons à remercier les archivistes qui nous ont aidés : Peter Kroesen et Eric Heijselaar (archivistes, SAA), Hubert Berkhout (archiviste, NIOD), et Sierk Plantinga (archiviste retraité, NA). En tant que profanes dans le domaine du stockage numérique et de l'intelligence artificielle, nous devons également exprimer notre gratitude à notre consultant numérique, Quentin Plant. Enfin, nous remercions les auteurs et historiens suivants qui ont été si importants pour nous : Gerard Aalders (historien), David Barnouw (historien), Gertjan Broek (chercheur, AFF), Corien Glaudemans (chercheuse, HGA), Ad van Liempt (journaliste et auteur), Guus Meershoek (historien), Erik Somers (historien), Gerrold van der Stroom (historien) et Sytze van der Zee (journaliste et auteur). (Bien que nous ayons étudié, cité et beaucoup apprécié leur travail et que, dans certains cas, nous les ayons consultés ou questionnés, ces auteurs et chercheurs ne doivent pas être considérés comme des parties prenantes du résultat de notre enquête. En effet, il se peut qu'ils n'aient pas été informés de nos conclusions.)

Et puis, il y a toutes les personnes qui ont apporté une aide personnelle d'une manière différente et moins fréquente. Il peut s'agir de témoins et d'auteurs à qui nous avons parlé, d'archivistes qui nous ont aidés à naviguer dans le labyrinthe des archives publiques et privées, de chercheurs et d'historiens de la famille, et de personnes représentant des instituts importants.

Par ordre alphabétique, nous tenons à remercier : Guido Abuys (Camp Westerbork), Jelmar Ahlers (parent de Tonny Ahlers), Edith Albersheim-Chutkow (survivante de l'Holocauste), Svetlana Amosova (Musée juif et Centre pour la tolérance, Moscou), Floriane Azoulay (Archives Arolsen), Freek Baars (Spaarnestad Photo), Francis van den Berg (Historisch Centrum Overijssel : Centre historique de l'Overijssel), Albert Beuse (Archives de Groningue), Rene Bienert (Centre Simon-Wiesenthal, Los Angeles), Gerrit et Sien Blommers (connaisseurs du quartier), Mirjam Bolle (survivante de l'Holocauste et ancienne secrétaire du Conseil juif), Petra Boomgaart (historienne), Eric Bremer (parent de Jetje Bremer), Monique Brinks (historienne), Jeroen de Bruyn et Joop van Wijk (coauteurs), Peter Buijs (Musée historique juif, Amsterdam), Cornelis Cappon (université d'Amsterdam), Greg Celerse (chercheur sur la Seconde Guerre mondiale), Marcelle Cinq-Mars (Bibliothèque et Archives du Canada), Sara-Joelle Clark et Ron Coleman (musée du Mémorial de l'Holocauste des États-Unis, Washington, DC), Alexander Comber (Bibliothèque et Archives du Canada), Ryan Cooper (correspondant d'Otto Frank), Jopie Davidse (résident d'Amsterdam pendant la Seconde Guerre mondiale), Peter Douwes (parent de Cor Suijk), Jan Erik Dubbelman (ami de Cor Suijk), Rebecca Erbelding (musée du Mémorial de l'Holocauste des États-Unis, Washington, DC), Zeno Geradts (professeur d'analyse de données médico-légales, université d'Amsterdam), Joop Goudsmit (survivant néerlandais de l'Holocauste), Koos Groen (journaliste et auteur), Louis de Groot (survivant néerlandais de l'Holocauste), Katja Happe (historienne), Ron van Hasselt (auteur), Hubertine Heijermans (parente de Hubert Selles), René van Heijningen (historien, institut NIOD pour les études sur la guerre, l'Holocauste et le génocide), Maarten van Helden (fils du détective Arend van Helden) et son épouse, Els, Stephan van Hoeve (fils du marchand de légumes Hendrik van Hoeve), Jan Hopman (journaliste et auteur), Fleur van der Houwen (experte linguistique, université libre d'Amsterdam), Ann Huitzing (historienne), Abraham Kaper (petit-fils d'Abraham Kaper), J. van der Kar (notaire), Christine Kausch (historienne), Nancy Kawalek (professeure, université de Chicago), Edwin Klijn (chercheur, institut NIOD pour les études sur la guerre, l'Holocauste et le génocide), Teun Koetsier et Elbert Roest (coauteurs), Bas Kortholt (historien), Hans Krol (historien, Archives de la Hollande du Nord), Gerlof Langerijs (chercheur en histoire), Carol Ann Lee (autrice), Richard Lester (auteur), Jacqueline van Maarsen (amie d'Anne Frank et autrice), Myriam Maater-van Hulst (survivante de l'Holocauste), Eva Moraal (historienne), Claudia Morawetz (fille du compositeur Oskar Morawetz), Melissa Müller (autrice), Sylvia Naylor (Archives nationales de College Park), John Neiman (ami de Miep et Jan Gies), Jean Nieuwenhuijse (Centraal Bureau voor Genealogie, La Haye), Albert Oosthoek (historien, NA), Jan Out (archiviste de la police nationale néerlandaise), Albert Penners (physiothérapeute et informateur), Joost Rethmeier (historien), Jan Rijnders (historien), Sally Rosen (enquêtrice), Regina Salle (témoin), Eva Schloss (survivante de l'Holocauste et belle-fille d'Otto Frank), Kyra Schuster (musée du Mémorial de l'Holocauste des États-Unis, Washington, DC), Raymund Schütz (historien), Derek Selles (petit-fils de Hubert Selles), Eda Shapiro et Rick Kardonne (coauteurs), Eric Slot (historien), Dineke Stam (ancienne chercheuse, Maison Anne-Frank), Jol van Soest (historien de la famille), Michel Theeboom (police nationale néerlandaise/réseau de la police juive), Paul Theelen (historien de la famille), Stephan Tyas (historien), Jacob Nathan Velleman (psychiatre), Rian Verhoeven (historien), Gerrit van der Vorst (historien), Hugo Voskuijl (parent de Bep Voskuijl), Jan Watterman (historien), Rene Wessels (parent de l'ancien propriétaire du 263 Prinsengracht), Joop van Wijk (fils de Bep Voskuijl), Cara Wilson-Granat (correspondante d'Otto Frank), Rolf Wolfswinkel (historien et professeur à l'université de New York), Elliot Wrenn (musée du Mémorial de l'Holocauste des États-Unis, Washington, DC), Kees Jan van der Zijden (notaire), Giora Zwilling (Archives Arolsen), et beaucoup, beaucoup d'autres.

Nous tenons également à remercier toutes les personnes qui nous ont aidés à développer notre propre infrastructure numérique d'investigation et d'intelligence artificielle, principalement Xomnia, dont le directeur général, Ollie Dapper, a dès le départ pleinement soutenu notre projet et dont les spécialistes des données, Robbert van Hintum et Marius Helf, étaient responsables du *data store* (dépôt de données) qui a servi de base au programme d'intelligence artificielle ultérieur. Ce programme a été exécuté sur le logiciel Microsoft Azure, qui a été mis à notre disposition par Microsoft, grâce à Brian Marble et Jordan Passon. Le logiciel a été personnalisé par une équipe de Plain Concepts : Ingrid Babel, Manuel Rodrigo Cabello Malagón, Marta de Carlos López, Alejandro Hidalgo, Carlos Landeras Martinez, Olga Martí Rodrigues, Fransisco Pelaez Aller, Fleurette Poiesz, Sara San Luis Rodríguez et Daniela Solis. Enfin, nous sommes reconnaissants aux membres du Branded Entertainment Network – Hannah Butters, Erin Larnder, Abigail Mieszczak et Loriel Weiss – qui ont fourni une grande partie du matériel nécessaire à l'exécution du logiciel, ainsi qu'à Paul Oranje et Anton Raves, qui ont fourni toute l'assistance informatique au projet.

Les archives ont joué un rôle crucial dans notre enquête. Elles sont mentionnées tout au long de cet ouvrage et dans de nombreuses sources et notes de bas de page, mais nous aimerions tout de même en souligner certaines. Tout d'abord, le personnel de la Fondation Anne-Frank nous a beaucoup aidés, en particulier Teresien da Silva, Maatje Mostart et Annemarie Bekker. Nous sommes aussi reconnaissants au Musée historique juif d'Amsterdam et surtout à son directeur, Emile Schrijver. Aux Archives de la ville d'Amsterdam, nous avons reçu un grand soutien de la part de leur directeur, Bert de Vries, et du responsable du programme, Benno van Tilburg.

Et, enfin, les deux instituts où, sans aucun doute, nos chercheurs ont passé le plus de temps, l'institut NIOD pour les études sur la guerre, l'Holocauste et le génocide à Amsterdam et les Archives nationales à La Haye. Dans le premier cas, nous tenons à mentionner son directeur, Frank van Vree, qui a immédiatement soutenu notre projet et, dans le second, nous tenons à remercier tout particulièrement l'ancienne directrice Collections et Public, Irene Gerrits, et la responsable du service, Fenna Flietstra. Nous sommes également reconnaissants aux nombreux employés des archives des deux institutions qui ont patiemment continué à nous fournir tous les dossiers demandés.

L'enquête est essentielle, mais comme pour la plupart des choses dans la vie elle a nécessité un financement adéquat. Dès le départ, il était clair que cette entreprise serait coûteuse, et il nous a fallu un certain temps pour réunir les fonds nécessaires. Dès que nous avons rendu notre idée publique, il est devenu évident que nous touchions à un sujet très sensible. Par peur du résultat, de nombreux sponsors potentiels n'ont pas voulu prendre le risque de s'impliquer. Nous avons insisté sur le fait que l'enquête serait absolument objective, et certaines parties se sont montrées intéressées par un parrainage, mais nous avons finalement refusé leur soutien parce que nous soupçonnions qu'elles pouvaient avoir des intérêts en conflit avec l'indépendance et l'objectivité que nous exigions. Nous avons fait appel au public et reçu de nombreux petits dons privés, pour lesquels nous sommes extrêmement reconnaissants. Jaap Rosen Jacobson et Oshri Even-Zohar sont venus à notre secours dans les moments les plus difficiles.

Nous avons également reçu une généreuse subvention de la Ville d'Amsterdam, grâce notamment aux conseillers municipaux Simone Kukenheim et Touria Meliani, qui ont pleinement conscience du fait que, pendant la guerre, Amsterdam a perdu 10 % de ses citoyens, une atrocité qui ne doit jamais être oubliée et qui a laissé une cicatrice permanente sur la ville. Nous sommes également profondément redevables à Ger Baron, Tijs Roelofs et Tamas Erkelens de la Ville d'Amsterdam pour leurs conseils et leur soutien. Bien sûr, nous avons aussi reçu des avances de l'éditeur pour ce livre.

Et puis il y a, évidemment, les personnes qui ont rendu cette publication possible. Tout d'abord l'autrice Rosemary Sullivan, qui, malgré la grande distance entre le Canada et les Pays-Bas ainsi que les sévères restrictions dues à la Covid-19, a réussi à saisir l'essence de ce projet de manière poignante et à écrire ce merveilleux livre. Étant donné le nombre d'acteurs dispersés dans de multiples pays et continents, la longueur de l'enquête et la somme d'informations à passer au crible, nous ne pouvons qu'apprécier, admirer et respecter son travail.

Nous sommes profondément reconnaissants à notre éditrice chez HarperCollins, Sara Nelson, qui, avec son enthousiasme et sa confiance inépuisables, a fait de ce voyage un moment inoubliable pour nous tous. Nous sommes également très reconnaissants à notre éditeur Jonathan Burnham, qui, avec Sara, a cru en ce projet dès le début. Nous avons toujours pu compter sur ses conseils et son soutien. Notre gratitude va également à nos éditeurs néerlandais, la directrice Tanja Hendriks et l'éditeur Laurens Ubbink d'Ambo-Anthos, qui nous ont prodigué de précieux conseils durant la rédaction du livre. Et notre gratitude va également à nos agents littéraires, Marianne Schönbach et Diana Gvozden, de l'agence littéraire Marianne Schönbach à Amsterdam.

Les projets internationaux de cette envergure nécessitent aussi des conseils juridiques. Dans ce domaine, nous nous sommes d'abord tournés vers Job Hengeveld de Hengeveld Advocaten et Philip van Wijnen. Finalement, nous avons été soutenus par le cabinet d'avocats international Bird & Bird, et nous tenons à remercier tout particulièrement Jeroen van der Lee, Jochem Apon et Olaf Trojan. Tous ont fait un excellent travail. Nous tenons également à remercier le conseiller indépendant Martin Senftleben de l'université d'Amsterdam pour ses excellents avis.

Notre gratitude s'adresse également à plusieurs conseillers externes qui nous ont guidés au cours de notre long et ardu voyage : Edward Asscher, Boris Dittrich, Harry Dolman, Nelleke Geel, Dries van Ingen, Willem van der Knaap, Margreet Nanning, Kate Pankoke, Bert Wiggers, et bien d'autres. Et puis il y a les membres estimés de notre conseil consultatif, qui nous ont guidés dans certaines des questions les plus délicates que nous avons rencontrées ; nous tenons à exprimer notre gratitude à Roger van Boxtel, Job Cohen (président) et Michiel Westermann. Leurs conseils ont été précieux, mais ils ne sauraient être tenus pour responsables de nos conclusions.

Enfin, un projet de cette ampleur n'est pas possible sans ceux qui s'occupent inlassablement des finances et de la logistique.

Deux personnes en particulier ont contribué à la réalisation de ce projet : notre chef de projet, Jean Hellwig, et notre assistante de direction, Wieke van der Kley. Nous sommes également très reconnaissants envers notre directrice de production, Mardou Jacobs, et notre contrôleur financier, Ali Banyahia ; nos deux merveilleux stagiaires, Jason Akkerman et Daniel Osterwald ; et Stan Schram, qui a trouvé nos locaux.

Thijs Bayens, Pieter van Twisk & Luc Gerrits
Amsterdam, le 4 décembre 2020

Ce fut un privilège de travailler sur ce projet, et j'en remercie Thijs Bayens, Pieter van Twisk et Vincent Pankoke. Thijs en a été l'instigateur, Pieter a apporté la précision, et Vincent, les connaissances et le soutien moral. Ils ont rendu mon premier séjour à Amsterdam immensément fructueux et, après que la Covid-19 a attaqué le monde, ils ont patiemment répondu à mes appels Zoom et à mes milliers de courriels. Je tiens à remercier Brendan Rook pour son professionnalisme, qui a contribué à aiguiser mon propre prisme, et Monique Koemans pour sa chaleur et son expertise lorsqu'elle m'a invitée à participer à ses sessions de recherche. Jean Hellwig, le chef de projet, a été très généreux de son temps pour résoudre tous les problèmes logistiques qui se sont présentés. Je tiens également à remercier les jeunes chercheuses avec lesquelles j'ai travaillé, notamment Circe de Bruin, Christine Hoste, Anna Foulidis, Linda Leestemaker et Wieke van der Kley, qui ont toutes facilité mes diverses visites aux archives, notamment à l'institut NIOD pour les études sur la guerre, l'Holocauste et le génocide, et aux Archives de la ville d'Amsterdam ; aux musées tels que le musée national de l'Holocauste et le musée de la Résistance ; et surtout les excursions au camp de Westerbork et à La Haye. Je tiens à remercier la résidence d'écrivains d'Amsterdam du Nederlands Letterenfonds pour m'avoir fourni un merveilleux appartement au cœur d'Amsterdam afin de poursuivre mon travail.

Je tiens à remercier ma sœur Colleen Sullivan, qui a lu mon manuscrit dans ses premières versions et m'a offert des encouragements essentiels ; Karen Mulhallen, dont le soutien et les conseils tout au long du processus d'écriture ont été inestimables ; Plum Johnson, qui a écouté mes réflexions ; et Mary Germaine, qui a toujours été là en cas d'urgence informatique.

Je tiens à remercier mon éditrice canadienne, Iris Tupholme, avec qui j'ai travaillé pour la première fois en 1987 et qui a guidé mes livres tout au long du difficile processus d'écriture. Comme toujours, elle m'a merveilleusement soutenue, elle a fait preuve de sagesse et ce fut un plaisir de travailler avec elle. Elle a toujours su m'encourager à aller au-delà de mes propres attentes. Je lui dois beaucoup.

Ce fut un privilège de travailler avec Sara Nelson. C'est une excellente éditrice, toujours et immédiatement présente ; exigeante et brillante dans ses commentaires éditoriaux ; une perfectionniste encourageante et très pointilleuse. Sa patience est immense. Tous les écrivains rêvent d'avoir une telle éditrice. Je tiens tout particulièrement à remercier Jonathan Burnham, directeur de la division Harper, qui m'a initialement suggéré d'écrire ce projet, me lançant ainsi dans un voyage profondément émouvant. Il a généreusement lu le manuscrit et offert des suggestions cruciales. Enfin, j'aimerais remercier mon agent, Jackie Kaiser, qui, comme Iris, a toujours été là pour moi, me soutenant et me conseillant chaque fois que j'en ai eu besoin. Elle est passionnée et porte une grande attention aux écrivains et à l'écriture. J'ai la chance de l'avoir pour agent.

Je dédie ce livre à mes sœurs, Patricia, Sharon et Colleen, à mon frère, Terry, et à mon mari et compagnon de toujours, Juan Opitz. Avec amour et gratitude.

Rosemary Sullivan
Toronto, le 1er avril 2021

Archives et instituts

Anne Frank Stichting (Fondation Anne-Frank), Amsterdam, Pays-Bas.

Archives Arolsen (auparavant International Tracing Service), Bad Arolsen, Allemagne.

Archives de Yad Vashem, Jérusalem, Israël.

Archives militaires de l'État russe, Moscou, Russie.

Archives nationales de College Park, Maryland, États-Unis.

Bibliothèque et Archives du Canada, Ottawa, Canada.

Bundesarchiv Berlin (Archives fédérales, Berlin), Berlin, Allemagne.

Centre Simon-Wiesenthal, Vienne, Autriche.

Deutsches Literaturarchiv Marbach (Archives littéraires allemandes de Marbach), Marbach, Allemagne.

Gedenkstätte und Museum Sachsenhausen (Mémorial et musée de Sachsenhausen*), Oranienburg, Allemagne.

Groninger Archieven (Archives de Groningue), Groningue, Pays-Bas.

Haags Gemeentearchief (Archives de la ville de La Haye), La Haye, Pays-Bas.

Herinneringscentrum Kamp Westerbork (Centre du souvenir du camp de Westerbork), Hooghalen, Pays-Bas.

Historisch Centrum Overijssel (Centre historique de l'Overijssel), Zwolle, Pays-Bas.

Monument national Oranjehotel (surnom donné à la prison durant la Seconde Guerre mondiale), Scheveningen, Pays-Bas.

Musée du Mémorial de l'Holocauste des États-Unis, Washington, DC, États-Unis.

Nationaal Archief (Archives nationales), La Haye, Pays-Bas.

Nederlands Dagboekarchief (NDA) (Archives néerlandaises des journaux intimes et documents personnels), Amsterdam, Pays-Bas.

Nederlands Instituut voor Oorlogsdocumentatie (NIOD), Institut néerlandais de documentation de guerre, Amsterdam, Pays-Bas.

Noord-Hollands Archief (Archives de la Hollande du Nord), Haarlem, Pays-Bas.

Österreichisches Staatsarchiv (Archives nationales autrichiennes), Vienne, Autriche.

Pickford Center for Motion Picture Study (Centre Pickford pour l'étude du cinéma), Los Angeles, États-Unis.

Quartier culturel juif (quartier Plantage), Amsterdam, Pays-Bas.

Stadsarchief Amsterdam (Archives de la ville d'Amsterdam), Amsterdam, Pays-Bas.

Streekarchief Gooi en Vechtstreek (Archives régionales du Gooi et Vechtstreek), Hilversum, Pays-Bas.

USC Shoah Foundation-The Institute for Visual History and Education, (Fondation de la Shoah de l'USC-Institut pour l'histoire visuelle et l'éducation), Los Angeles, États-Unis.

Verzetsmuseum (musée de la Résistance), Amsterdam, Pays-Bas.

The Wiener Holocaust Library (la bibliothèque Wiener sur l'Holocauste), Londres, Royaume-Uni.

Wiener Stadt- und Landesarchiv (Archives de la ville de Vienne et de sa région), Vienne, Autriche.

Glossaire

Abteilung Hausraterfassung (Bureau de l'inventaire des ménages) : Ce département était chargé d'inventorier maisons et appartements dont les résidents juifs avaient été déportés en Allemagne, et de confisquer leur contenu. Il dépendait de la Zentralstelle für Jüdische Auswanderung (Agence centrale pour l'émigration juive) et travaillait en étroite collaboration avec l'Einsatzstab Reichsleiter Rosenberg (ERR) (Équipe d'intervention du Reichsleiter Rosenberg) et la banque Lippmann-Rosenthal. La Colonne Henneicke travaillait pour cette agence.

Abwehr : Service de renseignement militaire allemand.

Amersfoort (camp d') : Camp de concentration et de transit de la police allemande situé aux Pays-Bas, au sud de la ville d'Amersfoort. Il a été opérationnel d'août 1941 à avril 1945. Durant cette période, trente-sept mille personnes y ont été incarcérées, dont environ vingt mille ont été déportées vers des camps à l'est. Environ 670 personnes sont mortes dans le camp.

Anne Frank Fonds (AFF) (Fonds Anne-Frank) : Fondation créée à Bâle en Suisse, en 1963, par Otto Frank. Elle représente la famille Frank, distribue le *Journal* d'Anne et gère les droits d'auteur.

Anne Frank Stichting (AFS) (Fondation Anne-Frank) : Fondation créée en 1957 à Amsterdam par Otto Frank, à l'origine pour sauver la maison d'Anne Frank et son Annexe de la démolition. La Fondation est également chargée de la gestion des biens et de la diffusion de l'histoire d'Anne et de ses idéaux. L'AFS organise des expositions et des conférences sur Anne Frank dans le monde entier et est également engagée dans la lutte contre l'antisémitisme et le racisme.

Arbeitseinsatz : Travail forcé pour les travailleurs des territoires occupés pendant la Seconde Guerre mondiale, pour combler le manque de main-d'œuvre en Allemagne. Aux Pays-Bas, l'*Arbeitseinsatz* devint obligatoire à partir de janvier 1942. Les hommes qui ne répondaient pas à l'appel devaient se cacher.

Auschwitz (Auschwitz-Birkenau) (camp de concentration) : Le plus grand camp de concentration et d'extermination du Troisième Reich. Il se composait de près de quarante sous-camps, dont Birkenau était le plus grand. Il a été créé en 1940, près de la ville d'Oświęcim, dans le sud de la Pologne. Pendant la guerre, près de un million de personnes, principalement des Juifs, y ont été exterminées.

Banque Lippmann-Rosenthal, dite banque LIRO : Ancienne banque juive confisquée et transformée en une banque nazie qui enregistrait les biens juifs et s'en emparait. Les biens volés ont été utilisés, entre autres, pour financer l'Holocauste.

Bergen-Belsen (camp de) : L'un des plus grands camps de prisonniers de guerre et camp de concentration près de Celle, dans le nord de l'Allemagne, où plus de soixante-dix mille personnes sont mortes pendant la Seconde Guerre mondiale. C'est dans ce camp qu'Anne et Margot ont péri au début de l'année 1945.

Besluit Buitengewone Rechtspleging (Décret de justice extraordinaire) : Loi spéciale élaborée par le gouvernement néerlandais en exil à Londres à la fin de l'année 1943 ; elle réglementait l'organisation et la poursuite des personnes ayant collaboré avec les Allemands ou considérées comme des criminels de guerre.

Bureau Joodse Zaken (Bureau des Affaires juives) : À l'origine, un département de la police d'Amsterdam, chargé de repérer les violations des mesures relatives aux Juifs imposées par les Allemands dans les Pays-Bas occupés. Après que les Pays-Bas eurent été déclarés « libres de tout Juif » en 1943, les officiers de cette unité ont été affectés au département IV B4 du Sicherheitsdienst (SD) et ont surtout traqué les Juifs qui se cachaient.

Bureau Nationale Veiligheid (BNV) (Bureau de la Sécurité nationale) : Service de renseignement et de sécurité néerlandais provisoire d'après-guerre (fondé en 1945). Il est devenu plus tard le Binnenlandse Veiligheidsdienst (BVD), ou service de Sécurité intérieure, et est maintenant connu sous le nom de Algemene Inlichtingen- en Veiligheidsdienst (AIVD), ou service général de Renseignement et de Sécurité.

Centraal Archief van de Bijzondere Rechtspleging (CABR) (Archives centrales de la procédure judiciaire spéciale) : Archives de toutes les affaires qui ont été portées devant la justice après la guerre en vertu de la loi sur la procédure judiciaire spéciale de 1943 promulguée par le gouvernement néerlandais en exil à Londres. Elles sont conservées pour la plupart aux Nationaal Archief (Archives nationales) de La Haye.

Colonne Henneicke : Groupe, dirigé par Wim Henneicke (à moitié allemand), de plus de cinquante collaborateurs nazis néerlandais, actifs comme chasseurs de primes entre mars et octobre 1943.

On estime que le groupe a été responsable de la déportation de plus de huit mille Juifs. Le groupe travaillait pour l'Abteilung Hausraterfassung.

Comité voor Joodsche Vluchtelingen (CJV) (Comité pour les réfugiés juifs) : Organisation d'aide créée pour accueillir le nombre croissant de réfugiés juifs d'Allemagne, elle fut active entre 1933 et 1941. Le CJV servait de médiateur pour les questions d'aide d'urgence, d'éducation, d'émigration, de visas de sortie et de permis de séjour.

Dachau (camp de concentration) : Le premier camp de concentration de l'Allemagne nazie, établi en 1933 dans les environs de Munich. Près de cinquante mille personnes ont péri à Dachau.

Dolle Dinsdag (Mardi Fou) : Le 5 septembre 1944. Après d'importantes avancées des Alliés, la rumeur se répand que les Pays-Bas seront libérés d'un moment à l'autre. Les Néerlandais ont commencé à faire la fête ouvertement, et un grand nombre d'Allemands et de collabos ont pris la fuite. Finalement, l'avancée alliée se limite à la partie sud des Pays-Bas, et les Allemands résistent pendant huit mois supplémentaires.

Einsatzstab (Équipe d'intervention du Reichsleiter Rosenberg) (ERR) : Organisation nazie de pillage, portant le nom d'Alfred Rosenberg, qui volait systématiquement des œuvres d'art et des biens culturels dans les pays occupés par l'armée allemande et les expédiait en Allemagne.

Euterpestraat : Nom communément utilisé pour désigner le siège du Sicherheitsdienst (SD) d'Amsterdam, situé 99 Euterpestraat, en face du bâtiment Zentralstelle sur la place Adama-van-Scheltema, et qui abritait également l'unité IV B4 de chasse aux Juifs.

Expositur : Bureau de liaison entre le Conseil juif et les autorités allemandes.

Februaristaking (grève de février) : Grève ouvrière des 25 et 26 février 1941, qui débuta à Amsterdam et s'étendit ensuite au reste des Pays-Bas. Cette grève est la seule protestation publique massive contre la persécution des Juifs dans l'Europe occupée. Elle fut déclenchée après les premiers raids au cours desquels des centaines d'hommes juifs furent arrêtés à Amsterdam.

Geheime Staatspolizei (Gestapo) : La police secrète d'État de l'Allemagne nazie. La Gestapo dépendait de la SS.

Grüne Polizei (Police Verte) : Les Ordnungspolizei étaient des unités de police qui effectuaient les tâches quotidiennes de maintien de l'ordre en Allemagne et dans les pays occupés. En raison de la couleur verte de leurs uniformes, elles étaient surnommées Grüne Polizei. Les officiers du SD (Sicherheitsdienst : service de renseignement SS) étaient souvent appelés par erreur Grüne Polizei.

Hollandsche Schouwburg (Théâtre néerlandais) : Théâtre situé sur Plantage Parklaan à Amsterdam, quartier juif établi par les Allemands pendant l'occupation des Pays-Bas. En 1942, le théâtre est devenu un point de rassemblement à partir duquel les Juifs ont été déportés, via les camps de transit de Westerbork et de Vught, vers les camps d'extermination. C'est aujourd'hui un site commémoratif.

De IJzeren Garde (Garde de Fer) : Petit parti fasciste dissident qui s'est détaché du Nationaal-Socialistiche Nederlandsche Arbeiderspartij (NSNAP), plus important. Le mouvement était fortement antisémite et pronazi.

Het Joodsche Weekblad (L'Hebdomadaire juif) : Ce magazine publié par le Conseil juif est né aux Pays-Bas pendant la Seconde Guerre mondiale. C'était la seule publication juive autorisée. Il paraissait tous les vendredis, d'avril 1941 à septembre 1943, et publiait les mesures antijuives imposées par les Allemands. Comme il n'était distribué qu'aux Juifs, ces mesures pouvaient passer inaperçues des non-Juifs, ce qui isolait davantage les Juifs dans la société néerlandaise.

Joodse Coördinatie Commissie (JCC) (Commission juive de coordination) : Organisation juive créée immédiatement après l'occupation allemande pour apporter un soutien à la communauté juive. La Commission fournissait des conseils, organisait des activités culturelles et apportait une aide financière. La JCC refusait de négocier directement avec les Allemands, car elle estimait que seul le gouvernement néerlandais était habilité à le faire. Après la création du Conseil juif, la JCC a été dissoute par les Allemands.

Joodse Ereraad (Cour d'honneur juive) : Organisation qui demandait des comptes aux Juifs soupçonnés d'avoir collaboré avec les Allemands. Créée au début de l'année 1946, elle a fonctionné jusqu'en 1950. La cour n'avait aucune autorité légale, mais elle publiait ses verdicts et pouvait demander l'expulsion de personnes de la communauté juive.

Joodse Raad/Judenraete (JR) (Conseil juif) : Organisation juive créée sur ordre des Allemands en février 1941 pour gérer et contrôler la communauté juive. L'influence du Conseil, d'abord actif à Amsterdam, s'étendit rapidement au reste des Pays-Bas.

Jordaan : Vieux quartier du centre d'Amsterdam où se trouvait l'entreprise/Annexe d'Otto. C'était un quartier ouvrier typique avec de nombreux artisans et de petites entreprises, des logements en mauvais état et de nombreuses personnes au chômage. Mais il était connu pour ses traditions.

Kopgeld : Nom de la prime qui était versée aux chasseurs de Juifs et aux policiers pour les Juifs qu'ils arrêtaient. Le montant variait de 7,50 florins au début de la guerre à 40 florins à la fin.

Landelijke Knokploegen (KP, LKP) : Groupe de résistance armée fondé par la Landelijke Organisatie voor Hulp aan Onderduikers (LO). Ceux qui se cachaient avaient un besoin urgent de toutes sortes de documents, tels que des cartes d'identité et des bons alimentaires. Le KP s'emparait de ces articles par le vol ou l'emploi de la force.

Landelijke Organisatie voor Hulp aan Onderduikers (LO) (Organisation nationale d'aide aux clandestins) : Mouvement de résistance néerlandais qui, de 1942 à la fin de la guerre, s'est employé à aider les personnes qui devaient se cacher.

Mauthausen (camp de concentration de) : Dans ce camp créé en 1938, à une vingtaine de kilomètres de Linz, en Autriche, près de cent mille personnes ont trouvé la mort. Il était bien connu aux Pays-Bas, même pendant la guerre, puisque la plupart des Juifs arrêtés en février 1941 y ont été envoyés et sont morts dans les deux mois qui ont suivi. « Mauthausen » est devenu synonyme de « mort ».

Mischling (« métis » en allemand) : Terme juridique péjoratif utilisé dans l'Allemagne nazie pour désigner les personnes qui étaient considérées comme pas complètement juives. Les *Mischlinge* étaient classés dans différentes catégories selon le nombre de leurs ancêtres juifs.

Nationaal-Socialistische Beweging (NSB) (Mouvement national-socialiste) : Le Mouvement national-socialiste néerlandais, dirigé par Anton Mussert, a existé de 1931 à 1945. Avant la guerre, il comptait quelque trente mille membres ; pendant l'Occupation, il est passé à environ cent mille membres à son apogée en 1943. Au début, il n'était pas antisémite et comptait même des membres juifs, ce qui changea en 1938. À la fin de 1941, tous les partis politiques, à l'exception du NSB, furent dissous.

Nationalsozialistische Deutsche Arbeiterpartei (NSDAP) (Parti national-socialiste des travailleurs allemands) : Le parti politique officiel du mouvement national-socialiste en Allemagne, créé en 1920. Adolf Hitler en était le chef.

Nationalsozialistische Kraftfahrkorps (NSKK) (Corps de transport national-socialiste) : Unité militaire qui, grâce aux transports motorisés, approvisionnait les différents fronts. Pendant la guerre, des habitants des territoires occupés travaillaient dans ce corps.

Nederlandse Beheersinstituut (NBI) (Institut administratif néerlandais) : Institut créé en août 1945 et chargé de rechercher, gérer et éventuellement liquider les biens des traîtres, des ennemis et des personnes disparues pendant la guerre.

Neuengamme (camp de concentration de) : Camp créé en 1938 près de Hambourg et géré par les SS. On estime qu'environ quarante-trois mille personnes y ont été assassinées.

Nürnberger Gesetze (lois de Nuremberg) : Ensemble de lois raciales antijuives introduites en Allemagne en 1935. Ces lois avaient pour but de réglementer la privation des droits des Juifs. Pendant l'occupation des Pays-Bas, la population était également soumise à des mesures fondées sur ces lois.

Opekta/Nederlandsche Opekta Maatschappij : Filiale de la société allemande Opekta GmbH de Francfort, fondée en 1933, Opekta a été dirigée par Otto Frank durant vingt ans. Pendant la guerre, la société a été rebaptisée Gies & Co. Elle vendait des produits à base de pectine, qui étaient utilisés pour la production de confitures.

Oranjehotel : Surnom de la prison de police de Scheveningen pendant la guerre. Plus de vingt-cinq mille personnes y ont été incarcérées, accusées de divers crimes, notamment de résistance, de propos désobligeants envers les Allemands et de crimes économiques, comme le vol et le fait d'avoir tiré profit de la guerre. Des Juifs, des Témoins de Jéhovah, des Roms et des Sinté y ont également été emprisonnés.

Ordedienst (OD) : L'un des plus grands groupes de résistance des Pays-Bas avant la LO. Il a été fondé en 1940 dans le but de combler le vide de pouvoir que les Allemands laisseraient derrière eux après leur départ. Pendant la guerre, l'OD a été impliqué dans le sabotage et a fourni des renseignements aux Alliés.

Het Parool (Le Mot de passe ou La Devise) : L'un des plus célèbres journaux de la Résistance aux Pays-Bas. Ce qui n'était au départ qu'une courte lettre d'information est devenu un véritable journal en février 1941. Pendant la guerre, environ quatre-vingt-dix personnes qui y travaillaient ont été arrêtées et assassinées. *Het Parool* existe toujours, c'est un quotidien social-démocrate d'Amsterdam et de sa région.

Pectacon : L'entreprise d'Otto Frank, créée en juin 1938 pour vendre de la viande hachée, des herbes aromatiques et des épices. Hermann van Pels travaillait pour Pectacon.

Persoonsbewijs (PB) : Carte d'identité que tous les citoyens néerlandais âgés de quinze ans et plus devaient avoir sur eux, à partir d'avril 1941. Elle a été introduite sur ordre des Allemands et s'est avérée d'une grande utilité dans la persécution des Juifs et des résistants. La carte d'identité des Juifs portait un grand J noir imprimé. Les personnes ayant un *Sperre* avaient un tampon *Sperre* sur leur carte d'identité.

Politieke Opsporingsdienst (POD) (Service d'enquête politique) : Service de police chargé de rechercher et d'arrêter les personnes soupçonnées de collaboration et de crimes de guerre. Le POD a été créé en février 1945 et relevait de l'autorité militaire, au pouvoir juste après la guerre.

Politieke Recherche Afdeling (PRA) (Département d'enquête politique) : Le nouveau nom du POD à partir de mars 1946, après que l'autorité militaire a remis le pouvoir à l'administration civile et que l'ordre politique a été restauré. Il ne dépendait pas du ministère de la Justice.

Pulsen : Surnom donné au vidage des maisons des Juifs d'Amsterdam qui étaient déportés, d'après le nom de l'entreprise de déménagement Abraham Puls, qui venait quelques jours plus tard vider les habitations. Abraham Puls était un membre du NSB néerlandais.

Radio Oranje : Nom d'une émission de radio de quinze minutes diffusée chaque soir à 20 h 15 par le BBC European Service, et préparée par le gouvernement néerlandais en exil à Londres. La première émission fut diffusée le 28 juillet 1940. De nombreuses personnes aux Pays-Bas avaient accès à un poste de radio illégal et écoutaient secrètement le programme.

Referat IV B4 (unité) : Section du Sicherheitsdienst (SD) chargée des affaires juives. Sous Adolf Eichmann, c'était l'organisation responsable de la déportation des Juifs vers les camps d'extermination. On l'appelait familièrement « unité de chasse aux Juifs ».

Reichskommissar für die besetzten niederländischen Gebiete : Commissaire du Reich pour les territoires néerlandais occupés Arthur Seyss-Inquart.

Rijksinstituut voor Oorlogsdocumentatie (RIOD) : Institut national de documentation de guerre ; désormais appelé institut NIOD pour les études sur la guerre, l'Holocauste et le génocide.

Sachsenhausen (camp de concentration de) : Situé à quarante kilomètres au nord de Berlin, c'était un camp relativement grand qui, de sa création en 1936 jusqu'à la Libération, a vu passer plus de deux cent mille prisonniers, dont environ cinquante mille sont morts. Les conditions de vie à Sachsenhausen étaient atroces et, quotidiennement, des prisonniers étaient abattus ou pendus.

Schutzstaffel (SS) : À l'origine, une organisation paramilitaire, fondée en 1925, chargée de la protection rapprochée d'Adolf Hitler. Le groupe s'est développé pour devenir ce que les nazis considéraient comme une unité d'élite dirigée par Heinrich Himmler et qui fut divisée entre la SS régulière et la Waffen-SS. C'était l'organisation la plus puissante de l'État nazi ; elle fut le principal responsable et exécutant de l'Holocauste.

Sicherheitsdienst (SD) (Service de la Sécurité) : Service de renseignement du Reich, qui fournissait également un soutien à la Gestapo et coopérait avec le Renseignement intérieur. Il dépendait de la SS et était dirigé par Reinhard Heydrich. Le SD était chargé de surveiller et de poursuivre les opposants politiques au Troisième Reich, ainsi que les Juifs.

Signalementenblad : Magazine publié à partir d'octobre 1943 par le mouvement de résistance Ordedienst (OD). Il contenait les noms, les descriptions et les photos de plus de soixante-dix traîtres et collaborateurs. Il était imprimé pour les membres actifs de la Résistance afin qu'ils puissent identifier l'ennemi.

Sperre (pl. Sperres) : Exemption temporaire de déportation, délivrée par le Conseil juif après approbation de la Zentralstelle (et qui figurait sur la carte d'identité sous forme d'un tampon). Il existait de nombreux motifs pour obtenir un *Sperre,* notamment le fait d'être indispensable à l'industrie de guerre et de travailler pour le Conseil juif. De nombreux *Sperres* devaient être achetés ou étaient assortis de frais de traitement (comme le *Sperre* 120 000). Les fonds étaient destinés à l'effort de guerre allemand.

Stadsarchief Amsterdam : Archives de la ville d'Amsterdam (Amsterdam City Archives : ACA).

Stichting Toezicht Politieke Delinquenten (STPD) (Fondation pour la surveillance des délinquants politiques) : Organisation fondée en septembre 1945 en raison de l'inquiétude suscitée par les éventuelles perturbations sociales causées par la présence d'un si grand nombre de délinquants politiques. Son objectif était d'aider à leur retour dans la société. Les personnes soupçonnées de collaboration pouvaient être exclues des poursuites si elles étaient placées sous la supervision du STPD.

Theresienstadt (camp de concentration de) : Camp de concentration et ghetto situé à environ soixante-cinq kilomètres au nord de Prague, établi par la Schutzstaffel (SS) en 1941. Il avait trois fonctions : une station de transit vers les camps d'extermination, une « colonie de retraite » pour les Juifs âgés et éminents, et un camp utilisé pour tromper le public sur les horreurs de l'Holocauste.

United States Holocaust Memorial Museum (USHMM) : Musée du Mémorial de l'Holocauste des États-Unis, situé à Washington, DC.

Utrechts Kindercomité (Comité des enfants d'Utrecht) : Groupe de résistance néerlandais d'Utrecht qui a caché plusieurs centaines d'enfants juifs.

Vertrouwens-Mann, Vertrouwens-Frau (V-Mann, V- Frau) (du néerlandais : homme ou femme de confiance) : Termes utilisés pour les civils travaillant sous couverture pour le Sicherheitsdienst (SD). Ils étaient utilisés pour recueillir des informations sur les Juifs qui se cachaient, les pilotes abattus et les membres de la Résistance. Ces informateurs avaient des motivations idéologiques, agissaient par appât du gain ou y étaient contraints.

Verzuiling (pilarisation) : Division d'une société en groupes, ou « piliers », sur une base philosophique, religieuse ou socio-économique. Ces groupes étaient séparés volontairement les uns des autres. Par exemple, les protestants fréquentaient les magasins protestants, les clubs de sport protestants et les écoles protestantes, écoutaient la radio protestante, lisaient les journaux protestants et votaient pour les partis politiques protestants. Comme les membres des différents piliers se mélangeaient rarement, il y avait peu de solidarité entre eux.

Vught (camp de concentration de) : Situé près de la ville de Bois-le-Duc, dans le sud des Pays-Bas. Le camp a été achevé en 1942 et était sous le commandement des SS. Il a été conçu pour soulager la pression exercée sur les camps d'Amersfoort et de Westerbork et pour servir de camp de travail pour les industries de transformation. En octobre 1944, il a été libéré par les Alliés. Pendant la guerre, il s'y trouvait environ trente mille prisonniers, dont près de huit cents ont péri.

Waffen-SS : La branche militaire combattante de la SS, placée sous la direction de Heinrich Himmler. Fondée en 1934 sous le nom de SS-Verfügungstruppe, elle est rebaptisée Waffen-SS en 1940. Elle était considérée comme une force de combat d'élite, et ses membres étaient connus pour leur zèle idéologique fanatique.

Weerbaarheidsafdeling (WA) (Département Résilience) : Bras armé du parti nazi néerlandais, le Nationaal-Socialistische Beweging (NSB).

Wehrmacht : L'armée allemande.

Westerbork (camp de) : Camp de réfugiés situé dans le nord-est des Pays-Bas, construit par le gouvernement néerlandais en 1939. Pendant la guerre, le camp a été transformé en un camp de transit à partir duquel 102 000 Juifs et plus de 200 Roms ont été déportés par trains vers des camps de concentration et d'extermination à l'est. Après la Libération, le camp a été utilisé pour emprisonner les criminels de guerre et les collaborateurs présumés.

Wirtschaftsprüfstelle (WSP) (Agence d'inspection économique) : L'agence par laquelle l'occupant allemand tenait des registres de tous les biens juifs. À partir d'octobre 1940, les entreprises juives sont obligées de s'enregistrer auprès de la WSP, qui fait partie de la Generalkommission für Finanzen und Wirtschaft (Commission générale des finances et de l'économie). À partir de mars 1941, les entreprises juives peuvent être reprises par des remplaçants aryens et finalement liquidées. Cette opération est réalisée par la société fiduciaire Omnia-Treuhandgesellschaft.

Zentralstelle für Jüdische Auswanderung (Agence centrale pour l'émigration juive) : Organisation fondée sur les ordres du chef du Sicherheitsdienst (SD) Reinhard Heydrich, qui visait à expulser les Juifs de la société, d'abord par l'émigration puis par la déportation forcée vers les camps de concentration et d'extermination. Le bureau de la Zentralstelle à Amsterdam était situé sur Adama van Scheltemaplein, en face du siège du SD. Les deux bâtiments ont été bombardés le 26 novembre 1944 par vingt-quatre bombardiers Hawker Typhoon de la RAF.

Notes

Préface

1. Femke Halsema, discours du 4 mai 2019, jour du Souvenir et de Commémoration nationale au Dam à Amsterdam.

Chapitre 1

1. Interview à la télévision française dans les années 1960, citée dans Carol Ann Lee, *Otto, père d'Anne Frank*, trad. Anne-Judith Descombey, Paris, Ramsay, 2006.

2. Menno Metselaar, *Anne Frank House : A Museum with a Story*, Amsterdam, Fondation Anne-Frank, 2001.

3. Ernst Schnabel, *Sur les traces d'Anne Frank*, trad. Marthe Metzger, Paris, Albin Michel, 1958. Un prisonnier sur quatre à Theresienstadt est mort.

4. Jeroen de Bruyn et Joop van Wijk, *Anne Frank : The Untold Story. The Hidden Truth about Eli Vossen, the Youngest Helper of the Secret Annex*, trad. Tess Stoop, Laag-Soeren, Pays-Bas, Bep Voskuijl Productions, 2018.

5. Schnabel, *Sur les traces d'Anne Frank*, *op. cit.*

6. Jules Huf, « Listen, We Are Not Interested in Politics : Interview with Karl Silberbauer » [Écoutez, la politique ne m'intéresse pas], *De Groene Amsterdamer*, 14 mai 1986 (publié la première fois dans le *Kurier* le 22 novembre 1963).

Chapitre 2

1. Lettre du vendredi 29 octobre 1943 du *Journal d'Anne Frank*, édité par Mirjam Pressler, traduit du néerlandais par Isabelle Rosselin et Philippe Noble, éd. Calmann-Lévy, Le Livre de Poche, 2017.

2. *Le Journal d'Anne Frank*, lettre du mardi 11 avril 1944, *op. cit.*

3. Elie Wiesel, *La Nuit*, Paris, Les Éditions de Minuit, collection Double, 2007.

4. Ian Thomson, *Primo Levi*, New York, Vintage, 2003.

5. *Le Journal d'Anne Frank*, lettre du 15 juillet 1944, *op. cit.*

6. Cynthia Ozick, « Who Owns Anne Frank ? », *New Yorker*, 28 septembre 1997, https ://www.newyorker.com/magazine/1997/10/06/who-owns-anne-frank.

7. *Le Journal d'Anne Frank*, lettre du 3 mai 1944, *op. cit.*

8. Walter C. Langer, *Psychological Analysis of Adolf Hitler's Life and Legend*, Washington, DC, Office of Strategic Services, 1943 (document confidentiel déclassifié en 1999). Voir aussi Henry A. Murray, *Analysis of the Personality of Adolph Hitler : With Predictions of His Future Behavior and Suggestions for Dealing with Him Now and after Germany's Surrender*, Cambridge, MA, Harvard Psychological Clinic, 1943.

Chapitre 3

1. « Twisk, Pieter van », Systeemkaarten voor verzetsbetrokkenen (OVCG) (Index des cartes de résistants), n° 2183, Archives de Groningue, https ://www.groningerarchieven.nl/archieven ?mivast=5&mizig=210&miadt=5&micode=2183&milang=nl&mizk_alle=van %20Twisk&miview=inv2.

Chapitre 4

1. Interview de Jan van Kooten, recueillie par l'équipe le 4 mars 2016.

2. Le comité s'appelle Nationaal Comité 4 en 5 mei.

3. Interview de Gerrit Bolkestein, diffusée sur Radio Oranje, le 28 mars 1944.

Chapitre 5

1. Otto Frank, lettre à Leni Frank, le 19 mai 1917, dans Lee, *Otto, père d'Anne Frank, op. cit.*

2. Adolf Hitler, *Mein Kampf* (publication originale 1926).

3. Interview d'Otto Frank par R. Peter Straus pour *Moment*, décembre 1977, dans Lee, *Otto, père d'Anne Frank, op. cit.*

4. Schnabel, *Sur les traces d'Anne Frank, op. cit.*

5. Bob Moore, *Victims and Survivors : The Nazi Persecution of the Jews in the Netherlands 1940-1945*, Londres, Arnold, 1997.

6. Pim Griffioen et Ron Zeller, « The Netherlands : The Greatest Number of Jewish Victims in Western Europe », Maison Anne-Frank, https ://www.annefrank.org/en/anne-frank/go-in-depth/netherlands-greatest-number-jewish-victims-western-europe/.

7. Moore, *Victims and Survivors, op. cit.*

8. *Ibid.*

9. *Ibid.*

Chapitre 6

1. Melissa Müller, *La Vie d'Anne Frank*, trad. Anne weber, Paris, Perrin, 2001.

2. Eda Shapiro et Rick Kardonne, *Victor Kugler : The Man Who Hid Anne Frank*, Jérusalem, Gefen Publishing House, 2008.

3. Miep Gies avec la collaboration d'Alison Leslie Gold, *Elle s'appelait Anne Frank : l'histoire de la femme qui aida la famille Frank à se cacher*, trad. Anne Damour, Paris, Calmann-Lévy, rééd. Presses Pocket, 1987.

4. *Ibid.*

5. Lee, *Otto, père d'Anne Frank*, *op. cit.*

6. Harry Paape (alors directeur du NIOD), entretiens avec Jan et Miep Gies, les 18 et 27 février et 12 et 18 décembre 1985, NIOD.

7. Gies et Gold, *Elle s'appelait Anne Frank*, *op. cit.*

8. Lee, *Otto, père d'Anne Frank*, *op. cit.*

9. Müller, *La Vie d'Anne Frank*, *op. cit.*

10. Milly Stanfield, interviewée par Carl Fussman, « The Woman Who Would Have Saved Anne Frank », *Newsday*, 16 mars 1995. Comprend sa version de la réponse d'Otto Frank.

Chapitre 7

1. Moore, *Victims and Survivors*, *op. cit.*

2. Gies et Gold, *Elle s'appelait Anne Frank*, *op. cit.*

3. « Thorbeckeplein », Joodsamsterdam, https ://www.joodsamsterdam.nl/thorbeckeplein/.

4. Arthur Seyss-Inquart, discours au NSNAP, Concertgebouw, Amsterdam, 12 mars 1941. Voir Gerben Post, *Lotty's Bench, the Persecution of the Jews of Amsterdam Remembered*, trad. Tom Leighton, Volendam, Pays-Bas, LM Publishers, 2018.

5. *Ibid.*

6. Moore, *Victims and Survivors*, *op. cit.*

7. *Ibid.*

8. Ad van Liempt, *Hitler's Bounty Hunters : The Betrayal of the Jews*, trad. S. J. Leinbach, New York, Berg, 2005.

9. Moore, *Victims and Survivors*, *op. cit.*

10. Müller, *La Vie d'Anne Frank*, *op. cit.*

11. *Ibid.*

12. Breckinridge Long, note à l'attention de collègues du département d'État des États-Unis, 26 juin 1940, citée dans *Ibid.*

13. Müller, *La Vie d'Anne Frank*, *op. cit.*

14. *Ibid.*

Chapitre 8

1. Post, *Lotty's Bench, op. cit.*

2. Gerard Aalders, *Nazi Looting : The Plunder of Dutch Jewry during the Second World War,* trad. Arnold Pomerans et Erica Pomerans, Oxford, Royaume-Unis, Berg, 2004.

3. Reinhard Rürup, *Topography of Terror : Gestapo, SS, and Reichssicherheitshauptamt on the "Prinz-Albrecht-Terrain" : A Documentation,* Berlin, Verlag Willlmuth Arenhovel 1989.

4. Etty Hillesum, *Lettres de Westerbork,* trad. Philippe Noble, Paris, Seuil, 1988.

Chapitre 9

1. Schnabel, *Sur les traces d'Anne Frank, op. cit.*

2. Müller, *La Vie d'Anne Frank, op. cit.*

3. De Bruyn et Van Wijk, *Anne Frank : The Untold Story, op. cit.*

4. *Ibid.*

5. Miep Gies, citée dans Dienke Hondius, « A New Perspective on Helpers of Jews during the Holocaust : The Case of Miep and Jan Gies », *in Anne Frank in Historical Perspective : A Teaching Guide for Secondary Schools,* (dir.) Alex Grobman et Joel Fishman, Los Angeles, Martyrs Memorial and Museum of the Holocaust, 1995, https ://files.eric.ed.gov/fulltext/ED391710.pdf.

6. Gies et Gold, *Elle s'appelait Anne Frank, op. cit.*

7. Müller, *La Vie d'Anne Frank, op. cit.*

8. Gies et Gold, *Elle s'appelait Anne Frank, op. cit.*

9. *Ibid.*

10. *Ibid.*

11. Müller, *La Vie d'Anne Frank, op. cit.*

12. Gies et Gold, *Elle s'appelait Anne Frank, op. cit.*

13. *Ibid.*

Chapitre 10

1. Gies et Gold, *Elle s'appelait Anne Frank, op. cit.*

2. Grobman et Fishman, *Anne Frank in Historical Perspective, op. cit.*

3. *Ibid.*

4. Schnabel, *Sur les traces d'Anne Frank, op. cit.*

5. Grobman et Fishman, *Anne Frank in Historical Perspective, op. cit.*

6. *Ibid.*

7. *Ibid.*

8. Schnabel, *Sur les traces d'Anne Frank, op. cit.*

9. Gies et Gold, *Elle s'appelait Anne Frank, op. cit.*

10. Schnabel, *Sur les traces d'Anne Frank, op. cit.*

11. Harry Rasky, *The Man Who Hid Anne Frank,* documentaire de CBC, 1980. Voir aussi Gies et Gold, *Elle s'appelait Anne Frank, op. cit.*

12. Grobman et Fishman, *Anne Frank in Historical Perspective, op. cit.*

13. Gies et Gold, *Elle s'appelait Anne Frank, op. cit.*

14. De Bruyn et Van Wijk, *Anne Frank : The Untold Story, op. cit.*

15. *Ibid.*

16. Gies et Gold, *Elle s'appelait Anne Frank, op. cit.*

Chapitre 11

1. Schnabel, *Sur les traces d'Anne Frank, op. cit.*

2. De Bruyn et Van Wijk, *Anne Frank : The Untold Story, op. cit.*

3. Gies et Gold, *Elle s'appelait Anne Frank, op. cit.*

4. Müller, *La Vie d'Anne Frank, op. cit.*

5. *Ibid.*

6. Anne Frank, *Journal*, 11 avril 1944, *op. cit.*

7. Lee, *Otto, père d'Anne Frank, op. cit.*

Chapitre 12

1. Schnabel, *Sur les traces d'Anne Frank, op. cit.*

2. Gies et Gold, *Elle s'appelait Anne Frank, op. cit.*

3. Docteur Josef Wiesinger, interrogatoire de Karl Silberbauer, 21 août 1963, Archives autrichiennes, ministère de l'Intérieur.

4. Jules Huf, « Erstes interview mit Häscher Anne Frank » [Première interview de l'homme qui a arrêté Anne Frank], *Kurier*, 22 novembre 1963 (repris dans *De Groene Amsterdammer*, 14 mai 1986).

5. Interrogatoires de Karl Silberbauer, 25 novembre 1963 et 2 mars 1964, Archives autrichiennes, ministère de l'Intérieur.

6. Arend J. van Helden, département d'État des enquêtes criminelles, Amsterdam, entretien avec Otto Frank, 2 et 3 décembre 1963, NIOD, Doc. 1 Van Maaren.

7. Arend J. van Helden, département d'État des enquêtes criminelles, Amsterdam, interrogatoire de Willem van Maaren, 6 octobre 1964, NIOD, Doc. 1 Van Maaren.

8. *Ibid.*

9. Schnabel, *Sur les traces d'Anne Frank, op. cit.*

10. Acte notarié de A. J. Dragt, Anne Frank, NIOD inventaire n° 4, 212c.

11. Gies et Gold, *Elle s'appelait Anne Frank, op. cit.*

12. Schnabel, *Sur les traces d'Anne Frank, op. cit.*

13. Evelyn Wolf, entretien avec Victor Kugler, 1972, Fondation Anne-Frank (AFS).

14. Schnabel, *Sur les traces d'Anne Frank, op. cit.*

15. Ernst Schnabel, notes pour *Sur les traces d'Anne Frank, op. cit.*, Archives littéraires allemandes de Marbach.

16. Shapiro et Kardonne, *Victor Kugler, op. cit.*

17. « I Hid Anne Frank from the Nazis » [J'ai caché Anne Frank], interview de Victor Kugler, *Pittsburgh Press*, 2 août 1958.

18. Arend J. van Helden, département d'État des enquêtes criminelles, Amsterdam, entretien avec Otto Frank, 2 et 3 décembre 1963, NIOD, Doc. 1 Van Maaren.

19. *Ibid.*

20. Schnabel, *Sur les traces d'Anne Frank, op. cit.*

21. Interview de Bep Voskuijl, « Wie pleegde het verraad van het achterhuis » [Qui a trahi l'Annexe secrète], *Panorama*, 13 décembre 1963.

22. Elisabeth (Bep) Voskuijl, entretien avec Oskar Morawetz, octobre 1978, Bibliothèque et Archives du Canada, Ottawa, Canada.

23. Arend J. van Helden, département d'État des enquêtes criminelles, Amsterdam, entretien avec Jan Gies, 23 décembre 1963, NIOD, Doc. 1 Van Maaren.

24. Gies et Gold, *Elle s'appelait Anne Frank, op. cit.*

25. *Ibid.*

26. *Ibid.*

27. *Ibid.*

28. Schnabel, *Sur les traces d'Anne Frank, op. cit.*

29. Arend J. van Helden, département d'État des enquêtes criminelles, Amsterdam, entretien avec Jan Gies, 23 décembre 1963, NIOD, Doc. 1 Van Maaren.

30. Schnabel, *Sur les traces d'Anne Frank, op. cit.*

31. Arend J. van Helden, département d'État des enquêtes criminelles, Amsterdam, entretien avec Otto Frank, 2 et 3 décembre 1963, NIOD, Doc. 1 Van Maaren.

32. Schnabel, *Sur les traces d'Anne Frank, op. cit.*

Chapitre 13

1. Gies et Gold, *Elle s'appelait Anne Frank, op. cit.*

2. Schnabel, *Sur les traces d'Anne Frank, op. cit.*

3. Jeroen de Bruyn, entretien téléphonique avec Diny Voskuijl, 2 septembre 2012.

4. De Bruyn et Van Wijk, *Anne Frank : The Untold Story*, *op. cit.*

5. *Ibid.*

6. Janny Brandes-Brilleslijper, dans Willy Lindwer, *The Last Seven Months of Anne Frank : The Stories of Six Women Who Knew Anne Frank*, trad. Alison Meersschaert, New York, Pan Macmillan, 2004.

7. Schnabel, *Sur les traces d'Anne Frank*, *op. cit.*

8. *Ibid.*

9. *Ibid.*

10. Ad van Liempt, « Van Riet schetst genuanceerd beeld van Joodse Ordedienst », *Volkskrant*, 19 novembre 2016, https ://www.volkskrant.nl/cultuur-media/van-riet-schetst-genuanceerd-beeld-van-joodse-ordedienst~b382e88b/.

11. Schnabel, *Sur les traces d'Anne Frank*, *op. cit.*

12. Lee, *Otto, père d'Anne Frank*, *op. cit.*

Chapitre 14

1. Lee, *Otto, père d'Anne Frank*, *op. cit.*

2. *Ibid.*

3. Schnabel, *Sur les traces d'Anne Frank*, *op. cit.*

4. *Ibid.*

5. Gies et Gold, *Elle s'appelait Anne Frank*, *op. cit.*

6. Shapiro et Kardonne, *Victor Kugler*, *op. cit.*

7. Lee, *Otto, père d'Anne Frank*, *op. cit.*

8. Lindwer, *The Last Seven Months of Anne Frank*, *op. cit.*

9. Lee, *Otto, père d'Anne Frank*, *op. cit.*

10. De Bruyn et Van Wijk, *Anne Frank : The Untold Story*, *op. cit.* Le témoin oculaire était Rachel van Amerongen-Frankfoorder. Cela n'a pas été corroboré par d'autres témoins.

11. Otto Frank, lettre à sa mère, 12 décembre 1945, dans Müller, *La Vie d'Anne Frank, op. cit.*

12. Lindwer, *The Last Seven Months of Anne Frank, op. cit.*

13. Müller, *La Vie d'Anne Frank, op. cit.*

14. Lindwer, *The Last Seven Months of Anne Frank, op. cit.*

15. Lee, *Otto, père d'Anne Frank, op. cit.*

16. Lindwer, *The Last Seven Months of Anne Frank, op. cit.*

17. *Ibid.*

18. Schnabel, *Sur les traces d'Anne Frank, op. cit.*

Chapitre 15

1. Moore, *Victims and Survivors, op. cit.*

2. *Ibid.*

3. Lee, *Otto, père d'Anne Frank, op. cit.*

4. Bart van Es, *Une vie volée. Une histoire de guerre et de famille perdue et retrouvée*, trad. Clément Baude, Paris, Fayard, 2020.

5. Gies et Gold, *Elle s'appelait Anne Frank, op. cit.*

6. Van Liempt, *Hitler's Bounty Hunters, op. cit.*

7. *Ibid.*

8. *Ibid.*

9. *Ibid.*

Chapitre 16

1. Gies et Gold, *Elle s'appelait Anne Frank, op. cit.*

2. *Ibid.*

3. *Ibid.*

4. Lee, *Otto, père d'Anne Frank, op. cit.*

5. Otto Frank, « Anne Frank Would Have Been Fifty This Year » [Anne aurait eu cinquante ans cette année], *Life*, mars 1979.

6. Eva Schloss et Karen Bartlett, *Journal d'une survivante,* trad. Alexander Fox, Bernay, City Éditions, 2020.

7. Arthur Unger, entretiens avec Otto Frank, New York, 1977, AFS.

8. Schloss et Bartlett, *Journal d'une survivante, op. cit.*

9. Otto Frank, lettre à Meyer Levin, 8 juillet 1952, dans Lee, *Otto, père d'Anne Frank, op. cit.*

10. Lee, *Otto, père d'Anne Frank, op. cit.*

11. Lothar Schmidt, lettre à Otto Frank, juin 1959, dans David de Jongh, *Otto Frank. Vander van Anne* [Otto Frank. Père d'Anne], documentaire, 2010. Voir aussi De Bruyn et Van Wijk, *Anne Frank : The Untold Story, op. cit.*

12. Entretien avec le père John Neiman, avril 2001, dans Lee, *Otto, père d'Anne Frank, op. cit.*

13. Lee, *Otto, père d'Anne Frank, op. cit.*

Chapitre 18

1. Jessie Kratz, « The Return of Captured Records from World War II », Pieces of History, 24 août 2016, National Archives and Records Administration (NARA), https ://prologue.blogs.archives.gov/2016/08/24/the-return-of-captured-records-from-world-war-ii/.

Chapitre 20

1. Gijsbert Willem van Renen, bureau de la police d'Amsterdam, interrogatoire de Josephus Marinus Jansen, 2 juin 1948, Archives nationales des Pays-Bas, La Haye (ci-après NI-HaNa), dossier n° 8082.

2. Otto Frank, lettre au bureau de la Sécurité nationale (Bureau Nationale Veiligheid ; BNV), 21 août 1945, dénonçant

Job Jansen. Selon d'autres versions, Ahlers réclame de l'argent, mais il s'agit de la déclaration officielle d'Otto au BNV. Otto a assuré qu'Ahlers avait affirmé être coursier entre le NSB et le SD avant de lui tendre la lettre. Il n'a pas demandé d'argent. Otto lui en a offert, comprenant manifestement que c'était ce qui était demandé. Otto a écrit au BNV pour aider un homme qui, selon lui, lui avait sauvé la vie, et il n'a pas dû s'étendre sur la question de savoir qui avait demandé et qui avait offert de l'argent.

3. Job Jansen, 2 juin 1948, Centraal Archief van de Bijzondere Rechtspleging (ci-après CABR), NI-HaNa.

4. Otto Frank, lettre au POD, 21 août 1945, n° 23834, NI-HaNa.

5. Vincent Pankoke, entretien avec Eric Bremer, 23 avril 2017, Amsterdam.

6. Job Jansen, CABR, NI-HaNa, trad. de Joachim Bayens et Rory Dekker.

7. Van Renen, interrogatoire de Josephus Marinus Jansen, 2 juin 1948.

8. Job Jansen, CABR, NI-HaNa.

9. Juge Canton, Amsterdam, Cour spéciale de justice, jugement de Josephus Marinus Jansen, 21 mars 1949.

Chapitre 21

1. Schnabel, *Sur les traces d'Anne Frank, op. cit.*

2. *Ibid.*

3. Amsterdam Stadsarchief, carte de résident du 253 Prinsengracht, adresse de la mère de A. (Tonny) Ahlers.

4. Lee, *Otto, père d'Anne Frank, op. cit.*

5. Sytze van der Zee, *Vogelvrij : De jacht op de joodse onderduiker* [Hors-la-loi : la traque des juifs clandestins], Amsterdam, De Bezige Bij, 2010.

6. Otto Frank, lettre au BNV, 21 août 1945, Tonny Ahlers, CABR, NI-HaNa.

7. Tonny Ahlers, CABR, NI-HaNa.

8. Amsterdam Stadsarchief, carte personnelle de A. (Tonny) Ahlers, enregistré à Leger Des Heils ; Statut militaire Ahlers_ongeschikt (inapte)_parents divorcés ; Ad to Vereeniging (annonce à l'association) Nora pour enfants négligés.

9. NI-HaNa, CABR, Anton (Tonny) Ahlers ; article du *Telegraaf,* 4 mars 1939.

10. Joseph van Poppel, CABR, NI-HaNa.

11. Copie de l'article du journal *De Telegraaf* avec photo de Ahlers, 18 février 1941, Anton (Tonny) Ahlers, CABR, NI-HaNa.

12. Tonny Ahlers, CABR, NI-HaNa.

13. Tonny Ahlers, note des services sociaux, Stadsarchief Amsterdam.

14. *De Waarheid* [La Vérité], décembre 1945. Dossier n° 22, NIOD.

15. Otto Frank, lettre à propos de Tonny Ahlers, n° 19450830, 20 juillet 1945, Tonny Ahlers, CABR, dossier n° 18, NIOD.

16. Schnabel, *Sur les traces d'Anne Frank, op. cit.*

17. Gertjan Broek, « An Investigative Report on the Betrayal and Arrest of the Inhabitants of the Secret Annex » [Rapport d'enquête sur la trahison et l'arrestation des habitants de l'Annexe secrète], Maison Anne-Frank, octobr 2016, https :// www.annefrank.org/en/downloads/filer_public/4a/c6/4ac6677d-f8ae-4c79-b024-91ffe694e216/an_investigative_report_on_the-betrayal_and_arrest.pdf.

18. Lee, *Otto, père d'Anne Frank, op. cit.*

19. David Barnouw et Gerrold van der Stroom, « Who Betrayed Anne Frank ? », NIOD.

Chapitre 22

1. Voir carte : https ://www.google.com/maps/d/viewer ?mid=1BfecsU vhYhQqXVDX6NgQpohdMV4&ll=52.37625107530956 %2C4.860590119128467&z=12) (carte des informateurs du SD et des V-personnes). Base de données établie pour l'équipe par les informaticiens de Xomnia, Amsterdam, Pays-Bas.

2. De Bruyn et Van Wijk, *Anne Frank : The Untold Story, op. cit.*

Chapitre 23

1. Nouschka van der Meijden, « Amerikaans Coldcaseteam onderzoekt verraad Anne Frank », *Het Parool,* 30 septembre 2017, https ://www.parool.nl/nieuws/amerikaans-coldcaseteam-onderzoekt-verraad-anne-frank~b543dae7/.

2. Stichting Toezicht Politieke Delinquenten (Fondation pour la surveillance des délinquants politiques) (ci-après STPD), Jacobus van Kampen, dossier n° 21103, 85111, CABR, NI-HaNa.

3. Rapport de la police d'Amsterdam, 8 mars 1944, Stadsarchief Amsterdam.

Chapitre 24

1. Gerard Kremer, discours lors de la présentation de son livre à l'église Westerkerk, Amsterdam, 25 mai 2018, en présence de membres de l'équipe.

2. *De achtertuin van het achterhuis* [L'arrière-cour de l'Annexe] a été publié en anglais en 2020 sous le titre *Anne Frank Betrayed : The Mystery Unraveled after 75 Years.*

3. Gies et Gold, *Elle s'appelait Anne Frank, op. cit.*

4. De Bruyn et Van Wijk, *Anne Frank : The Untold Story, op. cit.*

Chapitre 25

1. Van Liempt, *Hitler's Bounty Hunters, op. cit.*

2. Schloss et Bartlett, *Journal d'une survivante, op. cit.*

3. Eduard Moesbergen, 248-0575A, NIOD, Doc. 1, copie du dossier CABR au NI-HaNa.

4. Eduard Moesbergen, 248-1163A, NIOD, Doc. 1, copie du dossier CABR au NI-HaNa.

Chapitre 26

1. Ans van Dijk, CABR, NI-HaNa.

2. Moore, *Victims and Survivors, op. cit.*

3. Ans van Dijk, CABR, NI-HaNa.

4. Koos Groen, *Een prooi wordt jager : De Zaak van de joodse-verraadster Ans van Dijk* [Quand la proie devient chasseur : le cas de la dénonciatrice juive Ans van Dijk], Meppel, Pays-Bas, Just Publishers, 2016.

5. Samuel Clowes Huneke, « The Duplicity of Tolerance : Lesbian Experiences in Nazi Berlin » [La duplicité de la tolérance : expériences lesbiennes dans le Berlin nazi], *Journal of Contemporary History*, 54-1.

6. Déclaration de Mies de Regt, 11 novembre 1945, trad. Circe de Bruin, Ans van Dijk, CABR, NI-HaNa.

7. Groen, *Een prooi wordt jager, op. cit.*

8. Lindwer, *The Last Seven Months of Anne Frank, op. cit.*

9. Affaire d'Andries Posno, qui confia à Van Dijk des informations sur sa famille et ses bienfaiteurs, Ans van Dijk, CABR, NI-HaNa.

10. Entretien de l'équipe avec Louis de Groot, Washington, 30 mais 2018.

11. Van der Zee, *Vogelvrij, op. cit.*

12. Déclaration de Mies de Regt, 11 novembre 1945, trad. Circe de Bruin, Ans van Dijk, CABR, NI-HaNa.

Chapitre 27

1. Johannes Kleiman, lettre au Politieke Opsporingsdienst (POD), février 1945, dossier n° 23892, CABR, NI-HaNa. La date est sûrement erronée, car en février 1945 il n'était pas possible d'écrire au POD pour réclamer une enquête.

2. Otto Frank, lettre à Alice Frank-Stern, 11 novembre 1945, code Otto Frank Archive-72, AFS.

3. Johannes Kleiman, lettre au Politieke Recherche Afdeling (ci-après PRA), 16 juillet 1947, Van Maaren, CABR, NI-HaNa.

4. *Ibid.*

5. *Ibid.*

6. Interrogatoire de Willem van Maaren, rapport d'enquête du PRA, 2 février 1948, Van Maaren, CABR, NI-HaNa.

7. *Ibid.*

8. PRA, rapport d'enquête, 1948, dossier 61196, Van Maaren, CABR, NI-HaNa.

9. Dossier 6634, session du 13 août 1949, trad. Joachim Bayens et Rory Dekker, tribunal cantonal, Amsterdam, Van Maaren, CABR, NI-HaNa.

Chapitre 28

1. Schnabel, *Sur les traces d'Anne Frank, op. cit.*

2. Vincent Pankoke, entretien avec Joop van Wijk, Bureau Proditione, Herengracht, 7 décembre 2018.

3. Rapport de police, 1er novembre 1941, Archives de la ville d'Amsterdam.

4. De Bruyn et Van Wijk, *Anne Frank : The Untold Story, op. cit.*

5. Teresien da Silva, AFS, entretien avec Diny Voskuijl, 14 novembre 2011, AFS.

6. Nelly Voskuijl, demande de visa allemand, certification n° 19612, 18 décembre 1942, Archives de la ville d'Amsterdam. Voir aussi

Broek, « An Investigative Report on the Betrayal and Arrest of the Inhabitants of the Secret Annex » [Rapport d'enquête sur la trahison et l'arrestation des habitants de l'Annexe secrète], Maison Anne-Frank, octobre 2016, https ://www.annefrank.org/en/downloads/filer_public/4a/c6/4ac6677d-f8ae-4c79-b024-91ffe694e216/an_investigative_report_on_the_betrayal_and_arrest.pdf.

7. Teresien da Silva, AFS, entretien avec Diny Voskuijl, 14 novembre 2011, AFS.

8. Jeroen de Bruyn et Joop van Wijk, entretien avec Bertus Hulsman, 20 février 2014, Amsterdam. Voir *Anne Frank : The Untold Story, op. cit.*

9. Entretien de l'équipe avec Joop van Wijk, 7 décembre 2018.

10. Anne Frank, lettre du *Journal*, 6 mai 1944, dans *The Diary of Anne Frank : The Revised Critical Edition*, édité par David Barnouw et Gerrold van der Stroom, trad. Arnold J. Pomerans, B. M. Mooyaart-Doubleday et Susan Massotty, New York, Doubleday, 2003.

11. Anne Frank, lettre du 11 mai 1944, *ibid.*

12. Anne Frank, lettre du 19 mai 1944, *ibid.*

13. De Bruyn et Van Wijk, *Anne Frank : The Untold Story, op. cit.* Rhijja Jansen, « Dat Nelly fout was, daarwerd nooit over gesproken », *Volkskrant*, 26 avril 2018.

14. Jeroen de Bruyn et Joop van Wijk, entretien avec Bertus Hulsman, 20 février 2014, Amsterdam. Voir *Anne Frank : The Untold Story, op. cit.*

15. Dineke Stam, entretien avec Bertus Hulsman, AFS, enregistrement 1, 25 min 30 s, AFS.

16. *Ibid.*, enregistrement 2, 19 min 15 s.

17. *Ibid.*, enregistrement 2, 10 min 51 s.

18. Müller, *La Vie d'Anne Frank, op. cit.*

19. Vincent Pankoke, entretien avec Melissa Müller, Munich, 17 février 2019.

20. Entretien de l'équipe avec Gerlof Langerijs, 28 mars 2019.

21. Joop van Wijk, entretien et échange de courriels avec Hugo Voskuijl.

22. Inventaire 13, 15, 17, 22, Interneringarchieven (archives internes) 1945-1950, Archives de Groningue.

23. Nelly Voskuijl, Archives de Groningue. Des recherches non publiées par Ben Wegman montrent que Nelly a vécu au 14 Grote Rozenstraat, au 47 Steentilstraat, au 25a Gedempte Zuiderdiep, mais aussi au 20 Noorderstationsstraat pendant deux mois. Les travaux de Wegman et une recherche sur le site Delpher montrent que les souvenirs de Diny sur les liens entre Nelly et la famille Voet sont justes : Nelly est l'employée de maison de la veuve A. Hendricks au 14 Grote Rozenstraat du 26 octobre 1945 au 23 mai 1947. Ensuite, elle emménage au 20a Noorderstationsdtraat, où habite le fils de la famille Voet, avec sa femme et son bébé. Deux mois plus tard, le 28 juillet 1947, Nelly s'installe au 25a Gedempte Zuiderdiep, dans la maison du chef de la famille Voet, Gozen Theo Voet. Là encore, elle est domestique à demeure. Cette information, avec la remarque de Joop van Wijk – la « famille Voet » était des amis de Nelly –, confirme que cette dernière n'était pas en prison entre le 26 octobre 1945 et le 8 avril 1953, date où elle est revenue à Amsterdam.

24. De Bruyn et Van Wijk, *Anne Frank : The Untold Story*, *op. cit.*

25. Entretien de l'équipe avec Joop van Wijk, 7 décembre 2018.

26. Pour répondre à cette question, l'équipe a mené des interrogatoires minutieux, ainsi que des recherches documentaires. Les enquêteurs se sont entretenus avec Melissa Müller et ont interrogé deux fois Joop van Wijk et une fois Jeroen de Bruyn ; Bertus Hulsman a été questionné par un chercheur de l'AFS, Dineke Stam. Diny Voskuijl était en trop mauvaise santé pour répondre aux questions, mais les chercheurs ont réécouté attentivement l'interview qu'elle a donnée au journal *Volkskrant* en 2018. Ils ont

également parlé à Hugo Voskuijl, un généalogiste amateur qui a fait des recherches approfondies sur sa famille.

Chapitre 29

1. Evelyn Wolf, entretien audio avec Victor Kugler, 1972, AFS.

2. Ernst Schnabel, notes originales pour *Sur les traces d'Anne Frank*, 1957, Archives littéraires allemandes de Marbach.

3. « A Tragedy Revealed » [Une tragédie révélée], *Life*, 18 août 1858.

4. Schnabel, *Sur les traces d'Anne Frank*, *op. cit.*

5. *Ibid.*

6. Arend J. van Helden, département d'État des enquêtes criminelles, Amsterdam, entretien avec Otto Frank, 2 et 3 décembre 1963, NIOD, Doc. 1 Van Maaren.

7. Jan Rijnders, *Report :Telefoonnet Amsterdam 1940-1945*, 25 mars 2019. Rapport d'expertise pour l'équipe, inaccessible au public.

8. Gertjan Broek, « An Investigative Report on the Betrayal and Arrest of the Inhabitants of the Secret Annex » [Rapport d'enquête sur la trahison et l'arrestation des habitants de l'Annexe secrète], Maison Anne-Frank, décembre 2016, https ://www.annefrank.org/en/downloads/filer_public/4a/c6/4ac6677d-f8ae-4c79-b024-91ffe694e216/an_investigative_report_on_the-_betrayal_and_arrest.pdf. Broek en conclut que cette remarque a été mal interprétée, car elle dépend de la véracité de la déclaration de Silberbauer.

Chapitre 30

1. Simon Wiesenthal, *Les assassins sont parmi nous*, trad. C. H. Sibert, Paris, Stock, 1967.

2. *Ibid.*

3. *Ibid.*

4. Harry Paape (par la suite directeur du NIOD), entretien avec Miep Gies, 18 et 27 février 1985, NIOD.

5. Wiesenthal, *Les Assassins sont parmi nous*, *op. cit.* En supposant que Kugler l'avait mal orthographié, Wiesenthal a transformé Silvernagl en Silbernagel, un nom commun en Autriche.

6. *Ibid.* Dans le documentaire de CBS *Who Killed Anne Frank ?*, le directeur du RIOD (le futur NIOD), Loe de Jong, affirme que c'est lui qui a donné à Wiesenthal le répertoire téléphonique avec le nom de Silberbauer.

7. Tony Paterson, « Nazi Who Arrested Anne Frank Became a Spy for West Germany » [Le nazi qui a arrêté Anne Frank est devenu un espion à la solde de l'Allemagne de l'Ouest], *Independent*, 11 avril 2011.

8. « Der Mann, der Anne Frank verhaftete » [L'homme qui a trahi Anne Frank], *Volksstimme*, 11 novembre 1963.

9. Simon Wiesenthal, lettre au docteur Wiesinger, ministère autrichien de l'Intérieur, 15 novembre 1963, AFS.

10. « Nieuw onderzoek naar het verraad van familie Frank » [Nouvelle enquête sur la trahison de la famille Frank], *Het Vrije Volk*, 27 novembre 1963. Voir aussi « Frank wist wie hem weghaald » [Frank savait qui l'avait trahi], traduit par l'équipe, *De Telegraaf*, 22 novembre 1963.

11. « SS'er die gezin Frank arresteerde, gevonden » [Le SS qui a arrêté la famille Frank a été retrouvé], *Volkskrant*, 21 novembre 1963.

12. Lee, *Otto, père d'Anne Frank*, *op. cit.*

13. Gies et Gold, *Elle s'appelait Anne Frank*, *op. cit.*

14. Shapiro et Kardonne, *Victor Kugler*, *op. cit.*

15. Agent Scherer, département d'État des enquêtes criminelles, Amsterdam, entretien avec Miep Gies, 3 mai 1963, NIOD, Doc. 1 Van Maaren.

16. *De Groene Amsterdammer* a republié l'article intégral en 1986. Voir Jules Huf, « Listen, We Are Not Interested in Politics » [Écoutez, nous ne sommes pas intéressés par la politique], *De Groene Amsterdammer*, 14 mai 1986.

17. Wiesenthal, *Les Assassins sont parmi nous, op. cit.*

18. Karl Josef Silberbauer, déclaration signée, 25 novembre 1963, trad. Joachim Bayens, département autrichien de l'Intérieur, Archives d'État autrichiennes, VieNI-HaNa.

19. De Bruyn et Van Wijk, *Anne Frank : The Untold Story, op. cit.*

20. Huf, « Listen, We are Not Interested in Politics » [Écoutez, nous ne sommes pas intéressés par la politique].

Chapitre 31

1. Miep Gies, conférence Wallenberg, université du Michigan, 11 octobre 1994.

2. Drake Baer, « The Real Reason Keeping Secrets Is So Hard According to a Psychologist » [Pourquoi est-il si difficile de garder un secret d'après un psychologue ?], *The Cut*, 1er juin 2016.

3. Cité par Lee, *Otto, père d'Anne Frank, op. cit.*

4. Vincent Pankoke, entretien avec le père John Neiman, 19 février 2019.

5. De Bruyn et Van Wijk, *Anne Frank : The Untold Story, op. cit.*

6. Miep et Jan Gies, cités par Hieke Jippes, « Voices from the Front House », *NRC Handelsblad*, 14 mars 1981. Voir aussi De Bruyn et Van Wijk, *Anne Frank : The Untold Story, op. cit.*

Chapitre 32

1. Arend J. van Helden, département d'État des enquêtes criminelles, Amsterdam, interrogatoire de Willem Grootendorst,

7 janvier 1964 ; Arend J. van Helden, interrogatoire de Gezinus Gringhuis, 23 décembre 1963, NIOD, Doc. 1 Van Maaren.

2. Arend J. van Helden, département d'État des enquêtes criminelles, Amsterdam, rapport de synthèse.

3. Arend J. van Helden, département d'État des enquêtes criminelles, Amsterdam, interrogatoire de Willem van Maaren, 6 octobre 1964, NIOD, Doc. 1 Van Maaren.

4. Arend J. van Helden, département d'État des enquêtes criminelles, rapport final au procureur, 6 novembre 1964.

5. Lee, *Otto, père d'Anne Frank, op. cit.*

6. Umberto Bacchia a fait courir la rumeur qu'une femme avait passé l'appel dans « Anne Frank : Book Identifies Betrayer as Helper's Sister and Gestapo Informer Nelly Voskuijl », *Internationl Business Times,* 9 avril 2015, mais n'en apporte pas la preuve. Voir aussi : entretien avec Jan Erik Dubbleman, responsable des projets éducatifs, Maison Anne-Frank, Amsterdam, 8 juillet 2019.

7. Wiesenthal, *Les Assassins sont parmi nous, op. cit.*

8. Agent Meeboer, interrogatoire de Lammert Hartog, 20 mars 1948, PRA.

9. Agent Meeboer, interrogatoire de J. Kleiman, 12 janvier 1948, PRA.

10. Vincent Pankoke, entretien avec Melissa Müller, Munich, 14 février 2019.

Chapitre 33

1. Schnabel, *Sur les traces d'Anne Frank, op. cit.*

2. Anecdote rapportée par E. Schnabel pendant la visite à Hendrik van Hoeve en 1957 ; Monique Koemans et Christine Hoste, entretien avec Stef van Hoeve, 27 février 2019.

3. Hendrik van Hoeve, mémoires, AFS ; Christine Hoste et Monique Koemans, entretiens avec Stef van Hoeve, 27 février et 10 juillet 2019.

4. Johannes Gerard Koning, CABR, NI-HaNa. Un compte rendu détaillé de la rafle se trouve dans le dossier, avec les noms des agents néerlandais du IV B4 qui y ont participé.

5. Anne Frank, 25 mai 1944, *Journal d'Anne Frank*, édité par Mirjam Pressler, traduit du néerlandais par Isabelle Rosselin et Philippe Noble, Le Livre de Poche, 2017.

6. Le nom allemand du camp est le Konzentrationslager Herzogenbusch ; voir Hendrik van Hoeve, mémoires, AFS, et Christine Hoste et Monique Koemans, entretiens avec Stef van Hoeve, 27 février et 10 juillet 2019.

7. Recherche de Gerrit van der Vorst, Buun, 2014. Son frère, par contraste, était tout le contraire. Alfred Meiler travaillait comme agent double pour les Allemands pendant la Première Guerre mondiale et avait été envoyé en mission d'espionnage aux États-Unis.

8. « Max Meiler », Joods Monument, http ://www.joodsmonument.nl/nl/page/402501/max-meiler.

9. Hendrik van Hoeve, mémoires, AFS.

10. Ibid.

11. Numéro d'inventaire, obtenu durant l'appel, archives de la Croix-Rouge néerlandaise.

12. Monique Koemans et Pieter van Twisk, interview de Guido Abuys, conservateur, Herinneringscentrum Kamp Westerbork, 10 octobre 2018.

13. Ibid.

14. Hendrik van Hoeve, mémoires, AFS.

15. Bob Moore, *Victims and Survivors : The Nazi Persecution of the Jews in the Netherlands 1940-1945*, Londres, Arnold, 1997, p. 133.

16. Ruth et Richard Weisz, cartesd'entrée, Herinneringscentrum Kamp Westerbork.

17. *Ad van Liempt, Hitler's Bounty Hunters, op. cit.*

18. F. Pleij et P. Schaap, CABR, NI-HaNa.

19. Témoignage de Gerrit Mozer, POD de Groningue, P. Schaap, CABR, NI-HaNa.

20. F. Pleij et P. Schaap, CABR, NI-HaNa.

21. Dossier 91980, F. Pleij, CABR, NI-HaNa. Après la guerre, elle est accusée de trafic illégal de bons alimentaires. Les sommes en question peuvent atteindre jusqu'à 4 000 florins par mois.

22. Van der Zee, *Vogelvrij, op. cit.*

23. Richard Weisz, carte Joodse Raad (entré à Westerbork le 26 mai 1944) ; Leopold de Jong, mandat d'arrêt (juin) et carte d'entrée (à Westerbork en juillet) ; tous deux au Herinneringscentrum Kamp Westerbork.

24. Listes des convois au camp de Westerbork, archives de la Croix-Rouge néerlandaise.

25. Anne Frank, lettre du 11 avril 1944 du *Journal d'Anne Frank*, édité par Mirjam Pressler, traduit du néerlandais par Isabelle Rosselin et Philippe Noble, Le Livre de Poche, 2017.

26. Rapport de police (procès-verbal) contre P. Schaap, POD de Groningue, n° 67, SI-M-33/45, 14 août 1945, NIOD, Doc. 2. Trad. Joachim Bayens et Rory Dekker.

27. Hendrik van Hoeve, mémoires, AFS. Entretiens de l'équipe avec Stef van Hoeve, 27 février et 10 juillet 2019.

28. Déclaration de Johannes Gerard Koning, 6 juillet 1948, CABR, NI-HaNa.

29. *Le Journal d'Anne Frank* (1959), film réalisé par George Stevens.

30. Door Willem (par Willem), « De groenteman van de familie Frank leeft nog » [Le marchand de primeurs d'Anne

Frank est encore vivant], traduit par l'équipe, *Het Parool,* 26 février 1972.

Chapitre 34

1. Moore, *Victims and Survivors, op. cit.*

2. *Ibid.*

3. *Ibid.* Moore cite le mémoire de Gertrud van Tijn-Cohn, cheffe du département de l'émigration et des personnes déportées du Conseil juif.

4. *Ibid.* Philip Mechanicus écrit à ce sujet dans *In dépôt : Dagboek uit Westerbork,* Laren, Pays-Bas, Uitgeverij Verbum, 2008.

5. Lindwer, *The Last Seven Months of Anne Frank, op. cit.*

6. Moore, *Victims and Survivors, op. cit.*

7. *Ibid.*

8. Ido de Haan, « *Jurys d'honneur* : The Stakes and Limits of Purges among Jews in France after Liberation » [Jurys d'honneur : les enjeux et les limites des purges parmi les Juifs en France après la Libération], dans *Jewish Honor Courts : Revenge, Retribution, and Reconciliation in Europe and Israel after the Holocaust,* édité par Laura Jockusch et Gabriel N. Finder, Detroit, Wayne State University Press, 2015.

Chapitre 35

1. Traduit par Joachim Bayens et Rory Dekker.

2. Voir Lee, *Otto, père d'Anne Frank, op. cit.* ; et David Barnouw et Gerrold van der Stroom, « Who Betrayed Anne Frank ? », NIOD. Ces auteurs mentionnent le message, mais ne le considèrent pas comme important.

3. Mirjam Bolle, *Ik zal je beschrijven hoe een dag er hier uitziet* [Je vais te raconter à quoi ressemble une journée ici], trad. Jeannette K. Ringold, Amsterdam, Contact, 2003.

Chapitre 36

1. Compte rendu du Conseil juif, Joodsche Raad voor Amsterdam, NIOD, dossier 182-1.3.

2. Raymond Schütz, lettre à Vincent Pankoke, 1er octobre 2020.

3. Hans Tietje, dossier nº 248-1699, NIOD, Doc. 1. L'équipe a trouvé un document avec les noms des personnes que Tietje prétend avoir aidées. Les cinq Van den Bergh se trouvent sur la liste, ainsi que son collègue du Conseil juif A. Soep.

4. Hans Tietje, dossier nº 248-1699, NIOD, Doc. 2.

5. Raymund Schütz, *Kille mist : Het nederlands notariaat en de erfenis van de oorlog* [Brume froide : les notaires néerlandais et l'héritage de la guerre], Amsterdam, Boom, 2016.

6. Voir « Nuremberg Race Law Teaching Chart for Explaining Blood Purity Laws » [Classification nazie en vertu des lois de Nuremberg sur la pureté raciale], musée du Mémorial de l'Holocauste des États-Unis, https ://collections.ushmm.org/search/catalog/irn11299.

7. A. van den Bergh, Archives Calmeyer, Centrum voor Familiegeschiedenis [Bureau central de la généalogie, ci-après BCG], NI-HaNa.

8. *Ibid.*

9. *Ibid.*

10. J. W. A. Schepers, lettre à Lippmann, Rosenthal & Co. (ci-après LIRO), 15 octobre 1943, dossier BCG, NI-HaNa ; LIRO, lettre au bureau Calmeyer, La Haye, 29 novembre 1943.

11. Inventaire nº 22356, J. W. A. Schepers, CABR, NI-HaNa. Les avocats étaient Jacob van Proosdij et A. N. Kotting.

12. Rapports du Kadaster (cadastre), Noord-Hollands Archief, Haarlem.

13. Entretien de l'équipe avec Regina Sophia Salle, 14 octobre 2019.

14. Amsterdam Stadsarchief, carte personnelle (CP), Arnold van den Bergh.

15. Calmeyer, lettre désignant A. van den Bergh, 22 janvier 1944, BCG, NI-HaNa.

16. NI-HaNa, CABR 554, Eduard Moesbergen.

17. NI-HaNa, CABR 554, Eduard Moesbergen. Rapport d'enquête du PRA n° 60678.

18. *Ibid.*

Chapitre 37

1. W. Fagel, rapport sur la comparaison des écritures, 2 août 2019.

2. Anne Frank, *The Diary of Anne Frank : The Revised Critical Edition*, édité par David Barnouw et Gerrold van der Stroom, trad. Arnold J. Pomerans, B. M. Mooyaart-Doubleday et Susan Massotty, New York, Doubleday, 2003.

3. B. Haas, rapport d'expertise de la typographie pour l'équipe, 21 août 2019.

Chapitre 38

1. *Algemeen Handelsblad*, 20 septembre 1940, General Trade Magazine – listes des transactions commerciales et des notaires présents.

2. Entretien de l'équipe avec Ron van Hasselt, neveu de Jakob van Hasselt, 12 août 2019.

3. *Ibid.*

4. « Jakob van Hasselt », Joods Monument, https ://www.joodsmonument.nl/en/page/201758/karla-hinderika-van-hasselt ; https ://www.joodsmonument.nl/en/page/201760/els-van-hasselt.

5. Arend J. van Helden, département d'État des enquêtes criminelles, Amsterdam, rapport de synthèse, 3 novembre 1964, p 18-19 ; NIOD, Doc. 1 Van Maaren.

6. Johannes Kleiman, lettre à Otto Frank, traduite par l'équipe, 31 mars 1958, AFS.

7. La source de la confrontation entre Otto et Gringhuis est Carol Ann Lee, *Otto, père d'Anne Frank, op. cit.* Lee mentionne la conversation, tout comme David Barnouw et Gerrold van der Stroom dans leur enquête « Qui a trahi Anne Frank ? ». Même s'ils sont sûrs de leur fait et pensent que la conversation est retranscrite dans le dossier Silberbauer Doc. 1, ils n'en retrouvent pas la trace, malgré une recherche minutieuse. Cependant, tous trois attestent de son authenticité. Nous supposons que le document a été perdu, déplacé ou mal classé.

Chapitre 39

1. Entretien de l'équipe avec Fleur van der Houwen, 26 septembre 2019.

2. Voir la photo de l'article de Hanneloes Pen, « "Moffenmeid" tante Thea was niet alleen fout », *Het Parool,* 8 juillet 2016, https ://www.parool.nl/nieuws/moffenmeid-tante-thea-was-niet-allen-fout~baf4ccfc/.

3. Jos Smeets, Tommy van Es et Guus Meershoek, éds., « In de frontlinie : Tien politiemannen en de duitse bezetting » [En première ligne : dix agents de police et l'occupation allemande], Amsterdam, Boom, 2014.

4. Voir Jan Hopman, *Zwijgen over de Euterpestraat : Op het hoofdkwartier van de Sicherheitsdienst in Amsterdam gingenin 1944*

verraad en verzet hand in hand [En 1944, trahison et Résistance main dans la main au quartier général du service de la Sécurité d'Amsterdam], Zoetermeer, Pays-Bas, Free Musketeers, 2012.

5. Jan Hopman, *De wedergeboorte van een moffenmeid : Een verzwegen familigeschiedenis* [La renaissance d'une femme tondue. Une histoire familiale cachée], Meppel, Pays-Bas, Just Publishers, 2016.

6. « Hoogensteijn, Cornelia Wilhelmina Theresia (1918-1956) », Digitaal Vrouwenlexicon van Nederland, http ://resources.huygens.knaw.nl/vrouwenlexicon/lemmata/data/Hoogensteijn.

Chapitre 40

1. Thijs Bayens, entretien avec Esther Kizio, 15 février 2018 ; Vince Pankoke et Brendan Rook, entretien avec Esther Kizio, 23 février 2019.

2. Thijs Bayens, entretien avec Esther Kizio, Amsterdam, 15 février 2018.

3. *Ibid.*

4. J. W. A. Schepers, n° 86395 et n° 22356, CABR, NI-HaNa.

5. Entretien avec Arnold van den Bergh, POD, 12 juillet 1945, inventaire n° 22356, J. W. A. Schepers, CABR, NI-HaNa.

6. Vince Pankoke et Brendan Rook, entretien avec Esther Kizio, 23 février 2019.

Chapitre 41

1. Kenneth D. Alford, *Hermann Goering and the Nazi Art Collection : The Looting of Europe's Art Treasures and Their Dispersal after World War II*, Jefferson, NC, McFarland, 2012.

2. NARA, bureau des Services stratégiques, enquête sur le pillage des œuvres d'art, rapport d'enquête approfondie n° 2,

15 septembre 1945, collection Göring, publication des microfilms NARA M1782.

3. « Interrogatoires : affaire Miedl (Alois Miedl), p. 35 », fichier nº 3, https ://www.fold3.com/document/270014387/.

4. Alois Miedl, NIOD, Doc. 2, dossier nº 248-1699.

5. Anne Frank, lettre du 29 octobre 1943, *The Diary of a Young Girl : The Definitive Edition,* édité par Otto H. Frank et Mirjam Pressler, New York, Doubleday, 1995. En 1952, après sept années de bataille juridique, l'épouse de Goudstikker, Désirée, récupère une partie de la collection auprès du gouvernement néerlandais. Plus de cinq décennies plus tard, deux cents autres peintures sont rendues aux héritiers Goudstikker. Rapport du Restitutie Commissie (Comité de restitution), 2005.

6. L2731, 30 août 1946, interrogatoire de Hermann Göring, archives Gerard Aalders. Gerard Aalders, auteur et ancien chercheur du NIOD, conserve ses propres archives dans sa maison d'Amsterdam.

7. Edo von Saher, *N.V. Kunsthandel J. Goudstikker.* « *Overzicht van de gebeurtenissen in de periode van 31 December 1939 tot April 1952* » [Marchand d'art J. Goudstikker : revue des événements entre le 31 décembre 1939 et avril 1952]. Rapport du Restitutie Commissie (Comité de restitution), 2005, p. 5.

8. Vincent Pankoke et Brendan Rook, entretien avec Esther Kizio, 23 février 2019. Rapport du Provenance Wanted Project 2000, p. 52.

9. Emilie Goudstikker, carte du Conseil juif, Archives Arolsen, Bad Arolsen, Allemagne.

10. Stadsarchief d'Amsterdam, carte de résident, 60 Oranje Nassaulaan.

11. J. C. Berlips, mémo à la Résistance néerlandaise, 4 avril 1945, Alois Miedl, NIOD, Doc. 2, dossier nº 20200610.

12. Henriette von Schirach, *Der Preis der Herrlichkeit* [Le prix de la gloire], traduit par le directeur de recherche Pieter van Twisk, Munich, Herbig, 2003.

Chapitre 42

1. Voir, par exemple, *Algemeen Handelsblad*, 20 septembre 1940. De nombreuses publicités montrent que Van den Bergh, Spier et Van Hasselt travaillent ensemble. https ://www.delpher.nl/nl/kranten/results ?coll=ddd&query=Bergh&cql %5B0 %5D= %28date+_gte_+ %2220-09-1940 %22 %29&cql %5B1 %5D= %28date+_lte_+ %2221-09-1940 %22 %29&redirect=true.

2. « Travail de la Commission de contact de Westerbork », déposition, Guilde des scénaristes, n° 50943, p. 11. Voir aussi NIOD, Doc. 1, dossier n° 248-0294, n° 20, p. 56.

3. Agent J. Schoenmaker, Assen, Pays-Bas, procès-verbal (rapport de police), n° 414, 6-7, Bureau oorlogsmisdrijven (bureau des crimes de guerre) 58, 4 juin 1948. Le rapport compte 117 pages.

4. Agent Marinus van Buren, rapport de police, 16 mars 1948, NIOD, Doc. 1, 248-0040.

5. Albert Konrad Gemmeker, déposition, dossier 2 (31), 15 septembre 1947 ; Willy Lages, déposition, dossiers 2a et 2b, CABR, inventaire n° 107491, VIII Boîte 1 ; tous deux NI-HaNa.

6. Ernst Philip Henn, déposition, 15 septembre 1947, inventaire n° 107491, VIII, CABR, NI-HaNa.

7. Van der Zee, *Vogelvrij*, *op. cit.* ; NIOD, Doc. 1, R. Pollak, listes *Signalementenblad*, p. 384-390.

8. Interrogatoire d'Arnold van den Bergh par le POD, 12 juillet 1945, NI-HaNa, CABR-Schepers.

9. Vincent Pankoke et Brendan Rook, entretien avec Esther Kizio, 26 février 2019.

10. Seul David Cohen, un des deux coprésidents du Conseil juif, a finalement comparu devant le tribunal. Voir De Haan, « *Jurys d'honneur* : The Stakes and Limits of Purges among Jews in France after Liberation » [Jurys d'honneur : les enjeux et les limites des purges parmi les Juifs en France après la Libération] dans *Jewish Honor Courts, op. cit.*

11. *Ibid.*

12. Philip Staal, *Settling the Account,* trad. Scott Rollins, Bloomington, IN, iUniverse, 2015.

13. Cette conversation entre Otto Frank et Friso Endt, rédacteur au *Het Parool,* a eu lieu entre 1947 et 1949, selon l'affirmation de Sytze van der Zee, qui a parlé à Endt au début des années 1960.

14. Verdict publié dans le *Nieuw Israëlietisch Weekblad,* 21 mai 1948.

15. Vincent Pankoke et Brendan Rook, entretien avec Esther Kizio, 26 février 2019.

16. *Nieuw Israëlietisch Weekblad,* 3 novembre 1950. Rapport sur les funérailles d'Arnold van den Bergh.

Chapitre 43

1. Groen, *Een prooi wordt jager, op. cit.* Voir aussi Ans van Dijk, CABR, NI-HaNa, et Van der Zee, *Vogelvrij, op. cit.*

2. De Bruyn et Van Wijk, *Anne Frank : The Untold Story, op. cit.*

3. Voir J. Schoenmaker, Assen, Pays-Bas, procès-verbal (rapport de police), n° 414, 6-7, Bureau oorlogsmisdrijven (bureau des crimes de guerre) 58, 4 juin 1948. Le rapport fait 117 pages.

4. Le 20 novembre 1963, Otto fait cette déclaration à un journaliste de *Het Vrije Volk.* L'article paraît dans *Het Vrije Volk* le 22 novembre 1963, sous le titre « De Oostenrijkse politieagent die Anne Frank arresteerde, bekent en legt uit : ik heb zojuist orders

uitgevoerd » [L'officier de police autrichien qui a arrêté Anne Frank avoue et s'explique : j'ai juste exécuté les ordres].

5. Otto Frank, lettre à Miep Gies, 1er décembre 1963, AFS.

6. Shapiro et Kardonne, *Victor Kugler, op. cit.* a finalement été publié grâce aux efforts du défunt mari d'Eda Shapiro, Irving Naftolin, et de son coauteur, Rick Kardonne.

Épilogue

1. Lee, *Otto, père d'Anne Frank, op. cit.*

2. *Ibid.*

3. *Ibid.*

4. C'est la réponse de Miep à la question d'un étudiant. *Scholastic* l'a publiée sur son site. Voir la transcription de l'interview en anglais : http ://teacher.scholastic.com/frank/tscripts/miep.htm.

5. De Bruyn et Van Wijk, *Anne Frank : The Untold Story, op. cit.* Voir aussi https ://fr.wikipedia.org/wiki/Bep_Voskuijl.

6. Müller, *La Vie d'Anne Frank, op. cit.*

7. Schloss et Bartlett, *Journal d'une survivante, op. cit.*

8. Lee, *Otto, père d'Anne Frank, op. cit.*

9. *Ibid.*

10. Post, *Lotty's Bench, op. cit.* Voir aussi Moore, *Victims and Survivors, op. cit.*

11. Post, *Lotty's Bench, op. cit.*

12. *Ibid.*

13. *Ibid.*

14. *Ibid.*

15. David Nasaw, *The Last Million : Europe's Displaced Persons from World War to Cold War,* New York, Penguin, 2020.

16. https ://en.wikipedia.org/wiki/Geertruida_Wijsmuller-Meijer.

Bibliographie

Aalders, Gerard, *Nazi Looting : The Plunder of Dutch Jewry during the Second World War,* trad. Arnold Pomerans et Erica Pomerans, Oxford, UK, Berg, 2004.

Aalders, Gerard, et Coen Hilbrink, *De Affaire Sanders : Spionage en intriges in herrijzend Nederland,* La Haye, SDU Uitgivers, 1996.

Aerde, Rogier van, *Het grotegebod : Gedenkboek van het verzet in LO en LKP,* 2 vol., Kampen, Kok, 1989.

Alford, Kenneth D., *Hermann Goering and the Nazi Art Collection : The Looting of Europe's Art Treasures and Their Dispersal after World War II,* Jefferson, NC, McFarland, 2012.

Barnouw, David, et Gerrold van der Stroom, « Who Betrayed Anne Frank ? », NIOD.

Bauman, Zygmunt, *Modernité et Holocauste,* postface inédite d'Enzo Traverso, trad. Paule Guivarch, Paris, Éd. Complexe, 2008.

Becker, Tamara, An Huitzing, Annemie Wolff et Rudi Boon, *Op de foto in oorlogstijd : Studio Wolff, 1943,* Eindhoven, Pays-Bas, Lecturis, 2017.

Boer, Joh Franc Maria den, S. Duparc et Arthur de Bussy. *Kroniek van Amsterdam over de jaren 1940-1945,* Amsterdam, De Bussy, 1948.

Bolle, Mirjam, *Je t'écris d'ici : d'Amsterdam aux camps de la mort, janvier 1943-juillet 1944,* trad. Mireille Cohendy, Paris, Denoël, 2006.

Boomgaard, Petra van den, *Voor de Nazi's geen Jood : Hoe ruim 2500 Joden door ontduiking van rassenvoorschriften aan de deportaties zijn ontkomen*, Hilversum, Pays-Bas, Uitgiverij Verbum, 2019.

Boterman, Frits, *Duitsedaders : De jodenvervolging en nazificatie van Nederland (1940-1945)*, Amsterdam, Uitgiverij de Arbeiderspers, 2015.

Brinks, Monique, *Het Scholtenhuis, 1940-1945*, vol. 1 : *Daden*, Bedum, Pays-Bas, Profiel, 2009.

Broek, Gertjan, « An Investigative Report on the Betrayal and Arrest of the Inhabitants of the Secret Annex », Maison Anne-Frank, octobre 2016. https ://www.annefrank.org/en/downloads/filer_public/4a/c6/4ac6677d-f8ae-4c79-b024-91ffe694e216/an_investigative_report_on_the_betrayal_and_arrest.pdf.

Brongers, E. H., *De slag om de Residentie 1940*, Baam, Pays-Bas, Hollandia, 1968.

Browning, Christopher, *Des hommes ordinaires : le 101*e *bataillon de réserve de la police allemande et la solution finale en Pologne*, trad. Élie Barnavi, préface de Pierre Vidal-Naquet, Paris, Le Grand Livre du mois, 2000.

Bruïne, Gabi de, et al., *Een rwandees kaartenhuis : Een wirwar van wankelende verklaringen*, La Haye, Boom Criminologie, 2017.

Bruyn, Jeroen de, et Joop van Wijk, *Anne Frank : The Untold Story : The Hidden Truth About Eli Vossen, the Youngest Helper of the Secret Annex*, trad. Tess Stoop, Laag-Soeren, Pays-Bas, Bep Voskuijl Productions, 2018.

Burrin, Philippe, *Hitler et les Juifs : genèse d'un génocide*, Paris, Seuil, 1989.

Callahan, Debbie J., *Lest We Forget : Lessons from Survivors of the Holocaust*, Ocala, Floride, Bruske Books, 2014.

Cohen, Jaap, *Anne Frank House* (catalogue du musée), Amsterdam, Fonds Anne-Frank, 2018.

Cohen, Mischa, *De Nazi-leerling : Se schuldige jeugd van Dick Woudenberg*, Amsterdam, Uitgiverij Atlas Contact, 2017.

Croes, Marnix, et Peter Tammes, « *Gif laten wij niet Voortbestaan* » : *Een onderzoek naar de overlevingskansen van joden in de Nederlandse gemeenten, 1940-1945*, Amsterdam, Aksant, 2004.

Diederichs, Monika, *Wie geschoren wordt moet stil zitten : Nederlandse meisjes en vrouwen die in de periode 1940-1945 omgang hadden met duitse militairen*, Soesterberg, Pays-Bas, Uitgiverij Aspekt, 2015.

Engels, M. J. Adriani, *Nacht over Nederland : Journalistiek reportage van vijf bezettingsjaren : 1940-1945*, Utrecht, OnsVrije Nederland, 1946.

Enzer, Hyman A., et Sandra Solotaroff-Enzer, éds, *Anne Frank : Reflections on Her Life and Legacy*, Champaign, University of Illinois Press, 2000.

Es, Bart van, *Une vie volée : une histoire de guerre et de famille, perdue et retrouvée*, trad. de l'anglais par Clément Baude, Paris, Fayard, 2020.

Faber, Sjoerd, et Gretha Donker, *Bijzonder gewoon : Het Centraal Archief Bijzondere Rechtspleging (1944-2010) en de « lichte gevallen »*, Zwolle, Pays-Bas, Uitgeverij Waanders, 2010.

Föllmer, Moritz, *Culture in the Third Reich*, New York, Oxford University Press, 2020.

Frank, Anne, *Le Journal d'Anne Frank*, édité par Mirjam Pressler, trad. Isabelle Rosselin et Philippe Noble, Paris, Le Livre de Poche, 2017.

Gieling, Wilco. *Seyss-Inquart*, Soesterberg, Pays-Bas, Aspekt, 2011.

Gies, Miep, avec la collaboration de Alison Leslie Gold, *Elle s'appelait Anne Frank : l'histoire de la femme qui aida la famille Frank à se cacher*, trad. de l'anglais par Anne Damour, Paris, Calmann-Lévy, rééd. Presses Pocket, 1987.

Goldhagen, Daniel Jonah, *Les Bourreaux volontaires de Hitler : les Allemands ordinaires et l'Holocauste,* trad. de l'américain par Pierre Martin, Paris, Seuil, 1997.

Griffioen, Pim, et Ron Zeller, *Jodenvervolging in Nederland, Frankrijk en België, 1940-1945,* Amsterdam, Boom, 2015.

Grobman, Alex, et Joel Fishman, éds., *Anne Frank in Historical Perspective : A Teaching Guide for Secondary Schools,* Los Angeles, Martyrs Memorial and Museum of the Holocaust, 1995. https :// files.eric.ed.gov/fulltext/ED391 710.pdf.

Groen, Koos, *Fout en niet goed : De vervolging van collaboratie en varraad na WO2,* Hilversum, Pays-Bas, Just Publishers, 2009. *Landverraders, wat deden we met ze ? Een dokumentaire over de bestraffing en berechting van NSBers en kollaborateurs en de zuivering van pers, radio, kunst, bedrijfsleven na de Tweede Wereldoorlog,* Baarn, Pays-Bas, In den Toren, 1974. *Een Prooi wordt jager : De Zaak van de joodse verraadster Ans van Dijk,* Meppel, Pays-Bas, Just Publishers, 2016.

Hagen, Louis E., *Ik vocht om Arnhem : Dagboek van een zweefvliegtuig-piloot,* Nijmegen, Pays-Bas, De Koepel, 1947.

Happe, Katja, *Veel valse hoop : De jodenvervolging in 1940-1945 Nederland,* Amsterdam, Uitgiverij Atlas Contact, 2018.

Hasselt, Ron van, *De oorlog van mijn vader : Een halve familiegeschiedenis,* Bedum, Pays-Bas, Profiel, 2012.

Hausner, Gideon, *Justice à Jérusalem,* préface de René Cassin, introduction par Barbara Tuchman, trad. de l'anglais par Pierre Javet, Paris, Flammarion, 1976.

Heijden, Chris van der, *Grijs verleden : Nederland en de Tweede Wereldoorlog,* Amsterdam, Uitgiverij Contact, 2008. *Joodse NSB'ers : De vergeten geschiedenis van Villa Bouchima in Doetichem,* Utrecht, Begijnekade 18 Uitgivers, 2006.

Herzberg, Abel J., *Amor fati : Zeven opstellen over Bergen-Belsen*, Amsterdam, E. Querido's Uitgiverij, 1987. *Kroniek der jodenvervolging, 1940-1945*, Amsterdam, E. Querido's Uitgiverij, 1985.

Hillesum, Etty, *Une vie bouleversée : journal 1941-1943 ; lettres de Westerbork*, trad. du néerlandais par Philippe Noble, postface par J. G. Gaarlandt, Paris, Seuil, 1995.

Hoffer, Eric, *Une foi aveugle*, trad. de l'américain par Pierre Francart, Paris, Éditions France-Empire, 1966.

Hofman, Jaap, *De collaborateur*, Soesterberg, Pays-Bas, Aspekt, 2011.

Hollander, Pieter den, *Roofkunst : De zaak Goudstikker*, Amsterdam, Meulenhoff, 2007.

Hopman, Jan, *Zwijgen over de Euterpestraat : Op het hoofdkwartier van de Sicherheitsdienst in Amsterdam gingen in 1944 verraad en verzet hand in hand*, Zoetermeer, Pays-Bas, Free Musketeers, 2012. *De wedergeboorte van een moffenmeid : Een verzwegen familigeschiedenis*, Meppel, Pays-Bas, Just Publishers, 2016.

Huizing, Bert, et Koen Aartsma, *De Zwarte Politie, 1940/1945*, Weesp, Pays-Bas, De Haan, 1986.

Iperen, Roxane van, *Un refuge pour l'espoir : d'Amsterdam à Auschwitz, l'odyssée de deux sœurs résistantes juives*, traduit du néerlandais par Marie Hooghe, Paris, Alisio Histoire, 2021.

Jansen, Ronald Wilfred, *Anne Frank : Silent Witnesses : Reminders of a Jewish Girl's Life*, Zwaag, Pays-Bas, Pumbo, 2014.

Jong, Loe de, *Het Koninkrijk der Nederlanden in de Tweede Wereldoorlog*, 26 vol., La Haye, SDU Uitgevers, 1969-1991.

Jong, Louis de, *The Netherlands and Nazi Germany*, Cambridge, MA, Harvard University Press, 1990. *Tussentijds : Historische studies*, Amsterdam, E. Querido's Uitgiverij, 1977.

Kempner, Robert M. W., *Twee uit Honderdduizend : Anne Frank en Edith Stein : Onthullingen over de nazimisdaden in*

Nederland voor heet gerechthof te München, Bilthoven, Uitgeverij H. Nelissen, 1969.

Knoop, Hans, *De Joodsche Rood : Het drama van Abraham Asscher en David Cohen*, Amsterdam, Elsevier, 1983.

Koetsier, Teun, et Elbert Roest, *Schieten op de maan : Gezag en verzet in Laren NH in WO II*, Laren, Pays-Bas, Uitgeverij van Wijland, 2016.

Kremer, Gerard, *De achtertuin van het achterhuis*, Ede, Pays-Bas, De Lantaarn, 2018. *Anne Frank Betrayed : The Mystery Unraveled after 75 Years*, Ede, Pays-Bas, De Lantaarn, 2020.

Künzel, Geraldien von Frijtag Drabbe, *Het geval Calmeyer*, Amsterdam, Mets & Schilt, 2008.

Lans, Jos van der, et Herman Vuijsje, *Het Anne Frank Huis : Een biografie*, Amsterdam, Boom, 2010.

Lee, Carol Ann, *Otto, père d'Anne Frank*, trad. de l'anglais par Anne-Judith Descombey, Paris, Ramsay, 2006.

Lester, Richard, *Flight of the Blue Heron*, Morgan Hill, CA, Bookstand, 2009.

Levi, Primo, *Si c'est un homme*, trad. de l'italien par Martine Schruoffeneger, Paris, Julliard, 1987.

Liempt, Ad van, *Gemmeker : Commandant van kamp Westerbork*, Amsterdam, Uitgiverij Balans, 2019. *Hitler's Bounty Hunters : The Betrayal of the Jews*, trad. S. J. Leinbach, New York, Berg, 2005. *De jacht op het verzet : Het meedogenloze optreden van Sicherheitsdienst en nederlandse politie tjdens de Tweede Wereldoorlog*, Amsterdam, Uitgiverij Balans, 2013. *Jodenjacht : De onthutsende rol van de nederlandse politie in de Tweede Wereldoorlog*, Amsterdam, Uitgiverij Balans, 2013.

Lifton, Robert J., *Nazi-dokters : De psychologie van de rassenmoord in het Derde Rijk*, Utrecht, Bruna, 1987.

Lindwer, Willy, *Anne Frank, les sept derniers mois : témoignages*, trad. du néerlandais par Marie-Noëlle Fontenat, avec la collaboration d'Anne Rabinovitch, Paris, Stock, 1989. *Wolf en Ryfka : Kroniek van een joodse familie*, Amsterdam, Prometheus, 2019.

Lipstadt, Deborah E., *Denying the Holocaust : The Growing Assault on Truth and Memory*, New York, Penguin, 1994.

Luijters, Guus, Raymond Schütz, et Marten Jongman, *De deportaties uit Nederland, 1940-1945 : Portretten uit de archieven*, Amsterdam, Nieuw Amsterdam, 2017.

Maarsen, Jacqueline van, *Inheriting Anne Frank*, trad. Brian Doyle, Londres, Arcadia Books, 2009. *My Friend Anne Frank*, trad Debra F. Onkenhout, New York, Vantage, 1996.

Mardo, Esther (pseudonyme de Herman Nicolaas van der Voort), *Vrouwenkamp*, Rotterdam, De Vrije Pers, 1962.

Mechanicus, Philip, *In dépôt : Dagboek uit Westerbork*, Laren, Pays-Bas, Uitgeverij Verbum, 2008.

Meershoek, Guus, *Dienaren van het gezag : De amsterdamse politie tijdens de besetting*, Amsterdam, Van Gennep, 1999.

Meeuwenoord, Marieke, *Het hele is hier een wereld op zichzelf : De geschiedenis van kamp Vught*, Amsterdam, De Bezige Bij, 2014.

Meihuizen, Joggli, *Richard Fiebig en de uitbuiting van de nederlandse industrie*, Amsterdam, Boom, 2018.

Metselaar, Menno, *Anne Frank : Dreaming, Thinking, Writing*, Amsterdam, Anne Frank House, 2016.

Metselaar, Menno, Ruud van der Rol, Dineke Stam et Ronald Leopold, *L'Histoire d'Anne Frank/Maison d'Anne Frank*, trad. Mireille Cohendy, Paris, Civisme et démocratie-CIDEM, 2005.

Meulenbroek, Lex, et Paul Poley, *Kroongetuige DNA : Onzichtbaar spoor in spraakmakende zaken*, Amsterdam, De Bezige Bij, 2014.

Middelburg, Bart, *Jeanne de Leugenaarster : Adriana Valkenburg : Hoerenmadam, verraadster, femme fatale*, Amsterdam, Nieuw Amsterdam, 2009.

Moore, Bob, *Victims and Survivors : The Nazi Persecution of the Jews in the Netherlands, 1940-1945,* New York, St Martin's Press, 1997.

Müller, Melissa, *La Vie d'Anne Frank*, trad. Anne weber, Paris, Perrrin, 2001.

Oudheusden, Jan van, et Erik Schumacher, *1944 : Verstoorde verwachtingen,* Amsterdam, Spectrum/NIOD, 2019.

Piersma, Hinke, *Op eigen gezag : Politieverzet in oorlogstijd,* Amsterdam, E. Querido's Uitgiverij, 2019.

Post, Gerben, *Lotty's Bench : The Persecution of the Jews of Amsterdam Remembered,* trad. Tom Leighton, Volendam, Pays-Bas, LM Publishers, 2018.

Presser, J., *De Nacht der Girondijnen : Novelle,* Amsterdam, Meulenhoff, 2007. *Ondergang : De vervolging en verdelging van het nederlandse jodendom, 1940-1945,* Soesterberg, Pays-Bas, Aspekt, 2013.

Riet, Frank van, *De bewakers van Westerbork,* Amsterdam : Boom Uitgevers, 2016.

Romijn, Peter, *The Persecution of the Jews in the Netherlands, 1940-1945, New Perspectives,* Amsterdam, Vossiuspers UvA, 2010.

Rubin, Susan Goldman, *The Anne Frank Case : Simon Wiesenthal's Search for the Truth,* New York, Holiday House, 2009.

Schaap, Inger, *Sluipmoordenaars : De Silbertanne-moorden in Nederland, 1943-1944,* Hilversum, Pays-Bas, Just Publishers, 2010.

Scherrenburg, Olga, et al. *De moddermoord : Over hoe een ongeval een moordwerd,* s-Gravenhage, Pays-Bas, Boom Lemma, 2013.

Schirach, Henriette von, *Der Preis der Herrlichkeit,* Munich, Herbig, 2003.

Schloss, Eva, avec Karen Bartlett, *Journal d'une survivante. Auschwitz : le bouleversant témoignage de la demi-sœur d'Anne Frank,* trad. Alexander Fox, Bernay, City Éditions, 2020. *L'Histoire d'Eva. Mémoires de la demi-sœur d'Anne Frank*, trad. Edith Ochs, Paris, Le Cherche Midi, 2009.

Schnabel, Ernst, *Sur les traces d'Anne Frank*, trad. Marthe Metzger, Paris, Albin Michel, 1958.

Schütz, Raymund, *Kille mist : Het nederlands notariaat en de erfenis van de oorlog*, Amsterdam, Boom, 2016.

Schwarzschild, Ellen, *Niet lezenals 't U blieft, nicht lesen bitte : Onuitwisbare herinneringen (1933-1943)*, Amsterdam, 1999.

Shapiro, Eda, et Rick Kardonne, *Victor Kugler : The Man Who Hid Anne Frank*, Jérusalem, Gefen Publishing House, 2008.

Shermer, Michael, et Alex Grobman, *Denying History : Who Says the Holocaust Never Happened and Why Do They Say It ?*, Berkeley, CA, University of California Press, 2009.

Sijes, B. A, *Studies over jodenvervolging*, Assen, Pays-Bas, Van Gorcum, 1974.

Somers, Erik, *Voorzitter van de Joodse Raad : De herinneringen van David Cohen (1941-1943)*, Zutphen, Pays-Bas, Walburg Pers, 2010.

Somers, Erik, et René Kok, *Jewish Displaced Persons in Camp Bergen-Belsen, 1945-1950*, Zwolle, Pays-Bas, Waanders, 2003.

Staal, Philip, *Settling the Account*, trad. Scott Rollins, Bloomington, IN, iUniverse, 2015.

Stigter, Bianca, *De bezette stad : Plattegrond van Amsterdam, 1940-1945*, Amsterdam, Athenaeum-Polak & Van Gennep, 2005.

Strasberg, Susan, *Bittersweet*, New York, Signet, 1980.

Tongeren, Paul van, *Jacoba van Tongeren en de onbekende verzetshelden van Groep 2000 (1940-1945)*, Soesterberg, Pays-Bas, Uitgeverij Aspekt, 2015.

Trenker, Luis, *Het intieme dagboek van Eva Braun*, La Haye, Confidentia, 1949.

Ullman, Leo S., *796 Days : Hiding as a Child in Occupied Amsterdam during WWII and Then Coming to America*, Margate, NJ, ComteQ Publishing, 2015.

Veen, Harm van der, *Westerbork, 1939-1945 : Het verhaal van vluchtelingenkamp en durchgangslager Westerbork*, Hooghalen, Pays-Bas, Herinneringscentrum Kamp Westerbork, 2003.

Veld, N.K.C.A, *in De joodse ereraad*, 's-Gravenhage, Pays-Bas, SDU Uitgeverij, 1989.

Venema, Adriaan, *Kunsthandel in Nederland, 1940-1945*, Amsterdam, De Arbeiderspers, 1986.

Verhoeven, Rian, *Anne Frank was niet alleen : Het Merwedeplein, 1933-1945*, Amsterdam, Prometheus, 2019.

Verkijk, Dick, *Radio Hilversum, 1940-1945 : De omroep in oorlog*, Amsterdam, De Arbeiderspers, 1974.

Veth, D. Giltay, et A. J. van der Leeuw, *Rapport door het Rijksinstituut voor Oorlogsdocumentatie uitgebracht aan de minister van justitie inzake de activiteiten van drs. F. Weinreb, gedurende de jaren 1940-1945, in het licht van nadere gegevens bezien*, 2 vol., 's-Gravenhage, Pays-Bas, Staatsuitgeverij, 1976.

Visser, Frank, *De zaak Antonius van der Waals*, La Haye, Forum Boekerij, 1974.

Wasserstein, Bernard, *The Ambiguity of Virtue : Gertrude van Tijn and the Fate of the Dutch Jews*, Cambridge, MA, Harvard University Press, 2014. *Gertrude van Tijn en het lot van de nederlandse Joden*, Nieuw Amsterdam, 2013.

Wiesel, Elie, *La Nuit*, Les Éditions de Minuit, collection Double, 2007.

Wiesenthal, Simon, *Les assassins sont parmi nous*, trad. C. H. Sibert, Paris, Stock, 1967.

Wilson, Cara Weiss (désormais Cara Wilson-Granat), *Dear Cara : Letters from Otto Frank : Anne Frank's Father Shares His Wisdom*, Sandwich, MA, North Star Publications, 2001.

Wolfe, Robert, *Captured German and Related Records : A National Archives Conference*, Athens, Ohio University Press, 1968.

Zee, Nanda van der, *Om erger te voorkomen*, Soesterberg, Pays-Bas, Uitgeverij Aspekt, 2011. *The Roommate of Anne Frank*, trad. Cees Endlich, Soesterberg, Pays-Bas, Uitgeverij Aspekt, 2003.

Zee, Sytze van der, *Vogelvrij : De jacht op de joodseonderduiker*, Amsterdam, De Bezige Bij, 2010.

Ziller, Robert (pseudonyme de Richard Ziegler), *Wij maken geschiedenis*, Amsterdam, Het Hollandsche Uitgevershuis, 1946.

Zwaan, J., *De zwarte kameraden : Een geïllustreerde geschiedenis van de NSB*, Weesp, Pays-Bas, Van Holkema en Warendorf, 1984.

Composé et édité par HarperCollins France.

Achevé d'imprimer en décembre 2021

CPI
FIRMIN-DIDOT

à Mesnil-sur-l'Estrée (Eure)

Dépôt légal : janvier 2022.

Pour limiter l'empreinte environnementale de ses livres, HarperCollins France s'engage à n'utiliser que du papier fabriqué à partir de bois provenant de forêts gérées durablement et de manière responsable.

Imprimé en France